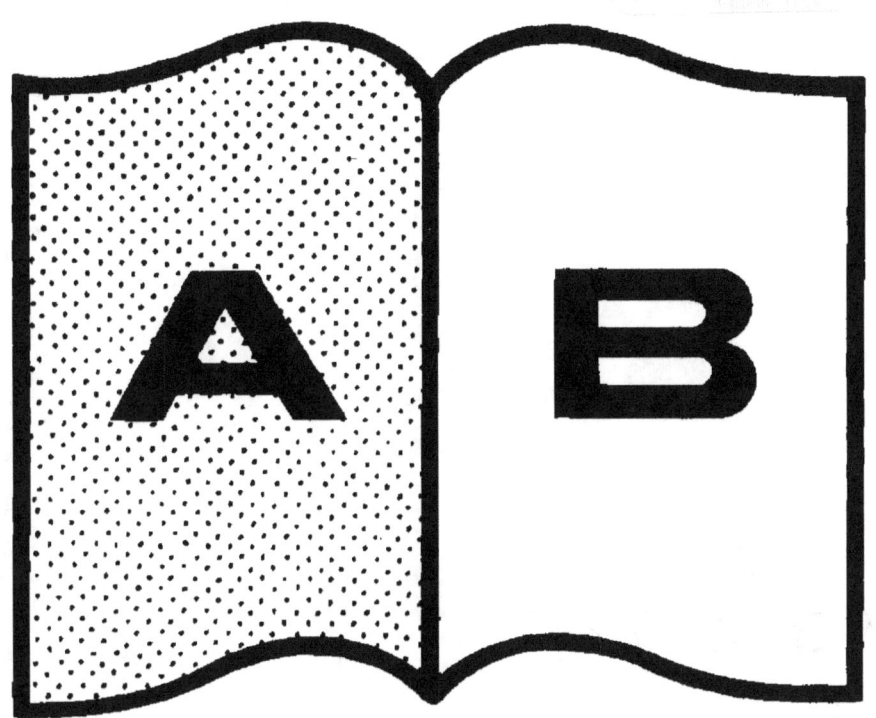

Contraste insuffisant

NF Z 43-120-14

4
Bert — Boia.

R 218930

51528

RÉPERTOIRE

DE LA

LITTÉRATURE

ANCIENNE ET MODERNE.

IMPRIMERIE DE E. POCHARD,
RUE DU POT-DE-FER, n° 14.

RÉPERTOIRE

DE LA

LITTÉRATURE

ANCIENNE ET MODERNE,

CONTENANT :

1° LE LYCÉE DE LA HARPE, LES ÉLÉMENTS DE LITTÉRATURE DE MARMONTEL, UN CHOIX D'ARTICLES LITTÉRAIRES DE ROLLIN, VOLTAIRE, BATTEUX, etc. ;

2° DES NOTICES BIOGRAPHIQUES SUR LES PRINCIPAUX AUTEURS ANCIENS ET MODERNES, AVEC DES JUGEMENTS PAR NOS MEILLEURS CRITIQUES, TELS QUE :

D'*Alembert*, *Batteux*, *Bernardin de Saint-Pierre*, *Blair*, *Boileau*, *Chénier*, *Delille*, *Diderot*, *Fénelon*, *Fontanes*, *Ginguené*, *La Bruyère*, *La Fontaine*, *Marmontel*, *Maury*, *Montaigne*, *Montesquieu*, *Palissot*, *Rollin*, *J.-B. Rousseau*, *J.-J. Rousseau*, *Thomas*, *Vauvenargues*, *Voltaire*, etc. ;

Et MM. Amar, Andrieux, Auger, Burnouf, Buttura, Chateaubriand, Dussault, Duviquet, Feletz, Gaillard, Le Clerc, Lemercier, Patin, Villemain, etc. ;

3° DES MORCEAUX CHOISIS AVEC DES NOTES

TOME QUATRIÈME.

A PARIS,

CHEZ CASTEL DE COURVAL, LIBRAIRE-ÉDITEUR,

RUE DE RICHELIEU, N° 87.

M DCCC XXIV.

RÉPERTOIRE
DE LA
LITTÉRATURE
ANCIENNE ET MODERNE.

BERTAUT (JEAN), né à Caen en 1552, obtint de la réputation par ses poésies galantes, et fut successivement secrétaire et lecteur du roi, conseiller au parlement de Grenoble, abbé d'Aunay, évêque de Séez, et premier aumônier de la reine Catherine de Médicis. Il était auprès de Henri III, lorsque ce prince fut assassiné. Parvenu aux dignités ecclésiastiques, Bertaut ne se livra plus qu'à des ouvrages de piété. Il contribua à la conversion de Henri IV, dont il a laissé une Oraison funèbre. Il mourut à Séez le 6 ou 8 juin 1611, dans sa cinquante-neuvième année. Il était oncle de madame de Motteville qui a donné des *Mémoires sur la reine Anne d'Autriche*. Grand admirateur de Ronsard, Bertaut sut cependant éviter les défauts de cet écrivain dont Boileau a dit :

Ce poète orgueilleux, trébuché de si haut,
Rendit plus retenus Desportes et Bertaut.

BERTAUT.

On trouve parfois du sentiment, de la douceur et de l'élégance dans les poésies de Bertaut, mais aussi un peu trop de recherche. Ses *Œuvres poétiques* ont été réimprimées plusieurs fois : les éditions de Paris, 1620 et 1623, in-8°, sont les plus complètes ; elles contiennent des *Poésies chrétiennes et profanes*, des *Cantiques*, des *Chansons*, des *Sonnets*, et une *Traduction des Psaumes*, qui a été fort estimée de son temps.

AUGER.

JUGEMENT.

Bertaut est l'un de ceux qui sauvèrent la langue française du naufrage dont le galimatias pédantesque de Ronsard semblait la menacer, et qui lui conservèrent son génie. En parlant des passions qui nous ont été données pour notre bonheur, et qui deviennent, par l'abus que nous en faisons, l'instrument de toutes nos calamités, il s'est servi de cette comparaison aussi juste qu'ingénieuse :

> Ainsi, du plumage qu'il eut
> Icare pervertit l'usage ;
> Il le reçut pour son salut,
> Il s'en servit pour son dommage.

PALISSOT, *Mémoires sur la Littérature*.

MORCEAUX CHOISIS.

1. Stances imitées du livre de Job.

> Les cieux inexorables
> Me sont si rigoureux,
> Que les plus misérables
> Se comparant à moi se trouveraient heureux.

BERTAUT.

Je ne fais à toute heure
Que souhaiter la mort,
Dont la longue demeure
Prolonge dessus moi l'insolence du sort.

Mon lit est de mes larmes
Trempé toutes les nuits,
Et ne peuvent ses charmes,
Lors même que je dors, endormir mes ennuis.

Si je fais quelque songe,
J'en suis épouvanté;
Car même son mensonge
Exprime de mes maux la triste vérité;

Vérité non croyable
Qu'à l'esprit de celui
Qui, d'un art pitoyable,
Apprend en ses malheurs à plaindre ceux d'autrui.

Toute paix, toute joie
A pris de moi congé,
Laissant mon ame en proie
A cent mille soucis dont mon cœur est rongé.

La pitié, la justice,
La constance et la foi,
Cédant à l'artifice,
Dedans les cœurs humains sont éteintes pour moi.

L'ingratitude paie
Ma fidèle amitié :
La calomnie essaie
A rendre mes tourments indignes de pitié.

En un cruel orage
On me laisse périr,
Et, courant au naufrage,
Je vois chacun me plaindre, et nul me secourir.

I.

Bref, il n'est sur la terre
Espèce de malheur
Qui, me faisant la guerre,
N'expérimente en moi ce que peut la douleur.

Et ce qui rend plus dure
La misère où je vi,
C'est, ès maux que j'endure,
La mémoire de l'heur que le ciel m'a ravi.

Félicité passée
Qui ne peux revenir :
Tourment de ma pensée,
Que n'ai-je, en te perdant, perdu le souvenir !

II. Sonnet.

Il est temps, ma belle âme, il est temps qu'on finisse
Le mal dont vos beaux yeux m'ont quatre ans tourmenté,
Soit rendant mon désir doucement contenté,
Soit faisant de ma vie un cruel sacrifice.

Vous tenez en vos mains ma grace et mon supplice :
Jugez lequel des deux mon cœur a mérité :
Car ma fidèle amour, ou ma témérité
Veut qu'on me récompense, ou bien qu'on me punisse.

Mais si vous ne portez un cœur de diamant,
Vous ne punirez point un misérable amant
De vous avoir été si longuement fidèle :

Vu même que son mal vous doit être imputé :
Car enfin, puisqu'Amour est fils de la beauté,
Si c'est péché qu'aimer, c'est malheur qu'être belle.

III. A madame la duchesse ***. (Épigramme.)

Je devrais réserver aux grands coups de fortune
La peine et le travail de cette belle main
Que pour de bas sujets tous les jours j'importune,

Forcé de mon malheur qui la profane en vain :
Mais l'assidu tourment des humaines tempêtes
Fait que sous cet abri si souvent je recours,
Usant de vos bontés à mon aide si prêtes,
Comme d'un riche habit réservé pour les fêtes,
Que l'extrême besoin fait mettre à tous les jours.

IV. Quatrain.

On ne se souvient que du mal,
L'ingratitude règne au monde :
L'injure se grave en métal,
Et le bienfait s'écrit en l'onde.

BERTIN (Antoine), poète-érotique et élégiaque, né à l'île Bourbon en 1752, fut envoyé en France à l'âge de neuf ans pour y suivre son éducation. Sorti du collège Du Plessis, où il avait fait de brillantes études, il entra au service, et y obtint bientôt de l'avancement : très jeune encore il était capitaine de cavalerie et chevalier de Saint-Louis. Amant des Muses autant que de Bellone, il cultivait la poésie même au milieu des camps; et comme sa bravoure lui avait conquis l'estime de ses camarades, de même son amabilité le fit rechercher des femmes. Sa célébrité poétique commença dans les boudoirs. En 1775, il laissa échapper quelques poésies fugitives qui n'annonçaient encore qu'un talent médiocre; mais sept ans après, la publication de ses élégies (*les Amours*) lui assigna un rang plus distingué sur le Parnasse français. On se plaît à reconnaître dans Bertin une imagination riche, une sensibilité vraie. La nature de son talent l'a fait comparer à Properce, dont il a la grace et la chaleur. Compatriote de Parny, Bertin fut son ami intime; cette liaison, qui fut constante, honore également deux poètes qui ont suivi la même carrière: au reste, Bertin s'est peint lui-même d'un trait dans ces deux vers de ses adieux aux Muses:

En amitié fidèle, encor plus qu'en amour,
Tout ce qu'aima mon cœur, il l'aima plus d'un jour.

Ce n'est pas à nous qu'il appartient de prononcer entre l'amant d'Eucharis et celui d'Éléonore; il nous semble seulement que le talent du premier soutient le parallèle.

En 1789, Bertin passa à Saint-Domingue, pour y épouser une jeune créole qu'il avait connue à Paris. Le jour même de la cérémonie nuptiale, il fut saisi d'une fièvre violente qui l'enleva après dix-sept jours de souffrances. Ses *Œuvres*, recueillies en deux volumes in-12, Paris, 1785, ont été souvent réimprimés depuis. On distingue l'édition donnée par Didot aîné, 1823, 2 vol. in-32, contenant les passages imités des poètes latins, et celle in-8°, Paris, 1824, avec les imitations grecques et latines. Outre ses *Amours*, on y trouve un *Voyage de Bourgogne*, prose et vers, dans le genre du *Voyage de Chapelle et Bachaumont*, et diverses Poésies fugitives.

Entre les personnages célèbres dont La Harpe a omis de parler, il faut citer Bertin: un tel oubli, si peu mérité, doit paraître étrange; on a peine à l'expliquer, si l'on songe sur-tout que Bertin était lié avec le Quintilien français.

JUGEMENTS.
I.

Boileau a dit, en parlant de l'élégie, que
..... pour bien exprimer ces caprices heureux,
C'est peu d'être poète, il faut être amoureux.

(*Art poétique*, chant II.)

Une émulation brillante, que les succès de M. de Parny allumèrent dans le sein même de l'amitié, justifia bien cet oracle du goût. M. le chevalier de Bertin, frappé de la gloire de son ami, voulut la partager, comme il avait partagé ses distractions et ses divertissements : il composa des élégies, mais il n'avait pas d'Éléonore : il étudia, comme M. de Parny, Tibulle et Properce; mais il chercha vainement dans ces poètes ce qu'on ne peut jamais trouver qu'en soi-même. La lecture de ces écrivains féconda son talent sans échauffer son âme : il les traduisit avec grace; il en devint un très heureux imitateur; il ne put devenir leur rival : il s'approcha quelquefois de Properce; il demeura toujours très loin de Tibulle : c'est montrer la distance qui le sépare de M. de Parny. Son nom se mêle pourtant toujours à ce dernier nom, et les réputations de ces deux poètes, sans se réunir dans la même gloire, se confondent dans le même souvenir. Je n'essaierai pas de les comparer entre eux, quoique M. de Bertin ne soit pas indigne du parallèle; si le feu de l'imagination pouvait, dans l'élégie, remplacer d'autres flammes; si la richesse et la fertilité des idées y faisait excuser l'aridité des sentiments; si l'abondance des expressions et la chaleur des mouvements suppléaient dans ce poème à cette mesure, à cette justesse, à cette perfection de goût qui en sont les conditions principales, et à cette précision du cœur, plus sévère encore que celle de l'esprit, la couronne resterait peut-être incertaine; mais il y a long-temps qu'elle est décernée à M. de Parny : lui seul a retrouvé ce ton de la vérité, sur lequel

Amour dicta les vers que soupirait Tibulle.

Lui seul a mérité qu'on lui donnât le nom du plus parfait des élégiaques latins : car c'est toujours l'antiquité qui fournit à la gloire moderne ses plus beaux titres; lui seul a véritablement conquis à notre langue le genre de l'élégie amoureuse; et les productions très distinguées de son ami ne servent, pour ainsi dire, qu'à faire mieux apprécier tout ce que la littérature française doit à la muse de M. de Parny.

Dussault, Annales littéraires.

II.

Bertin s'est peint lui-même dans l'Épilogue qui est à la fin de ses œuvres. Sans doute, dans le portrait qu'il trace de lui-même, on ne peut le voir que sous des couleurs aimables, et l'on pourrait ne pas s'en rapporter à lui; mais il n'y a rien dans son histoire qui soit blâmable, mondainement parlant. Il ne nuisit à personne, il n'a critiqué ni été critiqué, et sa vie fut celle d'un poète et d'un homme de plaisir.

Le grand succès de ses ouvrages a été dû à des

peintures vives, à des descriptions riches, à un coloris frais, à un style animé, pétillant d'images, et qui, par cette qualité même, est quelquefois dénué de cette grace moelleuse, de cet abandon aimable qui convient particulièrement à l'élégie érotique, et qui règne dans les poésies de Colardeau et de Parny. Moins gracieux que le premier, et moins tendre que le second, son style est plus brillant d'images et a plus de sensibilité que de passion.

Le Peintre.

MORCEAUX CHOISIS.

I. Portrait de Bertin, par lui-même.

O vous qui lirez mes écrits,
Lecteurs trop indulgents, voulez-vous me connaître ?
Au sein des vastes mers l'Afrique m'a vu naître.
Faible arbuste, à neuf ans, transplanté dans Paris,
Et de mon premier ciel favorisé peut-être,
Je surpassai l'espoir de mes maîtres chéris.
Au Pinde et chez les rois, dans les camps, à Cythère,
  J'osai me montrer tour à tour;
  Sincère et timide à la cour,
J'eus pourtant le bonheur de n'y pas trop déplaire.
En amitié fidèle, encore plus qu'en amour,
Tout ce qu'aima mon cœur, il l'aima plus d'un jour.
  Lorsque j'entrai dans la carrière,
On caressa ma muse; on daigna l'accueillir,
Comme on accueille en France une jeune étrangère
Qui d'un lointain climat dans nos murs vient s'offrir.
Le chantre de Ferney, sous son toit solitaire,
Voyait alors l'Europe à grands flots accourir :
  Hélas! j'ai peu connu Voltaire;
Je l'ai vu seulement triompher et mourir.

Mais Dorat, mais Bonnard, mais cette foule aimable
De convives joyeux et d'esprits délicats,
Me rechercha long-temps; je leur versais à table
Les rubis du Pomard et l'ambre des muscats.

    Combien tu répandis de charmes
Sur ces premiers instants de mes premiers beaux jours,
Toi, dont l'absence encor m'arrache ici des larmes,
Cher Parny! tu le sais : rivaux et frères d'armes,
Et dans tous les sentiers nous rencontrant toujours,
Compagnons échappés aux fureurs de Neptune,
Témoins de nos succès sans en être jaloux,
Espoir, craintes, ennuis, plaisirs, gloire, fortune,
    Tout devint commun entre nous.
    Conformité d'âge et de goûts,
    Et d'esprit et de caractère,
Resserra chaque jour une amitié si chère;
Mais de ces doux liens qui m'unissaient à toi,
    Ton frère, ton aimable frère,
    Fut encor le plus doux pour moi!
    La passion fit mon génie.
Saint-Lambert des saisons avait chanté le cours;
Disciple moins heureux des cygnes d'Ausonie,
    Moi, dans l'âge de la folie,
    J'aimais, je chantai les Amours.
Tout Paphos applaudit aux accords de ma lyre,
Et, sans être fameux, mon nom courut partout.
Je vis à mes accents les dieux mêmes sourire.
Plus d'un héros m'aimait et daigna me l'écrire.
La Harpe m'estimait: cet oracle du goût,
    Qui sut le mieux donner, par leur juste mesure,
    Du prix à la louange et même à la censure,
M'aborda quelquefois en répétant mes airs;
Delille, dans Marly, me récitait les vers

Où de ce lieu charmant il vante les prodiges :
Ses vers, qu'il mariait au murmure des eaux,
Au doux bruit des forêts, au doux chant des oiseaux,
Beaux lieux, étaient alors vos plus heureux prestiges !
Mais à peine deux fois j'ai compté seize hivers,
Et déjà dans sa fleur ma jeunesse est flétrie ;
Des ombres du trépas mes beaux jours sont couverts.
Il faudra donc bientôt quitter ces antres verts,
Ces prés, ces bois touffus, ma tendre et douce amie ?...
Qu'elle remplisse au moins le reste de ma vie ;
Pinde, adieu pour toujours ! Voici mes derniers vers.

II. Élégie.

Je chantais les combats : étranger au Parnasse,
Peut-être ma jeunesse excusait mon audace :
Sur deux lignes rangés, mes vers présomptueux
Déployaient, en deux temps, six pieds majestueux.
  De ces vers nombreux et sublimes
   L'Amour, se riant à l'écart,
 Sur mon papier mit la main au hasard,
Retrancha quelques pieds, brouilla toutes les rimes ;
De ce désordre heureux naquit un nouvel art [*].
« Renonce, me dit-il, aux pénibles ouvrages,
  « Cadence des mètres plus courts :
   « Jeune imprudent, fuis pour toujours
  « Cet Hélicon si fertile en orages :
   « Enfonce-toi sous ces ombrages,
« Prends ce luth paresseux, et chante les Amours.
   —« Comment voulez-vous que je chante
« Des plaisirs ou des maux que je ne connais pas ?
« Pour sujets de mes vers, nulle beauté touchante,

---

[*] Ces vers sont imités de la jolie pièce où Ovide raconte l'origine du vers pentamètre :

  Arma gravi numero violentaque bella parabam

«Nulle vierge à mes yeux n'offre encor ses appas.»
Je me plaignis. Soudain d'une main assurée
L'Amour sur son genou courbe son arc vainqueur;
Choisit dans son carquois une flèche dorée,
L'ajuste, et me perçant de sa pointe acérée:
«Tu peux chanter, dit-il, l'ouvrage est dans ton cœur.
— «Je cède, enfant terrible à votre ordre suprême!
«Hélas! d'un feu brûlant je me sens consumer.
«Mais de rigueur n'allez point vous armer:
   «Faites que dès ce soir on m'aime;
«Ou si c'est trop, du moins que l'on se laisse aimer.»

III. Élégie.

   C'en est fait, et mon âme émue
Ne peut plus oublier ses traits victorieux.
   Dieux! quel objet! Non, jamais sous les cieux
   Rien de si doux ne s'offrit à ma vue.
   Dans ce jardin si renommé,
Où l'Amour vers le soir tient sa cour immortelle,
De cent jeunes beautés elle était la plus belle;
Elle effaçait l'éclat du couchant enflammé.
Un peuple adorateur, que ce spectacle appelle,
S'ouvrait à son approche interdit et charmé;
Elle marchait, traînant tous les cœurs après elle,
Et laissait sur ses pas l'air au loin embaumé.
Je voulus l'aborder: ô funeste présage!
Ma voix, mon cœur, mes yeux parurent se troubler.
La rougeur, malgré moi, colora mon visage;
Je sentis fuir mon âme, et mes genoux trembler.
Cependant entraîné dans la lice éclatante

Edere, materiâ conveniente modis.
Par erat inferior versus: risisse Cupido
   Dicitur, atque unum surripuisse pedem.

(*Amor.* I, 5.)

Où toutes nos beautés, conduites par l'Amour,
De parure et d'attraits disputent tour à tour,
Mes regards dévoraient et sa taille élégante,
Et de son cou poli la blancheur ravissante,
  Et, sous la gaze transparente,
D'un sein voluptueux la forme et le contour.
Au murmure flatteur de sa robe ondoyante
 Je tressaillis; et l'aile des Zéphirs,
En soulevant l'écharpe à son côté flottante,
Au milieu des parfums m'apportait les désirs.
  Que dis-je? l'Amour, l'Amour même,
  Quel enfant! oui, j'ai cru le voir,
Se mêlant dans la foule à la faveur du soir,
M'exciter, me pousser par un pouvoir suprême,
Remplir mon cœur ému d'un séduisant espoir,
Secouer son flambeau sur la Nymphe qu'il aime,
Et sous l'ombrage épais, dans un désordre extrême,
A mes côtés enfin la forcer de s'asseoir.
O plaisir! ô transports! ô moment plein de charmes!
  Quel feu tendre animait ses yeux!
Déjà d'un cœur timide, étonné de ses feux,
Son silence expliquait les naïves alarmes;
Mais bientôt un soupir me les raconta mieux,
Et je sentis mes doigts humectés de ses larmes.
Quel son de voix, alors touchant, délicieux,
  Sortit de ses lèvres de rose!
Et quels discours! Zéphir en retint quelque chose,
Et le porta soudain à l'oreille des dieux!
Depuis ce temps je brûle: aucun pavot n'appaise
Les douleurs d'un poison lent à me dévorer.
La nuit, sur le duvet, je me sens déchirer:
Le plus léger tapis m'importune et me pèse,
Et mes yeux sont, hélas! toujours prêts à pleurer.

IV. Les Baisers.

« Dieux! que ta bouche est parfumée!
« Donne-moi donc vite un baiser.
« Encore un, ô ma bien aimée :
« De quel feu dévorant je me sens embraser!
— « Prends! sois heureux, en voilà vingt, Bathile,
« En voilà trente, en voilà cent en sus;
« Est-ce assez? — Non. — Je t'en donne encore mille.
« Es-tu content? — Las! je brûle encor plus!
— « Et combien donc, ingrat, pour apaiser ta flamme,
« Te faut-il aujourd'hui de baisers amoureux* ?
— « Autant, répondis-je, ô mon âme!
« Que septembre mûrit sur les coteaux pierreux
« De Pomard, ou d'Arbois, de raisins savoureux;
« Autant qu'on voit d'épis jaunissants dans la plaine,
« Ou de grains entassés dans le sable des mers;
« Autant qu'on voit briller dans une nuit sereine
« D'étoiles, de soleils et de mondes divers.
« Quand tu m'en donnerais dès la naissante aurore,
« Quand tu m'en donnerais jusqu'au déclin du jour,
« Plus altéré le soir, le soir mourant d'amour,
« Je t'en demanderais encore. »

V. Les restes, les souvenirs de l'ancienne Rome.

Le zéphir règne dans les airs;
Et, mollement porté sur la mer de Tyrrhène,
Je découvre déjà la ville des Césars,
Rome, en guerriers fameux autrefois si féconde,

---

* On reconnaît ici quelques souvenirs du *Vivamus, mea Lesbia*, etc. de Catulle; ces diverses pièces offrent au reste beaucoup d'imitations de l'antiquité, comme nos lecteurs s'en apercevront, sans qu'il soit nécessaire de les indiquer toutes.

H. P.

Rome, encore aujourd'hui l'empire des beaux arts,
L'oracle de vingt rois, et le temple du monde.
Voilà donc les foyers des fils de Scipion,
Et des fiers descendants du demi-dieu du Tibre !
Voilà ce Capitole, et ce beau Panthéon,
Où semble encore errer l'ombre d'un peuple libre !
Oh ! qui me nommera tous ces marbres épars,
Et ces grands monuments dont mon âme est frappée ?
Montons au Vatican, courons au Champ-de-Mars,
Au portique d'Auguste, à celui de Pompée.
Sont-ce là les jardins où Catulle autrefois
Se promenait le soir à côté d'Hypsithille ?
Citoyens, s'il en est que réveille ma voix,
Montrez-moi la maison d'Horace et de Virgile.

  Avec quel doux saisissement,
 Ton livre en main, voluptueux Horace,
Je parcourrai ces bois et ce coteau charmant,
Que ta muse a décrits dans des vers pleins de grace,
 De ton goût délicat éternel monument !
  J'irai dans les champs de Sabine,
 Sous l'abri frais de ces longs peupliers,
  Qui couvrent encore la ruine
De tes modestes bains, de tes humbles celliers;
  J'irai chercher d'un œil avide
De leurs débris sacrés un reste enseveli,
  Et dans ce désert embelli
Par l'Anio grondant dans sa chute rapide,
  Respirer la poussière humide
  Des cascades de Tivoli.
 Puissé-je, hélas ! au doux bruit de leur onde,
 Finir mes jours, ainsi que mes revers !
  Ce petit coin de l'univers
Rit plus à mes regards que le reste du monde.

L'olive, le citron, la noix chère à Palès,
Y rompent de leurs poids les branches gémissantes ;
Et sur le mont voisin les grappes mûrissantes
Ne portent point envie aux raisins de Calès.

BIBLE (βίςλος), le livre par excellence. On appelle ainsi l'histoire de l'Ancien et du Nouveau Testament. Voici l'ordre des ouvrages que renferme la *Bible*.

Livres de l'Ancien-Testament.—*Genèse.*—*Exode.* — *Lévitique.* — *Nombres.*—*Deutéronome.*—*Josué.* —*Juges.*—*Ruth.*—*Rois*, quatre livres.—*Paralipomènes*, deux livres.—*Esdras*, deux livres.— *Tobie.* —*Judith.*—*Esther.*—*Job.*—*Psaumes.*—*Proverbes de Salomon.*—*Ecclésiaste.*—*Cantique des Cantiques.* —*Livre de la Sagesse.*—*Ecclésiastique.* — *Isaïe.* — *Jérémie.*—*Baruch.*—*Ezéchiel.*—*Daniel.*—*Osée*— *Joël.*—*Amos.*—*Abdias.*—*Jonas.*—*Michée.*—*Nahum.*—*Habacuc.*—*Sophonies.*—*Aggée.*—*Zacharie.*—*Malachie.*—*Machabées*, deux livres.

Livres du Nouveau-Testament.— *Evangile selon saint Matthieu.* — *Évangile selon saint Marc.* — *Évangile selon saint Luc.* — *Évangile selon saint Jean.*— *Actes des Apôtres.* — *Épîtres de saint Paul aux Romains, aux Corinthiens, aux Galates, aux Éphésiens, aux Philippiens, aux Colossiens, aux Thessaloniciens, à Timothée, à Titus, à Philémon, aux Hébreux.*— *Épître de saint Jacques.* — Deux *Épîtres de saint Pierre.*—Trois *Épîtres de saint Jean.* —*Épîtres de saint Jude.*— *Apocalypse.* — *Discours de Manassès.* — IIIe et IVe livres d'*Esdras*.

LA BIBLE.

Qui n'a relu souvent, qui n'a point admiré
Ce livre par le ciel aux Hébreux inspiré?
Il charmait à la fois Bossuet et Racine.
L'un, éloquent vengeur de la cause divine,
Semblait, en foudroyant des dogmes criminels,
Du haut du Sinaï tonner sur les mortels;
L'autre, de traits plus fiers ornant la tragédie,
Portait Jérusalem sur la scène agrandie.
Rousseau saisit encore la harpe de Sion,
Et son rhythme pompeux, sa noble expression,
S'éleva quelquefois jusqu'au chant des prophètes.

Imitez cet exemple, orateurs et poètes :
L'enthousiasme habite aux rives du Jourdain,
Au sommet du Liban, sous les berceaux d'Éden.
Là, du monde naissant vous suivez les vestiges,
Et vous errez sans cesse au milieu des prodiges.
Dieu parle, l'homme naît; après un court sommeil,
Sa modeste compagne enchante son réveil.
Déjà fuit son bonheur avec son innocence :
Le premier juste expire; ô terreur! ô vengeance!
Un déluge engloutit le monde criminel.
Seule, et se confiant à l'œil de l'Éternel,
L'arche domine en paix les flots du gouffre immense,
Et d'un monde nouveau conserve l'espérance.

Patriarches fameux, chefs du peuple chéri,
Abraham et Jacob, mon regard attendri
Se plaît à s'égarer sous vos paisibles tentes :
L'Orient montre encor vos traces éclatantes,
Et garde de vos mœurs la simple majesté.
Au tombeau de Rachel je m'arrête attristé,
Et tout-à-coup son fils vers l'Égypte m'appelle.
Toi qu'envain poursuivit la haine fraternelle,

O Joseph, que de fois se couvrit de nos pleurs
La page attendrissante où vivent tes malheurs !
Tu n'es plus. O revers ! près du Nil amenées,
Les fidèles tribus gémissent enchaînées,
Jéhovah les protège, il finira leurs maux.
Quel est ce jeune enfant qui flotte sur les eaux ?
C'est lui qui des Hébreux finira l'esclavage.
Fille des Pharaons, courez sur le rivage,
Préparez un abri, loin d'un père cruel,
A ce berceau chargé des destins d'Israël.
La mer s'ouvre : Israël chante sa délivrance.
C'est sur ce haut sommet qu'en un jour d'alliance
Descendit avec pompe, en des torrents de feu,
Le nuage tonnant qui renfermait un Dieu.
Dirai-je la colonne et lumineuse et sombre,
Et le désert témoin de merveilles sans nombre?
Aux murs de Gabaon le soleil arrêté ?
Ruth, Samson, Débora, la fille de Jephté
Qui s'apprête à la mort, et, parmi ses compagnes,
Vierge encor, va deux fois pleurer sur les montagnes ?
 Mais les Juifs aveuglés veulent changer leurs lois ;
Le ciel, pour les punir, leur accorde des rois ;
Saül règne ; il n'est plus ; un berger le remplace :
L'espoir des nations doit sortir de sa race :
Le plus vaillant des rois du plus sage est suivi.
Accourez, accourez, descendants de Lévi,
Et du temple éternel venez marquer l'enceinte.
 Cependant dix tribus ont fui la cité sainte.
Je renverse, en passant, les autels des faux dieux ;
Je suis le char d'Élie emporté dans les cieux ;
Tobie et Raguel m'invitent à leur table :
J'entends ces hommes saints, dont la voix redoutable,
Ainsi que le passé, racontait l'avenir.

Je vois, au jour marqué, les empires finir.
Sidon, reine des eaux, tu n'es donc plus que cendre!
Vers l'Euphrate étonné, quels cris se font entendre?
Toi qui pleurais, assis près d'un fleuve étranger,
Console-toi, Juda, tes destins vont changer.
Regarde cette main vengeresse du crime,
Qui désigne à la mort le tyran qui t'opprime.
Bientôt Jérusalem reverra ses enfants;
Esdras et Machabée, et ses fils triomphants
Raniment de Sion la lumière obscurcie:
Ma course enfin s'arrête au berceau du Messie.

DE FONTANES.

MÊME SUJET.

De l'Éloquence de l'Écriture-Sainte.

Pour sentir l'éloquence de l'Écriture, rien n'est plus utile que d'avoir le goût de la simplicité antique : surtout la lecture des anciens Grecs sert beaucoup à y réussir. Je dis des anciens; car les Grecs, que les Romains méprisaient tant avec raison, et qu'ils appelaient *Græculi*, avaient entièrement dégénéré. Il faut connaître Homère, Platon, Xénophon, et les autres des anciens temps; après cela, l'Écriture ne vous surprendra plus. Ce sont presque les mêmes coutumes, les mêmes narrations, les mêmes images des grandes choses, les mêmes mouvements. La différence qui est entre eux est tout entière à l'honneur de l'Écriture : elle les surpasse tous infiniment en naïveté, en vivacité, en grandeur. Jamais Homère même n'a approché de la sublimité de Moïse dans ses cantiques, particulièrement le dernier, que tous les enfants des Israélites devaient apprendre par cœur; jamais nulle ode grecque ou latine n'a pu atteindre à la hauteur des psaumes. Par exemple celui qui commence ainsi (ps. XLIX) : *Le Dieu des dieux, le Seigneur a parlé, et il a appelé la terre*, surpasse toute imagination humaine. Jamais Homère, ni aucun autre poète, n'a égalé Isaïe peignant la majesté de Dieu, aux yeux duquel les royaumes ne sont qu'un grain de poussière, l'univers qu'une tente qu'on dresse aujourd'hui, et qu'on enlèvera demain. Tantôt ce prophète a toute la douceur et toute la tendresse d'une églogue dans les riantes peintures qu'il fait de la paix; tantôt il s'élève jusqu'à laisser tout au-dessous de lui. Mais qu'y a-t-il, dans l'antiquité profane, de comparable au tendre Jérémie, déplorant les maux de son peuple, ou à Nahum, voyant de loin, en esprit, tomber la superbe Ninive sous les efforts d'une armée innombrable? On croit voir cette armée, on croit entendre le bruit des armes et des chariots; tout est dépeint d'une manière vive qui saisit l'imagination; il laisse Homère loin derrière lui. Lisez encore Daniel dénonçant à Balthasar la vengeance de Dieu toute prête à fondre sur lui; et cherchez, dans les plus sublimes originaux de l'antiquité, quelque chose qu'on puisse comparer à ces endroits-là. Au reste, tout se soutient dans l'Écriture, tout y garde le caractère qu'il doit avoir, l'histoire, le détail des lois, les descriptions, les endroits véhéments, les mystères, les discours de morale; enfin il y a autant de différence entre les poètes profanes et les prophètes, qu'il y en a entre le véritable enthousiasme et le faux. Les uns, véritablement inspirés, expriment sensiblement quelque chose de divin ; les autres, s'efforçant de s'élever au-dessus d'eux-mêmes, laissent toujours voir en eux la faiblesse humaine. Il n'y a que le second livre des *Machabées*, le livre de *la Sagesse*, sur-tout à la fin, et celui de l'*Ecclésiastique*, sur-tout au commencement, qui se sentent de l'enflure du style que les Grecs, alors déjà déchus, avaient répandue dans l'Orient, où leur langue s'était établie avec leur domination. Mais j'aurais beau vouloir vous parler de ces choses, il faut les lire pour les sentir.

FENELON, *IIIe Dialogue sur l'Éloquence.*

MÊME SUJET.

Un monument existe, qu'il n'est pas permis de comparer aux œuvres de l'homme, mais qui nous offre d'abord toute réalisée la perfection idéale du génie poétique ; c'est vous que j'atteste, saintes Écritures, tracées par des mortels choisis, sous la dictée même de Dieu. Ici se manifeste l'inspiration dans sa pureté la plus sublime. Elle est évidente et hautement avouée; la religion la proclame, et devant elle s'humilie respectueusement le monde chrétien. Ici encore éclate l'imagination dans toute sa splendeur; car il fallait que les paroles divines fussent transmises à des mortels par une bouche mortelle.

O incomparable magnificence ! Combien de beautés nobles et touchantes dans ce livre sacré ! Quelle variété, quel éclat et quelle simplicité tout ensemble! Le poète chante la création de l'univers : ô merveille! le génie du poète n'est pas au-dessous d'un tel sujet! Un seul mot nous rend comme présents à l'œuvre du Créateur; à sa parole nous voyons naître ce qui n'était pas. Immobiles de respect et de crainte, nous nous perdons dans un étonnement infini.... tant l'inspiration divine a de force! tant elle sait se revêtir d'images éclatantes pour se manifester à nous !

Ici, le roi prophète s'abandonne à cet enthousiasme sacré. Il confie au Seigneur ses joies et ses douleurs, ses regrets et ses espérances. Jamais la lyre ne rendit des sons plus éloquents; jamais des traits plus variés et plus frappants ne figurèrent aux yeux des hommes de plus religieuses pensées.

Là, par la voix d'Isaïe, l'Esprit saint impose silence au ciel et à la terre; il vient annoncer au peuple infidèle les vengeances du Seigneur. Plein de l'inspiration divine, le prophète, pour la rendre sensible, puise comme dans un carquois inépuisable les traits brûlants de l'imagination. Il ne craint pas de faire apparaître Dieu même; il nous découvre les séraphins enflammés qui gardent le trône de Jéhovah, et nous fait entendre l'hymne de l'éternel amour.

Et toi, sombre Ézéchiel! et toi aussi, inconsolable Jérémie! l'Esprit saint qui vous agite donne une force pénétrante à vos menaces et à vos gémissements. Ministre de votre enthousiasme, l'imagination vous prête ses armes puissantes. Des images vives étalent aux yeux de Jérusalem sa honte, ses forfaits, et déjà lui montrent dans un avenir prochain son châtiment inévitable.

Entendez-vous ce mortel qui adresse au Seigneur

des plaintes si touchantes? Il n'y a qu'un moment, on le voyait élevé au-dessus de tous les fils des hommes, et le voilà brisé par le malheur! Il a toujours marché dans la voie des justes, et le souffle de la colère divine a fait écouler ses jours comme une eau fugitive! Mais il s'abaisse sous la main qui le frappe; il respecte le secret de l'Éternel.

Naïve innocence des premiers âges! tendres et généreux sentiments! vous venez aussi vous peindre dans ce livre avec les plus fraîches couleurs. Aimable fille de Noëmi, qu'on éprouve une vertueuse émotion à la vue de ta piété filiale! Qu'on est séduit agréablement par cette teinte si douce et si délicate que le poète inspiré a su répandre sur le plus gracieux tableau!

Près de la poésie des saintes Écritures, la poésie profane est comme ces étoiles lumineuses qui disparaissent devant l'éclat du soleil. La poésie sacrée coule incessamment, sans travail, sans effort, d'une source intarissable; le génie des poètes profanes est bien moins indépendant et moins facile, même dans ses plus admirables créations. Il n'y a rien d'humain dans la poésie des Écritures; jamais, dans les autres poètes, l'homme ne disparaît tout entier.

Théry, *Discours sur le Génie poétique*, couronné par *l'Académie française* (1821).

MÊME SUJET.
De l'Éloquence de l'Écriture-Sainte.

Lorsque je me propose ici de faire quelques réflexions sur l'éloquence des livres sacrés, je suis bien éloigné de vouloir qu'on les confonde avec ceux des auteurs profanes, en n'y faisant remarquer aux jeunes gens que ce qui flatte l'oreille et l'esprit, et ce qui peut les former au bon goût. Le but que Dieu s'est proposé en parlant aux hommes dans ses Écritures n'a pas été sans doute de nourrir leur orgueil et leur curiosité, ni d'en faire des orateurs et des savants, mais de les rendre meilleurs. Son dessein, dans ces livres sacrés, n'est pas de plaire à notre imagination, ou de nous apprendre à remuer celle des autres, mais de nous purifier et de nous convertir, et de nous rappeler du dehors, où nos sens nous conduisent, à notre cœur, où la grace nous éclaire et nous instruit.

Il est vrai que la sagesse divine mène à sa suite tous les biens, et qu'elle a dans sa main toutes les qualités que le siècle respecte, et qu'il ne peut recevoir que d'elle. Et comment ne serait-elle pas éloquente, elle qui ouvre la bouche des muets, et qui rend éloquentes les langues des petits enfants*? *Qui a fait la bouche de l'homme?* dit-elle ailleurs en répondant à Moïse, qui croyait manquer du talent de la parole? *Qui a formé le muet et le sourd, celui qui voit et celui qui est aveugle? N'est-ce pas moi***?

Mais cette divine sagesse, pour se rendre plus accessible et plus intelligible, a bien voulu se rabaisser jusqu'à notre langage, prendre notre ton,

* Sapientia aperuit os mutorum, et linguas infantium fecit disertas. *Sap.* X, 21.

** Obsecro, Domine: non sum eloquens ab heri et nudius tertius... Quis fecit os hominis? aut quis fabricatus est mutum et surdum, videntem et cœcum? Nonne ego? *Exod.* IV, 10, 11.

et balbutier, pour ainsi dire, avec les enfants. De là vient que le caractère dominant des Écritures, et qui s'y fait sentir presque partout, est la simplicité.

Cela est encore plus sensible dans les Écritures du nouveau Testament, et saint Paul nous en découvre une raison bien sublime. D'abord le dessein du Créateur avait été d'attirer les hommes à sa connaissance par l'usage de leur raison, et par la considération de la sagesse de ses ouvrages. Dans ce premier plan, et dans cette première manière d'enseigner, tout était grand et magnifique; tout répondait, et à la majesté du Dieu qui parlait, et à la grandeur de celui qui était instruit. Le péché a renversé cet ordre, et a fait prendre une voie tout opposée. « Dieu voyant que le monde, avec la sagesse « humaine, ne l'avait point connu dans les ouvrages « de la sagesse divine, il lui a plu de sauver par la « folie de la prédication ceux qui croiraient en lui (1 *Cor.* I, 21). » Or, une partie de cette folie consiste dans la simplicité de la parole et de la doctrine évangélique. Dieu a voulu mettre au décri la vanité de l'éloquence, de la science et de l'esprit des philosophes, et rendre méprisables le faste et l'enflure de l'orgueil humain, en faisant écrire les livres saints, seuls destinés à convertir les hommes, d'un style tout différent de celui des auteurs païens. Au lieu que ceux-ci ne paraissent presque occupés que du soin de relever leurs discours par des ornements, les auteurs sacrés ne songent jamais à faire paraître de l'esprit dans leurs écrits, pour ne point ravir à la croix de Jésus-Christ l'honneur de la conversion du monde, en le donnant ou à l'agrément de l'éloquence, ou à la force du raisonnement humain.

Si donc, malgré cette simplicité, qui est le vrai caractère des Écritures, on y trouve des endroits si beaux et si éclatants, il est très remarquable que cette beauté et cet éclat ne viennent point d'une élocution recherchée et étudiée, mais du fond même des choses qu'on y traite, qui sont par elles-mêmes si grandes et si élevées, qu'elles entraînent nécessairement la magnificence du style.

D'ailleurs il en est de la manière dont la sagesse divine a parlé aux hommes par les Écritures, comme de celle dont elle a conversé avec eux par l'Incarnation, et dont elle a opéré leur salut. Elle était voilée, à la vérité, et obscurcie par les dehors rebutants de l'enfance, du silence, de la pauvreté, des contradictions, des humiliations, des souffrances; mais au travers de tous ces voiles elle laissait toujours échapper des traits et des rayons de majesté et de puissance qui annonçaient clairement sa divinité. Ce double caractère de simplicité et de grandeur éclate aussi partout dans les livres sacrés; et quand on examine avec attention et ce que cette sagesse a souffert pour notre salut, et ce qu'elle a fait écrire pour notre instruction, on reconnaît également dans l'un et dans l'autre le verbe éternel, par qui tout a été fait : *In principio erat Verbum*; voilà la source de sa grandeur : mais qui s'est fait chair pour nous, *et Verbum caro factum est*; voilà la cause de ses faiblesses.

Il était nécessaire de prendre ces précautions et d'établir ces principes, avant que d'entreprendre de faire remarquer dans les Écritures ce qui regarde l'éloquence. Car, sans cela, en faisant trop valoir ces sortes de beautés, on exposerait les jeunes gens au péril de respecter moins les endroits de l'Écriture où elle est plus accessible aux petits, quoique dans ces endroits-là même elle soit aussi divine que dans les autres, et qu'elle y cache souvent de plus grandes profondeurs; ou on les exposerait à un autre danger, non moins à craindre, qui est de négliger les choses mêmes que nous dit la sagesse, et de n'être attentifs qu'à la manière dont elle les dit, et ainsi d'estimer moins les avis salutaires qu'elle nous donne que les traits d'éloquence qui lui échappent. Or, c'est lui faire injure que d'admirer sa suite et son cortège, et de ne la pas regarder; ou d'être plus touché des présents qu'elle fait souvent à ses ennemis, que des graces qu'elle réserve pour ses enfants et ses disciples.

Je parcourrai différentes matières, mais sans y garder un ordre bien exact. J'ai déjà averti ailleurs que la plupart des réflexions que l'on trouvera ici sur l'Écriture-Sainte ne sont pas de moi, et la beauté du style le fera assez remarquer.

§ Ier. *Simplicité des Écritures mystérieuses.*

Ibi crucifixerunt eum (*Luc.* XXIII, 33). « Là, ils « crucifièrent Jésus-Christ. »

Plus on fait attention au caractère inimitable des évangélistes, plus on y reconnaît la conduite d'un autre esprit que celui de l'homme. Ils se contentent de dire en un mot que leur maître fut crucifié, sans marquer ni étonnement, ni compassion, ni reconnaissance. Qui parlerait ainsi d'un ami qui aurait donné sa vie pour lui? Quel fils rapporterait d'une manière si courte et si simple comment son père l'aurait exempté du dernier supplice, en le souffrant à sa place? Mais c'est en cela que le doigt de Dieu est évident; et moins l'homme paraît dans une conduite si peu humaine, plus l'opération de Dieu est manifeste.

Les prophètes décrivent* les souffrances de Jésus-Christ d'une manière vive, touchante, pathétique. Ils sont pleins de sentiments et de réflexions. Mais les évangélistes les racontent d'une manière simple, sans mouvements, sans réflexions, sans rien permettre à leur admiration et à leur reconnaissance, sans paraître avoir aucun dessein de changer leurs lecteurs en disciples de Jésus-Christ. Il n'était pas naturel que des hommes éloignés de tant de siècles de celui du Messie fussent si touchés de ses souffrances. Il n'était pas naturel que des témoins oculaires de sa croix, et si zélés pour sa gloire, parlassent d'une manière si modérée du crime inouï commis contre sa personne. Le zèle des évangélistes eût été suspect; celui des prophètes ne pouvait l'être. Mais si les évangélistes et les prophètes n'avaient été inspirés, les premiers eussent écrit d'une manière plus animée, et les seconds d'une manière plus indifférente. Les uns eussent marqué un des-

---

* David, Ps. XXI, et LXVIII. — Isaï. L et LIII. — Jérém. XI.

sein de persuader, et les autres une timidité et une hésitation dans leurs conjectures qui n'eût touché personne. Tous les prophètes sont ardents, zélés, pleins de respect et de vénération pour les mystères qu'ils annoncent : tous les évangélistes sont tranquilles ; et avec un zèle égal à celui des prophètes, ils ont une modération inimitable. Qui peut ne pas reconnaître la main qui a conduit les uns et les autres ? et quelle preuve peut être plus sensible de la divinité des Écritures, que de ne ressembler en rien à tout ce qu'écrivent les hommes ? Mais en même temps combien un tel exemple, et il y en a une infinité d'autres pareils, doit-il nous apprendre à respecter l'auguste simplicité des livres saints, qui souvent cache les plus sublimes vérités et les plus profonds mystères ?

C'est ainsi à peu près que l'Écriture (*Gen.* ch. XXII) rapporte que Isaac fut mis par Abraham sur le bois qui devait lui servir de bûcher, et qu'il fut lié avant que d'être immolé, sans nous dire un seul mot ni des dispositions de ce fils, ni du discours que son père lui tint ; sans nous préparer à un tel sacrifice par quelques réflexions, et sans nous dire avec quels sentiments le fils et le père s'y étaient soumis. L'historien Josèphe met dans la bouche d'Abraham un discours assez long, qui est fort beau et fort touchant : Moïse lui fait garder le silence, et le garde lui-même. C'est que l'un écrivait en homme, et par son propre esprit ; et que l'autre n'était que l'instrument et la plume de l'esprit de Dieu, qui lui dictait toutes ses paroles.

§ II. *Simplicité et grandeur.*

1. « Au commencement Dieu créa le ciel et la terre (Gen. I, 1). » Quel homme, ayant à parler de si grandes choses, eût commencé comme Moïse? Quelle majesté, et en même temps quelle simplicité! Ne sent-on pas que c'est Dieu lui-même qui nous instruit d'une merveille qui ne l'étonne point, et au-dessus de laquelle il est? Un homme ordinaire aurait voulu s'efforcer de répondre par la magnificence de ses expressions à la grandeur de son sujet; et il n'aurait montré que sa faiblesse. La sagesse éternelle, qui s'est jouée en faisant le monde*, en fait le récit sans s'émouvoir.

Les prophètes, dont le but est de nous faire admirer les merveilles de la création, en parlent d'un ton bien différent.

« Le Seigneur prend possession de son empire :
« il s'est revêtu de gloire. Le Seigneur s'est revêtu
« de force ; il s'est armé de son pouvoir **. »

Le saint roi, transporté en esprit à la première origine du monde, dépeint en termes magnifiques comment Dieu, qui jusque-là était demeuré inconnu, invisible, et caché dans le secret impénétrable de son être, s'est tout d'un coup manifesté par une foule de merveilles incompréhensibles.

« Le Seigneur, dit-il, sort enfin de sa solitude. Il
« ne veut plus être seul heureux, seul juste, seul
« saint. Il veut régner par sa bonté et par ses lar-

---

* Ludens in orbe terrarum. *Prov.* VIII, 31.

** Dominus regnavit: decorem indutus est. Indutus est Dominus fortitudinem, et præcinxit se. Ps. XCII, 1.

« gesses. Mais de quelle gloire ce roi immortel est-il
« revêtu! Quelles richesses vient-il d'étaler à nos
« yeux ! De quelle source partent tant de lumières
« et tant de beautés? Où étaient cachés ces trésors
« et cette riche pompe qui sortent du sein des té-
« nèbres? Quelle est la majesté même du Créateur,
« si celle qui l'environne imprime un tel respect!
« Que doit-il être, puisque ses ouvrages sont si
« magnifiques ! »

Le même prophète, dans un autre psaume, sortant d'une profonde méditation sur les ouvrages de Dieu, et pénétré d'admiration et de reconnaissance, s'exhorte lui-même à louer et à bénir une majesté et une bonté infinie, dont les merveilles l'étonnent et les bienfaits l'accablent. « O mon âme, bénissez le
« Seigneur. Seigneur mon Dieu, vous avez fait écla-
« ter excellemment votre grandeur. Vous vous êtes
« revêtu d'honneur et de gloire : vous vous êtes cou-
« vert de la lumière comme d'un manteau *. » Ne semble-t-il pas que tout d'un coup le roi des siècles s'est revêtu de magnificence et de gloire, et qu'en sortant du secret de son palais, il s'est fait voir tout brillant de lumière? Mais tout cela n'est que sa parure extérieure, et comme un manteau qui le cache. Votre Majesté, ô mon Dieu, est bien au-dessus de la lumière qui l'environne. J'arrête mes regards sur vos habits, ne pouvant les fixer sur vous. Je puis discerner la riche broderie de votre pourpre; mais

---

* Benedic, anima mea, Domino. Domine Deus meus, magnificatus es vehementer, Confessionem (*heb.* gloriam) et decorem induisti, amictus lumine sicut vestimento. Ps. CIII, 1, 2.

je cesserais de vous voir, si j'osais élever mes yeux jusqu'à votre visage.

Il n'est pas inutile de comparer ainsi la simplicité de l'historien avec la sublime magnificence des prophètes. Ils parlent du même objet, mais dans des vues toutes différentes. Il en est ainsi de toutes les circonstances de la création. J'en rapporterai seulement quelques-unes qui feront juger des autres.

2. « Dieu fit deux grands corps lumineux, l'un « plus grand pour présider au jour, et l'autre moin- « dre pour présider à la nuit: il fit aussi les étoiles*. »

Y a-t-il rien en même temps de plus grand et de plus simple? Je ne parlerai que du soleil et des étoiles, et je commencerai par les dernières.

Il n'appartient qu'à Dieu de parler avec cette indifférence du plus étonnant spectacle dont il avait orné l'univers : *Et stellas*. Il dit en un mot ce qui ne lui a coûté qu'une parole. Mais qui peut sonder la vaste étendue de cette parole ? Faisons-nous réflexion que ces étoiles sont innombrables, toutes infiniment plus grandes que la terre, toutes, excepté les planètes, une source inépuisable de lumière? Mais quel est l'ordre qui a fixé leurs rangs? et à qui obéit si ponctuellement, et avec tant de joie, cette armée du ciel, dont toutes les sentinelles sont si vigilantes **? Le firmament, parsemé de ce

---

* Fecit Deus duo luminaria magna: luminare majus, ut præsset diei; et luminare minus, ut præsset nocti; et stellas. *Gen.* I, 16.

** Stellæ dederunt lumen in custodiis suis, et lætatæ sunt. Vocatæ sunt, et dixerunt: Adsumus, et luxerunt ei cum jucunditate, qui fecit illas. *Baruc.* III, 34, 35.

nombre infini d'étoiles, est le premier prédicateur qui a annoncé la gloire du Dieu tout-puissant*; et, pour rendre tous les hommes inexcusables, il ne faut que ce livre écrit en caractères de lumière.

Pour le soleil, qui peut l'envisager fixement, et soutenir quelque temps l'éclat de ses rayons? « C'est « l'ouvrage admirable du Très-Haut. Il brûle la « terre en son midi; et qui peut supporter ses vives « ardeurs! Il conserve une fournaise de feu tou- « jours agissante. Il brûle les montagnes d'une triple « flamme; il lance des rayons de feu, et la vivacité de « sa lumière éblouit les yeux. Le Seigneur qui l'a fait « est grand, et il hâte sa course pour lui obéir**. » Est-ce donc là le même soleil dont la Genèse parle d'une manière si simple? *Fecit luminare majus, ut præesset diei.* Que de beautés renfermées et comme voilées sous ce petit nombre de paroles! Peut-on concevoir avec quelle pompe et quelle profusion le soleil commence sa course, de quelles couleurs il embellit la nature, et de quelle magnificence il est lui-même revêtu en s'élevant sur l'horizon, comme l'époux que le ciel et la terre attendent, et qui fait leurs délices? *Ipse tanquàm sponsus procedens de thalamo suo.* Mais voyez comme il allie avec la majesté et les graces d'un époux, la course rapide

---

* Cœli enarrant gloriam Dei, et opera manuum ejus annuntiat firmamentum. Ps. XVIII, 1.

** Sol... vas admirabile, opus Excelsi. In meridiano exurit terram, in conspectu ardoris ejus quis poterit sustinere? Fornacem custodiens in operibus ardoris: tripliciter sol exurens montes, radios igneos exsufflans, et refulgens radiis suis obcæcat oculos. Magnus Dominus qui fecit illum, et in sermonibus ejus festinavit iter. *Eccl.* XLIII, 2, 5

d'un géant, qui songe moins à plaire qu'à porter partout la nouvelle du prince qui l'envoie, et qui est moins occupé de sa parure que de son devoir! « Exultavit ut gigas ad currendam viam. A summo « cœlo egressio ejus; et occursus ejus usque ad sum- « mum ejus; nec est qui se abscondat à calore ejus. » Sa lumière est encore aussi vive et aussi abondante qu'au premier jour, sans que ce déluge continuel de feu, qui se répand de toutes parts, ait affaibli la source incompréhensible d'une profusion si pleine et si précipitée. Le prophète a bien raison de s'écrier : *Magnus Dominus qui fecit illum!* Quelle est la majesté du Créateur, et que doit-il être lui-même, puisque ses ouvrages sont si magnifiques!

3. J'ajouterai encore ce qui regarde la formation de la mer. « Dieu dit que les eaux qui sont sous le « ciel se rassemblent en un seul lieu, et que l'élé- « ment aride paraisse (*Gen.* I, 9). »

Si les prophètes ne nous aidaient à découvrir les merveilles cachées sous la surface de ces paroles, leur profondeur serait encore plus impénétrable pour nous que celle de la mer.

Ce commandement, qui n'est ici qu'une simple parole, est une menace terrible, et un tonnerre selon le prophète. « Les eaux avaient surpassé les « montagnes; mais votre voix menaçante les a mises « en fuite. Au bruit de votre tonnerre, elles se sont « retirées avec empressement et frayeur *. » Au lieu de s'écouler tranquillement, elles prirent la

---

* Super montes stabunt aquæ. Ab increpatione tuâ fugient : à voce tonitrui tui formidabunt. Ps. CIII, 6, 7.

fuite avec épouvante : elles se hâtèrent de se précipiter, et de s'entasser les unes sur les autres, pour laisser libre l'espace qu'elles avaient, ce semble, usurpé, puisque Dieu les en chassait. Il arriva quelque chose de semblable quand Dieu fit passer à son peuple la mer Rouge et le Jourdain: *Increpuit mare Rubrum, et exsiccatum est.* Ce qui donne lieu à un autre prophète de demander à Dieu si c'est donc contre la mer ou contre les fleuves qu'il est irrité*.

Dans cette obéissance tumultueuse, où les eaux effrayées paraissaient devoir porter le désordre partout où elles se déborderaient, une main invisible les gouverna avec autant de facilité qu'une mère gouverne et manie un enfant qu'elle avait d'abord emmaillotté, et qu'elle place ensuite dans son berceau. C'est sous ces images que Dieu lui-même nous représente ce qu'il fit alors. « Qui prit soin de la
« mer, lorsqu'elle sortait du sein où elle avait
« été retenue? lorsque je la couvris d'une nuée
« comme d'un vêtement, et que je l'environnai de
« vapeurs obscures comme de langes et de bande-
« lettes? lorsque je lui donnai mes ordres, et que
« je lui opposai des portes et des barrières, en lui
« disant: Tu viendras jusqu'ici, mais tu n'iras pas
« au-delà; et ce terme arrêtera l'orgueil de tes flots**.»

* Numquid in fluminibus iratus es, Domine? vel in mari indignatio tua? *Habac.* III, 8.
** Quis conclusit ostiis mare, *dit-il à Job*. (*Heb* Quis protexit in valvis mare, cùm ex utero prodiens exiret?) quandò erumpebat, quasi de vulvâ procedens: cùm ponerem nubem vestimentam ejus, et caligine illud, quasi pannis infantiæ, obvolverem? Circumdedi illud terminis meis (*Heb.*

Il n'est pas nécessaire de relever la beauté de ces dernières paroles : à qui ne se fait-elle pas sentir? Dieu marqua des bornes à la mer, et elle n'osa les passer. Ce qu'il avait écrit sur son rivage, l'empêcha d'aller au-delà*; et l'élément qui paraît le plus indocile fut également obéissant, et dans sa fuite et dans son repos. Cette obéissance est toujours la même depuis tant de siècles, et quelque agités que paraissent les flots, dès qu'ils approchent du bord, la défense de Dieu les tient en respect, et les arrête tout court.

§ III. *La beauté de l'Écriture ne vient point des mots, mais des choses.*

On sait que les auteurs les plus excellents, soit grecs, soit latins, perdent presque toutes leur graces lorsqu'ils sont traduits littéralement, parce que l'expression fait une grande partie de leur beauté. Comme celle des livres saints consiste plus dans les choses mêmes que dans les termes, nous voyons qu'elle subsiste et se fait sentir dans les traductions les plus simples et les plus littérales. Il ne faut qu'ouvrir l'Écriture-Sainte pour se convaincre de ce que je dis ici. Je me contenterai d'en rapporter deux ou trois passages.

1. « Malheur à vous qui joignez maison à mai-
« son, et qui ajoutez terres à terres, jusqu'à ce

decrevi super eo decretum meum), et posui vectem et ostia. Et dixi: Usque huc venies, et non procedes ampliùs, et hìc confringes tumentes fluctus tuos.(*Heb.* Meta hæc confringet tumorem fluctuum tuorum.)*Job.* XXXVIII, 8, 10.

* Posui arenam terminum mari, præceptum sempiternum, quod non præteribit. Et commovebuntur, et non poterunt, et intumescent fluctus ejus, et non transibunt illud. *Jerem.* V, 22.

« qu'enfin le lieu vous manque! Serez-vous donc
« les seuls qui habiterez sur la terre? J'entends le Sei-
« gneur; sa voix est à mes oreilles. Je vous déclare,
« dit-il, que cette multitude de maisons, ces mai-
« sons si vastes et si embellies seront toutes dé-
« sertes, sans qu'un seul homme y habite *. »

L'éloquence profane n'a rien qu'on puisse comparer à la vivacité du reproche que fait ici le prophète aux riches de son temps, qui, perdant de vue
la loi de Dieu, laquelle avait assigné à chaque particulier une portion de la terre promise avec défense de l'aliéner pour toujours, engloutissaient
dans leurs vastes parcs, la vigne, le champ, la maison
de ceux qui avaient le malheur d'être leurs voisins.

Mais la réflexion qu'ajoute le prophète ne me
semble pas moins éloquente, quelque simple qu'elle
paraisse. *In auribus meis Dominus exercituum.*
J'entends le Seigneur: sa voix est à mes oreilles.
Pendant que tout le monde n'est attentif qu'à ses
plaisirs, et que personne n'écoute la loi de Dieu,
j'entends déjà gronder son tonnerre contre ces riches
ambitieux qui ne pensent qu'à bâtir, et qu'à s'établir
sur la terre. Dieu fait retentir à mes oreilles une
continuelle menace contre leurs vaines entreprises,

---

* Væ qui conjungitis domum ad domum, et agrum agro copulatis usque
ad terminum loci (*Heb.* Donec deficiat locus.)! Numquid habitabitis vos
soli in medio terræ? In auribus meis ᵃ Dominus exercituum : Nisi domus
multæ desertæ fuerint grandes et pulchræ absque habitatore. *Isaï.* V, 8, 9.

ᵃ *C'est ainsi que porte l'hébreu: au lieu que la version latine attribue ces
paroles à Dieu, et non au prophète.* In auribus meis sunt hæc: dicit Dominus exercituum.

et une espèce de jurement plus effrayant encore que la menace, parce qu'il est une preuve qu'elle est prête à éclater, et qu'elle est irrévocable : *Si non domus multæ desertæ fuerint*, etc.

2. Le même prophète, dans un autre endroit, peint avec des traits merveilleux le caractère du Messie. « Un petit enfant nous est né, et un fils « nous a été donné. Sa principauté sera sur son « épaule; et il sera appelé l'Admirable, le Conseiller, « Dieu, le Fort, le Prince du siècle futur, le Prince « de la Paix *. »

Je ne m'arrête qu'à cette expression : « *Et erit* « *principatus super humerum ejus* ; sa principauté « sera sur son épaule, » qui a un sens merveilleux et une énergie toute particulière quand on l'approfondit.

Jésus-Christ naîtra enfant, mais il n'attendra ni l'âge, ni l'expérience pour régner. Il n'aura besoin ni d'être reconnu par ses sujets, ni d'être aidé par ses armées à soumettre les rebelles. Il sera lui-même sa force, sa puissance, sa royauté. Il sera infiniment différent des autres rois, qui ne peuvent l'être, s'ils n'ont un état qui les reconnaisse, et qui retombent dans la condition d'un homme privé, si leurs sujets refusent de leur obéir. Leur autorité n'est point à eux : elle ne tire point d'eux son origine ni sa durée. Mais l'enfant qui naîtra, lors

---

* Parvulus natus est nobis, et filius datus est nobis ; et factus est (*Heb.* et erit) principatus super humerum ejus ; et vocabitur nomen ejus, Admirabilis, Consiliarius, Deus, Fortis, Pater futuri seculi, Princeps Pacis. *Isaï.* IX, 6.

même qu'il paraîtra avoir besoin de tout, et n'être capable d'aucun commandement, portera tout le poids de la majesté divine et de la royauté. Il soutiendra tout par son efficace et sa puissance*, et la souveraine autorité résidera pleinement et solidairement sur lui. *Et erit principatus super humerum ejus.* Rien ne le prouvera mieux que la voie même qu'il choisira pour régner. Il faudra qu'il ait par lui-même, et indépendamment de tous les moyens extérieurs, une souveraine puissance, pour se faire adorer par tous les hommes malgré l'ignominie de la croix, dont il aura bien voulu se charger, et pour convertir l'instrument de son supplice en l'instrument de sa victoire, et en la marque la plus éclatante de sa royauté : « Sa principauté « sera sur son épaule. »

Quand on étudie avec quelque soin les Écritures, on reconnaît que c'est toujours la force des pensées et la grandeur des sentiments qui en font la beauté.

§ IV. *Descriptions*

1. Cyrus a été le plus grand conquérant, et le prince le plus accompli dont il soit parlé dans l'histoire. L'Écriture nous en découvre la raison : c'est que Dieu avait pris plaisir à le former lui-même pour l'accomplissement des desseins de miséricorde qu'il avait sur son peuple. Deux cents ans avant sa naissance, il l'appelle par son nom, et avertit que

---

* Portans omnia verbo virtutis suæ. *Heb.* I, 3.

Ecce Deus vester : ecce Dominus Deus in fortitudine veniet, et brachium suum dominabitur. *Isai.* XL, 10.

c'est lui qui lui mettra la couronne sur la tête et l'épée en main pour le rendre le libérateur de son peuple.

« Voici ce que dit le Seigneur à Cyrus qui est
« mon Christ, que j'ai pris par la main pour lui
« assujettir les nations, pour mettre les rois en fuite,
« pour ouvrir devant lui toutes les portes, sans qu'au-
« cune lui soit fermée : Je marcherai devant vous :
« j'humilierai les grands de la terre : je briserai les
« portes d'airain et de bronze..... Je suis le Seigneur,
« et il n'y en a point d'autre : il n'y a de Dieu que
« moi. Je vous ai mis les armes à la main, et vous
« ne m'avez point connu*. »

Dans un autre endroit il commande à Cyrus, roi des Perses, appelé pour lors Élamites, de partir avec les Mèdes : il donne les ordres pour le siège, et Babylone tombe. « Marche, Élam; Mède, assiège « la ville. Enfin Babylone ne fera plus soupirer les « autres**. » Qu'il vienne maintenant à mon ordre; qu'il s'unisse aux Mèdes; qu'il assiège une ville ennemie de mon culte et de mon peuple; qu'il m'obéisse sans me connaître; qu'il me suive les yeux fermés; qu'il exécute mes volontés sans être ni de mon conseil, ni dans ma confiance, et qu'il apprenne

---

* Hæc dicit Dominus Christo meo Cyro, cujus apprehendi dexteram, ut subjiciam ante faciem ejus gentes, et dorsa regum vertam, et aperiam coràm eo januas, et portæ non claudentur. Ego ante te ibo, et gloriosos terræ humiliabo : portas æreas conteram, et vectes ferreos confringam..... Ego Dominus, et non est impliùs : extrà me non est Deus. Accinxi te, et non cognovisti me. *Isaï.* XLV, 1, 2 et 5

** Ascende, Ælam : obside, Mede : omnem gemitum ejus cessare feci. *Isaï.* XXI, 2.

à tous les princes, et même à tous les hommes, combien je suis maître des empires, des évènements, des volontés mêmes, puisque je me fais également obéir par les rois, et par chaque soldat de leur armée, sans avoir besoin ni de me montrer, ni d'exhorter, ni d'employer d'autres moyens que ma volonté, qui est aussi ma puissance. « Ut sciant
« hi qui ab ortu solis, et qui ab occidente, quoniam
« absque me non est. Ego Dominus, et non est
« alter (*Isaï.* XLV, 6). »

Qu'il y a de grandeur dans ce peu de paroles ! *Ascende, Ælam* : Prince des Perses, partez. *Obside, Mede* : Et vous, prince des Mèdes, formez le siège. *Omnem gemitum ejus cessare feci* : Babylone est prise et pillée. Elle est sans pouvoir. Sa tyrannie est finie.

2. Comme Dieu est extrêmement sensible à l'oppression des pauvres et des faibles, aussi bien qu'à l'injustice des juges et des grands de la terre, c'est ce que l'Écriture a peint avec les couleurs les plus vives.

Isaïe nous représente la vérité faible et tremblante, qui implore en vain le secours des juges, et qui se présente inutilement devant tous les tribunaux. Tout accès lui est fermé ; partout elle est rebutée, mise en oubli, foulée aux pieds. Le crédit l'emporte sur le bon droit. L'homme de bien est livré en proie à l'injuste. « Le Seigneur l'a vu, dit
« le prophète, et ses yeux ont été blessés de ce qu'il
« n'y avait plus de justice au monde. Il a vu qu'il
« ne restait plus d'homme sur la terre, et il a été

« saisi d'étonnement de voir que personne ne s'op-
« posait à ces maux*. »

Son silence fait croire ou qu'il ne voit point ces
désordres, ou qu'il y est indifférent. « Il n'en est pas
« ainsi, dit le prophète, dans un autre endroit. Tout
« se prépare pour le jugement, sans que les hommes
« y pensent. Le juge invisible est présent. Il est
« debout pour prendre en main la défense de ceux
« qui n'en ont point d'autre, et pour prononcer
« contre les injustes, et pour les faibles et les pau-
« vres, un jugement très différent. Le Seigneur en-
« trera en jugement avec les anciens et les princes
« de son peuple. Quoi! c'est vous qui avez ravagé
« la vigne! La dépouille du pauvre paraît dans vos
« maisons. Pourquoi foulez-vous aux pieds mon
« peuple? pourquoi brisez-vous les pauvres? dit le
« Seigneur, le Dieu des armées**. » Rien n'est plus
vif ni plus éloquent que les reproches que Dieu fait
ici aux juges et aux princes de son peuple. Quoi!
vous qui deviez défendre mon peuple comme une
vigne dont vous aviez la garde; vous qui deviez lui
servir de haie et de rempart, c'est vous-mêmes qui

---

* Conversum est retrorsum judicium, et justitia longè stetit: quia corruit in plateâ veritas, et æquitas non potuit ingredi. Et facta est veritas in oblivionem. et qui recessit à malo, prædæ patuit: et vidit Dominus, et malum apparuit in oculis ejus, quia non est judicium. Et vidit quia non est vir: et aporiatus est, quia non est qui occurrat. *Isaï.* LXIX, 14, 16.

** Stat ad judicandum (*Heb.* concertandum) Dominus, et stat ad judicandos populos. Dominus ad judicium veniet cum senibus populi sui, et principibus ejus. Vos enim (*Heb.* et vos) depasti estis vineam. Rapina pauperis in domo vestrâ Quare atteritis populum meum, et facies pauperum commolitis, dicit Dominus Deus exercituum? *Isaï.* III, 13, 15

avez ravagé cette vigne, et qui l'avez ruinée comme si le feu y avait passé* ! *Et vos depasti estis vineam !* Encore si vous aviez la modération de ménager vos frères, et de ne pas les ruiner entièrement! mais, après avoir dépouillé mon peuple, vous le mettez sous le pressoir, pour tirer de ses os quelque suc, *atteritis ;* et vous le brisez sous le moulin pour achever de le mettre en poudre, *commolitis.* Vous prétendez peut-être me déguiser vos vols et vos rapines, en les convertissant en de superbes ameublements dont vous ornez vos maisons. J'ai suivi avec des yeux attentifs et jaloux tout ce qui était à votre frère, et que vous lui avez enlevé. Je le vois, malgré l'application que vous avez à me le cacher : *Rapina pauperis in domo vestrá.* Tout demande vengeance et l'obtiendra : elle tombera sur vous et sur vos enfants ; et le fils d'un père injuste, en héritant de son crime, héritera aussi de ma colère. « Malheur « à vous, dit-il ailleurs, qui bâtissez vos maisons « du sang du peuple! la pierre criera contre vous « du milieu de la muraille ; et le bois qui sert à lier « le bâtiment rendra témoignage contre vous **. »

On voit un caractère tout opposé dans la personne de Job, qui était le modèle d'un bon juge et d'un bon prince. « La compassion, dit-il, m'a élevé et m'a « nourri dès mon enfance, et je l'ai eue pour guide « dès le sein de ma mère..... Mon vêtement était

---

* C'est la force du texte original.

** Væ qui ædificat civitatem in sanguinibus... Quia lapis de pariete clamabit; et lignum, quod inter juncturas ædificiorum est, respondebit. *Habac.* II, 11, 12.

« la justice, et elle me servait de manteau. L'équité
« de mes jugements était mon diadème. Je délivrais
« le pauvre qui demandait justice par ses cris, et
« l'orphelin qui était sans protecteur. Celui qui était
« près de périr me comblait de bénédictions; et je
« consolais le cœur de la veuve. J'étais l'œil de l'a-
« veugle et le pied du boiteux. J'étais le père des
« pauvres.... Je brisais les mâchoires de l'injuste, et
« je lui arrachais sa proie d'entre les dents*. »

3. Je finirai par une description d'un genre bien différent de celles qui ont précédé, mais qui n'est pas moins remarquable : c'est celle d'un cheval de bataille, que Dieu lui-même nous a tracée dans le livre de Job.

« Est-ce vous, dit Dieu à Job, qui avez don-
« né au cheval la force et le courage? qui l'avez
« rendu terrible par un frémissement semblable au
« tonnerre? Le rendrez-vous inquiet, et le ferez-vous
« bondir comme une sauterelle, dans le temps que
« la fierté qui paraît dans le mouvement de ses na-
« rines inspire la terreur? Il creuse du pied la terre:
« il est plein de confiance en sa force : il va au-devant
« des hommes armés. Il se rit de la peur, il en est
« incapable, et la vue de l'épée ne le fait pas re-
« culer. Ne pouvant retenir son inquiétude et son

---

* Ab infantiâ meâ crevit mecum miseratio. (*Heb.* educavit me), et ab utero matris deduxi illam... Liberabam pauperem vociferantem, et pupillum cui non erat adjutor. Benedictio perituri super me veniebat, et cor viduæ consolatus sum. Justitiâ indutus sum, et vestivi me, sicut vestimento et diademate, judicio meo. Oculus fui cæco, et pes claudo. Pater eram pauperum... Conterebam molas iniqui, et de dentibus illius auferebam prædam. *Job.* XXXI, 18. et XXIX, 12, 17.

« ardeur, il frappe la terre et l'enfonce; et il ne
« devient point tranquille par les premiers signaux
« de la trompette. Mais lorsqu'elle donne un signal
« décisif, alors il dit: *Courage!* Il distingue, comme
« par l'odorat, que le combat va se donner, avant
« qu'il se donne. Il entend, ce semble, le comman-
« dement des généraux, et il prend garde au bruit
« confus de l'armée*. »

Chaque mot demanderait d'être développé pour en faire sentir la beauté : je ne m'arrêterai qu'aux derniers, qui donnent une espèce d'entendement et de parole au cheval.

Les armées sont long-temps à se mettre en ordre de bataille, et elles sont quelquefois long-temps en présence sans s'ébranler. Tous les mouvements sont marqués par des signaux particuliers, et les différents sons de trompette apprennent aux soldats tout ce qu'ils doivent faire. Cette lenteur importune le cheval. Comme il est prêt au premier son de trompette, il porte avec impatience qu'il faille avertir tant de fois l'armée. Il murmure en secret contre tous ces délais; et, ne pouvant demeurer en place, ni aussi désobéir, il bat continuellement du pied, et se plaint en sa manière qu'on perde inutilement le temps à se regarder sans rien faire:

---

* Numquid præbebis equo fortitudinem, aut circumdabis collo ejus hinnitum ? Numquid suscitabis eum quasi locustas? Gloria narium ejus terror. Terram ungulâ fodit : exultat audacter : in occursum pergit armatis. Contemnit pavorem, nec cedit gladio. Super ipsum sonabit pharetra, vibrabit hasta et clypeus. Fervens et fremens sorbet terram, nec reputat tubæ sonare clangorem. Ubi audierit buccinam, dicit Vah! procul odoratur bellum, exhortationem ducum, et ululatum exercitûs. *Job.* XXXIX, 19, 25.

Fervens et fremens sorbet terram. Dans son impatience, il compte pour rien tous les signaux qui ne sont point décisifs, et qui ne font que marquer quelque détail dont il n'est point occupé : *Nec reputat tubæ sonare clangorem.* Mais quand c'est tout de bon, et que le dernier coup de la trompette annonce la bataille, alors toute la contenance du cheval change. On dirait qu'il distingue, comme par l'odorat, que le combat va se donner, et qu'il a entendu distinctement l'ordre du général; et il répond aux cris confus de l'armée par un frémissement qui marque son allégresse et son courage. « Ubi audierit « buccinam, dicit, Vah! Procul odoratur bellum, « exhortationem ducum, et ululatum exercitûs. »

Qu'on compare les admirables descriptions qu'Homère et Virgile ont faites du cheval, on verra combien celle-ci est supérieure. (*V.* t. II, p. 483 et suiv.)

§ V. *Figures.*

Ce serait une chose infinie que de vouloir parcourir toutes les différentes espèces de figures qui se rencontrent dans l'Écriture. Les passages que j'ai déjà cités en renferment un grand nombre. J'y en ajouterai encore quelques-unes, sur-tout de celles qui sont les plus communes, telles sont la métaphore, la similitude, la répétition, l'apostrophe, la prosopopée.

1. *Métaphore et similitude.* — « J'ai toujours craint « la colère de Dieu, comme des flots suspendus sur « ma tête, et je n'en ai pu supporter le poids [*]. »

---

[*] Semper quasi tumentes super me fluctus timui Deum, et pondus ejus ferre non potui. *Job.* XXXI, 23.

Quelle idée de la colère de Dieu! des flots qui engloutissent tout, un poids qui accable et qui brise. *Iram Domini portabo* (*Mich.* VII, 9). Comment la pourrons-nous porter pendant toute l'éternité?

La magnificence de Dieu à l'égard de ses élus n'est pas moins difficile à comprendre et à exprimer. « Il « les enivrera de ses biens, il les inondera d'un « torrent de délices *. »

Il est une autre ivresse bien terrible réservée aux impies. « Tu seras enivrée de douleurs, dit un « prophète à Jérusalem réprouvée. Tu boiras la même « coupe que ta sœur Samarie a bue, qui n'est pleine « que de désolation et de tristesse. Tu la boiras jus- « qu'à la lie. Tu seras même contrainte d'en manger « les fragments ; et, dans l'excès de ton désespoir, « tu te déchireras la poitrine ; car c'est moi qui l'ai « ainsi ordonné, dit le seigneur **. » Voilà une affreuse peinture de la rage des réprouvés, mais encore infiniment au-dessous de la vérité.

2. *Répétition.* — « Comme je me suis appliqué à « les arracher, et à les détruire, et à les dissiper, et « à les perdre, et à les affliger : ainsi je m'appliquerai à les édifier et à les planter, dit le Seigneur***. »

---

* Inebriabuntur ab ubertate domus tuæ : et torrente voluptatis tuæ potabis eos. Ps. XXXV, 9.

** Ebrietate et dolore repleberis : calice mœroris et tristitiæ, calice sororis tuæ Samariæ. Et bibes illum, et epotabis usque ad fæces, et fragmenta ejus devorabis, et ubera tua lacerabis : quia ego locutus sum, ait Dominus Deus. *Ezech.* XXIII, 33, 34.

*** Sicut vigilavi super eos ut evellerem, et demolirer, et dissiparem, et disperderem, et affligerem : sic vigilabo super eos ut ædificem, et plantem, ait Dominus. *Jer.* XXXI, 28.

La conjonction répétée ici plusieurs fois marque comme autant de coups redoublés de la colère de Dieu.

« Babylone est tombée; elle est tombée, cette « grande ville qui a fait boire à toutes les nations, « le vin empoisonné de sa prostitution*. » Cette répétition, qui est aussi dans Isaïe (XXI, 9), marque que la chute de cette grande ville paraîtra incroyable, et que, pour y ajouter foi, on se fera répéter plusieurs fois cette étonnante nouvelle.

« C'est maintenant, dit le Seigneur, que je me « lèverai; c'est maintenant que je signalerai ma « grandeur; c'est maintenant que je ferai éclater ma « puissance **. » C'est-à-dire, qu'après avoir longtemps paru endormi, il sortira enfin de son sommeil, pour prendre avec éclat la défense de son peuple, et que le moment en est venu : *nunc, nunc.* Dieu s'explique encore d'une manière plus vive dans le même prophète : « Je me suis tu jusqu'à cette « heure, je suis demeuré dans le silence, j'ai été pa« tient : mais maintenant je me ferai entendre comme « une femme qui est dans les douleurs de l'enfante« ment; je détruirai tout, j'abîmerai tout ***. »

3. *Apostrophe. Prosopopée.* — Ces deux figures sont souvent mêlées ensemble. La dernière consiste principalement à personnifier des choses inanimées,

---

* Cecidit, cecidit Babylon illa magna, quæ à vino iræ fornicationis suæ potavit omnes gentes. *Apoc.* XIV, 8.

** Nunc consurgam, dicit dominus; nunc exaltabor; nunc sublevabor. *Isaï.* XXXIII, 10.

*** Tacui semper, silui, patiens fui : sicut parturiens loquar; dissipabo et absorbebo simul. *Isaï.* XLII, 14.

BIBLE.

à leur donner du sentiment et de la parole, ou bien à leur adresser son discours.

Dans le psaume CXXXVI, c'est un citoyen de Jérusalem relégué à Babylone, qui, tristement assis sur les bords du fleuve qui arrosait cette ville, exhale sa douleur et ses plaintes en tournant les yeux vers sa chère patrie. Ses maîtres, qui le tenaient captif, le pressaient de chanter, pour les réjouir, quelques airs de musique sur ses instruments. Pénétré de douleur et d'indignation, il s'écrie: « Comment chan- « terions - nous le cantique du Seigneur dans une « terre étrangère? Si je viens à t'oublier, ô Jéru- « salem, que ma main droite oublie tout ce qu'elle « sait : que ma langue demeure attachée à mon pa- « lais, si je ne me souviens plus de toi *. » Combien cette apostrophe à Jérusalem rend-elle tendre et touchant le discours de ce Juif exilé! Il croit la voir, l'entretenir, lui protester avec serment qu'il consent à perdre la voix et l'usage de la langue aussi bien que de ses instruments, plutôt que de l'oublier en prenant part aux fausses joies de Babylone.

Les écrivains sacrés font un merveilleux usage de la prosopopée, et Jérusalem en est souvent l'objet. Je me contenterai d'en indiquer un seul exemple tiré de Baruch où ce prophète décrit le malheur des Juifs emmenés captifs à Babylone. Il introduit Jérusalem comme une mère désolée, mais soumise

* Quomodò cantabimus canticum Domini in terrâ alienâ? Si oblitus fuero tui, Jerusalem, oblivioni detur (*Heb.* obliviscatur) dextera mea. Adhæreat lingua mea faucibus meis, si non meminero tui. Ps. CXXXVI, 4, 5.

aux ordres de son Dieu, quelque rigoureux qu'ils soient, qui exhorte ses enfants d'obéir à l'arrêt qui les condamne à l'exil; qui déplore sa solitude et leurs misères; qui leur représente que c'est la juste peine de leurs prévarications et de leur ingratitude; qui leur donne des avis salutaires pour leur apprendre à faire un saint usage de leur dure captivité; et qui enfin, pleine de confiance en la bonté et en la promesse de Dieu, les assure de leur retour glorieux. Le prophète ensuite adresse la parole à cette même Jérusalem, et la console par la vue du rappel de ses enfants, et de tous les avantages qui le suivront. « Exue te, Jerusalem, stolâ luctùs, et « vexationis tuæ, et indue te decore, et honore ejus, « quæ à Deo tibi est, sempiternæ gloriæ..... Nomi- « nabitur enim nomen tuum à Deo in sempiternum : « Pax justitiæ, et honor pietatis. » (*Baruch.* V, 1 et 4.)

Rien n'est plus ordinaire dans les Écritures que de personnifier l'épée du Seigneur. Dieu lui commande : elle s'aiguise, elle se polit, elle se prépare à obéir, elle part au moment marqué, elle va où Dieu l'envoie, elle dévore ses ennemis, elle s'engraisse de leur chair, elle s'enivre de leur sang, elle s'échauffe dans le carnage; et quand elle a exécuté les ordres de son maître, elle revient dans son lieu*. Le prophète Jérémie réunit presque toutes ces idées dans un seul endroit, et y en ajoute encore de plus vives. « O épée du Seigneur, ne te reposeras-tu ja-

---

* Mucro, mucro, evagina te ad occidendum : lima te ut interficias et fulgeas... Gladius exacutus est, et limatus. Ut cædat victimas, exacutus es ; ut splendeat, limatus est. *Ezech.* XXI, 28, et IX, 20.

« mais ? Rentre en ton fourreau, refroidis-toi, et
« demeure en silence. Comment se reposerait-elle,
« réplique le prophète, puisque le Seigneur lui a
« commandé d'attaquer Ascalon, et que c'est là qu'il
« lui a ordonné de se rendre*? »

§ VI. *Endroits sublimes.*

Dixit Deus. Fiat lux; et facta est lux : (Gen. 1, 3.)
L'original porte : *Dixit Deus, sit lux, et fuit lux;* ce
qui est bien plus vif. Dieu dit : « Que la lumière soit,
« et la lumière fut. »

Où était-elle un moment auparavant ? Comment
a-t-elle pu naître du sein même des ténèbres ? Avec
la lumière, toutes les couleurs, dont elle est la
mère, embellirent la nature. Le monde, plongé jusqu'alors dans l'obscurité, parut sortir une seconde
fois du néant. Il n'y eut rien qui ne fût orné, en
devenant éclairé.

Voilà ce que produisit une simple parole, dont la
majesté s'est fait sentir même aux infidèles**, qui ont
admiré que Moïse eût fait parler Dieu en maître; et
qu'au lieu d'employer des expressions qu'un petit
esprit aurait trouvées magnifiques, il se soit contenté de celle-ci : « Dieu dit : Que la lumière soit, et
« la lumière fut. »

Gladius Domini repletus est sanguine, incrassatus est adipe. *Isai.*
XXXIV, 6.

Devorabit gladius, et saturabitur, et inebriabitur sanguine eorum.
Jerem. XLVI, 10.

* O mucro Domini, usquequò non quiesces? Ingredere in vaginam
tuam, refrigerare, et sile. Quomodò quiescet, cùm Dominus præceperit ei
dversùs Ascalonem. . ibique condixerit illi? *Jerem.* XLVII, 6, 7.

** Longin

Rien en effet n'est plus noble ni plus élevé que cette manière de penser. Pour créer la lumière (et il en est ainsi de l'univers), Dieu n'a eu qu'à parler : c'est encore trop dire, il n'a eu qu'à vouloir. La voix de Dieu est sa volonté*. Il parle en commandant, et il commande par ses décrets.

La Vulgate diminue quelque chose de la vivacité de l'expression : « Dieu dit que la lumière soit faite, « et la lumière fut faite »; car le mot de *faire*, qui parmi les hommes a différents degrés, et suppose une succession de temps, semble en quelque sorte retarder l'ouvrage de Dieu, qui fut fait dans le moment même qu'il le voulut, et eut tout d'un coup toute sa perfection.

C'est dans ce même style que le prophète Isaïe fait parler Dieu, lorsqu'il prédit la prise de Babylone par Cyrus : « Je suis le Seigneur qui fais « toutes choses : c'est moi seul qui ai étendu les « cieux, et personne ne m'a aidé quand j'ai affermi « la terre..... C'est moi qui dis à l'abîme : Épuise-« toi, je mettrai tes eaux à sec ; qui dis à Cyrus : « Vous êtes le pasteur de mon troupeau, et vous « accomplirez ma volonté en toutes choses; qui « dis à Jérusalem : Vous serez rebâtie; et au temple : « Vous serez fondé de nouveau**. » –

---

* Dicere Dei, voluisse est. *S Eucher.*

Naturæ opifex lucem locutus est, et creavit. Sermo Dei, voluntas est, opus Dei, natura est. *S. Ambros.*

** Ego sum Dominus, faciens omnia : extendens cœlos solus, stabiliens terram, et nullus mecum.. Qui dico profundo [a], desolare, et flumina tua arefaciam. Qui dico Cyro : Pastor meus es, et omnem voluntatem meam

[a] Il marque l'Euphrate, que Cyrus dessécha pour prendre Babylone.

Le roi de Syrie et celui d'Israël avaient juré la perte de Judas, et les mesures qu'ils avaient prises pour détruire ce royaume paraissaient immanquables. Un seul mot les dissipe. « Voici ce que
« dit le Seigneur : Ce dessein ne subsistera pas, il
« n'aura point d'effet *. »

La même pensée est plus étendue dans un autre endroit ; et le prophète, qui sait que Dieu a promis de faire subsister la race de David jusqu'au temps du Messie qui en doit naître, brave avec une sainte fierté les vains efforts des princes et des peuples conjurés pour détruire la famille et le trône de David. « As-
« semblez - vous, peuples, et vous serez vaincus.
« Peuples éloignés, peuples de toute la terre, écou-
« tez : réunissez vos forces, et vous serez vaincus ;
« prenez vos armes, et vous serez vaincus ; for-
« mez des desseins, et ils seront dissipés ; donnez
« des ordres, et ils ne s'exécuteront point, parce
« que Dieu est avec nous **. » Isaïe prédit ici, en termes dignes de la puissance infinie de Dieu, que tous les hommes ensemble ne retarderont pas un seul moment des promesses immuables ; que les confédérations, les conspirations, les desseins secrets, les armées nombreuses, seront inutiles ; que tous ceux qui attaqueront le faible royaume de Juda

complebis. Qui dico Jerusalem : Ædificaberis ; et templo : Fundaberis. *Isaï.* XLIV, 24, 27, 28.

* Hæc dicit Dominus Deus : Non stabit, et non erit istud. *Isaï.* VII, 7.

** Congregamini, populi, et vincimini : et audite, universæ procul terræ : confortamini et vincimini : accingite vos, et vincimini : inite consilium, et dissipabitur ; loquimini verbum, et non fiet : quia nobiscum Deus *Isaï.* VIII, 9, 10.

seront vaincus; que l'univers entier ne pourra rien contre lui; et que ce qui le rendra invincible, c'est que Dieu est avec lui, ou, ce qui est la même chose, parce qu'Emmanuel est son protecteur et son roi, et que c'est de ses intérêts qu'il s'agit, plutôt que des princes dont il doit naître.

Des obstacles infinis s'opposaient au dessein qu'avait Zorobabel de faire rebâtir le temple de Jérusalem; et ces obstacles, comme une montagne, étaient insurmontables à tous les efforts humains. Dieu ne fait que parler, mais d'un ton de maître, et la montagne disparaît. *Quis tu, mons magne, coràm Zorobabel? In planum* *.

Tout le monde sait avec quelle énergie l'Écriture fait disparaître par une ruine subite l'impie qui, un moment auparavant, semblable au cèdre, portait sa tête orgueilleuse jusque dans le ciel. « Vidi impium
« superexaltatum et elevatum sicut cedros Libani :
« et transivi, et ecce non erat; et quæsivi eum, et
« non est inventus locus ejus. »(Ps. XXXVI, 35, 36.)
Il est tellement disparu et anéanti, que le lieu même où il était ne subsiste plus. M. Racine a traduit cet endroit (*Esther*, act. III, sc. dernière):

J'ai vu l'impie adoré sur la terre.
Pareil au cèdre, il cachait dans les cieux
    Son front audacieux.
Il semblait à son gré gouverner le tonnerre,
    Foulait aux pieds ses ennemis vaincus :
Je n'ai fait que passer, il n'était déjà plus

---

* « Qui es-tu, grande montagne, devant Zorobabel? Sois aplanie. » *Zach.* IV, 7.

Voilà ce qu'est toute la grandeur des princes les plus formidables, quand eux-mêmes ne craignent point Dieu; une fumée, une vapeur, une ombre, un songe, une vaine image. *In imagine pertransit homo.* (Ps. XXXVIII, 7.)

Quelle noble idée au contraire l'Écriture nous donne-t-elle de la grandeur de Dieu! Il est celui qui est [*]. Son nom est l'Éternel; le monde entier son ouvrage; le ciel est son trône, et la terre son marchepied. Toutes les nations ne sont devant lui que comme une goutte d'eau, et la terre qu'elles habitent que comme un grain de poussière. Tout l'univers est devant Dieu comme n'étant point. Sa puissance et sa sagesse le conduisent, et en règlent tous les mouvements avec la même facilité qu'une main soutient un poids léger, dont elle se joue plutôt qu'elle n'en est chargée. Il dispose des royaumes en maître souverain, et les donne à qui il lui plaît: mais son empire, aussi bien que son pouvoir, est sans bornes [**].

Tout cela nous paraît grand et sublime, et l'est en effet par rapport à nous. Mais dès que l'on parle

---

[*] Ego sum, qui sum. *Exod.* III, 14.

Cœlum sedes mea, terra autem scabellum pedum meorum. *Isaï.* LXVI, 1.

Quis mensus est pugillo aquas, et cœlos palmo ponderavit? quis appendit tribus digitis molem terræ, et libravit in pondere montes, et colles in staterâ?... Ecce gentes quasi stilla situlæ, et quasi momentum stateræ reputatæ sunt : ecce insulæ quasi pulvis exiguus... Omnes gentes quasi non sint, sic sunt coràm eo, et quasi nihilum et inane reputatæ sunt ei. *Isaï.* XL, 12, 15, 17.

[**] Donec cognoscant viventes, quoniam dominatur excelsus in regno hominum, et cuicumque voluerit, dabit illud.. Potestas ejus, potestas sempiterna, et regnum ejus in generationem et generationem *Dan.* IV, 14, 31.

aux hommes un langage qu'ils soient capables d'entendre, que peut-on dire qui soit digne de Dieu? L'Écriture elle-même succombe sous le poids de sa majesté, et les expressions qu'elle emploie, quelque magnifiques qu'elles soient, n'ont aucune proportion avec l'unique grandeur qui mérite ce nom.

C'est ce que Job nous marque d'une manière admirable. Après avoir rapporté les merveilles de la création, il termine ce récit par une réflexion très simple et en même temps très sublime : « Ce que « nous venons de dire n'est qu'une petite partie « de ses œuvres : que si ce que nous avons entendu « est seulement comme une goutte en comparaison « de ce que l'on en peut dire, qui pourrait donc « soutenir le tonnerre de ses merveilles et de sa « toute-puissance*? » Le peu qu'il nous découvre de sa grandeur infinie, n'a aucune proportion avec ce qu'il est, et surpasse néanmoins notre intelligence. Il se rabaisse, et nous ne saurions atteindre jusqu'à lui dans le temps même qu'il descend jusqu'à nous. Il est contraint d'employer notre langage et nos pensées pour se rendre intelligible, et alors même nous sommes plutôt éblouis de sa lumière, que véritablement éclairés. Que serait-ce donc s'il se montrait dans toute sa majesté ; s'il levait les voiles qui en tempèrent l'éclat ; s'il voulait nous dire tout ce qu'il est ? Quelles oreilles seraient à l'épreuve d'un tel tonnerre ? Quels yeux ne seraient

* Ecce, hæc ex parte dicta sunt viarum ejus : et cùm vix parvam stillam sermonis ejus audierimus, quis poterit tonitruum magnitudinis illius intueri? *Job.* XXVI, 14.

point aveuglés par une lumière si disproportionnée à leur faiblesse ? *Quis poterit tonitruum magnitudinis illius intueri ?*

§ VII. *Endroits tendres et touchants.*

On ne pourrait croire qu'une telle majesté fût capable de se rabaisser comme elle fait en parlant aux hommes, si l'Écriture ne nous en donnait des preuves presque à chaque page. Ce qu'il y a de plus vif et de plus tendre dans la nature, ne l'est pas encore assez pour son amour.

« J'ai nourri des enfants, dit-il par la bouche
« d'Isaïe, et je les ai élevés; et après cela ils m'ont
« méprisé. Le bœuf connaît celui à qui il est, et
« l'âne l'étable de son maître : mais Israël ne m'a
« point connu*.

« Maintenant donc, vous, habitants de Jérusa-
« lem, et vous hommes de Juda, soyez les juges
« entre moi et ma vigne. Qu'ai-je dû faire de plus
« à ma vigne que je n'aie point fait ? Est-ce *que je
« lui ai fait tort* d'attendre qu'elle portât de bons
« raisins, au lieu qu'elle n'en a produit que de
« mauvais ** ?

« On dit d'ordinaire : Si une femme, après avoir
« été répudiée par son mari, et l'avoir quitté, en
« épouse un autre, son mari la reprendra-t-il encore;
« et cette femme n'est-elle pas considérée comme

---

* Filios enutrivi, et exaltavi: ipsi autem spreverunt me. Cognovit bos possessorem suum, et asinus præsepe domini sui ; Israël autem me non cognovit. *Isaï.* I, 2, 3.

** Nunc ergo, habitatores Jerusalem, et viri Juda, Judicate inter me et vineam meam. Quid est quod debui ultrà facere vineæ meæ, et non feci ei ? An quod expectavi ut faceret uvas, et fecit labruscas ? *Isaï.* V, 3, 4.

« impure et comme déshonorée ? Mais pour vous,
« *ô fille d'Israël*, vous vous êtes corrompue avec
« plusieurs qui vous aimaient; et néanmoins reve-
« venez à moi, dit le Seigneur, et je vous recevrai *.

« Écoutez-moi, maison de Jacob, et vous tous
« qui êtes restés de la maison d'Israël; vous que je
« porte dans mon sein, que je renferme dans mes
« entrailles. Je vous porterai moi-même encore jus-
« qu'à la vieillesse, je vous porterai jusqu'à l'âge
« le plus avancé. Je vous ai créés, et je vous sou-
« tiendrai : je vous porterai, et je vous sauverai **.

« Comme une mère caresse son petit enfant,
« ainsi je vous consolerai, et vous trouverez votre
« paix dans Jérusalem ***.

« Sion a dit : Le Seigneur m'a abandonnée; le
« Seigneur m'a oubliée. Une mère peut-elle oublier
« son enfant, et n'avoir point de compassion du fils
« qu'elle a porté dans ses entrailles? Mais, quand
« même elle l'oublierait, pour moi je ne vous ou-
« blierai jamais ****. »

* Vulgò dicitur : Si dimiserit vir uxorem suam, et recedens ab eo duxe-
rit virum alterum ; numquid revertetur ad eam ultra ? Numquid non pol-
luta et contaminata erit mulier illa ? Tu autem fornicata es cum amatoribus
multis : tamen revertere ad me, dicit Dominus, et ego suscipiam te. *Jerem*
III, 1.

** Audite me, domus Jacob, et omne residuum domûs Israel, qui por-
tamini à meo utero, qui gestamini à meâ vulvâ. Usque ad senectam ego ipse,
et usque ad canos ego portabo. Ego feci, et ego feram; ego portabo, et
salvabo. *Isaï.* XLVI, 3, 4.

*** Quomodò si cui mater blandiatur, ita ego consolabor vos, et in
Jerusalem consolabimini. *Isaï.* LXVI, 13.

**** Dixit Sion : Dereliquit me Dominus, et Dominus oblitus est mei.
Numquid oblivisci potest mulier infantem suum, ut non misereatur filio

Toutes ces comparaisons, quelque tendres qu'elles soient, ne suffisent pas encore à Dieu pour nous témoigner jusqu'où va sa tendresse et sa sollicitude pour des hommes qui le méritent si peu. Ce souverain maître de l'univers ne dédaigne pas de se comparer à une poule qui tient toujours ses ailes étendues pour y recevoir ses petits ; et il déclare que le plus petit de ses serviteurs lui est aussi cher et aussi précieux que nous l'est la prunelle de l'œil. « Jérusalem, Jérusalem ; qui tues les prophètes et « qui lapides ceux qui sont envoyés vers toi com- « bien de fois ai-je voulu rassembler tes enfants, « comme une poule rassemble ses petits sous ses « ailes et tu ne l'as pas voulu*? » Il dit lui-même en parlant de son peuple : « Celui qui vous touche, « touche la prunelle de mon œil**. »

De là viennent ces expressions si ordinaires dans l'Écriture, dont il est étonnant que des créatures osent se servir à l'égard de Dieu : « Gardez-moi « comme la prunelle de votre œil : Couvrez-moi « sous l'ombre de vos ailes ***. » A qui des hommes, ô mon Dieu, oserai-je parler de la sorte, et à qui pourrai-je dire que je lui suis précieux comme la prunelle de ses yeux ? Mais c'est vous-même qui

---

nteri sui ? Et si illa oblita fuerit, ego tamen non obliviscar tui. *Isaï.* XLIX, 14, 15.

* Jerusalem, Jerusalem, quæ occidis prophetas, et lapidas eos qui ad te missi sunt : quoties volui congregare filios tuos, quemadmodùm gallina congregat pullos suos sub alas, et noluisti ? *Matth.* XXIII, 37.

** Qui tetigerit vos, tangit pupillam oculi mei. *Zach.* II, 8.

*** Custodi me ut pupillam oculi ; sub umbrâ alarum tuarum protege me. Ps. XVI, 8.

m'inspirez et me commandez cette confiance. Rien n'est plus délicat ni plus faible que la prunelle : en cela elle est mon image. Qu'elle le soit aussi, ô mon Dieu, dans tout le reste; et multipliez les secours à mon égard, comme vous avez multiplié les précautions par rapport à elle, en l'environnant de paupières et de défenses. *Custodi me ut pupillam occuli.* Mes ennemis m'environnent comme de oiseaux de proie, et je ne puis leur échapper, si je ne me réfugie dans votre sein. Vous avez appris à des petits encore faibles à se retirer sous les ailes de leurs mères, et vous avez donné aux mères cette sollicitude et cette tendresse pour leurs petits qui fait notre admiration. Vous vous êtes peint dans vos ouvrages, et vous avez exhorté les hommes à recourir à vous, par toutes les preuves de votre bonté, que vous avez répandues dans les animaux et dans la nature. Que j'ose, ô mon Dieu, avoir autant de confiance en vous, que vous avez de bonté pour moi! *Sub umbrâ alarum tuarum protege me.*

Rien n'est plus tendre ni plus touchant que l'histoire admirable de Joseph; et il est difficile de retenir ses larmes, lorsqu'on le voit obligé de se détourner ou de se retirer pour essuyer les siennes*,

---

* Festinavitque, quia commota fuerant viscera ejus super fratre suo, et erumpebant lacrymæ. *Gen.* XLIII, 30.

En oculi vestri, et oculi fratris Benjamin, vident quòd os meum loquatur ad vos... Cùmque amplexatus recidisset in collum Benjamin fratris sui, flevit, illo quoque similiter flente super collum ejus. Osculatusque est Joseph omnes fratres suos, et ploravit super singulos. Post quæ ausi sunt loqui ad eum. *Gen* XLV, 12, 14, 15.

parce que ses entrailles étaient attendries par la présence de Benjamin; ou lorsqu'après s'être fait connaître, il se jette au cou de ce cher frère, et, le tenant étroitement embrassé, mêle ses larmes aux siennes, et en fait autant à l'égard de ses autres frères, sur chacun desquels il est dit qu'il pleura. Dans ce moment aucun d'eux ne parla; et ce silence est infiniment plus éloquent que tous les discours. La surprise, la douleur, le souvenir du passé, la joie, la reconnaissance étouffent en eux toute parole. Leur cœur ne s'explique que par des larmes qui signifient tout ce qu'ils pensent, mais qu'ils ne peuvent exprimer.

Quand on lit les tristes lamentations de Jérémie sur la ruine de Jérusalem; qu'on voit cette ville, autrefois si peuplée, réduite en une affreuse solitude; la maîtresse des nations devenue comme une veuve désolée; les rues de Sion pleurer, parce qu'il n'y a plus personne qui aille à ses solennités; ses prêtres et ses vierges, plongés dans l'amertume, gémir jour et nuit; ses vieillards, couverts de cendre et de cilices, soupirer sur les tristes ruines de leur patrie; ses enfants affamés demander du pain, et n'en pouvoir obtenir*: on est prêt à s'écrier avec le prophète : « Qui fournira à mes yeux une

---

* Quomodò sedet sola civitas, plena populo : facta est quasi vidua domina gentium ? Viæ Sion lugent, eo quòd non sint qui veniant ad solemnitatem... Sacerdotes ejus gementes : virgines ejus squalidæ... Sederunt in terrâ, conticuerunt senes filiæ Sion : consperserunt cinere capita sua, accincti sunt ciliciis... Parvuli petierunt panem, et non erat qui frangeret eis ; *Lament.* I, 1, 4; II, 10; IV, 4

« fontaine de larmes pour pleurer les malheurs de
« Jérusalem* ? »

C'est cet état de Jérusalem qui tirait continuellement de la bouche des prophètes des plaintes si tendres, et des prières si vives. « Seigneur, re-
« gardez-nous du ciel ; jetez les yeux sur nous de
« votre demeure sainte, et du trône de votre gloire.
« Où est maintenant votre zèle et votre force ? Où
« est la tendresse de vos entrailles et de vos miséri-
« cordes ? Elle ne se répand plus sur moi...**........
« Cependant, Seigneur, vous êtes notre père...C'est
« vous qui nous avez formés, et nous sommes les
« ouvrages de vos mains... Jetez les yeux sur nous,
« et considérez que nous sommes tous votre peuple.
« La ville de votre saint a été changée en un désert :
« Sion est déserte : Jérusalem est désolée. Le tem-
« ple de notre sanctification et de notre gloire, où
« nos pères avaient chanté vos louanges, a été ré-
« duit en cendres, et tous nos bâtiments les plus
« somptueux ne sont plus que des ruines. Après
« cela, Seigneur, vous retiendrez-vous encore ? De-
« meurerez-vous dans le silence, et nous affligerez-
« vous jusqu'à l'extrémité*** ? »

* Quis dabit capiti meo aquam, et oculis meis fontem lacrymarum ? et plorabo die ac nocte interfectos filiæ populi mei. *Jerem.* IX, 1.

** Attende de cœlo, et vide de habitaculo sancto tuo, et gloriæ tuæ Ubi est zelus tuus, et fortitudo tua, multitudo viscerum tuorum et miserationum tuarum ? Super me continuerunt se. *Isaï.* LXIII, 15.

*** Et nunc, Domine, pater noster es tu... et fictor noster tu, et opera manuum tuarum omnes nos... Ecce respice, populus tuus omnes nos. Civitas sancti tui facta est deserta : Sion deserta facta est : Jerusalem desolata est. Domus sanctificationis et gloriæ nostræ, ubi laudaverunt te patres nostri, facta est in exustionem ignis ; et omnia desiderabilia nostra versa sunt

§ VIII. *Caractères.*

Il n'est pas étonnant que l'esprit de Dieu ait peint dans l'Écriture les différents caractères des hommes avec des couleurs si vives *. C'est lui qui a mis dans notre cœur tous les sentiments raisonnables qui s'y trouvent, et il connaît mieux que nous-mêmes ceux que notre propre corruption y a ajoutés.

Qui ne reconnaît pas la candeur ingénue et l'innocente simplicité de l'enfance, dans le récit que fait Joseph à ses frères, de songes qui devaient allumer leur jalousie et leur haine contre lui, et qui l'allumèrent en effet ** ?

Quand le même Joseph se découvre à sa famille, il ne dit que deux mots, mais qui sont puisés dans le fond même de la nature : « Je suis Joseph. Mon « père vit-il encore*** ? » Voilà de ces traits d'éloquence qui sont inimitables. L'historien Josèphe n'a pas senti cette beauté : du moins il ne l'a pas conservée dans son récit. Le long discours qu'il y substitue, quoique beau en lui-même, n'est pas en sa place.

Il y a dans les *Actes* un trait merveilleux, qui

in ruinas. Numquid super his continebis te, Domine : tacebis, et affliges nos vehementer? *Isaï.* LXIV, 8, 12.

* Heureux qui a assez faim pour dévorer *l'Ancien Testament !* Ne vous en moquez point : ce livre fait cent fois mieux connaître qu'Homère les mœurs de l'ancienne Asie ; c'est de tous les monuments antiques le plus précieux. Voltaire, *Lettre à Mme. Du Deffant* (13 octobre 1759)

** Hæc ergo causa somniorum atque sermonum, invidiæ et odii fomitem ministravit *Gen.* XXXVII, 8.

*** Elevavit vocem cum fletu... et dixit fratribus suis· Ego sum Joseph. Adhuc pater meus vivit? *Ibid.* XLV, 2, 3.

peint au naturel le caractère d'une joie subite et impétueuse. Saint Pierre avait été mis en prison. En ayant été tiré miraculeusement, il vint à la maison de Marie, mère de Jean, où les fidèles étaient assemblés et en prières. Quand il eut frappé à la porte, une fille, nommée Rhodes, ayant reconnu sa voix, au lieu de lui ouvrir, dans le transport où elle était, courut vers les fidèles leur dire que Pierre était à la porte *.

La douleur, et sur-tout d'une mère, a aussi un langage et un caractère qui sont particuliers. Je ne sais s'il est possible de les mieux représenter qu'ils le sont dans l'histoire admirable de Tobie. Dès que ce cher fils fut parti pour son voyage, sa mère, qui l'aimait tendrement, ne le voyant plus, fut inconsolable ; et, plongée dans l'amertume, elle ne fit plus que pleurer. Mais sa douleur augmenta infiniment, lorsqu'elle vit qu'il n'était point revenu au jour marqué. « Ah! mon fils, mon fils! s'é-
« cria-t-elle, baignée de larmes, pourquoi vous
« avons-nous envoyé si loin, vous qui étiez la lu-
« mière de nos yeux, le bâton de notre vieillesse, le
« soulagement de notre vie, et l'espérance de notre
« postérité? nous ne devions pas vous éloigner de
« nous, puisque vous seul nous teniez lieu de toutes
« choses. Rien ne la pouvait consoler, et, sortant
« tous les jours de sa maison, elle regardait de tous
« côtés, et allait dans tous les chemins par lesquels
« elle espérait qu'il pourrait revenir, pour tâcher

* Et ut cognovit vocem Petri, præ gaudio non aperuit januam, sed introcurrens nuntiavit stare Petrum ante januam. *Act.* XII, 14

« à le découvrir de loin quand il reviendrait*. » On peut juger de l'effet que produisit le retour de Tobie et de Raphaël. « Le chien qui les avait suivis « durant le chemin courut devant eux; et comme « s'il eût porté la nouvelle de leur venue, il sem- « blait témoigner sa joie par le mouvement de sa « queue et par ses caresses. Le père de Tobie, tout « aveugle qu'il était, se leva et se mit à courir, « s'exposant à tomber à chaque pas; et, donnant « la main à un serviteur, il s'en alla au-devant de « son fils. L'ayant rencontré, il l'embrassa, et sa « mère ensuite, et ils commencèrent tous deux à « pleurer de joie. Puis ayant adoré Dieu, et lui ayant « rendu graces, ils s'assirent. » Il ne manque rien à ce récit; et l'Écriture, pour en augmenter la naïveté, n'a pas omis la circonstance même du chien, qui est tout-à-fait dans la nature.

Un mot échappé à l'ambitieux Aman nous découvre tout ce qui se passe dans l'âme de ceux qui sont livrés à l'insatiable désir des honneurs. Il était arrivé au plus haut comble de fortune où puisse parvenir un mortel, et tout le monde fléchissait le genou devant lui, à l'exception du seul Mardochée. « Mais, dit-il en confidence à ses amis, en leur « ouvrant son cœur, quoique j'aie tous ces avan-

---

* Flebat igitur mater ejus irremediabilibus lacrymis, atque dicebat: Heu! heu! me, fili mi! ut quid te misimus peregrinari, lumen oculorum nostrorum, baculum senectutis nostræ, solatium vitæ nostræ, spem posteritatis nostræ ? Omnia simul in te uno habentes, te non debuimus dimittere à nobis... Illa autem nullo modo consolari poterat, sed quotidiè exiliens circumspiciebat, et circuibat vias omnes per quas spes remeandi videbatur, ut procul videret eum, si fieri posset, venientem. (*Tob.* X, 4, 5, 7.)

« tages, je croirai n'avoir rien, tant que je verrai
« le juif Mardochée demeurer assis devant la porte
« du palais du roi quand je passe*. » Ce trait n'est
pas échappé à M. Racine, et il a bien su en profiter :

> Dans les mains des Persans jeune enfant apporté,
> Je gouverne l'empire où je fus acheté.
> Mes richesses des rois égalent l'opulence.
> Environné d'enfants, soutiens de ma puissance,
> Il ne manque à mon front que le bandeau royal.
> Cependant, des mortels aveuglement fatal !
> De cet amas d'honneurs la douceur passagère
> Fait sur mon cœur à peine une atteinte légère.
> Mais Mardochée assis aux portes du palais
> Dans ce cœur malheureux enfonce mille traits :
> Et toute ma grandeur me devient insipide,
> Tandis que le soleil éclaire ce perfide.
> (*Esther*, act. II, sc. 1.)

Je finirai par un endroit de l'Écriture, où la suppression d'un seul mot nous peint d'une manière merveilleuse le caractère d'une personne fortement occupée d'un objet. L'esprit de Dieu avait révélé à David que l'arche aurait enfin une demeure fixe sur la montagne de Sion, où l'on bâtirait l'unique temple qu'il voulait avoir dans l'univers. Ce saint roi, tout transporté hors de lui-même, et comme dans une sainte ivresse, sans rendre compte de ce qui s'est passé en lui, ni de qui il parle, et supposant que les autres, aussi bien que lui, ne sont occupés que de Dieu et du mystère qui vient de lui être

---

* Cùm hæc omnia habeam, nihil me habere puto, quamdiù videro Mardochæum Judæum sedentem ante fores regias. *Esth.* V, 13.

révélé, s'écrie * : « Sa demeure stable et ferme est
« sur les saintes montagnes. Le Seigneur aime mieux
« les portes de Sion que toutes les tentes et tous
« les pavillons de Jacob **. » Il n'y aura donc plus
de variation dans les promesses, et le Seigneur ne
s'éloignera plus d'Israël. Sa demeure est désormais
fixée parmi nous. Son arche ne sera plus errante; son
sanctuaire ne sera plus incertain; et Sion sera dans
tous les siècles le lieu de son repos. *Fundamenta
ejus in montibus sanctis.*

C'est par le même sentiment que Madeleine, lorsqu'elle cherchait Jésus-Christ dans le tombeau, tout occupée de l'objet de son amour et de ses désirs, croyant voir un jardinier, lui dit, sans l'avertir de qui elle parlait : « Seigneur, si c'est vous qui
« l'avez enlevé, dites-moi où vous l'avez mis, et je
« l'emporterai (*Joan.* XX, 15). » Transportée hors d'elle-même par l'ardeur de son amour, elle s'imagine que tout le monde doit avoir dans l'esprit celui qu'elle a dans le cœur, et que personne ne peut ignorer qui est celui qu'elle cherche ***.

Les psaumes seuls fournissent une infinité de traits admirables pour tous les genres d'éloquence : pour le style simple, le sublime, le tendre, le véhément,

---

* Repletus spiritu sancto civis iste, et multa de amore et desiderio civitatis hujus volvens secum, tanquam plura intus apud se meditatus; erumpit in hoc, FUNDAMENTA EJUS. S. August. *in psalm.* LXXXVI.

** Fundamenta ejus (*ou plutôt* fundatio ejus, sedes ejus fundata, firma) in montibus sanctis. Diligit Dominus portas Sion super omnia tabernacula Jacob. Ps. LXXXVI, 1, 2.

*** Vis amoris hoc agere solet in animo, ut quem ipse semper cogitat, nullum alium ignorare credat. *S. Greg. pap.*

le pathétique. On peut lire ce que dit sur ce sujet M. Bossuet, évêque de Meaux, dans le second chapitre de sa préface sur les psaumes, qui a pour titre : *De grandiloquentiâ et suavitate psalmorum*. On y reconnaît partout le génie vif et sublime de ce grand homme. J'en rapporterai ici un seul endroit, qui suffirait pour montrer comment il faut s'y prendre pour faire sentir les beautés de l'Écriture-Sainte : c'est celui où David fait la description d'une tempête.

« Sit exempli loco illa tempestas : *Dixit, et ad-
« stitit spiritus procellæ : intumuerunt fluctus : ascen-
« dunt usque ad cœlos, et descendunt usque ad abys-
« sos.* Sic undæ susque deque volvuntur. Quid ho-
« mines? *Turbati sunt, et moti sunt sicut ebrius ; et
« omnis eorum sapientia absorpta est ;* quam pro-
« fectò fluctuum animorumque agitationem non
« Virgilius, non Homerus, tantâ verborum copiâ
« æquare potuerunt. Jam tranquillitas quanta : *sta-
« tuit procellam ejus in auram, et siluerunt fluctus
« ejus.* Quid enim suavius, quàm mitem in auram
« desinens gravis procellarum tumultus, ac mox
« silentes fluctus post fragorem tantum? Jam quod
« nostris est proprium, majestas Dei quanta in hâc
« voce : *Dixit, et procella adstitit?* Non hìc Juno
« Æolo supplex : non hìc Neptunus in ventos tu-
« midis exageratisque vocibus sæviens, atque æstus
« iræ suæ vix ipse interim premens. Uno ac simplici
« jussu statim omnia peraguntur*. »

---

* S'il peint une tempête : « Dieu a dit, et à l'instant l'esprit de la tempête
« a paru : les flots se sont soulevés ; ils montent jusqu'au ciel, ils descendent

Dieu commande, et la mer s'enfle et s'agite : les flots s'élèvent jusqu'aux cieux, et descendent jusqu'au fond des abîmes. Le même Dieu parle, et d'un mot il change la tempête en un doux zéphir, et l'agitation tumultueuse des flots en un profond silence. Quelle vivacité et quelle variété d'images !

§ IX. *Cantique de Moïse, après le passage de la mer Rouge, expliqué selon les règles de la rhétorique.*

L'explication de ce cantique est de M. Hersan[*], ancien professeur de rhétorique au collège du Plessis. Son nom et sa réputation doivent faire attendre quelque chose d'excellent. On a cru devoir faire dans cet écrit quelques changements, que l'auteur adopterait sans peine, s'il était encore vivant.

« jusqu'au fond des abîmes (Ps. CVI, 25, 26). » Voilà bien le mouvement des vagues soulevées; mais les nautoniers? « Ils se sont sentis troublés et « agités comme dans l'ivresse, et toute leur sagesse a été renversée (*Ibid*, 27). » Je vous demande si Virgile et Homère, avec tout le luxe de leurs descriptions, ont su peindre de la sorte cette agitation des flots et des cœurs. A la fin le calme succède à l'orage: « Il a changé la tempête en un vent doux (*Ibid*, 29) » Pouvait-on rendre par une plus riante image le passage de cette tranquillité subite, qui remplace ce fracas des vagues mutinées, et ce silence profond, à la suite de ces effroyables mugissements de l'onde en fureur ? Mais remarquez ce trait, que vous ne retrouvez que dans nos écrivains, et qui exprime si énergiquement la souveraine autorité de Dieu : « Il a dit, et « la tempête en personne a paru. » Ce n'est point là une Junon implorant les fureurs d'Éole, ni un Neptune gourmandant les flots, dans un langage emphatique, et avec l'expression de la colère à laquelle il ne sait pas lui-même commander : tout s'exécute par un seul mot d'un absolu commandement.

Dissertation sur les Psaumes, traduction de
M. N. Silvestre Guillon.

[*] Hersan (Marc-Antoine), né à Compiègne en 1652, mort dans la même ville en 1724. (*Voyez* l'éloge qu'en fait Rollin, p. 97 et suiv)

CANTICUM MOYSIS.

v. 1. Cantemus* Domino; gloriosè enim magnificatus est. Equum et ascensorem dejecit in mare.
* *Hébr.* Cantabo.

v. 2. Fortitudo mea et laus mea Dominus, et factus est mihi in salutem. Iste Deus meus, et glorificabo eum : Deus patris mei, et exaltabo eum.

v. 3. Dominus quasi vir pugnator : Omnipotens nomen ejus*.
* *Hébr.* Jehova, vir belli : Jehova nomen ejus.

v. 4. Currus Pharaonis et exercitum ejus projecit in mare : electi principes ejus submersi sunt in mari Rubro.

v. 5. Abyssi operuerunt eos : descenderunt* in profundum quasi lapis.
* *Hébr.* Ruerunt.

v. 6. Dextera tua, Domine, magnificata est in fortitudine : dextera tua, Domine, percussit* inimicum.
* *Hébr.* Contrivit.

v. 7. Et in multitudine gloriæ tuæ deposuisti* adversarios tuos. Misisti iram tuam, quæ** devoravit eos sicut stipulam.
* *Hébr.* Destruxisti.
** Il n'y a dans l'original ni *quæ*, ni *et*, ni aucune autre conjonction. L'expression en est plus vive.

v. 8. Et in spiritu furoris tui congregatæ sunt

CANTIQUE DE MOÏSE.

Je chanterai des hymnes en l'honneur du Seigneur, parce qu'il a fait éclater sa grandeur. Il a précipité dans la mer le cheval et le cavalier.

Le Seigneur est ma force, et le sujet de mes louanges, parce qu'il est devenu mon salut (*ou* mon sauveur). C'est lui qui est mon Dieu, et je publierai sa gloire. Il est le Dieu de mon père, et je relèverai sa grandeur.

Jéhova (le Seigneur) a paru comme un guerrier : son nom est Jéhova.

Il a renversé dans la mer les chariots de Pharaon, et son armée : les plus distingués d'entre ses officiers ont été submergés dans la mer Rouge.

Ils ont été ensevelis dans les abîmes : ils sont descendus au fond des eaux comme une pierre.

Votre droite, Seigneur, a fait éclater sa force : votre droite, Seigneur, a brisé l'ennemi.

Par la grandeur de votre puissance et de votre gloire, vous avez terrassé ceux qui s'élevaient contre vous. Vous avez envoyé votre colère : elle les a dévorés comme une paille.

Au souffle de votre fureur les eaux se sont en-

aquæ : stetit unda fluens* : congregatæ** sunt abyssi in medio mari.

* *Hébr.* Steterunt, sicut acervus, fluenta.
** *Hébr.* Coagulatæ sunt.

v. 9. Dixit inimicus : Persequar, et* comprehendam : dividam spolia ; implebitur anima mea ; evaginabo gladium meum ; interficiet** eos manus mea.

* *Et* n'est point dans l'hébreu.
** *Hébr.* Possidebit, *ou* possidere faciet.

v. 10. Flavit* spiritus tuus, et operuit eos mare. Submersi sunt quasi plumbum in aquis vehementibus.

* *Hébr.* Sufflasti, in spiritu tuo operuit eos mare.

v. 11. Quis similis tuî in* fortibus, Domine, quis similis tuî, magnificus in sanctitate**, terribilis*** atque laudabilis, faciens mirabilia?

* Le mot hébreu signifie également *dieux* et *forts.*
** Le mot hébreu signifie aussi *sanctificatio*, et s'emploie souvent dans ce sens : *sanctitatis manifestatio.*
*** *Hébr.* Terribilis laudibus.

v. 12. Extendisti manum tuam, et * devoravit eos terra.

* *Et* n'est point dans l'hébreu.

v. 13. Dux fuisti in misericordià tuâ populo quem redemisti : et portâsti eum* in fortitudine tuâ ad habitaculum sanctum tuum.

* *Hébr.* Deduces.

v. 14. Ascenderunt* populi et irati sunt. dolores obtinuerunt habitatores Philisthiim.

* *Hébr.* Audierint populi, commovebuntur.

v. 15. Tunc conturbati sunt principes Edom : ro-

tassées : l'onde qui coulait s'est tenue élevée comme en un monceau : les flots de l'abîme se sont condensés et durcis au milieu de la mer.

L'ennemi disait : Je les poursuivrai; je les atteindrai; je partagerai les dépouilles; j'assouvirai mes désirs (*ou* je satisferai ma vengeance); je tirerai mon épée; ma main me les assujettira (de nouveau).

Vous avez soufflé, et la mer les a abîmés. Ils sont tombés au fond des eaux violentes comme une masse de plomb.

Qui d'entre les dieux est semblable à vous? qui vous est semblable, vous qui faites paraître avec éclat votre sainteté, qui méritez d'être loué avec une frayeur religieuse, et dont les œuvres sont autant de merveilles?

Vous avez étendu votre main, (et) la terre les a dévorés.

Vous vous êtes rendu, par votre miséricorde, le guide de ce peuple que vous avez racheté; et vous le conduirez par votre puissance jusqu'au lieu de votre demeure sainte.

Les peuples l'apprendront, et en seront consternés : les habitants de la Palestine en seront pénétrés de douleur.

Les princes de l'Idumée seront dans le trouble :

bustos Moab obtinuit tremor : obriguerunt* omnes habitatores Chanaan.

* Ou *dissoluti sunt.*

v. 16. Irruat super eos formido et pavor : in magnitudine brachii tui fiant immobiles quasi lapis, donec pertranseat populus tuus, Domine, donec pertranseat populus tuus iste, quem possedisti*.

* Ou *acquisivisti.*

v. 17. Introduces eos, et plantabis in monte hæreditatis tuæ, firmissimo habitaculo tuo quod operatus es, Domine : Sanctuarium tuum, Domine, quod firmaverunt manus tuæ.

v. 18. Dominus regnabit in æternum et ultrà.

v. 19. Ingressus est enim eques Pharao cum curribus et equitibus ejus in mare; et reduxit super eos Dominus aquas maris : filii autem Israël ambulaverunt per siccum in medio ejus *.

* *Hébr.* Maris.

les chefs de Moab trembleront de frayeur : tous les habitants de Chanaan tomberont dans le découragement.

L'épouvante et l'effroi fondront sur eux. La grandeur (et la force) de votre bras les rendra immobiles comme une pierre, jusqu'à ce que votre peuple soit passé, Seigneur; jusqu'à ce que soit passé le peuple que vous vous êtes acquis.

Vous les introduirez, et vous les établirez * sur la montagne de votre héritage, dans ce lieu que vous construirez, Seigneur, pour vous servir de demeure; dans ce sanctuaire, Seigneur, que vos mains affermiront.

* *Littér.* vous les planterez.

Le Seigneur régnera dans l'éternité et au-delà de tous les siècles.

Car Pharaon est entré dans la mer avec ses chariots et sa cavalerie; et le Seigneur a fait retourner sur eux les eaux de la mer : mais les enfants d'Israël ont passé au milieu d'elle à pied sec.

Cet excellent cantique peut passer à bon droit pour une des plus éloquentes pièces de l'antiquité. Le tour en est grand, les pensées nobles, le style sublime et magnifique, les expressions fortes, les figures hardies : tout y est plein de choses et d'idées qui frappent l'esprit, et saisissent l'imagination. Cette pièce, qui, selon le sentiment de quelques personnes, a été composée par Moïse en vers hébreux, surpasse tout ce que les profanes ont de plus beau dans ce genre. Virgile et Horace, les plus parfaits modèles de l'éloquence poétique, n'ont rien qui en approche. Personne n'a plus d'estime que moi pour ces deux grands hommes, et je les ai étudiés avec une grande application et un grand plaisir pendant plusieurs années. Cependant, quand je lis ce que Virgile dit à la louange d'Auguste au commencement du troisième livre des *Géorgiques* (v. 16-39), et à la fin du huitième de l'*Énéide* (v. 675-728), et ce qu'il fait chanter au prêtre d'Évandre, en l'honneur d'Hercule, dans le même livre (v. 287-302): quoique ces endroits soient très beaux, je les trouve rampants au prix de notre Cantique. Virgile me paraît tout de glace, et Moïse tout de feu. Il en est de même d'Horace dans les *Odes* XIV et XV du quatrième livre, et dans la dernière des *Épodes*.

Ce qui semble favoriser ces deux poètes et les autres profanes, c'est qu'ils ont le nombre, l'harmonie et l'élégance du style, qu'on ne trouve point dans l'Écriture-Sainte. Mais aussi l'Écriture-Sainte que nous avons n'est qu'une traduction; et l'on sait combien les meilleures traductions françaises de Cicéron, de Virgile et d'Horace, défigurent ces auteurs. Or, il faut qu'il y ait bien de l'éloquence dans la langue originale de l'Écriture, puisqu'il nous en reste encore plus dans ses copies, que dans tout le latin de l'ancienne Rome, et dans tout le grec d'Athènes. Elle est serrée, concise, dégagée des ornements étrangers, qui ne serviraient qu'à ralentir son impétuosité et son feu. Ennemie des longs circuits, elle va à son but par le plus court chemin. Elle aime à renfermer beaucoup de pensées en peu de mots pour les faire entrer comme des traits, et à rendre sensibles les objets les plus éloignés des sens par les images vives et naturelles qu'elle en fait. En un mot, elle a de la grandeur, de la force, de l'énergie, avec une majestueuse simplicité, qui la mettent au-dessus de toute l'éloquence païenne. Que l'on prenne seulement la peine de comparer les endroits que je viens de citer de Virgile et d'Horace avec les réflexions que nous allons faire, et l'on sera convaincu de ce que je dis.

Occasion et sujet du Cantique.

Le grand miracle que Dieu fit au passage de la mer Rouge est l'occasion de ce Cantique. Le dessein du prophète est de s'abandonner aux transports de joie, d'admiration, de reconnaissance sur ce grand miracle ; de chanter les louanges de Dieu libérateur ; de lui rendre des actions de graces publiques et solennelles, et d'inspirer au peuple les mêmes sentiments.

Explication du Cantique.

Cantemus (Heb. cantabo) *Domino : gloriosè enim magnificatus est. Equum et ascensorem dejecit in mare* (v. 1). « Je chanterai des hymnes en
« l'honneur du Seigneur, parce qu'il a fait éclater sa
« grandeur. Il a précipité dans la mer le cheval et
« le cavalier. »

Moïse, plein d'admiration, de reconnaissance et de joie, pouvait-il mieux déclarer les mouvements de son cœur, que par cet exorde impétueux, qui marque la vive reconnaissance du peuple délivré, et la grandeur terrible du Dieu libérateur?

Cet exorde est la proposition simple de toute la pièce. Il est comme l'abrégé et le point de vue où toutes les parties du tableau se rapportent. Il faut toujours l'avoir dans l'esprit en lisant le Cantique, pour comprendre avec quel artifice le prophète tire tant de beautés et tant de richesses d'une proposition qui paraît si simple et si stérile.

Cantabo est bien plus énergique, plus intéressant, plus tendre, que ne serait le pluriel *cantabimus*. Cette victoire des Hébreux sur les Égyptiens ne ressemble point aux victoires ordinaires qu'un peuple remporte sur un autre peuple, et dont le fruit est général, vague, commun, presque imperceptible à chaque particulier. Ici tout est propre à chaque Israélite, tout est personnel. Dans ce premier moment chacun pense à ses propres fers rompus, chacun croit voir son cruel maître noyé, chacun sent le prix de sa propre liberté qui lui est assurée pour toujours. Car il est naturel au cœur humain, dans les dangers extrêmes, de rappeler tout à soi, et de se compter seul pour tout.

Il a précipité dans la mer le cheval et le cavalier. Ce singulier, *le cheval, le cavalier*, qui embrasse la généralité, la totalité des chevaux et des cavaliers, est bien plus énergique que n'aurait été le pluriel. D'ailleurs, ce singulier est bien plus propre à marquer la facilité et la promptitude de la submersion. La cavalerie égyptienne était nombreuse, formidable, et couvrait des plaines entières. Il aurait fallu une victoire continuée pendant plusieurs jours pour la défaire et pour la mettre en pièces. Mais à Dieu sa défaite n'a coûté qu'un instant, qu'un effort, qu'un seul coup. Il l'a toute renversée, noyée, abîmée, comme si ce n'avait été qu'un seul cheval et qu'un seul cavalier : *Equum et ascensorem dejecit in mare.*

Le Seigneur est ma force, et le sujet de mes louanges, etc. Voilà l'amplification du premier mot du Cantique : *Cantabo.* Voyons comment cela est développé.

De tous les attributs de Dieu, il ne loue que la force, parce que c'est par elle qu'il a été délivré.

Fortitudo mea. Cette figure est énergique, pour *causa fortitudinis*, qui est plat et languissant : outre que *fortitudo mea* fait sentir que Dieu tint seul lieu de courage aux Israélites, et les dispensa de faire aucun usage du leur.

Laus mea. Le sujet de mes louanges. Même figure, et de même énergie. Il est l'unique sujet de mes louanges. Aucun instrument ne les partage avec lui. La puissance, la sagesse, l'industrie humaine, n'y peuvent être associées. Il mérite seul toute ma reconnaissance, puisqu'il a seul tout fait, tout ordonné et tout exécuté: *Laus mea Dominus.*

Factus est mihi in salutem. Le siècle d'Auguste aurait dit, *me servavit.* L'Écriture dit bien plus. Le Seigneur s'est chargé de faire lui-même tout ce qu'il fallait pour me sauver. Il a fait de mon salut son affaire propre et personnelle; et, ce qui est bien plus expressif, *il est devenu mon salut.*

Iste Deus meus. Iste est emphatique, et signifie beaucoup plus qu'il ne paraît. *Iste*, non pas les dieux des Égyptiens et des nations; des dieux sans force, sans parole, sans vie: mais celui qui a fait tant de prodiges en Égypte et dans notre passage, celui-là est mon Dieu; c'est lui seul que je glorifierai.

Deus meus. Ce *meus* peut avoir un double rapport; l'un à Dieu, l'autre à l'Israélite. Dans le premier, Dieu paraît n'être grand, n'être puissant, n'être Dieu que pour moi. Distrait sur le reste de l'univers, il ne s'occupe que de mes périls et de ma propre sûreté; et il est prêt à sacrifier à mes intérêts toutes les nations de la terre. Dans le second rapport, *Iste Deus meus,* « c'est lui qui est mon Dieu. » Je n'en aurai jamais d'autre. Je réunis en lui seul tous mes vœux, tous mes désirs, toute ma confiance. Il est seul digne de mon culte et de mon amour. Il aura pour jamais tous mes hommages.

C'est le Dieu de mon père, et je relèverai sa grandeur. Cette répétition est la chose du monde la plus tendre. Celui dont je relève la grandeur n'est point un Dieu étranger, inconnu jusqu'à ce jour, protecteur pour une occasion passagère, et prêt à accorder le même secours à tout autre. Non: c'est l'ancien protecteur de ma famille. Sa bonté est héréditaire. J'ai mille preuves domestiques de son amour constant, perpétué de race en race jusqu'à moi. Ses anciens bienfaits étaient des titres et des gages qui m'en assuraient de pareils. C'est le Dieu de mon père. C'est le Dieu qui s'est montré tant de fois à Abraham, à Isaac, à Jacob. C'est le Dieu enfin qui vient d'accomplir les grandes promesses qu'il a faites à mes aïeux.

Qu'a-t-il fait pour cela? Il a paru comme un guerrier: *Dominus quasi vir pugnator*. Dans l'hébreu, *Jehova vir belli*. Il pouvait dire : comme il est le Dieu des armées, il nous a délivrés de l'armée de Pharaon : mais c'est trop peu dire. Il regarde son Dieu comme un soldat, comme un capitaine; il lui met, pour parler ainsi, les armes à la main, et le fait combattre pour les enfants de Jacob.

Dominus quasi vir pugnator: Omnipotens nomen ejus. L'hébreu porte : *Jehova vir belli; Jehova nomen ejus*. Moïse insiste sur le terme *Jehova*, pour mieux faire sentir, par cette répétition, quel est ce guerrier extraordinaire qui a daigné combattre pour Israël. Comme s'il disait: Jéhova, le Seigneur, a paru comme un guerrier. Entend-on bien ce que je dis? Comprend-on toute l'étendue de cette merveille? Oui, je le répète : C'est le Dieu suprême en personne, c'est le Dieu unique, c'est, pour tout dire, celui qui s'appelle Jéhova, qui porte le nom incommunicable, qui possède seul toute la plénitude de l'être* : c'est celui-là qui s'est rendu le champion d'Israël. Lui-même lui a tenu lieu de soldat. Il s'est chargé seul de tout le poids de la guerre. *Dominus (Jehova) pugnabit pro vobis et vos tacebitis* (*Exod.* XIV, 14), disait Moïse aux Israélites avant l'action. « Le Seigneur (Jéhova) combattra pour vous, et vous « demeurerez dans le silence » : c'est-à-dire vous vous tiendrez en repos sans combattre.

« Il a renversé dans la mer les chariots de Pha-
« raon et son armée : les plus distingués d'entre
« ses officiers ont été submergés dans la mer Rouge.
« Ils ont été ensevelis dans les abîmes. Ils sont des-
« cendus au fond des eaux comme une pierre. »
(v. 4 et 5.)

Remarquez le pompeux étalage de tout ce qui est contenu dans ces deux mots, *Equum et ascensorem*, « le cheval et le cavalier. »

1. *Currus Pharaonis*. 2. *Exercitum ejus*. 3. *Electi principes ejus*. Belle gradation.

Que dirons-nous de cette admirable amplification : « Projecit in mare. Submersi sunt in mari
« Rubro. Abyssi operuerunt eos. Descenderunt in
« profundum quasi lapis? » Tout cela pour expliquer, *Projecit in mare*. Vous voyez dans tous ces mots une suite d'images qui se succèdent et se grossissent par degrés. 1. *Projecit in mare*. 2. *Submersi sunt in mari Rubro*. Tous submergés dans la mer Rouge. *Submersi sunt* enchérit sur *projecit*..... *In mari Rubro*, est une circonstance qui fixe plus que *mari* simplement. Hébreu *in mari Suph*. Il semble

---

* Qui est... Ego sum, qui sum.

que Moïse veuille relever la grandeur de la puissance que Dieu a fait paraître dans une mer qui faisait partie de l'empire égyptien, et qui était sous la protection des dieux d'Égypte *. 3. *Electi principes*, les plus grands d'entre les princes de Pharaon, c'est-à-dire les plus superbes, et peut-être les plus emportés contre les ordres du Dieu d'Israël; enfin, les plus capables de se sauver du naufrage sont submergés comme les moindres soldats. 4. *Abyssi operuerunt eos.* Quelle image! Ils sont couverts, abîmés, disparus pour toujours. 5. Pour achever cette peinture, il finit par une similitude qui est comme le gros trait qui figure la chose : *Descenderunt in profundum quasi lapis.* Tout fiers qu'ils sont, ils ne font pas plus de résistance pour remonter contre le bras de Dieu qui les enfonce, qu'une pierre qui tombe au fond des eaux.

Après cela, que devait penser Moïse? que devait-il dire? C'est une des plus importantes règles de la rhétorique, et à laquelle Cicéron ne manque jamais, qu'après le récit d'une action surprenante, ou même d'une circonstance extraordinaire, il faut sortir de l'air tranquille et paisible de la narration pour se répandre dans des mouvements plus ou moins impétueux selon la nature du sujet : ce qui se fait presque toujours par des apostrophes, des interrogations, des exclamations, figures propres à réveiller et le discours et l'auditeur. C'est ce que Moïse fait dans tout ce cantique d'une manière inimitable.

* Béelzephon.

« Dextera tua, Domine, magnificata est in forti-
« tudine : dextera tua, Domine, percussit inimicum;
« et in multitudine gloriæ tuæ deposuisti adversarios
« tuos (v. 6). »

Il y a ici plusieurs choses à remarquer.

1. Moïse pouvait dire : *Deus magnificavit fortitudinem suam percutiendo Pharaonem*. Mais que cela serait faible et languissant pour exprimer une si grande action ! Il s'élance vers Dieu, et lui dit, par une espèce d'enthousiasme : *Dextera tua, Domine, magnificata est*, etc.

2. Il pouvait dire : *O Domine, magnificâsti fortitudinem*, etc. Mais cela ne porte point assez d'idée, et n'a rien de sensible : au lieu que, dans l'expression de Moïse, vous voyez, vous distinguez, pour ainsi dire, la main de Dieu qui s'étend et qui écrase les Égyptiens. D'où je conclus tout à la fois que la véritable éloquence est celle qui persuade ; qu'elle ne persuade ordinairement qu'en touchant ; qu'elle ne touche que par des choses et par des idées palpables ; et que, par toutes ces raisons, l'éloquence de l'Écriture-Sainte est la plus parfaite de toutes, puisque les choses les plus spirituelles et les plus métaphysiques y sont représentées sous des images vives et sensibles.

3. *Dextera tua, Domine, percussit inimicum*. Belle répétition, et nécessaire pour mieux faire sentir la puissance du bras de Dieu. Le premier membre, *votre droite a fait éclater sa force*, n'ayant désigné l'évènement qu'en général et confusément, le prophète croit n'en avoir pas assez dit ; et pour mar-

quer la manière de cette action, il répète aussitôt : *Votre droite a brisé l'ennemi.* C'est le génie des grandes passions de répéter ce qui sert à les entretenir. Nous voyons cela dans tous les endroits passionnés des meilleurs auteurs : et c'est ce qui règne particulièrement dans l'Écriture, sur-tout dans les psaumes.

4. *In multitudine gloriæ tuæ deposuisti adversarios tuos.* L'hébreu porte : *In multitudine elationis (celsitudinis) tuæ destruxisti insurgentes contrà te.* Il y a de grandes beautés cachées dans le texte original, qui méritent d'être un peu développées.

1. Par ces mots, *in multitudinem elationis tuæ*, l'auteur sacré veut marquer l'action d'un grand seigneur qui se redresse, qui prend un air haut et fier, qui s'élève à proportion de ce qu'un petit inférieur ose s'élever contre lui, et qui se plaît à le mettre d'autant plus bas. Les Égyptiens se comptaient pour quelque chose de grand, ils s'attaquaient à Dieu même; ils demandaient fièrement : *Quel est donc ce Seigneur* (*Exod.* V, 2)? Mais à mesure que ces insolents s'élevaient selon toute leur étendue, Dieu s'élevait aussi, et prenait contre eux toute l'élévation de sa grandeur infinie, toute la hauteur de sa majesté suprême: *alta à longè cognoscit* (Ps. CXXXVII, 6). Et c'est de là qu'il a renversé ses ennemis si pleins d'eux-mêmes, et les a rabaissés non-seulement contre terre, mais dans les abîmes les plus profonds de la mer.

2. *Insurgentes contrà te.* Ce n'est pas contre Israël que les Égyptiens se sont déclarés : c'est vous-

même qu'ils ont osé attaquer; c'est vous qu'ils ont bravé. Notre querelle était la vôtre : c'est à vous qu'ils faisaient la guerre, *contrà te*. Ce tour est délicat et touchant, pour intéresser Dieu même dans la cause d'Israël.

« Vous avez envoyé votre colère (v. 7); elle les a « dévorés comme une paille. Au souffle de votre « fureur les eaux se sont entassées : l'onde qui cou- « lait s'est tenue élevée comme en un monceau ; « les flots de l'abîme se sont condensés et durcis « au milieu de la mer (v. 8). L'ennemi disait : Je les « poursuivrai ; je les atteindrai ; je partagerai les « dépouilles ; j'assouvirai mes désirs; *ou*, je satisferai « ma vengeance; je tirerai mon épée ; ma main les « assujettira *de nouveau* (v.9). Vous avez soufflé, et « la mer les a abîmés. Ils sont tombés au fond des « eaux comme une masse de plomb (v. 10). »

Moïse revient à sa narration, non pas comme aux versets 4 et 5, par une description toute pure, mais en continuant son apostrophe à Dieu; ce qui passionne davantage le récit : en quoi la conduite de ce cantique me paraît au-dessus de l'éloquence ordinaire. Plus il s'éloigne de la proposition simple qui lui sert d'exorde, plus on voit augmenter la force de ses amplifications.

Misisti iram tuam. Quelle figure! quelle expression ! Le prophète donne à la colère divine de l'action et de la vie. Il la transforme en un ministre ardent et zélé, que le juge tranquille envoie du haut de son trône exécuter les arrêts de sa vengeance. Les rois ont besoin, contre leurs ennemis, de cavalerie, de troupes, d'armes et d'un grand attirail de guerre. A Dieu, sa colère seule lui suffit pour punir des coupables. *Vous avez envoyé votre colère.* Que de choses renfermées dans un seul mot, qui laisse au lecteur le plaisir de compter lui-même dans son imagination les feux, les éclairs, les foudres, les tempêtes, et tous les autres instruments de cette colère! On sent mieux la beauté de cette expression qu'on ne peut l'exprimer. On y trouve une certaine profondeur, et un je ne sais quoi, qui occupe et qui remplit l'esprit. Horace a eu en vue cette figure par son *iracunda fulmina* (*Od.* I, 3). Virgile l'a attrapée dans l'ingénieuse composition de la foudre qu'il décrit au huitième livre de *l'Énéide*, (v. 431).

..... Sonitumque, metumque
Miscebant operi, flammisque sequacibus iras.

Qu'a donc fait cette terrible colère? *Elle les a dévorés comme une paille.* Il n'appartient qu'à l'Écriture de nous donner de telles images. Tâchons d'approfondir cette pensée. Nous verrons la colère de Dieu qui dévore une armée épouvantable. Hommes, chevaux, chariots, tout cela est broyé, consumé, abîmé : faibles synonymes. Tout cela est dévoré : ce serait tout dire. Mais la similitude qui vient après achève le portrait : car, dans le mot de *dévorer*, vous concevez une action qui dure quelque temps; mais *sicut stipulam* vous montre l'action d'un moment. Quoi donc, une armée si nombreuse est dévorée comme une paille ! Pesez bien ces idées.

Mais comment cela s'est-il fait? Dieu, par un

vent furieux, a rassemblé les eaux, qui se sont élevées comme deux montagnes au milieu de la mer. Les enfants d'Israël y ont passé à sec. Les Égyptiens les y ont poursuivis, et ils ont été enveloppés dans les flots. Voilà un récit simple et sans ornement. Mais que de beautés, que de richesses dans le tour de l'Écriture! Je n'aurais jamais fait si je voulais les examiner en détail. Tout le cantique me charme; mais cet endroit m'enlève.

In spiritu furoris tui congregatæ sunt aquæ. Le prophète ennoblit le vent, en lui donnant Dieu même pour principe; et il anime les eaux, en les représentant susceptibles de frayeur. Pour mieux peindre l'indignation divine et ses effets, il emprunte l'image de la colère humaine, dont les vifs transports sont accompagnés d'une respiration précipitée, qui cause un souffle impétueux et violent. Et lorsque cette colère, dans une personne puissante, se tourne contre une populace timide, elle l'oblige, pour s'en garantir, de céder la place, et de se renverser tumultuairement les uns sur les autres. C'est ainsi qu'*au souffle de la fureur* du Seigneur les eaux épouvantées se sont retirées avec précipitation de leur lieu naturel, et se sont entassées à la hâte les unes sur les autres, pour laisser passer cette colère, sans y mettre obstacle : au lieu que les Égyptiens, qui se sont présentés sur son chemin, en ont été dévorés comme une paille. Cette peinture de la colère divine se trouve souvent dans les Écritures. « La « mer l'a vu, et a pris la fuite*. On a vu les abîmes

---

* Mare vidit, et fugit (Ps. CXIII, 3).

« des eaux s'entr'ouvrir... par le bruit de vos me-
« naces, Seigneur, et par la respiration du souffle
« de votre colère. La fumée de sa colère s'est élevée :
« un feu dévorant est sorti de sa bouche : des char-
« bons en ont été allumés. * » Faut-il s'étonner
qu'une telle colère renverse et abîme tout ?

Congregatæ sunt abyssi in medio mari. C'est la
répétition et tout ensemble l'amplification de *congregatæ sunt aquæ.* 1. Au lieu de *congregatæ*, le
texte original porte *coagulatæ*, c'est-à-dire les eaux
se sont prises et épaissies comme de la glace.
2. *Abyssi* donne une idée beaucoup plus affreuse
que *aquæ*. 3. *In medio mari.* Cette circonstance a
beaucoup d'emphase : elle attache l'imagination, et
fait concevoir des montagnes d'eau solide dans le
centre des choses liquides.

Les deux versets suivants sont d'une beauté qu'on
ne peut assez admirer. Au lieu de dire simplement,
comme nous l'avons déjà remarqué, les Égyptiens
sont entrés dans la mer en poursuivant les Israélites,
le prophète entre lui-même dans le cœur de ces barbares, il se met à leur place, il prend leurs passions
et les fait parler ; non pas qu'ils aient parlé en effet,
mais parce que le désir de vengeance, et la chaleur
à poursuivre les Israélites, étaient le langage de
leurs cœurs, que Moïse leur a mis dans la bouche
pour varier et passionner sa narration.

---

* Apparuerunt fontes aquarum ab increpatione tuâ, Domine, ab inspiratione spiritûs iræ tuæ... (Ps. XVII, 16), Ascendit fumus in irâ ejus,
et ignis à facie (*Hebr.* ex ore) ejus exarsit : carbones succensi sunt ab eo
(Ibid, 9).

Dixit inimicus pour *dixerunt Ægyptii*. Ce singulier, cet *inimicus*, tout cela est de si bon goût!

Persequar... comprehendam... dividam spolia, etc. On lit, et on voit dans ces mots, une vengeance palpable, dont on se sent presque animé en lisant. L'auteur sacré n'a point mis de conjonction à aucun des six verbes qui composent le discours du soldat égyptien, afin de lui donner plus de vivacité, et d'exprimer plus au naturel la disposition d'un homme plein de passion, qui s'entretient avec lui-même, et qui ne se met pas en peine de mettre des liaisons et des conjonctions dans ses pensées, qui demandent de la liberté.

Un autre en serait demeuré là; mais Moïse va plus loin. *Implebitur anima mea*. Il pouvait dire : *Dividam spolia, et iis me implebo*. Mais *implebitur anima mea* nous les représente regorgeant de dépouilles, et nageant dans la joie.

Je tirerai mon épée : ma main les égorgera. C'est ainsi que porte la Vulgate : *Evaginabo gladium meum; interficiet eos manus mea*. La réflexion qui suit suppose ce sens, et est fort belle. Le plaisir d'égorger leurs ennemis n'est pas moins sensible que celui de les dépouiller. Voyons comme il touche cet endroit. Il pouvait dire en un mot, *eos interficiam, je les égorgerai*; mais cela aurait passé trop vite, il leur ménage le plaisir d'une longue vengeance. *Evaginabo gladium meum; je tirerai mon épée*. Quelle image! elle frappe même les yeux du lecteur. *Interficiet eos manus mea; ma main les égorgera*.

Ce *manus mea* est d'une beauté que je ne puis exprimer. On voit dans cette expression un soldat sûr de la victoire. On le voit qui regarde, qui remue, et qui mesure son bras. Je tremble pour les enfants d'Israël. Grand Dieu! que ferez-vous pour les sauver? Voilà un déluge de barbares qui courent en fureur à la vengeance et à la victoire. Tous les traits de votre colère peuvent-ils suffire pour arrêter vos ennemis? Dieu souffle, et la mer les a déjà enveloppés. *Flavit spiritus tuus, et operuit eos mare.*

Il faut avouer que cette réflexion est bien vive, bien éloquente et bien propre à former le goût : et c'est pour cela que j'ai cru n'en devoir pas priver le lecteur. Mais je suis obligé d'avertir que le texte hébreu, au lieu de *interficiet eos manus mea*, a *possidere faciet eos manus mea : possessioni restituet eos manus mea.* Ce qu'on pourrait traduire : *Ma main me les assujettira* de nouveau. *Ma main s'en rendra maîtresse. Ma main me remettra en possession* de ces fugitifs. En effet, c'était là le véritable motif de la poursuite si ardente des Égyptiens : l'histoire y est formelle. « On vint dire au roi des Égyp-
« tiens que les Hébreux s'en étaient enfuis. En même
« temps le cœur de Pharaon et de ses serviteurs fut
« changé à l'égard de ce peuple; et ils dirent : A
« quoi avons-nous pensé, de laisser ainsi aller les
« Israélites, afin qu'ils ne nous fussent plus assu-
« jettis (*Exod.* XIV, 5)?» L'intention de Pharaon et de ses officiers n'était donc pas de tuer et d'exterminer les Israélites; ils auraient agi contre leurs in-

térêts. Mais ils songeaient à les forcer, les armes à la main, à rentrer dans l'esclavage; et à retourner aux travaux publics de leur ancienne servitude.

Il y a aussi, ce me semble, une grande beauté dans cette expression, *Ma main me les assujettira de nouveau*. Le Dieu des Israélites s'était vanté de tirer son peuple de la prison des Égyptiens, et de les délivrer de leur dure servitude par la force de son bras : « Educam vos de ergastulo Ægyptiorum, « et eruam de servitute, ac redimam in brachio « excelso (*Exod*. VI, 6). » Il avait fait dire plusieurs fois à Pharaon qu'il étendrait sa main sur lui, sur ses serviteurs, sur ses campagnes, sur ses bestiaux (*Ibid*, IX, 3, 15); qu'il lui ferait bien voir qu'il était le maître et le Seigneur, en étendant sa main sur toute l'Égypte, et en tirant son peuple de l'esclavage; «Scient « Ægyptii quia ego sum Dominus, qui extenderim « manum meam super Ægyptum, et eduxerim fi- « lios Israel de medio eorum (*Ibid*, VII, 5). » Ici l'Égyptien, qui se croit déjà vainqueur, insulte au Dieu des Hébreux. Il semble lui reprocher la faiblesse de son bras, et la vanité de ses menaces. Il oppose sa main à celle de Dieu; et il se dit à lui-même, dans l'enivrement d'une joie insolente, et dans les transports d'une folle confiance : Quoiqu'en ait dit le Dieu d'Israël, *ma main me les assujettira de nouveau*.

« Vous avez soufflé, et la mer les a abîmés. Ils « sont tombés au fond des eaux violentes, comme « une masse de plomb (v 10). »

Vous avez soufflé, et la mer les a abîmés. Moïse

pouvait-il mieux exprimer la suprême puissance de Dieu? Il ne fait que souffler pour abîmer tout d'un coup des troupes innombrables. Voilà ce qu'on appelle le véritable sublime. Le *fiat lux, et façta est lux* a-t-il rien de plus grand?

Et la mer les a abîmés. Que de chose en trois mots! *operuit eos mare.* Quelle sobriété de termes! Quelle foule d'idées! C'est ici qu'on peut appliquer ce que Pline dit du peintre Timanthe : « In omnibus
« ejus operibus plus intelligitur, quàm pingitur....
« ut ostendat etiam quæ occultat. »

Un autre que Moïse aurait donné l'essor à son imagination. Il nous aurait fait un long détail, et de grandes descriptions fades et inutiles. Il aurait épuisé tout le sujet, et, avec un pompeux verbiage et une stérile abondance, il aurait appauvri sa matière, et fatigué son lecteur. Mais ici Dieu souffle, la mer obéit, elle tombe sur les Égyptiens : les voilà tous engloutis. Y eut-il jamais rien de si plein, de si vif, ni de si animé? Vous ne voyez point d'espace entre le souffle de Dieu et le terrible miracle qu'il fait pour sauver son peuple: *Flavit spiritus tuus et operuit eos mare.*

« Ils sont tombés au fond des eaux comme une
« masse de plomb. » Considérez bien ce dernier trait, qui aide l'imagination, et achève le tableau.

« Qui d'entre les Dieux est semblable à vous?
« Qui vous est semblable, vous qui faites paraître
« avec éclat votre sainteté, qui méritez d'être loué
« avec une frayeur religieuse, et dont les œuvres
« sont autant de merveilles (v. 11)? Vous avez

« étendu votre main, et la terre les a dévorés (v. 12). »

Cet admirable récit est suivi d'un admirable retour de louanges. La grandeur du miracle demandait cette vivacité de sentiment et de reconnaissance. Et quel moyen de ne pas se récrier, et de ne pas sortir comme hors de soi-même à la vue d'une telle merveille? Interrogation, comparaison, répétition : toutes figures propres à l'admiration et à l'extase.

Magnificus in sanctitate, etc. Il est impossible ici d'approcher du style vif et concis du texte, qui a trois petits membres, séparés les uns des autres, sans liaison, et dont chacun est composé de deux mots assez courts. *Magnificus sanctitate, terribilis laudibus, faciens mirabilia*. Il n'est pas plus facile d'en rendre le sens, quelque étendue qu'on donne à la version; ce qui d'ailleurs la rend froide et languissante, au lieu que l'hébreu est plein de feu et de vivacité.

« Vous vous êtes rendu par votre miséricorde,
« le guide de ce peuple.... et vous le conduirez par
« votre puissance, jusqu'au lieu, etc. (v. 13-17.) »

Ces cinq versets sont une prophétie de la protection éclatante que Dieu devait donner à son peuple après l'avoir tiré de l'Égypte. Tout y est plein d'images vives et touchantes. On ne sait ce qu'on doit admirer davantage dans cette prédiction, ou la tendresse de Dieu pour son peuple, dont il veut bien devenir lui-même le guide et le conducteur (*Deut.* XXXII, 10, 11), en le conservant pendant tout le voyage, selon qu'il le dit ailleurs, comme la prunelle de son œil, et le portant sur ses épaules, comme l'aigle se charge de ses aiglons; ou sa formidable puissance, qui, faisant marcher devant elle la terreur et l'effroi, glace de crainte tous les peuples qui pourraient s'opposer au passage des Israélites, et les rend immobiles comme une pierre; ou enfin l'attention merveilleuse de Dieu à les établir d'une manière fixe et permanente dans la terre promise, ou plutôt à les y planter : *Plantabis in monte hæreditatis tuæ;* expression énergique, et qui seule rappelle tout ce que l'Écriture dit en tant d'endroits, du soin que Dieu avait pris de planter cette vigne chérie, de l'arroser, de la faire croître, de l'environner de fossés, et de haies, de multiplier et d'étendre au loin ses branches fécondes.

« Le Seigneur régnera dans l'éternité, et au-delà
« de tous les siècles. Car Pharaon est entré dans la
« mer avec ses chariots et sa cavalerie, et le Sei-
« gneur a fait retourner sur lui les eaux de la mer;
« mais les enfants d'Israël ont passé au milieu d'elle
« à pied sec (v. 18, 19). »

C'est ici la conclusion de tout le cantique, par laquelle Moïse promet à Dieu, au nom de tout le peuple, une éternelle reconnaissance pour le signalé bienfait par lequel il vient de les délivrer.

Cette conclusion paraîtra peut-être trop simple, en comparaison de ce qui a précédé. Mais je reconnais pour le moins autant d'artifice dans cette simplicité que dans tout le reste. En effet, après avoir remué et enlevé les esprits par tant de grandes expressions et de si violentes figures, la justesse de l'art voulait qu'il terminât son cantique par une exposition simple et naïve, tant pour délasser les esprits que pour leur faire comprendre sans figures, sans détours et sans embarras, la grandeur du miracle que Dieu venait de faire en leur faveur.

La sortie du peuple juif de l'Égypte est le prodige le plus merveilleux que Dieu ait fait dans l'Ancien Testament. Il le rappelle en mille occasions ; il en parle, s'il était permis de s'exprimer ainsi, avec une espèce de complaisance ; il le donne comme la preuve la plus éclatante de la force toute-puissante de son bras. En effet, ce n'est pas un seul prodige, mais une longue suite de prodiges plus admirables les uns que les autres. Il était bien juste que la beauté du cantique, destiné à conserver la mémoire de ce miracle, répondît à la grandeur de l'évènement ; et cela ne pouvait pas n'être point de la sorte, puisque le même Dieu qui était l'auteur du prodige, l'était aussi du cantique.

Mais quelle beauté, quelle grandeur, quelle magnificence n'y apercevrions-nous pas, s'il nous était donné de pénétrer dans les sens mystérieux, cachés sous le voile et sous l'écorce de ce grand évènement ? Car on ne peut disconvenir que la sortie de l'Égypte ne couvre et ne représente d'autres délivrances. L'autorité de saint Paul (*Cor.* X.) et de toute la tradition, et les prières de l'Église nous obligent d'y voir la liberté que le chrétien acquiert par les eaux du baptême, et son affranchissement du joug du prince du monde. L'*Apocalypse* (XV, 2, 3) fait un autre usage de cet évènement, en nous montrant ceux qui ont vaincu la Bête, tenant à la main les harpes de Dieu et chantant le Cantique de Moïse* serviteur de Dieu, et le cantique de l'Agneau, en disant : « Sei-« gneur Dieu, vos œuvres sont grandes, etc. » Or, comme, selon l'Écriture, les merveilles de la seconde délivrance surpasseront infiniment celles de la première, et en aboliront entièrement la mémoire, ainsi l'on peut juger que les beautés du sens spirituel de ce cantique effaceraient celles du sens historique.

De telles merveilles passent de beaucoup mes forces, et n'entrent point dans le dessein de cet ouvrage, où je me suis proposé de former le goût des jeunes gens par rapport à l'éloquence. Cette explication du Cantique de Moïse peut y contribuer plus que toute autre chose. J'ai cru, en donnant ce morceau, faire au public un présent qui lui serait agréable. La modestie de l'auteur l'avait tenu jusqu'ici comme enseveli dans les ténèbres : on ne sera pas fâché que la juste reconnaissance d'un disciple, plein de respect pour la mémoire de son maître, le fasse paraître au jour. A la qualité de maître, il avait joint à mon égard celle de père, m'ayant toujours aimé comme son enfant. Il avait pris dans les classes un soin particulier de me former, me destinant dès lors pour son successeur; et je l'ai été en effet en seconde, en rhétorique, et au collège Royal. Je puis dire sans flatterie que jamais personne n'a eu plus de talent que lui pour faire sentir les beaux endroits des auteurs, et pour donner de l'émulation aux jeunes gens. L'Oraison funèbre de M. le chancelier

* Cantantes Canticum Moysi servi Dei.

Le Tellier, qu'il prononça en Sorbonne, et qui est la seule pièce de prose qu'il ait permis qu'on imprimât, suffit pour montrer jusqu'où il avait porté la délicatesse du goût; et les vers qu'on a de lui peuvent passer pour un modèle en ce genre. Mais il était encore plus estimable par les qualités du cœur que par celles de l'esprit. Bonté, simplicité, modestie*, désintéressement, mépris des richesses, générosité portée presque jusqu'à l'excès, c'était là son caractère. Il ne profita de la confiance entière qu'un puissant ministre** avait en lui que pour faire plaisir aux autres. Quand il me vit principal au collège de Beauvais, il sacrifia par bonté pour moi, et par amour du bien public, deux mille écus pour y faire des réparations et des embellissements nécessaires. Mais les dernières années de sa vie, quoique passées dans la retraite et dans l'obscurité, ont effacé tout le reste. Il s'était retiré à Compiègne, lieu de sa naissance. Là, séparé de toute compagnie, uniquement occupé de l'étude de l'Écriture sainte, qui avait toujours fait ses délices, ayant continuellement dans l'esprit la pensée de la mort*** et de l'éternité, il se consacra entièrement au service des pauvres enfants de la ville. Il leur fit bâtir une école, peut-être la plus belle qui soit dans le royaume, et fonda un maître pour leur instruction. Il leur en tenait

---

* M. Hersan n'a jamais voulu consentir à être élu recteur dans l'Université.

** M. de Louvois.

*** Il a donné au public un recueil des extraits qu'il avait faits sur ce sujet, intitulé : *Pensées édifiantes sur la mort, tirées des propres paroles de l'Écriture sainte et des saints Pères.*

lieu lui-même ; il assistait très souvent à leurs leçons ; il en avait presque toujours quelques-uns à sa table ; il en habillait plusieurs ; il leur distribuait à tous, dans des temps marqués, diverses récompenses pour les animer ; et sa plus douce consolation était de penser qu'après sa mort ces enfants feraient pour lui la même prière que le fameux Gerson, devenu par humilité maître d'école à Lyon, avait demandée par son testament à ceux dont il avait pris soin : « Mon Dieu, mon créateur, ayez pitié « de votre pauvre serviteur Jean Gerson. » Il a eu le bonheur de mourir pauvre, en quelque sorte, au milieu des pauvres ; ce qui lui restait de bien ayant à peine suffi pour une dernière fondation qu'il avait faite des Sœurs de la Charité pour instruire les filles, et pour prendre soin des malades.

Je prie le lecteur de me pardonner cette digression, que ma tendre reconnaissance pour un maître à qui j'ai tant d'obligations doit rendre excusable.

Rollin, *Traité des Etudes.*

MÊME SUJET.

Des Psaumes et des Prophéties, considérés d'abord comme ouvrages de Poésie.

Quand les poèmes de Moïse, de David, d'Isaïe et des autres prophètes, ne nous auraient été transmis que comme des productions purement humaines, ils seraient encore, par leur originalité et leur antiquité, dignes de toute l'attention des hommes qui pensent, et, par les beautés uniques dont ils brillent, dignes de l'admiration et de l'étude de tous ceux qui ont le sentiment du beau. C'est aussi l'hommage qu'on leur a toujours rendu; et de nos jours, un Anglais* plein de goût et de connaissances, qui était professeur de poésie au collège d'Oxford, a consacré à celle des Hébreux un ouvrage qui a été beaucoup lu, quoique fort savant, et qu'on regarde comme un des meilleurs livres que l'Angleterre ait produits. La mode de l'irréligion, qui date en France du milieu de ce siècle, n'a pas même détruit parmi nos littérateurs l'impression que doivent faire les poésies sacrées sur quiconque est capable de les sentir. On a vu les plus déterminés ennemis de la religion révérer comme poètes ceux qu'ils rejetaient comme prophètes, et Diderot laissait à la Bible une place dans sa bibliothèque choisie à côté d'Homère **.

Voltaire seul, parmi les gens de lettres dont l'opinion peut marquer, a toujours *** fait profession d'un grand mépris pour les Psaumes et les Prophéties, comme pour toute l'Écriture en général; et ce n'était pas chez lui jugement, mais passion. Le goût qu'il a montré d'ailleurs ne permet pas d'en douter; et l'on convient que c'est à lui sur-tout qu'on pouvait appliquer ce vers d'une de ses tragédies :

Toutes les passions sont en lui des fureurs.
(*Adélaïde du Guesclin*, act. I, sc. 1.)

* Le docteur Lowth, professeur, et depuis évêque d'Oxford. Voyez son livre *de sacrâ Poesi Hebræorum*, où il approfondit ce que je ne puis ici qu'effleurer. Cet ouvrage est formé des leçons latines qu'il lisait au collège d'Oxford, comme de nos jours quelques gens de lettres en lisaient de françaises au Lycée.

** Voyez l'*Éloge de Richardson*.

*** *Toujours* n'est pas exact. *Voyez* page 63. F.

Il n'a cessé, pendant trente ans, de travestir l'Écriture en prose et en vers, pour se donner le droit de s'en moquer. Il n'en fallait pas davantage pour entraîner à sa suite une foule d'ignorants et d'étourdis, qui n'ont jamais connu la *Bible* que par les parodies qu'il en a faites, et qui, n'étant pas même en état d'entendre le latin du *Psautier*, ont jugé des poèmes hébreux d'après les facéties de Voltaire, comme ils parlaient des pièces de Voltaire lui-même d'après les feuilles de Fréron.

On ne se flatte pas d'imposer silence à cette espèce d'hommes sur qui la raison a perdu ses droits, sur-tout depuis que la déraison est, de toutes les puissances, la plus accréditée. Mais comme un des vices de l'esprit français est d'être plus susceptible qu'aucun autre de la contagion du ridicule, bien ou mal appliqué, il n'est pas inutile de rétablir la vérité, du moins pour ceux qui, étant capables encore de l'entendre, n'ont besoin que de la connaître. Il faut leur donner une juste idée de ce qu'on leur a présenté comme un objet de risée, et réduire à leur juste valeur les plaisanteries et les objections également mal fondées, qui tiennent si souvent lieu de critique et de raisonnement. C'est ici seulement que je me permettrai quelque discussion littéraire, parce qu'elle est d'une utilité générale, et qu'elle tient à un intérêt réel, celui d'ôter à l'irréligion le mobile de l'amour-propre, en faisant voir que ce qu'elle prend pour une preuve de supériorité, en fait de critique et de goût, n'est qu'une preuve d'ignorance; en faisant voir combien il est aisé de confondre un mépris aussi injuste en lui-même que pernicieux dans ses conséquences, et de détruire des préventions qui n'ont été répandues que par la mauvaise foi, et adoptées que par la légèreté. D'ailleurs, si ce discours n'est pas en tout, comme le reste de l'ouvrage, à la portée de toutes les classes de lecteurs, il peut au moins servir à ceux qui influent naturellement sur l'esprit général.

On peut dire d'abord aux contempteurs sur parole : Si vous déférez au nom et à l'autorité, Voltaire est ici seul contre tous, et son jugement est en lui-même suspect, comme tout jugement *ab irato*, puisque sa haine forcenée contre la religion l'a jeté dans des écarts qui ont fait rire plus d'une fois jusqu'à ses amis. Et puis, lequel vaut le mieux, s'il s'agit d'esprit et de talents, ou de n'avoir vu dans l'Écriture, comme Voltaire, que de quoi égayer sa muse par des impiétés, ou d'y avoir vu, comme Racine, de quoi faire *Esther* et *Athalie*, et, comme Rousseau, des odes sacrées, c'est-à-dire ce qu'il y a de plus parfait dans la poésie française? Réfléchissez, et jugez.

Ensuite, quel artifice plus grossier et plus méprisable que celui dont Voltaire et ses imitateurs se sont servis pour donner le change sur des ouvrages écrits dans la plus ancienne de toutes les langues connues? Ils les ont offerts dépouillés de leurs couleurs natives, et habillés de la troisième ou quatrième main, dans des versions platement littérales, ou même odieusement infidèles; et qu'y a-t-il au monde qu'il ne soit aisé de défigurer ainsi? Traduisez mot à mot Virgile lui-même, quoique bien moins ancien et bien moins éloigné du goût de notre langue, et vous verrez ce qu'il deviendra. On se souvient encore combien tous les gens de lettres du dernier siècle se moquèrent de Perrault, qui, ne sachant pas un mot de grec, voulait absolument qu'on jugeât Pindare sur un plat français traduit d'un plat latin*. Quoi de plus inepte, en effet, que de juger une poésie grecque sur le latin littéral d'un scoliaste; et comment un homme tel que Voltaire, qui avait tant de fois bafoué ce genre d'ineptie dans les censeurs de l'antiquité, en fait-il lui-même le principe de sa critique des livres saints, au risque de faire rire tous les lecteurs instruits? C'est que la haine ne voit rien que son but, qui est de se satisfaire et de tromper. On a beau lui crier : « Mais tu ne tromperas « que les sots et les ignorants; elle répond : Que « m'importe? n'est-ce pas le grand nombre? »

Enfin, depuis quand la parodie, dont l'objet n'est que de divertir, est-elle une méthode pour ju-

* Il fut assez maladroit pour choisir précisément un morceau sublime, le début de la première pythique, qu'il trouvait extrêmement ridicule ; et c'est à lui que le ridicule est resté. Il avait lu dans un latin fait pour des écoliers, *optimum quidem aqua*, et il traduit de même, *l'eau est très bonne à la vérité*. Il ne savait pas que le mot grec offre ici l'idée de l'eau élément ; que celui qui répond au latin *optimum* n'exprime point ici *la bonté*, mais la prééminence ; que la particule grecque, qui répond à *quidem*, et qu'il traduit *à la vérité*, n'est qu'une explétive qui marque à l'esprit l'ordre des idées, et qui souvent ne doit pas se traduire, sur-tout par ces mots, *à la vérité*, qui feraient tomber parmi nous le vers d'ailleurs le plus sublime. Que de choses tiennent au génie d'une langue, et qui défendent de juger, à moins de le savoir !

Et voilà ce que fait l'ignorance.
La Fontaine.

ger? Voltaire jetait les hauts cris quand on parodiait ses tragédies : il n'a pas assez d'expressions pour faire sentir combien c'est un genre détestable, l'ennemi du génie et le scandale du goût; et il est très vrai que ce qu'il y a de plus sublime est précisément ce qui prête le plus au plaisant de la parodie, comme les taches marquent davantage sur l'étoffe la plus riche et sur la couleur la plus brillante. Voltaire le savait mieux que personne, et il fait le drame de *Saül*, où il parodie, entre autres choses, la manière dont le prophète Nathan arrache à David l'aveu et la condamnation de son crime, et le force de prononcer lui-même sa sentence; c'est-à-dire que Voltaire livre au ridicule ce qui, en tout temps et en tout pays, indépendamment de toute croyance religieuse, frappera d'admiration sous tous les rapports. Faites prononcer devant les hommes rassemblés, quelque part que ce soit, ces mots si simples et si foudroyants : *Tu es ille vir :* « Vous êtes cet homme; » et tout retentira d'acclamations. Je voudrais bien qu'on me dît ce qu'il peut y avoir de mérite et d'esprit à trouver cela risible, et je suis sûr qu'aujourd'hui même personne ne me le dira. Et qu'aurait dit Voltaire si l'on avait jugé *Zaïre* sur la parodie des *Enfants trouvés*, et *Andromaque* sur *la folle Querelle?* C'est pourtant ce qu'il faisait et ce qu'il voulait qu'on fît pour David; et David lui aurait suffisamment répondu par ce mot si connu d'un de ses psaumes : *Mentita est iniquitas sibi;* « L'iniquité a menti contre elle-même. »

Il savait bien nous dire, quand il voulut justifier

son* *Cantique des cantiques*, contre l'autorité qui l'avait condamné, « qu'il ne fallait pas juger des « mœurs des Orientaux par les nôtres, ni de la sim- « plicité des premiers siècles par la corruption raf- « finée de nos temps modernes; que nos petites va- « nités, nos petites bienséances hypocrites n'étaient « pas connues à Jérusalem, et qu'on pensait et « qu'on s'exprimait autrement à Jérusalem que dans « la rue Saint-André-des-Arcs **. » Rien n'est plus vrai ni plus juste. Pourquoi donc oublie-t-il cette vérité et cette justice quand il juge l'original, lui qui les réclame pour une imitation, et une imitation très infidèle?

Il appelle un des plus beaux psaumes (le soixante-septième, *Exsurgat Deus*) *une chanson de corps de garde.* Quel ton et quel langage! Ce psaume fut composé par David lorsqu'il fit transporter l'arche sur la montagne de Sion, où le temple devait être bâti. La pompe lyrique de cette ode répond à celle de la cérémonie, qui fut aussi auguste qu'elle devait l'être. On lira ce psaume dans l'office du jeudi ***;

---

* On peut bien dire *son cantique*; car ce n'est pas celui de Salomon.

** Ce sont là à peu près, autant qu'il m'en souvient, les termes de sa *lettre à M. Clocpitre*, et c'en est très certainement la substance, quoique je ne puisse citer ici que de mémoire, n'ayant point le livre sous les yeux, et obligé souvent de travailler sans livres. C'est mon excuse, quand mes citations ne seront pas tout-à-fait exactes dans les mots; mais je garantis les choses.

*** Ce morceau, inséré depuis dans le *Cours de Littérature de La Harpe*, formait la seconde et la troisième partie du discours préliminaire de son *Psautier français*. C'est à cette première destination que se rapporte la phrase qui est l'objet de cette note. H. P.

mais je mettrai ici en avant quelques traits de cette *chanson de corps de garde*, et tous ceux qui se connaissent en esprit poétique, et qui ont l'idée des formes de l'ode, jugeront si on ne les trouve pas même dans une prose fidèle, malgré la prodigieuse distance de la prose au langage mesuré :

« Chantez Dieu, chantez son nom sur vos ins-
« truments; préparez la route à celui qui monte au-
« dessus des cieux. Son nom est le Seigneur: réjouis-
« sez-vous en sa présence; mais que les méchants
« tremblent à la vue du père des orphelins et du
« défenseur des veuves..... Dieu mettra sa parole
« dans la bouche des hérauts chargés de l'annoncer,
« et cette parole est puissante..... La montagne de
« Dieu* est fertile ; pourquoi regardez-vous à la
« fertilité des autres montagnes ? Y en a-t-il comme
« celle de Sion ? C'est là que le Seigneur se plaît à
« faire sa demeure, c'est là qu'il a fixé son séjour à ja-
« mais..... Le char de Dieu y est porté sur des mil-
« liers d'anges qui chantent des cantiques de joie :
« le Seigneur est là dans son sanctuaire, comme sur
« le sommet de Sinaï..... O Dieu! votre peuple a vu
« votre marche; il a vu la marche de mon Dieu,
« de mon roi, qui habite dans le Saint des saints.
« Les princes des tribus s'avançaient les premiers,
« suivis des chantres avec leurs instruments, et des
« jeunes vierges avec leurs tambours; ils chantaient:
« Bénissez le Seigneur..... Là était le jeune Benjamin
« dans l'extase de la joie; les princes de Juda à la
« tête de tous, etc. »

* C'est le nom qu'on donnait à la montagne de Sion

Le poète ne met-il pas devant vos yeux toute la marche religieuse ? Tout n'est-il pas en mouvement dans le style comme dans la fête ? Dieu n'est-il pas lui-même au milieu de la cérémonie ? Le poète ne l'y a-t-il pas transporté ? Et cette tournure qui est si fort dans le goût des anciens : « Les princes des tri- « bus s'avançaient les premiers. » Cette manière de mettre au passé ce qui est au présent, comme si le poète parlait déjà dans la postérité et la représentait ! Bientôt il s'adresse à Dieu, et les figures sont également hardies et animées, soit dans la pensée, soit dans l'expression.

« Commandez à votre puissance d'être avec nous;
« épouvantez les bêtes féroces des roseaux du Nil
« (les Égyptiens), les puissances qui viennent nous
« écraser sous leurs chars aux roues d'argent ;
« repoussez les peuples qui veulent la guerre ; et
« il viendra des envoyés d'Égypte ; l'Éthiopie éten-
« dra ses mains vers le Seigneur, etc. »

L'ode a-t-elle un élan plus rapide ? Demandez aux Pindare, aux Horace, aux Malherbe, aux Rousseau, s'ils désireraient autre chose dans un chant d'inauguration, et s'ils voudraient être autrement inspirés. Sans doute il manque ici le charme de l'harmonie, qui est le premier pour l'effet universel, mais je parle à ceux qui connaissent le genre et l'art, et qui sont en état de juger un poète réduit en prose, *disjecti membra poetæ*, comme dit Horace : qu'ils disent si la poésie, quoique toute décomposée, ne résiste pas à cette épreuve, la plus périlleuse de toutes ?

— Mais pourquoi donc Voltaire n'a-t-il vu là qu'*une chanson de corps-de-garde?*

— C'est que lui-même en a fait une sur un verset de ce psaume, précisément comme Scarron fait sept ou huit vers de parodie sur un vers de Virgile :

> Ayez soin, mes chers amis,
> De prendre tous les petits
> Encore à la mamelle.
> Vous écraserez leur cervelle
> Contre le mur de l'infidèle;
> Et les chiens s'engraisseront
> De ce sang qu'ils lècheront.

Il était si charmé de ce petit morceau, que je le lui ai entendu chanter pendant trois mois. Voici maintenant le texte de David : « Le Seigneur a dit : « J'enlèverai mes ennemis de la terre de Basan, et « je les précipiterai dans l'abîme; et toi, mon peuple, « tes pieds seront teints du sang de tes oppresseurs, « et les chiens lècheront ce sang. »

Racine n'a pas eu la même horreur de ces *chiens* et de ce *sang*, et en a tiré ces vers d'*Athalie*, admirés partout et toujours applaudis :

> Des lambeaux pleins de sang et des membres affreux,
> Que des chiens dévorants se disputaient entre eux.
>   (Act. II, sc. 5.)

Qui croirait que ce fût Voltaire qui logeât la muse de Racine *au corps-de-garde*, par aversion pour celle de David? Qui ne sait que ces images de vengeance et de carnage n'ont jamais déparé la poésie, et que le différent goût des langues ne fait que les colorier diversement, sans toucher au fond? Et quand on se souvient qu'ici ces images prophétiques traçaient par avance la punition d'Achab et de Jézabel, à qui un prophète dit, après l'abominable meurtre de Naboth : « En ce même endroit où les chiens « ont léché le sang de votre victime, ils lécheront « votre sang et celui des vôtres; » quand on se rappelle que ce qu'il y a de terrible dans cet exemple et dans cette peinture n'a été employé que pour effrayer le crime, que reste-t-il à dire contre l'un et l'autre?

Si l'on nous montrait Virgile dans la version d'un écolier, pour nous donner une idée de Virgile; si l'on traduisait ce vers, tiré de la description de l'Etna :

Attollitque globos flammarum et sidera lambit.
(*Æneid.* III, 574.)

— « Il élève des globes de flamme et *lèche les astres**, » est-ce Virgile qu'on nous aurait montré? C'est pourtant ce que fait Voltaire de David : il traduit ainsi, de ce même psaume, un passage qu'on vient de voir dans ce que j'ai cité : « La montagne de Dieu est « grasse : pourquoi regardez-vous les montagnes « *grasses*? » Il feint d'ignorer que le mot *pinguis*,

* *Lambere* (lécher) est en latin aussi noble que sonore; et la métaphore est ici fidèlement pittoresque, parce que le mouvement de la flamme imite en effet celui de la langue qui se courbe et se replie en léchant. Voilà pourquoi le vers est si beau en latin. En français, le mot *lécher* est peu agréable, difficile à faire entrer dans le style noble, et sur-tout impossible à joindre ici avec *les astres*, autre terme figuré pour dire *le ciel*. Un équivalent est donc nécessaire; sans quoi vous rendriez ridicule ce qui est beau; c'est le cas où la fidélité littérale est un mensonge.

qui en latin est du style noble, signifie aussi bien *fertile* que *gras*; mais il lui fallait le mot *gras* et *grasse*, pour faire rire. Le beau triomphe ! Je sais bien que ceux qui aiment en lui son grand talent, mais non pas au point de se refuser à l'évidence, baisseront ici les yeux, et rougiront pour lui; mais à qui la faute? et qui aime plus que moi son talent? mais la vérité est avant tout.

Il eût été plus digne d'un homme si éclairé de rechercher quels ont été et quels devaient être naturellement les caractères de l'ancienne poésie hébraïque, et les rapports qu'elle devait avoir avec le langage, la religion et les mœurs de ces temps reculés. Personne ne devait nous apprendre mieux que lui que la critique ne consistait pas à n'apprécier le génie antique que sur le goût moderne, mais à observer et reconnaître ce génie en lui-même, les procédés qu'il a suivis et dû suivre, et le genre de beauté qui en est résulté; à discerner en quoi et pourquoi ces compositions des premiers temps devaient différer des nôtres, sans que la disparité fût une raison d'infériorité. C'est là qu'il fallait appliquer ce goût véritablement philosophique, qui sait démêler à chaque époque ce qui est conforme en soi aux notions essentielles du beau, et ce qui ne tient qu'à des convenances locales, à des nuances particulières à chaque langue, à des délicatesses d'idiome ou d'opinion, qui sont des lois dans tel temps et dans tel pays, et qui n'en sont pas ailleurs. C'est par de tels examens et de telles comparaisons que l'esprit s'enrichit et que s'affermit le jugement;

et qui eût mieux réussi en ce genre que cet homme qui avait un talent singulier pour rendre l'instruction, et même l'érudition, agréables? Il eût fait en littérature ce que Fontenelle a fait avec tant de gloire dans les sciences. Mais il lui a toujours manqué, même en critique purement littéraire, un fond de solidité et d'équité, un accord constant de vues générales : deux choses incompatibles avec l'extrême vivacité de ses conceptions, et la violence et la mobilité de ses passions.

Je ne prétendrai point faire ce qu'il n'a pas fait, quand même j'en aurais la faculté, parce que ce n'est pas ici le lieu de traiter à fond cette matière. Je me bornerai donc à indiquer en peu de mots ce qui tient à mon objet, et ce qu'il est nécessaire de considérer avant tout, pour évaluer les censures injustes répandues contre l'ouvrage que j'ai traduit.

La poésie des Hébreux a généralement les caractères que dut avoir la poésie dans sa première origine, chez tous les peuples qui l'ont cultivée. Née de l'imagination (car il ne s'agit pas encore de l'inspiration divine), elle est élevée, forte et hardie. Il est certain qu'elle était métrique; mais les Hébreux mêmes ignorent aujourd'hui quelle était la nature du mètre. Le mot de leur langue qui répond au *carmen* des Latins, au *vers* des Français, offre proprement l'idée d'un discours coupé en phrases concises, et mesuré par des intervalles distincts. Ce que nous appelons style poétique répond chez eux à un mot que les interprètes grecs ont rendu par celui de *parabole*, c'est-à-dire un discours sentencieux et figuré, plus ou moins sublime, selon le sujet, mais toujours moral. Il tient de ce que nous appelons parmi les figures de style, d'après les rhéteurs grecs, allégorie ou métaphore continuée : les psaumes en sont pleins.

On sait d'ailleurs que l'allégorie est proprement l'esprit des Orientaux; celui qui se montre partout dans leurs écrits de tout genre, et même dans leur conversation; et c'est ce qui les a conduits à l'invention de l'apologue.

Il suffit de faire quelque attention à ce que nous nommons *versets* dans la Vulgate, pour y apercevoir à tout moment, malgré l'éloignement de l'original, des formes régulières et symétriques, qui paraissent y avoir été habituellement les mêmes. Le verset est d'ordinaire composé de deux parties, ou analogues ou opposées; mais l'analogie est beaucoup plus fréquente que l'opposition*. Ce procédé paraît fort simple; il peut tenir à deux raisons : 1° au rapport de la phrase poétique avec la phrase musicale (car la musique et la poésie ne se séparaient pas), et les deux phrases étaient alors également composées de deux parties; elles le sont quelquefois

---

* Un exemple suffira pour indiquer cette marche au lecteur :

« Miserere meî, Deus, secundùm magnam misericordiam tuam; — et « secundùm multitudinem miserationum tuarum, dele iniquitatem meam. « *Ps*. L, 3.

. . . .

« Ampliùs lava me ab iniquitate meâ; — et a peccato meo munda me. « *Ibid*. 4.

. . . .

« Quoniam iniquitatem meam ego cognosco; — et peccatum meum con-« tra me est semper. *Ibid*. 5. »

de trois, toujours avec le même air de symétrie;
2° à la nature de la langue hébraïque. Ceux qui
l'ont étudiée s'accordent à dire qu'elle n'a pas un
grand nombre de mots; qu'elle a peu de particules,
de liaison, de transition, de modification, et que
ses termes ont plus de latitude indéfinie que de
nuances marquées; ce qui prouve une sorte de pénurie dans l'idiome, et ce qui produit la difficulté
dans la traduction. Il en résulte aussi l'absence de
ce style périodique qui nous charme dans les Grecs
et les Latins. La période, en vers comme en prose,
ne peut marcher qu'à l'aide de beaucoup de mobiles,
qui la rendent aisée, nombreuse et variée. Ces mobiles sont dans les éléments de la construction; ils
paraissent manquer aux Hébreux; et nous-mêmes
sommes inférieurs, en ce point, aux Grecs et aux
Latins, au moins pour la diversité et l'effet des
moyens.

Il suit que, dans la diction des Hébreux, les
phrases doivent être coupées, concises, et en général uniformes, et de là le style sentencieux; que,
dans leur poésie, les formes doivent être habituellement répétées et correspondantes, parce qu'ils ont
cherché dans des retours symétriques l'agrément
qu'ils ne pouvaient trouver dans le nombre et la
variété, comme nous-mêmes avons eu recours à la
rime, au défaut d'une prosodie aussi accentuée que
celle des Grecs et des Latins; et la rime n'est aussi
qu'un genre de symétrie. De là encore, si la phrase
des Hébreux est concise, leur style doit manquer
souvent de précision, et les idées y sont reproduites

avec des différences légères, pour conserver le rapport des formes. Mais il en arrive aussi que leur poésie est singulièrement animée et audacieuse, parce qu'ils substituent les mouvements aux liaisons qu'ils n'ont pas; que leur expression est très énergique, ne pouvant guère être nuancée; que chez eux la métaphore est plus hardie que partout ailleurs, par ce que les figures sont un besoin dans une langue pauvre, au lieu qu'elles sont un ornement dans une langue riche. Ce que nous rendons par des termes abstraits, ils l'expriment le plus souvent par des relations physiques; et c'est sur-tout ce défaut de mots abstraits qui fait que chez eux presque tout est image, emblême, allégorie. Rien ne prouve mieux cette vérité, qui n'est bien entendue que des hommes très instruits, que le génie du style et des écrivains est naturellement modifié par celui des langues, et que les différentes beautés des productions des différents peuples dépendent non-seulement de ce que leur donne leur idiome, mais même de ce qu'il leur refuse.

Il est dans le progrès des choses, que les langues qui se sont formées dans la succession des temps, chez des peuples favorisés par la nature et le climat, tels que les Grecs et les Latins, aient été beaucoup plus abondantes que celles des premiers siècles, en tout ce qui appartient aux idées mixtes aux modifications du discours, au raffinement de la pensée, qui suit celui des mœurs et des usages. C'est de tout cela que se forme le fini de la composition dans les détails; mais rien ne serait plus déraisonnable que de l'exiger des ouvrages nés dans les âges antiques. Il ne faudrait pas même l'y désirer; car ce qu'ils ont de plus précieux est précisément cette beauté primitive et inculte qu'on aime à rencontrer dans les œuvres de l'esprit humain, aux époques les plus lointaines, et qui se passe très bien de l'élégance des parures modernes : celle-ci est un mérite, sans doute, mais pour nous seuls, et n'était pas un devoir il y a trois mille ans.

Or, ce genre de beauté, d'autant plus remarquable qu'il est absolument le même à de grandes distances, de Job à Moïse, de Moïse à David, et de David à Isaïe, est encore si réel et si éminent, que nos plus habiles versificateurs ont mis beaucoup d'art et de travail à s'en rapprocher, et ne l'ont pas toujours égalé. Que d'essais n'a-t-on pas faits en ce genre sur les Psaumes! Et le seul Rousseau peut soutenir habituellement la comparaison, et pas toujours. Je n'en voudrais pour preuve que le psaume *Cœli enarrant* (XVIII). Il est vrai que dans la première strophe, Rousseau s'est beaucoup trop laissé aller à la paraphrase; mais, fût-elle meilleure, elle vaudrait difficilement ce premier verset : « Les cieux « racontent la gloire de l'Éternel, et le firmament « annonce la gloire de ses mains. » Quelle majestueuse simplicité! et combien en est loin ce commencement, malgré toute l'élégance des deux vers!

    Les cieux instruisent la terre
    A révérer leur auteur:
            (*Odes*, liv. I, od. 2.)

D'Alembert, qui là-dessus n'était pas suspect de prévention, regrette la touchante naïveté du cantique d'Ézéchias jusque dans cette immortelle imitation qu'en a faite Rousseau, dont cette ode est peut être la plus parfaite. Je crois que d'Alembert avait raison en un sens; mais peut-être ne sentait-il pas assez l'harmonie enchanteresse du cantique français : elle est telle, qu'on peut la mettre en compensation pour tout le reste; et il faut tenir compte de ces sortes d'équivalents, quand il n'est pas possible de trouver dans sa langue la même espèce de mérite que dans l'original; et je suis convaincu qu'on ne le peut pas.

Racine ne s'est élevé si haut, au-delà de tous les poètes français, dans *Esther* et dans *Athalie*, que parce qu'il y a fondu la substance et l'esprit des livres saints, plutôt qu'il n'en a essayé la traduction. C'est vraiment un coup de maître; car il a su échapper ainsi au parallèle exact, et il est devenu pour nous original. C'est un prophète d'Israël qui écrit en français : aussi, n'avons-nous rien de comparable au style d'*Esther* et d'*Athalie*. Mais quand il traduit expressément un passage distinct, alors Racine lui-même, tout Racine qu'il est, reste quelquefois au-dessous de David. En voici la preuve :

> J'ai vu l'impie adoré sur la terre;
> Pareil au cèdre, il cachait dans les cieux
>   Son front audacieux.
> Il semblait à son gré gouverner le tonnerre,
>   Foulait aux pieds ses ennemis vaincus :
> Je n'ai fait que passer, il n'était déja plus.
>   (*Esther*, act. III, sc. 9.)

Certes, le poète a fait ici ce qu'il y avait de mieux à faire : il a eu recours à la richesse et à l'éclat de la plus magnifique paraphrase, dans l'impossibilité d'égaler la sublime concision de l'original. Mais enfin, mettez ces beaux vers en comparaison avec le verset de la Vulgate, fidèlement rendu en prose : « J'ai vu « l'impie élevé dans la gloire, haut comme les cèdres « du Liban ; j'ai passé, et il n'était plus (ps. XXXVI). » Il n'y a personne qui ne donne la palme à l'original par un cri d'admiration : les vers de Racine sont de l'or parfilé ; mais le lingot est ici.

On doit bien s'attendre que mon dessein n'est pas d'énumérer les beautés sans nombre répandues dans les Psaumes : le commentaire excéderait le texte ; mais je ne crois passer aucune mesure en rappelant du moins quelques endroits marqués par différents genres de beautés.

Mouvements, images, sentiments, figures : voilà, sans contredit, l'essence de toute poésie. Nous ne pouvons pas parler ici du nombre, qui, chez les Hébreux, nous est inconnu. Voyons ce qui s'offre à nous dans tout le reste.

Voltaire s'est beaucoup moqué de l'*In exitu*, à cause *des montagnes et des collines* comparées *aux béliers et aux agneaux*. Il aurait pu se moquer de même, et avec aussi peu de raison que La Motte et Perrault, du carnage que fait un guerrier dans les bataillons qui plient, comparé, dans l'*Iliade*, au ravage que fait un *âne* lâché dans un champ de blé. Il n'en est pas moins vrai que, si *les ânes, les béliers et les agneaux*, etc. ne sonnent pas noblement à notre oreille, il ne s'ensuit pas qu'il en fût de même chez les Grecs et les Hébreux, ni même chez les Latins, puisque le goût sévère de Virgile ne lui défend pas d'assimiler les agitations de la reine Amate, tourmentée par Alecton, au mouvement d'un sabot sous le fouet des enfants. Il n'est pas moins vrai non plus que les secousses des montagnes et des collines, ébranlées par un violent tremblement de terre, sont fidèlement représentées par les bondissements d'un troupeau ; et de là même cette expression reçue chez les marins, *la mer moutonne*, pour dire qu'elle est agitée. Laissons donc ces nuances du langage, qui ne décident rien d'un peuple à un autre, et voyons si, dans la marche de l'ode, il y a quelque chose de plus beau que ce même commencement du psaume dont le sujet est la sortie d'Égypte et les prodiges qui l'accompagnèrent. Songez sur-tout que vous jugez un poète mis en prose* dans une langue étrangère, et voyons si, dans cette épreuve même, il doit craindre le jugement des connaisseurs.

« Lorsque Israël sortit de l'Égypte, et Jacob du
« milieu d'un peuple barbare, la Judée devint le
« sanctuaire du Seigneur, Israël fut le peuple de sa
« puissance.

« La mer le vit et s'enfuit ; le Jourdain remonta
« vers sa source. Les montagnes bondirent comme
« le bélier, et les collines comme l'agneau.

« Mer, pourquoi as-tu fui ? Jourdain, pourquoi

---

* *Voyez* plus loin ce même psaume CXIII, traduit en vers par La Harpe.

« as-tu reculé vers ta source ? Montagnes, pourquoi
« avez-vous bondi comme le bélier, et vous, collines,
« comme l'agneau ?

« C'est que la terre s'est émue devant la face du
« Seigneur, à l'aspect du Dieu de Jacob, du Dieu
« qui change la pierre en fontaine, et la roche en
« source d'eau vive.

« La gloire n'en est pas à nous, Seigneur ; don-
« nez-la tout entière à votre nom, à votre bonté
« pour nous, à la vérité de vos oracles, de peur
« que les nations ne disent quelque jour : Où donc
« est leur Dieu ? Notre Dieu est dans les cieux ; il
« a fait tout ce qu'il a voulu. »

Si ce n'est pas là de la poésie lyrique, et du premier ordre, il n'y en eut jamais ; et si je voulais donner un modèle de la manière dont l'ode doit procé-
der dans les grands sujets, je n'en choisirais pas un
autre : il n'y en a pas de plus accompli. Le début
est un exposé simple, rapide et imposant. Le poète
raconte des merveilles inouïes comme il raconterait
des faits ordinaires : pas un accent de surprise* ni
d'admiration, comme n'y aurait pas manqué tout
autre poète. Le psalmiste ne veut pas parler lui-
même de l'idée qu'il faut avoir des merveilles qu'il
trace ; il veut que ce soit toute la nature qui rende
témoignage au maître à qui elle obéit. Il l'interroge
donc tout de suite, et de quel ton ? *Mer, pourquoi*

---

* Il n'y a qu'une manière d'expliquer comment on expose si uniment des choses si extraordinaires ; c'est que celui qui en parle ici est celui qui les a faites ; et c'est de lui qu'il est dit dans un autre psaume : *Nihil est mirabile in conspectu ejus;* « Rien n'est merveilleux devant lui ; » et cela doit être.

as-tu fui? Jourdain, etc. Je cherche quelque chose de comparable à cette brusque et frappante apostrophe, et je ne trouve rien qui en approche. Il interpelle la mer, le fleuve, les montagnes, les collines, et avec quelle sublime brièveté! et dans l'instant vous entendez la mer, le fleuve, les montagnes, les collines qui répondent ensemble : « Eh! ne voyez-vous pas que la terre s'est émue devant la face du Seigneur? Et comment ne serait-elle pas émue à l'aspect de celui qui change la pierre en fontaine, et la roche en source d'eau vive? » Car ce sont là les liaisons supprimées dans cette poésie rapide. Le poète aurait pu aussi mettre en récit ce miracle, comme il a fait des autres; mais il préfère de le mettre dans la bouche des êtres inanimés. Est-ce là un art vulgaire? Ce n'est pas tout : des mouvements nouveaux et affectueux succèdent à ceux de la prosopopée : « La gloire n'en est pas à nous, Seigneur, etc*. »

Je connais comme un autre, Horace et Pindare; mais, si j'ose le dire sans manquer de respect pour ce qui est sacré, en le rapprochant du profane, l'Esprit Saint, qui n'avait pas besoin, pour agir sur nous, de remporter la palme de l'esprit poétique, apparemment ne l'a pas dédaignée; car, à coup sûr, les vrais poètes ne la lui disputeront pas.

Que serait-ce, si j'appelais ici toute son école,

---

* On peut rapprocher de cette analyse du psaume CXIII celle que Rollin a donnée, dans son *Traité des Études*, liv. IV, ch. 3ᵉ, du Cantique de Moïse, et qu'il avait empruntée à son savant et respectable maître Hersan. (*Voyez* ci-dessus, pag. 78 et suiv.)   H. P.

Moïse, Isaïe, Jérémie, Habacuc, tous les prophètes? si j'entrais dans le détail de tout ce qu'ils ont d'étonnant et de vraiment incomparable? Mais tous ont un grand défaut dans l'opinion de nos jours : on les chante à l'église, et comment peut-il y avoir quelque chose de beau à vêpres? Si cela se trouvait, ou plutôt s'il était possible que cela se trouvât dans les écrits d'un brame de l'Inde, dans un poète arabe ou persan, quel concert de louanges! l'admiration ne tarirait pas. Je ne l'épuiserai point sur les Psaumes; mais continuons à les examiner comme je m'y suis engagé.

S'agit-t-il des figures de diction, des tropes, des métonymies, des métaphores, David dit à Dieu : « La mer a été votre route, les flots ont été vos « sentiers, et l'œil ne verra pas vos traces. » Ce dernier trait est du vrai sublime.

Veut-il peindre l'infamie du culte idolâtrique : « Israël échangea la gloire du culte divin contre « l'image d'un animal nourri d'herbe. » Y a-t-il un langage plus brillant et plus expressif?

Désire-t-on que les tournures de sentiment se joignent à l'énergie des figures, il n'y a qu'à entendre David parler de la miséricorde divine : « Quoi! Dieu « oublierait de faire grace! il retiendrait sa bonté « enchaînée dans sa colère! »

A-t-il à caractériser l'insolence de la prospérité des méchants : « Leur iniquité sort tout orgueil-« leuse du sein de leur abondance. Ils sont comme « enveloppés de leur impiété, et recouverts du mal « qu'ils ont fait.... Le méchant a été en travail pour

« produire l'iniquité : il a conçu le mal et enfanté
« le crime. » Quelle suite d'expressions fortement
figurées! et tout est traduit sur les mots de la Vulgate : si cela ne se retrouve pas dans les autres traducteurs, c'est que l'originalité de ce style les a effrayés; ils ont eu peur d'être si fidèles, et, dans leur paraphrase, ils n'ont conservé que le sens.

N'oublions pas que la plupart des poëtes français ont puisé ici comme dans un trésor commun, et, par leurs emprunts et leurs imitations, nous ont rendu pour ainsi dire familier ce qu'il y a de plus grand dans l'Écriture. Mais, lorsqu'il s'agit de juger, il est juste de remonter à la date, et de se rappeler que rien n'est antérieur à ce que nous admirons ici. Racine a dit dans ses chœurs :

Abaisse la hauteur des cieux*.

Et Voltaire, dans *la Henriade* :

Viens des cieux enflammés abaisser la hauteur.

Mais celui qui a dit le premier, *inclinavit cœlos et descendit*, « il a abaissé les cieux et il est descendu, » n'en demeure pas moins le poëte qui a tracé en trois mots la plus imposante image que jamais l'imagination ait conçue. Et que de force et d'éclat dans le morceau entier! (Ps. XVII.) David, vainqueur d'une foule d'ennemis étrangers et domestiques, des Sy-

* La Harpe est ici trompé par sa mémoire. Ce vers n'est point de Racine, mais de J.B. Rousseau (*Odes*, liv. I, od. 10). Racine a dit (*Esther*, act. III, sc. 9):

Et vous, sous sa majesté sainte,
Cieux, abaissez-vous.

H. PATIN.

riens, de Phéniciens, des Iduméens, des dix tribus révoltées, chante le Dieu qui l'a fait vaincre, et qui s'est déclaré l'ennemi des ennemis d'Israël. Il représente les effets de sa toute-puissance dans un de ces tableaux prophétiques qui ont un double objet, et qui montrent, d'un côté, le Très-Haut tel qu'il s'était manifesté si souvent en faveur de son peuple; et, de l'autre, Jésus-Christ, son Verbe, tel qu'il doit se manifester à la fin des temps. J'invite ceux qui ont vu dans Homère et dans Virgile l'intervention des dieux au milieu des combats des Grecs et des Troyens, Neptune frappant la terre de son trident, le Scamandre desséché, les murailles de Troie déracinées par la main des immortels, à comparer toutes ces peintures avec celle-ci :

« Sa colère a monté comme un tourbillon de fu-
« mée ; son visage a paru comme la flamme, et son
« courroux comme un feu ardent. Il a abaissé les
« cieux, il est descendu, et les nuages étaient sous
« ses pieds. Il a pris son vol sur les ailes des chéru-
« bins; il s'est élancé sur les vents. Les nuées amon-
« celées formaient autour de lui un pavillon de té-
« nèbres : l'éclat de son visage les a dissipées, et une
« pluie de feu est tombée de leur sein. Le Seigneur
« a tonné du haut des cieux; le Très-Haut a fait en-
« tendre sa voix; sa voix a éclaté comme un orage
« brûlant. Il a lancé ses flèches et dissipé mes en-
« nemis; il a redoublé ses foudres, qui les ont ren-
« versés. Alors les eaux ont été dévoilées dans leurs
« sources, les fondements de la terre ont paru à dé-
« couvert, parce que vous les avez menacés, Sei-

« gneur, et qu'ils ont senti le souffle de votre colère. »
(Ps. XVII, 9—17.)

Quelle supériorité dans les idées, dans les expressions ! car elles sont ici littéralement rendues. *Apparuerunt fontes aquarum, et revelata sunt fundamenta orbis terrarum.* Voilà bien le sublime d'idée et d'expression, et ce que le psalmiste ajoute tout de suite est encore au-dessus : « Parce que vous les « avez menacés, etc. » *Ab increpatione tuâ, Domine, ab inspiratione spiritûs iræ tuæ.* Neptune frappe de son trident, Pallas arrache les fondements de Troie : ce n'est pas là le Dieu de David. La terre l'a entendu *menacer;* elle a senti *le souffle de sa colère.* Il n'en faut pas davantage, et l'univers froissé se montre dans un état de dépendance et de soumission, et semble attendre que l'Éternel détruise tout, comme il a fait tout, d'un signe de sa volonté.

Avouons-le, il y a aussi loin de ce sublime à tout autre sublime que de l'esprit de Dieu à l'esprit de l'homme. On voit ici la conception du grand dans son principe : le reste n'en est qu'une ombre, comme l'intelligence créée n'est qu'une faible émanation de l'intelligence créatrice ; comme la fiction, quand elle est belle, n'est encore que l'ombre de la vérité, et tire tout son mérite d'un fond de ressemblance. Vous trouverez partout, avec l'œil de la raison attentive, les mêmes rapports et la même disproportion, toutes les fois que vous rapprocherez ce qui est de l'homme de ce qui est de Dieu, seul moyen d'avoir de l'un et de l'autre l'idée qu'il nous est donné d'en avoir ; et c'est ainsi qu'étant toujours très imparfaite, comme elle doit l'être, du moins elle ne sera jamais fausse. Cette grandeur originelle, et par conséquent divine, puisque toute grandeur vient de Dieu, qui est seul grand, est partout dans l'Écriture, soit que Dieu agisse ou parle dans le récit, soit qu'il parle dans les prophètes. Je n'en citerai qu'un exemple, dont je ne doute pas que l'impression ne soit la même sur tous les lecteurs judicieux.

Les Israélites, que Dieu éprouvait en les faisant entrer dans le désert avant que d'entrer dans la terre promise (figure de la vie du temps et de celle de l'éternité), se trouvent pour la seconde fois dans les solitudes de Sin, au même endroit où Moïse avait frappé le rocher pour en faire sortir l'eau qui leur manquait. Elle leur manquait de nouveau; *ils murmurent*, et Moïse *crie au Seigneur*, qui lui dit : « Parlez au rocher : il en sortira de l'eau, et ce peuple « boira. » Moïse ne fait pas attention à la parole du Seigneur, et frappe deux fois le rocher, comme il avait fait auparavant; l'eau en sort, comme la première fois; mais Dieu est offensé, et lui dit : « Parce « que vous n'avez pas cru à ma parole, et que vous « ne m'avez point rendu gloire devant ce peuple, « vous n'entrerez point dans la terre promise. »

Qui se serait attendu au reproche et à la punition? N'a-t-on pas envie de prendre la parole pour Moïse, et de dire à Dieu : « Seigneur, en quoi donc ai-je man- « qué de foi? Cette verge dont j'ai touché la pierre, « n'est-elle pas la même qui en avait déjà fait sortir « une source, parce que vous l'avez voulu? N'est-ce « pas celle que vous avez mise en mes mains, comme

« le docile instrument de vos merveilles? N'est-ce pas
« celle que jai étendue sur le Nil, quand je changeais
« ses eaux en sang, celle que j'ai étendue sur la mer
« Rouge, quand j'ouvris ses flots devant Israël? »
Mais Moïse se garde bien de répondre ; il reconnaît sa
faute dès qu'il est repris. Il conçoit très bien que
Dieu lui aurait dit: « Pourquoi avez-vous pensé que
« mon pouvoir fût attaché à cette baguette? Tous les
« moyens ne me sont-ils pas égaux ? et le choix ne
« dépend-il pas de moi seul? Je vous ai dit: *Parlez au
« rocher: pourquoi n'avez-vous pas cru à ma parole?*
« Avez-vous eu peur que la vôtre ne manquât de
« puissance, quand c'est moi qui la mets dans votre
« bouche? Pourquoi frapper, quand j'ai dit *parlez ?* Il
« faut croire et obéir. » (*Nombres* XX.)

C'est là ce que l'Écriture offre à toutes les pages;
et qu'y a-t-il ailleurs qui soit de cet ordre d'idées,
si supérieur à tout ce que les hommes ont écrit de
la Divinité? Quel est donc ce Dieu qui n'est nulle
part ce qu'il est ici? Ah! c'est qu'il n'a parlé nulle
part, et qu'il parle ici; c'est qu'il n'y a que lui qui
sache comment il faut parler de lui ; et s'il est vrai,
comme la raison n'en peut douter, que l'Écriture
seule nous donne de Dieu ces idées également hautes
et justes, également admirables et instructives, qui
produisent à la fois le respect et la lumière, il est
donc démontré que l'Écriture est divine, et que nous
n'avons la véritable idée du grand que par la foi,
parce qu'il n'y a de vraiment grand que le Dieu qui
la donne.

En effet, si quelque lecteur, persuadé par le parallèle que j'ai commencé à établir, et reconnaissant avec moi que David et Moïse sont tout autrement sublimes qu'Homère et Virgile, se bornait à ne voir là qu'une affaire de goût et de tact, et en concluait seulement que j'ai un peu plus de jugement et de connaissance que les contempteurs des livres saints, il se tromperait beaucoup, et me ferait un honneur que je ne mérite pas plus que je ne m'en soucie. Beaucoup de personnes ont autant et plus de critique que moi, et apparemment Voltaire n'en manquait pas. Pourquoi donc n'a-t-il rien vu de tout cela? Et pourquoi moi-même n'ai-je pas vu jusque-là, quand je ne lisais la *Bible* qu'avec les yeux d'un homme de lettres? suis-je devenu tout-à-coup plus savant que je n'étais en littérature? Non, sans doute, et je n'en ai pas appris sur Homère, Virgile et Pindare, plus que je n'en disais dans mes leçons publiques il y a dix ans. Comment donc n'ai-je eu des aperçus nouveaux que sur les écrivains sacrés, que j'avais lus tous comme les auteurs profanes? Ce sont ces mêmes livres saints qui m'en rendent raison : c'est que mes yeux étaient fermés et qu'ils se sont ouverts : *Eratis aliquandò tenebræ : nunc autem lux in Domino* ; c'est que l'étude de la loi de Dieu enseigne tout ce qu'il importe le plus de savoir, dès qu'on ne lit point sa parole avec l'intention d'une critique orgueilleuse, et dès lors nécessairement vaine et mensongère. Toutes les clartés que nous pouvons avoir d'ailleurs ne vont pas au-delà des objets frivoles, et n'atteignent pas l'essentiel ; car l'essentiel pour l'âme raisonnable et immortelle, est certainement dans les rapports de l'homme à Dieu et du temps à l'éternité : c'est là que tout rentre et doit rentrer, et sans cela tout n'est rien. Ainsi la foi que l'on traite de *petitesse* et *d'imbécillité*, est en effet pour l'homme la seule vérité et la seule grandeur. J'avoue que Dieu seul peut la donner; mais il ne la refuse jamais à qui la demande avec un cœur simple et droit : c'est lui-même qui nous l'a dit. « Tout ce que vous deman-« derez à mon père en mon nom, dit Jésus-Christ, « il vous le donnera. » La vérité est un jour qui brille à tous les yeux, mais il ne faut pas les fermer : c'est l'orgueil qui les ferme, et entre l'orgueil et la foi il y a l'infini.

Est-ce par orgueil que David dit : « J'ai passé en « intelligence tous ceux qui m'avaient enseigné; « j'ai passé les vieillards en sagesse. » Est-ce le plus humble des hommes qui parlerait ainsi, s'il n'ajoutait pas : « parce que j'ai médité vos ordonnances, « parce que j'ai étudié tous vos commandements.... « Je suis devenu plus sage que tous mes ennemis, « parce que je me suis attaché à vous pour tou-« jours.... Votre parole est la lampe qui dirige mes « pas, et la lumière qui éclaire mes sentiers.... Vos « jugements sont l'objet de toutes mes pensées, et « vos justices sont toute ma sagesse.... » Ainsi David ne se glorifie jamais que dans la parole de Dieu, comme saint Paul *dans la croix de Jésus-Christ.* C'est le même esprit depuis Abraham jusqu'à David, et depuis David jusqu'au moindre des chrétiens de nos jours; et cet esprit ne passera pas plus que

la parole de Dieu même. « Verba mea non præ-
« teribunt. »

Si nous passons des peintures fortes aux images
riantes, et de la majesté à la douceur, quel poète
n'envierait pas le coloris et le sentiment répandus
dans cette prière à Dieu pour en obtenir les présents de la terre et des saisons?

« Vous visiterez la terre et vous la féconderez;
« vous multiplierez ses richesses. Le grand fleuve *
« est rempli de l'abondance des eaux. La terre a
« préparé la nourriture des hommes, parce que
« vous l'avez destinée à cet usage. Pénétrez son sein
« de la rosée, fertilisez ses germes, et ils se réjoui-
« ront des influences du ciel. Vous bénirez la terre,
« et vos bénédictions seront la couronne de l'année,
« et les campagnes seront couvertes de vos dons.
« Les déserts mêmes s'embelliront de fécondité,
« et les collines seront revêtues d'allégresse; et les
« vallons, enrichis de la multitude des grains, élè-
« veront la voix et chanteront l'hymne de vos
« louanges. » (Ps. LXIV, 10 — 14.)

S'il est particulièrement de la poésie d'animer et
de personnifier tout, on voit que rien n'est plus
poétique que le style des Psaumes et des Prophéties. Tout y prend une âme et un langage : « la cou-
« ronne de l'année, les collines revêtues d'allégresse,
« les germes qui se réjouissent, les vallons qui chan-
« tent la louange, etc. » Ce sont les figures du texte :
y en a-t-il de plus heureuses et de plus brillantes?
Mais d'où vient que tout est vivant et sensible dans

* Le Jourdain.

la poésie des livres saints, et avec une sorte de hardiesse et d'intérêt qui n'est point ailleurs? C'est encore ici le même principe; c'est encore cette idée mère qui féconde toutes les autres, l'idée du grand Être qui donne l'être à tout ce qui compose l'univers. Pour ces chantres inspirés, l'action du Créateur, qui se fait sentir incessamment à tout ce qui est créé, est une voix qu'ils entendent; et l'obéissance des créatures est une voix, et leurs besoins sont une voix. Telle est la rhétorique des prophètes; c'est-là sur-tout qu'ils puisent leurs figures: est-il étonnant qu'elles soient au-dessus de celles de l'art.

La délicatesse de nos critiques du jour sourit avec dédain quand David et les trois enfants de Babylone appellent successivement toutes les créatures, le soleil, la lune, la terre, les mers, les animaux, etc., pour les inviter à *bénir le Seigneur*. Je n'aperçois là qu'un sentiment profond de la reconnaissance, qui, voyant l'homme entouré de tous les êtres créés pour lui faire du bien, ne trouve pas que ce soit assez de lui seul pour *louer et bénir* un si magnifique bienfaiteur. Il ne peut pas, comme Dieu, « appeler toutes les étoiles chacune par son « nom » *omnibus eis nomina vocat*, parce qu'il n'y a que celui qui les a faites qui puisse les appeler ainsi. Mais l'homme appelle du moins ce qu'il peut nommer, et il n'a pas trop de tout ce qu'il connaît dans la nature pour chanter avec lui son auteur. Est-ce que l'amour et la reconnaissance ont jamais assez d'organes? Que cet enthousiasme est noble et saint pour le cœur! et que la censure est froide et petite pour le goût!

Lisez tous les poètes de la *Bible*, placés à de longs intervalles dans les siècles : partout le même fond de génie, partout la même manière de penser, de sentir, de s'exprimer, sans autre différence que celle qui tient au sujet; et cette uniformité d'idées et de sentiments qui sont au-dessus de l'homme, comme la raison le démontre, et qui nulle part ailleurs ne se retrouvent dans l'homme, comme il est prouvé par le fait, ne dit-elle pas que tous ces écrivains n'ont eu qu'un même maître et une même inspiration? Lisez cet ancien drame de Job, et ensuite le psaume de la création (CIII) *Benedic, anima mea, Domino*, le plus fini peut-être de tous, à n'en juger que suivant les règles d'une critique humaine : et David, en célébrant les œuvres de Dieu, vous rappellera Dieu lui-même parlant de ses œuvres à Job. Lisez aussi tout ce qu'on a écrit de plus estimé sur cette matière, si souvent traitée en prose et en vers depuis Hésiode jusqu'à Ovide, et depuis Cicéron et Pline jusqu'à Buffon; et vous ne citerez rien qui soit du ton et de la hauteur de ce psaume, dont je ne rapporterai qu'un ou deux passages, quoique tout soit également fait pour être cité.

« Vous avez appris au soleil l'heure de son cou-
« cher. Vous répandez les ténèbres, et la nuit est
« sur la terre : c'est alors que les bêtes des forêts
« marchent dans l'ombre ; alors les rugissements
« des lionceaux appellent la proie, et demandent à
« Dieu la nourriture promise aux animaux. Mais le

« soleil s'est levé, et déjà les bêtes sauvages se
« sont retirées; elles sont allées se replacer dans
« leurs tanières : l'homme alors sort pour le tra-
« vail du jour, et accomplit son œuvre jusqu'au
« soir. »

Rien ne me semble plus beau que ce partage, si bien marqué, du jour et de la nuit, entre l'homme qui vit de son travail et l'animal qui vit de proie. La philosophie et la poésie ont pu le saisir, sur-tout depuis David ; mais je ne me souviens pas, et je ne crois pas qu'il soit nulle part tracé de même. Le dessein du Créateur est ici dans la pensée du poète, qui en rend compte avec la même autorité qui l'a conçu. Le poète était présent au conseil de la Providence, lorsqu'elle relégua, par un impérieux instinct, la bête féroce et redoutable dans le domaine de la nuit, et lui défendit de troubler *l'œuvre de l'homme* dans le domaine du jour. C'est cette même Providence qui apprit au soleil l'heure de son coucher; et quel est celui des Grecs et des Latins qui ait eu ces idées? Les chevaux du Soleil, et son char attelé par les Heures, et l'Aurore aux doigts de rose, sont les jeux d'une imagination inventive ; mais ici, la vérité est grande comme la puissance; et si l'on en revient à la poésie, l'*alme sol* d'Horace est très ingénieux, et la strophe est brillante ; on rencontrera partout de beaux vers sur le soleil : y en a-t-il pourtant qui réunissent le double caractère du jour, la majesté et la douceur exprimées dans la double image que Rousseau a empruntée de David? Et la mer aussi a été le sujet de beaux vers en différentes langues:

hé bien ! qu'y a-t-il dans tous qui soit du genre de ces versets du même psaume (*Benedic*)?

« Comme elle est vaste cette mer qui étend au « loin ses bras spacieux! Des animaux sans nombre « se meuvent dans son sein, et les vaisseaux passent « sur ses ondes. Là, nage ce grand dragon des mers[*], « que vous avez formé pour se jouer dans les flots. » *Quem formasti ad illudendum ei.*

Il n'y a pas d'idée plus imprévue ni plus extraordinaire. Quiconque a voulu peindre ce terrible élément a broyé des couleurs d'épouvante, et a paru effrayé pour effrayer les autres : c'est la route vulgaire. Le psalmiste ne voit et ne fait voir que la puissance qui a préparé une demeure à d'innombrables créatures, et un passage à l'homme navigateur pour rapprocher les extrémités de la terre. Toujours un dessein, parce que le poète ne chante que pour louer Dieu et instruire les hommes; et, s'il parle de la baleine, de ce colosse des mers, Dieu l'a *formé pour se jouer dans les flots!* Ce dernier trait n'a pu venir dans l'esprit qu'à celui qui savait de source qu'il n'en a pas plus coûté au Créateur pour envoyer des milliers de baleines *se jouer* dans l'Océan, que pour semer sur la terre des milliers de fourmis.

Les dieux de l'antiquité païenne avaient seuls le droit de jurer par le Styx; c'est tout ce qu'elle put imaginer pour donner un serment aux Dieux. Malgré la puérilité de l'idée, j'avoue que l'oreille et l'imagination sont enchantées de ces vers harmonieux que Virgile a traduits d'Homère :

[*] La baleine.

..... Stygii per flumina fratris,
Per pice torrentes atrâque voragine ripas,
Annuit, et totum nutu tremefecit Olympum.

La poésie de l'homme ne peut pas aller plus loin ; mais il n'y a que le Dieu de Moïse et de David qui ait pu dire :

J'en ai fait le serment ; j'ai juré par moi-même.

Per memetipsum juravi; et c'est là le serment d'un Dieu.

De l'Esprit des Livres Saints.

Comme cet esprit de foi et de sainteté est le principe de toutes les beautés des Psaumes, il est aussi la réponse aux censures futiles que l'irréligion seule a dictées, et qu'on n'a vu éclore qu'avec elle. Il est tout simple que la critique d'un ouvrage soit inconséquente quand elle en met de côté la nature et l'objet. Que dire de Voltaire, par exemple, qui met très sérieusement sur la même ligne, comme poètes, David et le roi de Prusse ?

Frédéric a plus d'art, et connaît mieux son monde.
Il est plus enjoué ; sa verve est plus féconde.
Il a lu son Horace, il l'imite ; etc.

Il est sûr que David n'est pas enjoué, qu'il ne pouvait pas plus imiter que lire Horace, et que le monde que connaissait Frédéric n'était pas celui pour qui David écrivait. Quel travers d'esprit dans ces rapprochements étrangers, qui ne seraient encore qu'une bizarre ineptie, quand ils ne seraient pas de la dernière indécence ! Mais lorsqu'on sait de plus le peu de cas que faisait Voltaire des poésies du roi de Prusse, quoiqu'il les eût corrigées autant qu'elles pouvaient l'être; lorsqu'on sait qu'il l'appelait Attila-Cotin, quelle valeur peut-on attacher à l'opinion d'un homme qui se joue ainsi de la vérité et de son propre jugement, comme de toutes les bienséances? Quelle maladroite adulation pour un roi allemand, que rien n'oblige d'être un bon poète français, et qui, en admettant ce ridicule parallèle, serait encore aussi loin de David que de Voltaire ! Laissons-là ces écarts de l'esprit humain, qui ne sont pas moins le scandale du bon sens que celui de la religion, et voyons dans les choses ce qu'elles sont et ce qu'elles doivent être.

« Tout ce qui est écrit l'a été pour notre ins-
« truction. » (Saint-Paul.) Les livres saints contiennent la science de Dieu, la science du salut. C'est pour cela qu'ils nous ont été transmis; ils doivent être la nourriture de notre âme, et Jésus-Christ notre maître nous a dit que « l'homme vit de la
« parole qui sort de la bouche de Dieu. » Il n'est pas surprenant que ceux qui ne la cherchent pas dans ces livres n'y aperçoivent tout au plus que l'accessoire, c'est-à-dire le mérite de la composition dans ce qu'il peut y avoir d'analogue aux idées reçues en ce genre, quand l'Esprit divin, qui parlait à des hommes, a cru devoir descendre à la perfection du langage humain : je dis descendre, car lors même que le style de l'Écriture est au-dessus de tout autre, comme on vient de le voir, il est encore nécessairement au-dessous des idées divines.

Mais avec cette disposition, malheureusement trop commune, à lire Moïse et David comme on lirait Horace et Homère, non-seulement on en perd la substance qui était pour notre âme, mais l'esprit même ne peut que s'égarer dans ses jugements, toutes les fois qu'il prendra pour des défauts dans les auteurs sacrés ce qui pourrait en être dans les écrivains profanes ; puisque les moyens ne doivent sûrement pas être toujours les mêmes, quand le but est différent. L'Esprit Saint n'a pas écrit pour plaire aux hommes, mais pour apprendre aux hommes à plaire à Dieu.

Un des reproches que l'on fait le plus souvent aux Psaumes, c'est la fréquente répétition des mêmes idées, des mêmes sentiments, des mêmes tours. Je pourrais m'en tenir à l'analyse succincte que j'ai donnée ci-dessus des procédés de la poésie hébraïque ; je pourrais même faire remarquer qu'on a fait le même reproche aux poètes grecs ; ce qui pourtant n'a diminué ni leur mérite, ni leur réputation ; et je renvoie là-dessus à la judicieuse apologie qu'en ont faite les meilleurs critiques. Celle de David, s'il en avait besoin, serait d'une tout autre importance, et proportionnée à celle de son ouvrage : ce n'est pas pour lui-même qu'il convient de l'indiquer, mais pour ceux à qui elle peut être utile.

Les chrétiens savent que les cantiques, étant des poèmes religieux, d'abord faits pour être chantés dans les cérémonies publiques d'Israël, et destinés par la Providence à devenir pour nous des prières de tous les jours dans toute la suite des siècles, sont de continuelles élévations à Dieu, des invocations, des supplications, des actions de graces, des entretiens de l'homme avec Dieu, des exhortations et des leçons pour ses serviteurs, des menaces et des arrêts contre ses ennemis, des hommages à ses grandeurs, à ses justices, à ses bienfaits, à ses lois, à ses merveilles; et si l'on considère que ce fond est partout le même, et que rien de profane et de terrestre ne pouvait se mêler à ce qui est saint et céleste, on sera peut-être plus surpris de la multitude des tours et des mouvements, de l'abondance des sentiments et des pensées, qu'on ne peut être blessé de l'espèce d'uniformité de ton générale qui naît de celle de l'objet et du dessin. Le Psalmiste se répète, mais c'est toujours Dieu qu'il chante ; c'est toujours à Dieu ou de Dieu qu'il parle, et le cœur ne peut parler à Dieu ou de Dieu qu'avec amour; et qui est-ce donc qui caractérise l'amour, si ce n'est le plaisir et le besoin de dire sans cesse la même chose ? Sans doute l'amour, en s'adressant au Créateur, s'épure, s'ennoblit et s'élève ; mais il ne change pas son caractère essentiel ; et comme celui qui aime ne s'occupe uniquement que de satisfaire et de répandre son âme devant ce qu'il aime, et d'exprimer ce qu'il sent, sans songer à varier ce qu'il dit; comme c'est cela même qui imprime le cachet de la vérité à ses discours et à ses écrits; et qui persuade le mieux la personne aimée, croit-on que l'amour de Dieu soit ou doive être moins affectueux et moins surabondant ?

On raconte d'un saint que sa prière n'était autre

chose qu'une méditation habituelle sur les miséricordes divines, dont il ne sortait que pour prononcer toujours les mêmes paroles : « O bonté ! ô « bonté ! ô bonté infinie ! » et il pleurait. Je sais qu'il n'y aurait pas là de quoi faire un psaume ni une ode ; mais il y en avait assez pour Dieu et pour l'homme qui aimait Dieu ; et c'est sous ce rapport que ce trait rentre dans ce que je disais.

J'avoue encore que rien de tout cela n'est concevable pour ceux qui ne savent pas ce que c'est que d'aimer Dieu, comme le langage du cœur est inintelligible pour l'homme froid, comme la langue des artistes est étrangère à qui ne connaît pas les arts ; et l'on me pardonnera ces rapports du sacré au profane, que je ne me permets que pour me faire entendre de tout le monde. C'est donc avec le cœur qu'il faut lire les Psaumes pour les faire sentir ; et alors toute âme religieuse, loin d'y trouver trop de répétitions, y ajoutera les siennes propres. Il y a pour elle des mots et des idées qu'elle est nécessitée à redire sans cesse, comme l'extrême besoin n'a qu'un même cri, jusqu'à ce qu'il soit satisfait ; et le besoin de l'âme religieuse ne pouvant jamais l'être dans cette vie, son cri est toujours le même. *Hommes de la terre**, pourquoi vous importunerait-il ? On ne l'entend point parmi vous : il est le concert des tabernacles du Seigneur, et c'est de là qu'il monte aux cieux. Tout ce qu'on vous demande, c'est de ne pas le troubler, comme les serviteurs de Dieu ne vont pas troubler vos joies

* Expression des Psaumes.

mondaines. *Discedite à me, maligni, et scrutabor mandata Dei mei.* « Méchants, éloignez-vous de « moi, et je méditerai les paroles de mon Dieu. » (Ps. CXVIII.)

Voyez dans l'Évangile la Chananéenne suivre obstinément Jésus-Christ pour en obtenir la guérison de sa fille : songe-t-elle à varier son discours ? Que dit-elle ? Rien que ces mots qu'elle va répétant à chaque pas : « Jésus, fils de David, ayez pitié de « moi : ma fille est tourmentée par le démon. » Les disciples eux-mêmes en sont impatientés (car ils n'avaient pas encore reçu l'Esprit) ; ils prient leur maître d'éloigner cette femme importune. Mais le maître, qui ne voulait que montrer aux Juifs un exemple de patience et de foi dans une femme idolâtre, finit par l'exaucer, et donne une leçon à ses disciples, en leur disant « qu'il n'a pas encore trouvé « tant de foi dans Israël. »

— « Mais enfin pourquoi le psalmiste redit-il si « souvent que Dieu est bon, qu'il est miséricordieux ? « Qui en doute ? Pourquoi invite-t-il si souvent les « hommes à louer et bénir Dieu ? Pourquoi ces re- « frains si fréquents, écoutez ma prière, exaucez- « moi, secourez-moi, etc. ? Cela n'est-il pas trop « monotone, même pour des chrétiens ? »

— Oh ! pour des chrétiens, non, à coup sûr. Mais supposons que cela revienne jusqu'à cent fois dans les cent cinquante psaumes : c'est beaucoup ; mais je vais au plus fort, parce que je ne saurais me résoudre à compter. Eh bien ! il n'y a pas un moment dans notre existence qui ne soit le résultat d'une foule de bienfaits du Créateur, même dans le malheureux, même dans le méchant.—Cela est-il possible (diront peut-être ceux qui n'y ont pas plus pensé que je n'y ai pensé moi-même pendant quarante ans)?—Cela est aussi sûr que votre existence même; et, si vous y réfléchissez, vous n'en douterez pas plus que de la lumière du jour. Or, quand David, composant cette foule d'odes à la louange de Dieu, aurait énoncé cent fois ce qu'il est si juste et si naturel de sentir à tous les instants, il me semble qu'il n'y a pas là d'excès, et s'il pouvait y en avoir, au moins ne serait-ce pas dans des chants de prière : car il faut encore invoquer les convenances humaines ; toute poésie religieuse, solennelle et musicale, comporte et même exige des retours et des refrains.

Et puisque j'ai touché ce point, j'observerai que les critiques inconsidérés ont totalement oublié ces rapports de la poésie et de la musique, qui sont pourtant des lois reçues partout. Ils se sont récriés sur le psaume CXXXV, où l'on reprend à chaque verset ces mots du premier, « parce que sa miséricorde est « éternelle. » Mais est-il permis d'ignorer que ce psaume, le seul de ce genre, avait un objet particulier ? Il était destiné à la dédicace du temple que devait bâtir Salomon, et il fut, en effet, chanté. Il est partagé entre les chantres et le chœur: les uns doivent prononcer la première partie de chaque verset, qui rappelle quelqu'un des bienfaits ou des prodiges du Dieu d'Israël; les autres ne sont chargés que du refrain qui en fait la seconde : *Quoniam in æternum misericordia ejus*. Ce plan musical est très beau; et demandez à un Lesueur, à un Gossec, à un Méhul, s'il n'est pas susceptible d'un grand effet dans le refrain, et d'un effet très varié dans chaque verset. Si ce psaume eût été publié de nos jours, on aurait imprimé une fois pour toutes les paroles du chœur, comme c'est l'usage : mais les Juifs, qui nous ont conservé les Écritures, ont poussé le scrupule jusqu'à compter les mots, par respect, comme nos censeurs modernes les ont comptés par dérision.

— « Mais, quoique Dieu soit toujours bon, quoi-
« qu'il nous fasse du bien à tous les moments, et
« qu'à tous les moments on ait besoin de lui, faut-il
« s'en souvenir et le répéter sans cesse? Nous le de-
« mande-t-il, et cela même est-il possible? »

— Non pas même aux solitaires et aux contemplatifs: les objets extérieurs et les impressions des sens ont sur nous leur pouvoir, et même leurs droits ; et Dieu ne nous demande que ce que nous pouvons. Mais pourquoi a-t-il voulu que les cantiques qu'il a dictés nous reportassent souvent sur les mêmes idées? C'est qu'elles contiennent tout ce qu'il est pour nous, et tout ce que nous devons être pour lui; tout ce qu'il veut que notre cœur s'accoutume à sentir, et notre bouche à répéter; et quoi de plus important? En songeant combien Dieu est bon, qu'il l'est comme lui seul peut l'être, l'homme aussi apprend à être bon, autant que peut l'être l'homme: en songeant combien Dieu nous aime, et qu'il n'y a que lui qui puisse aimer ainsi, l'homme apprend à aimer Dieu autant qu'on peut l'aimer ici-bas, et celui qui aime Dieu devient bon. *Ama et fac quod vis:* « Aimez-le, et faites ce que vous voudrez. » Il y a dans ce mot de saint Augustin autant de sens que de sentiment. Ce qui est toujours dans le cœur revient souvent sur les lèvres, et l'habitude de *bénir Dieu* sanctifie toutes nos actions. C'est une pensée qui corrige et purifie toutes les autres : je ne craindrai pas que celui qui *bénit Dieu* de cœur fasse du mal aux hommes.

C'est donc le feu de l'amour divin qui anime les Psaumes. Le psalmiste en est enflammé, et le répand dans ses chants et dans notre âme. Faut-il s'en étonner? David était la figure de celui qui est venu apporter ce feu sur la terre*; il a, comme prophète, incessamment devant les yeux celui qu'il représente, et il voit dans l'avenir le chef-d'œuvre de l'amour divin, l'avènement du Sauveur: aussi n'est-il jamais plus éloquent que sur les miséricordes de Dieu; et de là ce pathétique qui, chez lui, est égal au sublime d'idées et d'images. Qui pourrait le méconnaître dans le psaume CIII, *Benedic*, et particulièrement dans les passages suivants?

« Bénis le Seigneur, ô mon âme! et que tout ce
« qui est en moi rende hommage à son saint nom.
« Bénis le seigneur, ô mon âme! et n'oublie jamais
« ses bienfaits.

« C'est lui qui fait grace à toutes tes fautes, lui qui
« guérit toutes tes infirmités, lui qui rachète ta vie

---

* Ignem veni mittere in terram ; et quid volo, nisi ut accendatur? *Luc* XII, 49.

« de la mort*, lui qui te couronne de ses miséri-
« cordes, lui qui comble de ses biens tous tes dé-
« sirs, lui qui renouvelle ta jeunesse comme celle de
« l'aigle **.

« Le seigneur est plein de compassion, sa patience
« est longue, et sa miséricorde inépuisable. Autant
« le ciel est élevé au-dessus de la terre, autant sa
« miséricorde s'élève sur la tête de ceux qui le crai-
« gnent.

« Autant que l'orient est éloigné du couchant,
« autant il a éloigné de nous nos iniquités.

« Le Seigneur a pitié de ceux qui le craignent,
« comme un père a pitié de ses enfants;

« Car il connaît notre argile, et se ressouvient
« que nous sommes poussière.

« Les jours de l'homme sont comme l'herbe; sa
« fleur est comme celle des champs; un souffle a
« passé, et la fleur est tombée, et la terre qui l'a
« portée ne la reconaîtra plus:

« Mais la miséricorde du Seigneur sur ceux qui le
« craignent est de l'éternité à l'éternité. »

C'est de ce dernier trait, rendu ici mot à mot, comme tout le reste, *ab æterno, et usque in æternum* ***, et dont le but est d'exprimer l'éternité qu a

---

* De la mort éternelle.

** Qui fait de toi par sa grace un homme nouveau, comme l'aigle, quand il a pris un nouveau plumage.

*** Il est bien singulier qu'aucun des traducteurs que j'ai lus (et j'ai lu les plus célèbres) n'ait paru apercevoir tout ce qui est renfermé dans ces mots *ab æterno, et usque in æternum :* tous ont traduit, *de toute éternité*, *éternellement*, etc. Le psalmiste a voulu dire ici que la miséricorde de Dieu était *sur nous* long-temps avant que nous fussions au monde.

précédé la naissance de l'homme, et celle qui suivra sa mort, qu'est emprunté ce mot fameux de Pascal, mot si souvent cité et admiré : « L'homme est un « point entre deux éternités. »

Rien n'est devenu plus commun, il est vrai, que cette comparaison des jours de l'homme avec l'herbe et la fleur des champs; mais il y a encore ici un trait aussi poétique qu'original, et dont personne que je sache, ne s'est servi : « La fleur est tombée, « et la terre qui la portait ne la reconnaîtra plus. » Et cette comparaison de la hauteur des cieux au-dessus de nos têtes avec celle des miséricordes divines au-dessus de nos péchés! Peut-on réunir d'une manière plus heureuse l'idée de la grandeur et de la bonté de Dieu? Et en effet l'un et l'autre sont également au-dessus de nos conceptions. Je ne voulais citer ces versets que comme un morceau de sentiment : combien il offre de beautés diverses! D'autres peuvent trouver beau de railler comme les impies : mais ce qui est beau, c'est d'écrire comme les prophètes.

Si David veut nous faire sentir la folie d'interroger Dieu sur les voies de sa justice, il s'écrie : « Vos « jugements sont élevés comme les montagnes, et « profonds comme les abîmes. » Et ailleurs : « Grand « Dieu! qui peut connaître la puissance de votre « colère? qui peut vous craindre assez pour mesurer « l'étendue de vos vengeances? » Aussi, quand il parlait tout à l'heure de ses miséricordes, il a toujours eu soin d'ajouter : *sur ceux qui le craignent;* il le répète partout de peur qu'on ne s'y méprenne;

et l'on voit par-là qu'il s'occupe de tout autre chose que du soin d'éviter les répétitions.

Le besoin le plus général de l'homme est celui de la consolation, et l'accent le plus familier à la voix humaine est celui de la plainte. Qui a mieux connu et mieux rempli ce besoin de notre espèce que les auteurs des livres saints? ou plutôt qui pouvait le mieux connaître et le mieux remplir que celui même qui a fait l'homme, et qui lui a envoyé sa parole pour l'éclairer et le consoler? Vous qui êtes malheureux, affligés, opprimés, allez chercher le soulagement et l'espérance dans Sénèque et dans les autres philosophes, et vous me direz comment vous vous en serez trouvés. Moi, je lirai l'Écriture, et surtout les Psaumes : je lirai le psaume *Benedicam* (XXIII), si plein de douceur et d'onction, où David, en commençant, désigne d'abord ceux pour qui seuls il a écrit et chanté.

« Je bénirai le Seigneur en tout temps; ses louan-
« ges seront toujours dans ma bouche. Mon âme
« se glorifiera dans le Seigneur : que les hommes
« d'un cœur doux m'entendent et partagent mon
« allégresse. »

Il venait alors d'échapper au plus éminent danger, en se sauvant du pays de Geth, où sa vie avait été menacée; mais sa situation était toujours pénible et périlleuse, comme elle le fut jusqu'à la mort de son insensé persécuteur Saül, et quelquefois même depuis. Aussi ses cantiques sont-ils un mélange et une succession de plaintes et d'actions de grace; mais toujours avec la plus entière confiance en Dieu. Il sait bien que ce sentiment n'est pas celui des cœurs durs et superbes; il ne s'adresse donc *qu'aux hommes d'un cœur doux*; c'est à eux qu'il dit ·

« Célébrons tous ensemble le Seigneur; exaltons
« ensemble son nom. J'ai cherché le Seigneur, et
« il m'a exaucé, et il m'a délivré de mes adversités.

« Approchez de lui, et vous serez éclairés; et la
« honte ne sera pas sur votre front.

« Le pauvre* a crié vers le Seigneur, et il a été
« exaucé; et il est sorti de toutes ses tribulations.

« L'ange du Seigneur descendra près de ceux qui
« craignent Dieu, et il les sauvera.

« Éprouvez et goûtez combien le Seigneur est
« doux, combien est heureux celui qui espère en
« lui.

« Il est auprès de ceux qui ont le cœur affligé,
« et il sauvera ceux dont l'âme est humble. »

Et ailleurs :

« Le passereau trouve sa demeure, et la tourte-
« relle se fait un nid pour y déposer ses petits; vos
« autels, ô mon Dieu et mon roi! vos autels**, c'est
« l'asile que je vous demande.

« Heureux ceux qui habitent dans votre maison!
« ils vous loueront dans tous les siècles. Heureux
« celui qui attend son secours de vous au milieu de

* Ce *pauvre* est David lui-même. On a dit quelque part, *c'est fier*, mais *c'est beau*; ici tout le contraire : c'est humble, mais c'est beau.

** L'hébreu, plus elliptique qu'aucune autre langue, dit seulement, *vos autels, mon Dieu, vos autels!*... et n'achève pas la phrase. La Vulgate dit de même : mais cette ellipse serait trop forte pour nous; elle n'en est pas moins de sentiment.

« cette vallée de larmes! il forme dans son cœur
« des degrés qui l'éleveront jusqu'au séjour que
« vous lui avez destiné. »

Quelle image que ces *degrés formés dans le cœur!*
« Ascensiones in corde suo disposuit » pour monter
de cette vallée de larmes jusqu'au séjour où elles
seront essuyées! « Absterget Deus omnem lacry-
« mam. » C'est ainsi que le cœur parle; et si l'on
demande quels sont ces *degrés* : ce sont les épreuves
de la patience soutenue par l'amour et l'espérance.

— « La patience! cela est bientôt dit; la patience
« est-elle une chose si facile? »

— Non; mais David nous apprend d'où venait
la sienne, et d'où peut venir la nôtre; et cela d'un
seul mot, mais qui est encore de ce style que bien
des gens n'entendront pas, du style de l'inspiration : « Seigneur, vous êtes ma patience : » *Domine,
tu es patientia mea;* comme il dit ailleurs : « Mon
« Dieu, vous êtes ma miséricorde : » *Deus misericordia mea.* Cette expression doit paraître encore
bien plus extraordinaire. Quoi donc : il s'approprie
la miséricorde divine? Sans doute il est bien sûr
que le bon Dieu ne s'en offense pas; car David
veut dire : Votre miséricorde est à moi, elle est
pour moi; elle est mon bien. Il a raison, et heureux celui qui le dira comme lui! Ces paroles-là ne
sont pas plus à David que *sa patience.* Elles ne sont
pas de l'homme : l'homme en a-t-il jamais employé
de semblables?

Je trouve dans les poètes, dans les écrivains de
toutes les nations, les grandeurs de Dieu, et je n'en

suis point surpris. Il suffit de regarder le ciel et la terre pour avoir l'idée d'un grand pouvoir, et cette idée est à tous les hommes, hors aux athées, qui se sont mis hors de l'espèce humaine. Mais la bonté de Dieu !...... Elle a été aussi aperçue chez tous les peuples, j'en conviens : elle est si visible ! cependant je ne la vois sentie que par les auteurs de la Bible et les chrétiens. Eux seuls sont éloquents et inépuisables sur cet attribut de la Divinité, qui, de tous, est le plus près de nous. Les anciens ont eu assez de sens pour saisir cette vérité : ils ont dit *optimus maximus*, mettant ainsi la bonté au premier rang, du moins pour nous : car on sait bien qu'il n'y a point de rang dans l'infini, et que tout est égal dans les attributs divins. Mais en effet il est naturel que ce qui rapproche le plus Dieu de nos pensées, ce soit sa bonté, parce que c'est elle qui le rapproche le plus de nos besoins. L'idée de son immense pouvoir, considérée seulement quelques minutes, nous confond et nous accable : méditez un moment l'infini en étendue ou en durée ; cherchez à le concevoir ; vous serez bientôt comme étourdi, et obligé d'éloigner une idée qui vous fait tourner la tête. L'infini nous entoure de toutes parts, et nous ne pouvons pas plus le fixer sous notre pensée que sous nos sens. L'un et l'autre ne laissent pas d'atteindre loin, témoin l'astronomie ; mais quoique le monde ait des bornes pour Dieu qui l'a fait, il en a si peu pour nous, que les seuls calculs de la distance possible des étoiles fixes n'ont point de terme arithmétique. Ainsi l'infini nous environne et nous repousse. Mais apparemment que notre cœur est plus grand que notre esprit; car, quoique l'infini en bonté ne soit pas plus à la portée de nos conceptions que tout autre, nous pouvons considérer celui-là, non-seulement sans peine et sans fatigue, mais avec un plaisir toujours nouveau: nos idées s'y perdent, mais nos sentiments s'y retrouvent. Je ne sais quoi nous dit que la puissance de Dieu n'est qu'à lui et pour lui; mais que sa bonté est aussi à nous et pour nous; et quoiqu'en y pensant nous ne puissions en trouver les limites, ni dans ce qu'il donne, ni dans ce qu'il promet, il semble pourtant qu'il n'y ait rien de trop pour notre cœur, pour ses besoins, pour ses désirs. L'apôtre saint Jean a dit dans une de ses épîtres un mot sublime*: *major est Deus corde nostro.* « Dieu est plus « grand que notre cœur. » Il l'a dit en ce sens que Dieu en sait plus sur nos fautes que la conscience même la plus éclairée. Mais ce mot est tout aussi vrai de la capacité de notre cœur en désirs : rien ne nous paraît pouvoir aller plus loin; et Dieu seul est au-delà.

Comment se fait-il donc que le sentiment de cette bonté, qui est si doux et qui semblerait si naturel, ne se trouve exprimé et approfondi que dans l'Écriture, et n'ait été familier qu'aux chrétiens? C'est

* Je crois entendre une certaine classe de lecteurs s'écrier : « Du sublime « dans saint Jean! Comment va-t-on chercher du sublime dans saint Jean ? « Saint Jean et le sublime peuvent-ils aller ensemble? » Il y a autant d'esprit dans ce genre de gaieté, qui est celui des philosophes, que dans cette exclamation si plaisante des *Lettres Persanes* : « Ah! ah! Monsieur est Per-« san! Comment peut-on être Persan ? »

qu'eux seuls, en effet, ont connu Dieu; et c'est en bonne philosophie une preuve péremptoire que l'homme avait besoin d'une révélation pour le connaître ainsi. Je ne suis pas surpris que l'on ait peu parlé de la bonté des dieux du paganisme : il s'en fallait de tout qu'ils fussent bons. Des philosophes anciens, il est vrai, ceux du moins qui ont reconnu l'unité d'un Dieu, ont senti que la bonté était un de ses attributs essentiels. Mais cette vérité ne passa jamais la spéculation; et jusqu'à l'Évangile, où la bonté divine parut en personne, parut en action et en paroles, au point que les incrédules eux-mêmes, en refusant d'y voir Dieu, y ont au moins vu la perfection de l'homme (ce qui est beaucoup pour eux); jusqu'à la publication de ce livre qui a conquis le monde en condamnant le monde, la bonté divine n'a été sentie et représentée que dans les livres de l'ancienne loi, qui annonçaient les mystères de la nouvelle. Mais aussi quelle place elle y tient! de quels traits elle y est peinte! comme il est clair que ces traits-là ne sont pas de main d'homme! Vous qui croyez seulement à l'existence d'un Dieu, si cette idée n'est pas chez vous une idée vide et stérile (ce qui serait d'autant plus honteux qu'elle est la plus noble et la plus féconde de toutes les idées de l'esprit humain), il ne faut ici que réfléchir et être conséquent : mais combien l'un et l'autre est rare !

Un caractère particulier, dont je crois devoir dire un mot dans ce discours, où je ne fais qu'effleurer ce qui est fait pour être développé dans un ouvrage, c'est cette confiance, pour ainsi dire familière, entre Dieu et l'homme, que naturellement aucun écrivain ne se permettrait, si elle ne lui était inspirée. Je conçois fort bien qu'un des dieux d'Homère couvre un héros de son bouclier : des dieux qui peuvent être trompés, blessés, emprisonnés, punis, ne peuvent guère se compromettre, et les poètes ont pu en faire ce qu'ils voulaient. Mais que dans les mêmes livres où se montrent, sans aucun alliage, les idées les plus pures et les plus hautes de la Divinité, comme on vient de le voir, et comme cela n'est pas même contesté ; que dans des livres pleins du plus profond respect pour Dieu, et de la crainte de Dieu la plus religieuse, le Très-Haut paraisse en même temps traiter l'homme comme un ami dans la force du terme, entrer avec lui en discussion comme avec un égal, sans que cette espèce de commerce si extraordinaire affaiblisse jamais dans l'homme la vénération et la soumission : c'est ce qui est pour moi une démonstration morale de l'inspiration divine, et ce qui devrait être au moins, pour tout homme de sens et de bonne foi, matière à examen et à réflexion.

Que le Dieu d'Israël, prêt à promulguer sa loi sur les sommets de Sinaï, s'annonce avec un appareil si formidable que les Hébreux, saisis d'effroi, prient le Seigneur « de ne pas leur parler lui-même, « de peur qu'ils ne meurent, » ce n'est pas, si je l'ose dire, ce qui marque le plus à mes yeux l'esprit divin dans le récit de Moïse. Naturellement, les idées de majesté et de terreur entourent l'idée de la Divinité; et, dans ce genre, l'imagination a donné à la fable même quelques grands traits de vérité, quoique toujours altérés par un mélange qui prouve l'erreur. Mais à quoi reconnaîtrai-je sur-tout l'esprit divin dans le *Pentateuque* et dans les autres parties de la *Bible?* c'est à la manière dont je vois Dieu converser avec l'homme; c'est quand ce Dieu si terrible s'entretient si familièrement avec Abraham, avec Moïse, avec Jonas, avec tous ses serviteurs; c'est, par exemple, dans cet endroit de la Genèse, dont il faut citer le texte, parce que rien ne saurait en suppléer l'impression.

« Alors le seigneur dit : Pourrai-je cacher à Abra-
« ham ce que je dois faire? (et il lui apprend qu'il
« va détruire Sodome.) Abraham demeura devant
« le Seigneur*, et, s'approchant, il lui dit : Serait-il
« possible que vous fissiez périr l'innocent avec
« le coupable? S'il y avait cinquante justes dans
« cette ville, les extermineriez-vous avec les autres?
« Ne pardonneriez-vous pas plutôt à toute la ville,
« à cause des cinquante justes qui s'y trouveraient?
« Vous n'êtes point capable de perdre le juste
« avec l'impie, et de traiter l'innocent comme le
« coupable : une telle conduite est indigne de vous.
« Celui qui est le juge de toute la terre pourrait-il
« ne pas rendre justice? Le Seigneur dit : Si je
« trouve cinquante justes dans Sodome, je par-
« donnerai à toute la ville à cause d'eux. Puisque

---

* Il paraît en cet endroit, comme en beaucoup d'autres, sous la figure d'un ange, mais en se faisant connaître pour ce qu'il est, comme on le voit par toute la suite de l'entretien.

« j'ai commencé, dit Abraham, je parlerai encore
« à mon Seigneur, quoique je ne sois que cendre
« et poussière. S'il s'en fallait cinq qu'il n'y en eût
« cinquante, feriez-vous périr toute la ville, parce
« qu'il y en aurait cinq de moins ? Non, dit-il, je
« ne la détruirai point, s'il s'y trouve quarante-cinq
« justes. Abraham, continuant de parler, lui dit :
« Mais s'il n'y en avait que quarante ? A cause de ces
« quarante, dit le Seigneur, je ne la détruirai point.
« Seigneur, dit Abraham, ne vous fâchez pas, je
« vous prie, si je parle encore. Peut-être qu'il n'y
« en aura que trente. Le Seigneur dit : Si j'en
« trouve trente, je ne la détruirai point. Puisque
« j'ai commencé, dit Abraham, je parlerai encore à
« mon Seigneur. S'il ne s'y en trouvait que vingt ?
« Le Seigneur dit : A cause de ces vingt, je ne la
« détruirai point. Abraham dit : Seigneur, je ne
« parlerai plus que cette fois. Peut-être n'y en
« aura-t-il que dix. S'il y en a dix, répondit le Sei-
« gneur, je ne la détruirai point. »

Il y a quelque chose en moi qui me crie si fortement que l'homme n'a pas trouvé cela, que s'il était possible que ce sentiment me trompât, je ne craindrais pas d'être repris de mon erreur au jugement de Dieu. Je lui dirais comme Abraham : « Vous êtes
« juste, et avec les idées que vous-même avez
« données à mon intelligence, ai-je pu croire que
« ce n'était pas vous qui parliez ainsi ? » Mais heureusement il n'y a pas de risque ; et je suis sûr que cela est de Dieu, comme je le suis qu'il y a un Dieu.

Je laisse de côté toutes les réflexions que peut

faire naître cet entretien, et qui ne sont pas de mon objet. Je remarquerai uniquement que cette suite d'interrogations serait hors de vraisemblance dans toute autre histoire, rien que d'un sujet à un roi, et un roi justement irrité, et que l'inaltérable patience du maître paraîtrait aussi peu concevable que les questions multipliées du serviteur paraîtraient, en pareille occasion, indiscrètes et téméraires. De part et d'autre, il n'y a rien là dans l'ordre humain.

Jonas va criant dans les rues de Ninive : « Encore « quarante jours, et Ninive sera détruite; » car c'est là ce qu'il avait ordre d'annoncer, et la sentence est positive, et la prophétie sans restriction. Cependant les Ninivites et leur roi s'humilient devant le Dieu qui a envoyé Jonas ; ils font pénitence sous le sac et la cendre *, dans le jeûne et dans la prière, et ils disent : « Qui sait si Dieu ne se retournera pas « vers nous pour nous pardonner, s'il ne s'apaisera « point, et s'il ne révoquera point l'arrêt de notre « perte qu'il a prononcé dans sa colère? En effet, « Dieu considéra les œuvres ; et, voyant qu'ils « s'étaient convertis en quittant leurs voies crimi- « nelles, il eut pitié d'eux, et ne leur fit point le mal « qu'il avait résolu de leur faire. »

Jonas, qui ne s'était chargé qu'à regret de prédire les vengeances du Seigneur, et qui n'était pas dans ses secrets, quoique chargé de sa parole, trouva fort mauvais que sa prophétie fût ainsi démentie, et s'en plaignit à celui qui l'avait envoyé. Mais il faut

* C'est encore en Orient le signe du deuil et de l'affliction

encore entendre Dieu et son prophète dans le texte sacré.

« Cependant Jonas, étant sorti de Ninive, était
« allé se placer à l'orient de la ville. Là, il se fit une
« petite cabane de feuillages, et s'y reposa à l'ombre,
« en attendant ce qui arriverait. Mais lorsqu'il vit
« que Dieu s'était laissé toucher de compassion, il
» en fut très fâché, et, dans l'excès de son chagrin,
» il dit au Seigneur; N'est-ce pas là, mon Dieu, ce
« que je disais lorsque j'étais encore dans mon
« pays? C'est ce que je prévoyais; et c'est pour cela
« que je me suis enfui pour aller à Tharsis; car je
« savais que vous êtes un Dieu clément, bon, pa-
« tient, plein de miséricorde, et qui pardonnez aux
« hommes leurs péchés. Je vous conjure donc, Sei-
« gneur, de retirer mon âme de mon corps, car la
« mort vaut mieux pour moi que la vie. Le Sei-
« gneur lui dit : Croyez-vous que votre colère soit
« bien raisonnable ? »

On s'étonnera sans doute que le Seigneur n'en dise pas davantage, et l'on trouvera d'abord le prophète bien méchant, et le Seigneur bien bon. Voyons la suite du récit et de la leçon :

« Comme le prophète était fort incommodé de la
« chaleur, le Seigneur fit naître un arbrisseau qui
« s'éleva au-dessus de la tête de Jonas, pour le cou-
« vrir de son ombre et le garantir des ardeurs du
« soleil. Jonas en eut une très grande joie; mais,
« le lendemain matin, le Seigneur envoya un ver
« qui rongea la racine de la plante, et elle devint
« toute sèche. Après le lever du soleil, Dieu fit souf-

« fler un vent brûlant; et, les rayons du soleil don-
« nant sur la tête de Jonas, il se trouva dans un
« abattement extrême, et souhaita de mourir, disant
« encore : La mort m'est meilleure que la vie. Alors
« le Seigneur dit à Jonas : Croyez-vous avoir raison
« de vous fâcher ?... Vous voudriez conserver une
« plante qui est venue sans vous, qui est crue en
« une nuit, et qui est morte le lendemain; et vous
« ne voulez pas que j'épargne la grande ville de Ni-
« nive, où il y a plus de six vingt mille personnes
« qui ne savent pas distinguer la droite de la gauche,
« et qui renferme une multitude d'animaux ! »

Je ne prétends pas ici expliquer un récit où tout est figure, comme dans tous ceux de l'Ancien Testament. Les chrétiens instruits savent que la colère injuste de Jonas représentait la jalousie présomptueuse des Juifs, qui n'ont jamais pu comprendre que Dieu ait daigné se manifester aux gentils, et leur porter une lumière que les Juifs n'ont pas voulu recevoir. Mais ce qui m'occupe ici, c'est toujours la bonté de Dieu, d'abord dans la douceur des reproches qu'il fait à Jonas, ensuite dans la disproportion entre l'opinion que peut avoir l'homme des miséricordes divines, et ce qu'elles sont réellement. On voit que Jonas en avait déjà une grande idée; cependant il est surpris et scandalisé que Dieu pardonne si promptement à une ville si criminelle. C'est qu'il n'a vu que ce que l'homme peut voir; la multitude et l'énormité des crimes, dont il ne peut trouver la compensation dans quelques jours de pénitence publique. Mais il y a une pénitence intérieure dont il n'est pas juge, parce qu'il ne lit pas dans les cœurs : il y a le repentir du cœur, que Dieu seul peut juger et apprécier; et, comme il l'apprécie encore dans sa miséricorde, est-il étonnant qu'elle emporte la balance? Il fait même entrer ici pour quelque chose la conservation des animaux; ce qui peut nous surprendre, mais ce qui ne surprend pas dans celui qui les a faits, et qui s'est chargé de les nourrir.

C'est de ce sentiment de sa bonté que naît celui de l'amour dans les prophètes qui l'ont chanté, et principalement dans le psalmiste. « Il fera, dit David, la volonté de ceux qui le craignent. » *Voluntatem timentium se faciet.* Quel homme ne croirait pas dégrader la Divinité par de semblables expressions! *Faire la volonté!* Quel roi, quel prince dirait qu'*il fera la volonté* de ses sujets? et de qui l'oserait-on dire comme un éloge? à plus forte raison, nul n'oserait le dire de Dieu. C'est que dans toutes nos idées sur les grandeurs divines, quand ces idées ne sont que de nous, nous mêlons toujours involontairement ce qui dans nous se mêle plus ou moins à toute grandeur, l'orgueil. L'orgueil est l'attribut nécessaire de l'imperfection; il appartient à tout ce qui est sujet à comparaison : tout être qui peut se comparer à un autre est donc sujet à l'orgueil. L'être parfait en est seul exempt. Dieu ne saurait être orgueilleux, parce qu'il ne peut se comparer à rien; et c'est aussi pour cela qu'il ne peut pas craindre comme nous de descendre. C'est pour cela que tant de choses et d'expressions ont choqué dans les livres saints, et n'ont choqué que l'orgueil et l'ignorance, qui ont cru voir de la *petitesse* dans les termes et dans les objets, comme si quelque chose était petit ou grand devant Dieu : devant lui, tout est à sa place, comme il l'a voulu, et voilà tout. Il nous a dit lui-même dans l'écriture et plus d'une fois : *Mes pensées ne sont pas les vôtres.*

La main de Dieu est une figure reçue ; mais je ne crois pas qu'aucun auteur eût risqué de dire comme David : « Si le juste tombe, il ne sera pas « froissé, parce que le Seigneur *avancera la main* « *pour le soutenir.* » *Quia Dominus supponit manum.* Cette figure ne nous aurait-elle pas paru trop *petite*. Mais supposons qu'elle passe, si l'on veut, grace à l'habitude et à l'éducation ; en voici une où tous les lecteurs, quoique bien avertis, vont se récrier tout d'une voix (j'excepte toujours les chrétiens) : « Heureux l'homme attentif aux besoins du pauvre « et de l'indigent !.... Le Seigneur l'assistera sur le « lit de sa douleur. Oui, Seigneur, votre main *re-* « *tournera son lit* pour reposer ses infirmités : » *Universum stratum ejus versasti in infirmitate ejus.*

Retourner son lit ! Dieu *retourner un lit !* Riez, grands esprits ! J'avoue que ce figures-là ne sont pas de votre rhétorique : elles ne sont pas de votre *Être suprême ;* mais elles sont du *bon Dieu* des chrétiens, qui savent que rien n'est *petit* dans sa bonté.... O Rousseau ! où es-tu ? Je n'ai jamais aimé tes erreurs et tes sophismes ; mais toi, du moins qui n'avais pas abjuré toute religion, tu avais conservé un sens qui manquait à tous nos *philosophes*. Tu as parlé dignement de l'*Évangile* et des livres saints ; et ce n'est pas à toi qu'il eût fallu justifier cet admirable verset de David.

Il ne tarit pas sur les miséricordes de Dieu et sur le bonheur de l'aimer. « Quelles sont grandes, « ô mon Dieu! les douceurs que vous réservez à « ceux qui vous craignent! Vous les cacherez dans « le secret de votre face, loin de la persécution des « hommes; vous les mettrez en sûreté dans votre « tabernacle, à l'abri de la contradiction des langues. « Je disais dans l'excès de mon trouble : Mon Dieu, « vous m'avez donc rejeté loin de vous! et tandis « que je vous adressais ma prière, vous m'aviez déjà « exaucé.

« Aimez donc le Seigneur, parce qu'il conservera « ceux qui lui sont fidèles. Agissez avec courage, « vous tous qui espérez en Dieu; et que votre cœur « se fortifie en lui.... Cherchez la présence de Dieu, « cherchez-la toujours, etc. »

Ne perdez pas de vue que la plupart de ces cantiques ont été composés au milieu des détresses et des dangers. Il commence presque toujours par des plaintes, et finit par des remercîments; quelquefois, il est vrai, parce qu'il a échappé à un grand péril, mais le plus souvent sans qu'il y ait rien de changé à sa situation extérieure. D'où vient donc cette sérénité, cette joie, cette confiance? C'est qu'il a prié, et qu'il ne doute pas que son Dieu ne l'ait entendu : il se regarde déjà comme délivré, et il l'est au moins de la crainte et de l'abattement. C'est l'effet de la prière; et c'est ce que l'Écriture enseigne à chaque page, et ce qu'elle a mis en action pour mieux nous l'enseigner.

Il s'écrie au commencement du psaume XLI :
« Comme le cerf altéré cherche l'eau des fontaines,
« ainsi mon âme vous désire, ô mon Dieu! mon
« âme a soif du Dieu vivant, du Dieu fort. Oh! quand
« est-ce que j'irai et que je paraîtrai en présence de
« mon Dieu ? »

Où a-t-on vu ce désir de *paraître devant Dieu*, si vivement exprimé ? S'il n'était pas surnaturel, on le trouverait dans les prières des autres religions; mais il n'y est pas, il n'y fut jamais. Horace prédit à Auguste qu'il sera un dieu, ce qui est beaucoup plus que de voir Dieu; mais il lui conseille de ne pas se presser, malgré tout le plaisir qu'il peut y avoir être dans l'Olympe : *Serus in cœlum redeas*. Il a raison : il ne faut être dieu de cette manière que le plus tard possible.

David ne paraît jamais vraiment affligé * que de deux choses, de ses péchés et des injures qu'on fait à son Dieu. C'est encore ce qu'on ne rencontre pas dans l'antiquité païenne. Partout, il est vrai, les historiens, les poètes, les philosophes, détestent le sacrilège et l'impiété; c'est une disposition naturelle et générale. Mais aucun ne va jusqu'à s'en affliger, jusqu'à s'en faire un sujet de chagrin personnel. Il n'y a que David qui dise et redise : « Je me
« nourris le jour et la nuit du pain des larmes, parce
« que j'entends qu'on me dit sans cesse : Où donc
« est ton Dieu ? Ces blasphèmes sont dans ma mé-

* Quand il parle en son nom : car il faut excepter les psaumes, où il représente l'agonie du Sauveur portant les péchés du monde; alors l'expression ne peut être plus douloureuse.

« moire, et je rentre dans mon âme, jusqu'au jour
« où je passerai dans les tabernacles de la joie et de
« l'admiration, dans la demeure de Dieu, au milieu
« des cris de louanges qui retentiront dans les festins
« des justes.

« J'ai vu les prévaricateurs, et j'ai séché d'afflic-
« tion, parce qu'ils n'observaient pas vos paroles.

« Mon âme a défailli de douleur quand j'ai vu les
« pécheurs abandonner vos commandements.

« J'ai vu dans tous les pécheurs de la terre des
« transgresseurs de votre loi, et c'est ce qui me l'a
« fait aimer.

« N'ai-je pas haï tous ceux qui vous haïssent?
« Oui, je les hais d'une haine parfaite, et vos en-
« nemis sont devenus les miens. »

Enfin, c'est de lui que sont ces paroles que Jésus-
Christ s'est appliquées : « Le zèle de votre maison
« m'a consumé. » *Zelus domús tuæ comedit me.*

Cet ardent amour pour la loi de Dieu est le sujet particulier du plus long de tous ses psaumes, le CXVIII,
où il s'est fait un devoir de faire entrer dans chaque verset la *loi de Dieu*, ou ses *paroles*, ou ses *promesses*, ou ses *commandements*, etc. Il y a loin de là
au scrupule de se répéter, comme il y a loin du Saint-
Esprit aux muses de la fable. C'est de ce psaume
que je viens de citer quelques passages sur la loi
de Dieu; c'est-là qu'est ce verset qui explique le
secret du style de David, et cette chaleur active et
pénétrante, caractère avoué de tous temps pour
être celui des Écritures, et qui faisait dire à Rousseau qu'*elles parlaient à son cœur*. « Votre parole

« est un feu ardent et mon âme en est embrasée. »

Il y a trois mille ans que cela est écrit; et, depuis trois mille ans, il n'a manqué en aucun temps d'y avoir des hommes remplis de ce même feu; et, depuis Jésus-Christ, le nombre en a été prodigieux. Cela ne mérite-t-il pas qu'on y pense? Ou il faut soutenir que l'amour de Dieu et de sa loi n'est pas en lui-même un sentiment bon pour l'homme et un principe de bien, ou il faut convenir qu'il y a dans notre religion un principe de bien, qui n'est dans aucune autre. Il paraît difficile d'hésiter sur l'alternative en écoutant la raison; mais quand la raison nous embarrasse, on s'arme de ce qu'on peut avoir d'esprit pour se défaire de la raison. Je ne connais pas d'étude plus commune que celle-là, ni qui ait plus fructifié.

David attache un si grand prix à la loi de Dieu, qu'elle seule lui tient lieu de tout, et il reproduit cette idée de toutes les manières imaginables :

« Les superbes ont agi envers moi avec injustice;
« mais je ne me suis point écarté de votre loi.

« L'iniquité des superbes s'est multipliée sur moi;
« et moi j'occuperai tout mon cœur à méditer vos
« ordonnances.

« Il m'est bon que vous m'ayez humilié, afin de
« m'apprendre vos justices.

« La parole de votre bouche est bonne à mon
« cœur, et plus précieuse pour moi que l'or et l'ar-
« gent.

« Les pécheurs m'ont attendu pour me perdre; mais
« vous m'avez donné l'intelligence de vos décrets.

« Ils m'ont presque anéanti sur la terre; mais je
« n'ai point abandonné vos préceptes.

« Les pécheurs m'ont tendu leurs filets, et ne
« m'ont point fait faillir dans vos commandements.

« J'ai rencontré sur ma route la tribulation et la
« détresse; et j'ai persévéré dans la méditation de
« vos préceptes.

« Ceux qui me poursuivent et m'affligent se sont
« multipliés tous les jours; mais je ne me suis pas
« détourné de votre loi.

« Les puissants m'ont injustement persécuté; mais
« je suis demeuré dans la crainte de vos comman-
« dements.

« Combien je chéris votre loi, Seigneur! elle est
« ma méditation de chaque jour.... Si votre loi n'a-
« vait pas été l'objet de mes pensées, peut-être aurais-
« je péri au jour de mon affliction. » (Ps. CXVIII.)

Tous ces versets ne sont pas à la suite les uns des autres; ils sont semés dans un psaume qui en a cent soixante seize : mais ce retour si fréquent à la même pensée prouve combien le psalmiste en était affecté. Je conçois que cette manière de se consoler de tout par la loi de Dieu, peut paraître bien étrange. Quel autre qu'un chrétien comprendra sur-tout comment la loi de Dieu peut empêcher de *périr*, comme le dit ici David, et comme cela est très vrai en plus d'un sens? — Quoi! la loi de Dieu empêchera qu'on ne vous égorge? — Non, si elle a même marqué le terme de vos jours; sans quoi personne ne pourra rien contre vous. Mais, dans tous les cas, elle empêche de périr, en deux manières : d'abord, celui qui aime et craint Dieu (et c'est l'effet de l'étude de sa loi) n'a jamais succombé ni à la crainte, ni à l'affliction; et c'est déjà beaucoup pour ce monde: ensuite il ne saurait périr devant Dieu; et c'est tout pour l'autre.

Parmi tous les genres de martyres connus, on ne cite pas un saint qui soit mort de chagrin, ni un solitaire mort de ses austérités: la plupart même de ces derniers ont passé le terme ordinaire de la vie; tant il est vrai que la paix de l'âme, cette paix de Dieu « qui surpasse tout sentiment, » *pax Dei quæ exsuperat omnem sensum*, soutient aussi le corps, et même dans les besoins et les privations! Vous voyez bien que David savait ce qu'il disait: il savait par expérience ce que c'est que la confiance en Dieu. Qu'on en juge par ce début d'un psaume:

« Le Seigneur est ma lumière et mon salut: qui
« donc pourrai-je craindre? Le Seigneur est le pro-
« tecteur de ma vie: qui donc me fera trembler? »
(Ps. XXVI.)

—Mais puisque David connaît si bien la loi de Dieu, pourquoi donc en demande-t-il si souvent *l'intelligence*, et nommément quatre fois dans ce même psaume CXVIII: « Donnez-moi l'intelligence, et je
« vivrai. » *Da mihi intellectum, et vivam.* « Donnez-
« moi l'intelligence, afin que j'apprenne vos com-
« mandements. » *Da mihi intellectum, ut discam testimonia tua.* La loi de Dieu est-elle si difficile à comprendre?

—Elle est claire comme le jour pour la raison; mais elle contrarie tous les penchants vicieux du cœur humain. Avouons que c'est dès lors un terrible nuage élevé dans le cœur, et que, pour le dissiper, il faut que ce cœur lui-même soit changé. Qui ne sait combien le cœur est sophiste contre la raison? La philosophie païenne l'a vu elle-même et l'a dit cent fois. Celle de nos sages modernes, s'est mise plus à l'aise: elle a décidé que tous les penchants de la nature étaient bons. C'est donc l'intelligence du cœur que David demande; et à qui la demande-t-il? A celui qui avait dit des Israélites, lorsqu'il venait de leur donner sa loi sur le mont Sinaï: « Qui leur donnera un cœur pour me craindre « et pour observer mes commandements? » C'est ce qu'il disait à Moïse; et il dit dans la suite, par la bouche de Jérémie: « Quand le temps sera venu, « j'imprimerai mes lois dans leur esprit, et je les « écrirai dans leur cœur. » C'est la loi de grace apportée par Jésus-Christ, et connue par avance de David et des prophètes, et des patriarches et de tous les justes de l'Ancien Testament.

— Et que n'a-t-il donné celle-là de suite?

— Ce ne sera sûrement pas un chrétien qui fera cette question: un chrétien adore la bonté de Dieu, et n'interroge pas ses décrets. D'ailleurs je ne défends pas ici la religion, et il me suffit de répondre à ceux qui n'y croient pas : Cette question est déplacée dans votre bouche. La nouvelle loi est venue à temps pour vous; et qu'a-t-elle produit sur vous? Vous est-elle seulement connue? En avez-vous seulement l'idée? De quoi vous mêlez-vous donc? Vous n'êtes pas chargé du sort des autres, vous n'aurez jamais à répondre que pour vous ; et c'est la seule chose à quoi vous ne pensiez pas. Au lieu de songer à interroger Dieu, le sens commun prescrirait de songer à ce qu'on aura un jour à lui répondre.

David y songeait, et c'est pour cela qu'il désire tant l'intelligence de la parole divine. Cette parole a dans l'Écriture encore un autre caractère qui lui est propre : c'est une grande étendue de sens avec des expressions très simples ; et, pour apercevoir l'une, il faut beaucoup méditer les autres : de là vient que le psalmiste rappelle et recommande sans cesse cette méditation. On voit du premier coup d'œil que la loi est bonne et juste : qui en doute ? Mais tous les objets concourent à nous en distraire, et toutes les passions à nous en éloigner. Il faut donc se recueillir en soi pour être en garde et en défense, et la méditation de l'esprit finit par mettre la loi dans le cœur à la place des passions. Or, qu'y a-t-il de plus digne de l'homme que de méditer ce qui peut le rendre meilleur ? Voilà ce que fait le psalmiste, et ce qu'il nous exhorte à faire. Le sens de la loi est lumineux ; mais l'amour de la loi ne peut naître que d'une application assidue à considérer tout le besoin que nous en avons, tout le bien qu'elle seule produit, et tout le mal qu'elle seule prévient ; c'est la philosophie du chrétien. Il y a de quoi s'occuper toute la vie ; et plus on s'en occupe, plus on sent quelle profondeur de vérité et de sagesse il y a dans cette loi, dont le premier article ne se retrouve dans aucune législation religieuse quelconque : « Vous aimerez le Seigneur votre Dieu de tout votre

« cœur, de tout votre esprit et de toutes vos forces. » Les fameux vers de Pythagore, qui sont un code de morale naturelle, commencent ainsi : « Avant « tout, honorez les dieux immortels, chacun selon « son rang. » Ni lui, ni aucun législateur, ni aucun philosophe n'a jamais dit : *Aimez Dieu ;* n'a parlé en aucune manière de *l'amour de Dieu :* le savant Barthelemy en fait la remarque dans son excellent précis de l'ancienne philosophie*. Ce seul commandement, bien médité, sépare tout de suite la législation divine de toutes les législations humaines : c'est toute la substance de l'homme moral. Il est vrai qu'il faut au moins y penser ; mais quiconque y pensera bien comprendra sans peine pourquoi Dieu seul a pu nous dire, *aimez Dieu.*

Il me reste, pour terminer ce discours, à rappeler le vrai sens de quelques expressions de l'Écriture et des Psaumes, dont les calomniateurs ont abusé d'une manière assez spécieuse pour en imposer aux personnes peu éclairées. Quel bruit n'a pas fait Voltaire d'un Dieu qui *se repent*, qui *se met en colère*, qui *endurcit le cœur de Pharaon*, qui *se venge*, qui *tourne le cœur des Égyptiens à la haine contre Israël!* etc. Combien de fois n'a-t-on pas invoqué les notions métaphysiques pour nous apprendre que toutes ces impressions ne pouvaient pas entrer dans l'essence divine ! La belle

---

* *L'Amour de Dieu*, reconnu dans Platon par saint Augustin (*De Civit. Dei*, VII, 8), se trouve aussi dans Sénèque (Épître XLVII). *Quod Deo satis est qui colitur et amatur.* Passages qu'on peut opposer à Barthelemy, note 2 sur le chapitre LXXIX du *Voyage d'Anacharsis.* J. V. Le Clerc.

découverte! vous verrez que les prophètes, qui partout ont fait parler Dieu si dignement, et comme grand, et comme bon, et comme juste, n'en savaient pas autant que nos *philosophes* sur l'essence divine! Mais s'ils avaient fait parler Dieu en rigueur métaphysique, leurs écrits n'auraient pas produit plus d'effet que le *Manuel* d'Epictète. Pour agir sur le cœur de l'homme, il faut parler aux affections de l'homme; et si toutes ces affections sont en lui susceptibles de vice, parce qu'elles peuvent y devenir un désordre, elles ne sont, dans la pensée divine, que l'ordre essentiel. Dieu est impassible pour lui, sans doute; mais s'il nous parlait comme impassible, qui l'entendrait? S'il nous avait dit qu'il ne peut ni *aimer* comme nous, puisque l'amour est un besoin et que Dieu n'a besoin de rien, ni *haïr* comme nous, puisque rien ne peut lui faire de mal, ni *s'irriter*, ni *se venger*, ni *se repentir, etc.*, par les mêmes raisons, n'aurait-on pas rangé cette divinité-là parmi celles d'Épicure, qui ne se mêlent ni ne se soucient de rien? Il aurait donc fallu donner à toute la terre des leçons de métaphysique, pour enseigner à tous les hommes ce qu'ils doivent craindre et espérer de Dieu qui les a créés? Mais heureusement pour nous il savait (puisque nous-mêmes le savons) qu'on n'établit pas plus une religion dans le cœur, avec des définitions ontologiques, qu'on n'établirait une législation avec des axiomes et des corollaires de philosophie. Il a fait pour nous comme Élisée pour cet enfant qu'il rendit à la vie: il s'est mis, s'il est permis de le dire, à notre mesure. Il a parlé de sa colère, de sa vengeance, pour effrayer les méchants : il a permis que les bons le glorifiassent, quoique assurément sa gloire n'ait nul besoin de nous. Il nous a prescrit de le louer, de le bénir, de le prier; et tout cela pour nous-mêmes et pour notre bien; car s'il peut se passer, et de nos louanges, et de nos bénédictions, et de nos prières, l'homme ne saurait s'en passer. Il a dit qu'*il oublierait nos iniquités*; et quoiqu'on sache bien qu'il ne manque pas de mémoire, ce terme est beaucoup plus vrai de lui que de nous : car l'homme qui pardonne n'oublie pas; et nous-mêmes n'oublions ni ne devons oublier nos fautes; mais Dieu est assez puissant et assez bon pour faire, s'il le veut, qu'elles soient devant lui comme non avenues, en raison de notre repentir, et sur-tout de sa miséricorde. Aussi, dit-il, en se servant de figures du même genre : « Quand « votre robe d'iniquité serait rouge comme l'écar- « late, je la rendrai blanche comme la neige...... « Je scellerai tous vos péchés dans un sac, et le « jetterai au fond de la mer. » Et qu'y a-t-il dans tout cela qu'un excès de bonté, qui prend tous les moyens sensibles pour rappeler à lui le pécheur, et lui ôter cette fatale idée qui retient tant de coupables dans la route du crime, « il est trop tard, il « n'est plus temps? » S'il eût dit : « A telle mesure de « crime il n'y aura plus de pardon, » que d'hommes dans le désespoir! On a vu, dans les citations précédentes, combien il est loin de parler ainsi. Il n'a jamais marqué cette mesure, parce que c'eût été en marquer une à sa clémence, ce qui serait contradictoire dans l'Être infini en tout. Seulement, comme cette clémence est nécessairement attachée au repentir, selon l'ordre de la justice, essentielle en lui comme la bonté, le temps de cette clémence ne saurait passer celui de l'épreuve, c'est-à-dire de notre vie, parce que l'âme, une fois séparée du corps, ne peut plus éprouver de changement, et reste nécessairement ce qu'elle était au moment de la séparation. Qu'y a-t-il dans toutes ces idées qui ne soit parfaitement conséquent, et que la raison puisse attaquer?

Quand David dit du Dieu d'Israël, que, regardant l'affliction de son peuple, « il se repentit, « suivant la grandeur de ses miséricordes, » *pænituit eum secundùm multitudinem misericordiæ suæ*, quelqu'un peut-il se tromper de bonne foi au sens de ces expressions, comme si Dieu, qui sait tout, selon l'ordre, pouvait en effet *se repentir?* N'est-il pas évident que l'écrivain sacré se sert de ces termes humains pour faire comprendre que le bon Dieu ne punit pour ainsi dire que malgré lui; qu'à peine a-t-il frappé, il attend, pour guérir, qu'on ait recours à sa bonté, et qu'on rentre dans les voies de la justice? Si l'Écriture fait dire aux Ninivites: « Qui sait si Dieu ne révoquera pas l'arrêt « qu'il a prononcé dans sa colère? » voilà qu'un raisoneur qui se croit habile appelle l'écrivain sur les bancs, comme il y appellerait Dieu même, s'il y croyait, et lui dit avec confiance: Ne sais-tu pas que Dieu est immuable, et qu'il ne peut pas *révoquer ce qu'il a résolu?* Ni Dieu ni l'auteur inspiré ne lui répondront; mais moi, je lui dirai : Ne sais-tu pas toi-même que rien n'empêche que toute menace ne soit conditionnelle, sous la restriction du repentir de ceux qui sont menacés, puisque rien n'empêche que la prescience de Dieu n'ait prévu l'effet de la menace lorsqu'il la faisait? Cet argument sans réplique est applicable à tous les cas pareils : ils sont sans nombre dans l'Écriture, parce que Dieu a voulu qu'on ne désespérât jamais ici-bas de sa miséricorde.

Dieu est l'auteur de tout, hors du mal; et le mal est dans la créature, parce que le créateur ne peut rien faire d'aussi parfait que lui, et que la perfection n'est qu'à lui : c'est un attribut incommunicable. Lui-même a dit que « les anges n'étaient pas entiè-« rement purs devant lui. » Il est donc absurde de vouloir que l'homme, ou un être créé quelconque, soit parfait. Un être créé imparfait et libre, tel que l'homme, a donc en lui le germe du mal. Mais ce qui est en Dieu, c'est de tirer le bien du mal même; et c'est ce qui justifie les vues de sa sagesse, quand elle permet le mal que l'homme seul fait par sa volonté corrompue, mais que Dieu ne peut jamais faire. Ainsi, quand il est dit dans les livres saints qu'*il tourna le cœur des Égyptiens à la haine* (et autres exemples semblables), on sait bien que ce n'est pas lui qui a mis dans leur cœur un sentiment vicieux, puisque cela est impossible; il a seulement permis qu'ils s'y livrassent, quoiqu'il pût empêcher à la fois et l'intention et l'effet : s'il ne le fait pas, c'est qu'il a ses raisons, que personne n'a droit de lui demander. Mais comme il importait de persuader aux Israélites et à tous les hommes que tout est conduit par la Providence, les auteurs sacrés emploient quelquefois ces sortes de phrases pour le mal même, et les emploient toujours pour le bien, sans distinguer la permission ou l'action, que le bon sens supplée de lui-même pour quiconque n'y a pas renoncé.

Il n'y a pas plus de fondement dans cet autre reproche qu'on a fait au psalmiste, et aux autres prophètes, sur cette formule qui est celle de l'imprécation : « Que leurs yeux s'obscurcissent, afin « qu'ils ne voient pas, et que leur dos soit toujours « courbé pour la servitude, etc. » Est-il permis, a-t-on dit, de souhaiter du mal, même à ses ennemis? et cela n'est-il pas contraire à l'esprit de la religion? Sans doute; mais toutes les fois qu'on a répété cette objection, l'on s'est bien gardé de tenir compte de la réponse, qui est péremptoire : c'est qu'il est reconnu et prouvé, du moins pour tout chrétien (et cela suffit ici pour que tout soit conséquent), que ce n'est point David qui parle en cet endroit, non plus que dans une foule d'autres. C'est J.-C. lui-même qui parle dans tout le psaume où se trouve ce passage, qui regarde manifestement les Juifs déicides, comme si l'on contait leur histoire. Or, toutes les fois que Dieu parle ainsi, il n'y a ni souhait ni imprécation : il y a jugement et prédiction ; et apparemment Dieu est le maître.

Pour ce qui est de David lui-même, il n'y a qu'à lire son histoire, où ses fautes ne sont nullement dissimulées; on verra qu'il n'y eut jamais d'homme moins porté à la vengeance. Jamais il n'en tira aucune d'aucun de ses ennemis, quoiqu'il en eût reçu les plus violents outrages, et qu'ils lui eussent fait tout le mal qu'ils pouvaient. Il eut deux fois en son pouvoir la vie de son plus furieux oppresseur, Saül, et n'eut pas même la pensée d'y attenter. Il n'y a nulle part de récit plus touchant que celui de tout ce qui se passa de part et d'autre en ces deux rencontres. Tous ses autres ennemis obtinrent de lui leur pardon, dès qu'il fut sur le trône. Il alla même jusqu'à dissimuler les attentats de l'insolent Joab, en considération de ses grands services, et s'en remit à son successeur Salomon du soin de les punir, parce qu'ils devaient être punis. Quand il éprouva la plus insigne trahison de la part d'un de ses plus intimes amis, Achitophel, il ne demanda pas à Dieu de le faire périr, mais seulement de déconcerter ses desseins, et d'arrêter l'effet de sa politique, qui était connue : *Infatua, Domine, consilium Achitophel.* Ce fut toute sa prière : elle n'est pas d'un homme vindicatif. Avant de livrer bataille au rebelle Absalon, le seul ordre qu'il donna fut que personne n'osât mettre la main sur lui : c'était son fils, j'en conviens; mais combien de rois n'auraient pas été pères en cette occasion! Il n'y en eut qu'une où il fut au moment de se porter à la vengeance : c'était contre Nabal : il eut tort; mais il le reconnut sur-le-champ, dès qu'il eut entendu Abigaïl, et il rendit grace à Dieu « de n'avoir pas permis « qu'il commît une grande faute; » et pourtant ce

Nabal avait poussé bien loin l'inhumanité et l'ingratitude.

Il demande souvent à Dieu de « le délivrer de ses « ennemis, de confondre ceux qui en veulent à sa vie, « de les faire tomber eux-mêmes dans les pièges qu'ils « lui tendent, etc.; » ce qui signifie clairement qu'il s'en remet à la justice divine des moyens qu'elle voudra employer pour le sauver, parce que lui-même, comme on le voit par son histoire, n'en emploie aucun pour leur faire du mal. Il ne s'occupe jamais qu'à se préserver; ce qui assurément est très permis; et Dieu ne défend à personne de l'invoquer contre les méchants, quand il lui plaît de leur donner la puissance. C'est toujours un temps d'épreuve et de punition pour les hommes, et c'est à leurs prières d'obtenir que ce temps soit abrégé.

En un mot, les trois grandes vertus du christianisme, la foi, l'espérance et la charité, respirent dans les Psaumes, comme dans tous les livres émanés de l'Esprit saint; et c'est là ce qui rendra toujours ce recueil si précieux. Car, sans la foi, l'âme est privée de lumières; sans la charité, le cœur est vide de bonnes œuvres; sans l'espérance, la vie n'a point d'objet, et la mort point de consolation. Disons donc à Dieu, avec le psalmiste : « Heureux l'homme que vous-même aurez instruit, « et à qui vous aurez enseigné votre loi, afin de « lui adoucir les jours mauvais, jusqu'à ce que le « pécheur ait creusé la fosse où il doit tomber? » *Beatus homo quem tu erudieris, Domine, et de lege* *tuâ docueris eum, ut mitiges ei diebus malis, donec fodiatur peccatori fovea*!* (Ps. XCIII.)

La Harpe, *Cours de Littérature.*

MÊME SUJET.

De la Poésie des Hébreux**.

De tous les anciens Orientaux, il n'y a que les Hébreux, dont ils nous reste des écrits, et dont, par conséquent, nous puissions connaître la poésie. Or, tout ce qui nous en reste est dans l'Écriture-Sainte, par où nous voyons qu'ils appliquaient cet art à la religion; et quoiqu'ils eussent aussi des poésies profanes, on peut juger qu'ils avaient sur ce point les mêmes maximes que les Égyptiens, soit que les Égyptiens les eussent apprises d'eux, ou qu'elles leur vinssent aux uns et aux autres de la même source. On peut croire la même chose des autres peuples de la première antiquité; car la poésie grecque, en particulier, faisait une grande partie de la religion, et elle passait pour une chose sacrée et divine dans les commencements.

Tout ce que nous avons de poésie dans l'Écriture-

---

* Bossuet a composé sur les psaumes une admirable dissertation que M. l'abbé Guillon, professeur d'éloquence sacrée en la Faculté de théologie de Paris, a récemment traduite du latin, et insérée dans le Xe vol. de l'édition des *OEuvres choisies de Bossuet,* publiée en 1821—23, par M. Delestre-Boulage, libraire. Nos lecteurs nous sauront sans doute gré de les y renvoyer. H. P.

** Ce discours de M. Fleury a été mis au jour par Dom Calmet à la tête du IIe volume de son *Commentaire sur les Psaumes,* avec ce court Avertissement : « M. l'abbé Fleury avoit composé ce Discours il y
» a plusieurs années, pour l'insérer dans un *Traité de la Poésie antique,*
» qu'il avait dessein de donner. Il a bien voulu nous le communiquer
» et nous permettre d'en faire part au Public. »

Sainte, sont des cantiques pour exprimer diverses affections, ou des recueils de sentences pour instruire. Le plus grand et le plus ancien de ces ouvrages est le livre de Job, qui comprend l'une et l'autre espèce; car il a pour but un point très important de morale que Dieu afflige quelquefois les gens de bien pour les exercer, et non pour les punir : ainsi ces maximes qui regardent la justice et la providence de Dieu, la récompense des vertus et la punition des crimes, la soumission à ses volontés, et la sécurité d'une bonne conscience, y sont amplement traitées; et d'ailleurs la douleur de Job, et l'indignation de ses amis, y sont peintes fort au naturel.

Les Proverbes de Salomon ne contiennent que des règles de morale, comme aussi plusieurs des Psaumes. Mais la plupart des psaumes, et tous les cantiques insérés en divers endroits des livres sacrés, ne contiennent que des affections ou envers Dieu ou envers les hommes. Celles qui s'adressent à Dieu sont, ou pour admirer sa grandeur, le louer et l'adorer, ou pour le remercier de ses bienfaits, ou pour lui demander le pardon de ses péchés, ou quelques graces temporelles ou spirituelles; et ce sont ces quatre espèces de pièces qui remplissent presque toutes ces saintes chansons. Il y a aussi de la douleur, de la joie, de l'indignation, de la haine, et d'autres passions, qui ont pour objet, ou celui qui parle, ou les autres hommes, mais le plus souvent sous l'idée de justes ou de pécheurs.

Des poésies si pleines de mouvements ne peuvent guère manquer d'être fort élevées par les figures et les expressions, s'il est vrai que la force des figures et la grandeur véritable du style soient un effet naturel des passions. Aussi est-ce la plus grande beauté que nous voyons dans les poésies hébraïques; il n'y a point d'autres poésies qui les surpassent en ce point, s'il y en a qui les égalent. Tout y est figuré, et les figures y changent très souvent et très vite; et non-seulement les figures, mais les personnes qui parlent changent souvent. Tantôt c'est le prophète, tantôt Dieu-même, tantôt l'homme juste ou le pécheur : quelquefois même on donne de la voix et du mouvement aux choses inanimées, comme aux montagnes et aux rivières.

On y voit des images très vives de la grandeur de Dieu assis sur les Chérubins, porté sur les nuées, dont le regard fait trembler la terre, dont la colère ébranle les fondements des montagnes, qui voit au fond des abîmes. Les comparaisons y sont très fréquentes, et sont toutes tirées des choses sensibles et familières à ceux pour qui on écrivait : car les palmes et les cèdres, les lions et les aigles, sont choses communes en Palestine; c'est pourquoi il ne faut pas non plus s'imaginer que chaque mot doive être appliqué: toute la comparaison ne tombe d'ordinaire que sur un seul point, et tout le reste est ajouté, non pour servir à la comparaison, mais pour dépeindre naïvement la chose dont on la tire. « Vos dents sont comme des brebis fraîchement « tondues, qui sortent du lavoir : chacune a deux « agneaux, et il n'y en a pas une de stérile : » (Cant.

IV, 2) c'est-à-dire vos dents sont blanches, égales et serrées.

Pour le style, il est si différent de la prose, que c'est presque un autre langage : en sorte que tel qui sait assez l'hébreu pour entendre le style historique, ayant lu toute la *Genèse*, lorsqu'il vient aux bénédictions de Jacob, n'entend plus rien, et n'entend que le commencement et la fin du livre de Job.

Cette différence vient et des mots, qui souvent sont autres que dans la prose, et des métaphores qui sont très fréquentes et très hardies, et de la construction qui est fort irrégulière, et suppose beaucoup de paroles sous-entendues. D'un autre côté, le style est plein de répétitions ; et la plupart des pensées y sont exprimées deux fois en différents mots : « Mon Dieu, ayez pitié de moi par votre « grande miséricorde, et effacez mon péché par la « multitude de vos bontés ; (Ps. L, 3) » ce que l'on peut observer dans ce psaume presque partout. Ils le faisaient, ou pour donner plus de temps à l'esprit de goûter la même pensée, ou parce que ces cantiques se chantaient à deux chœurs, ou pour quelqu'autre raison ; mais, quoiqu'il en soit, ces répétitions sont la marque la plus sensible et la plus commune du style poétique. C'est par là principalement que je prends pour un cantique le discours de Lamech à ses femmes, lorsqu'il leur apprend qu'il a tué Caïn (*Gen.* IV, 23 et 24); et si cette conjecture est véritable, c'est la plus ancienne poésie que nous connaissions.

Les pensées qui sont revêtues de cette élocution

et de ces figures, ne sont pas seulement véritables, solides et utiles, comme on n'en peut douter, sachant que le Saint-Esprit les a inspirées : mais encore très souvent belles, brillantes, sublimes, délicates. On peut voir entre autres le psaume CXXXVIII, où la science de Dieu et l'impossibilité de se dérober à sa connaissance sont merveilleusement exprimées; le XVIII, où l'on voit un juste qui recherche jusqu'à ses péchés cachés, et ceux d'autrui où il a part; le CIII, où l'on voit une description agréable et magnifique de la nature, et de la providence de Dieu, qui la conserve : et la plupart des autres; car l'énumération en serait trop longue. Mais ces pensées ne sont pas placées au hasard; et l'on voit encore dans leur arrangement beaucoup d'art et de dessein; chaque cantique et chaque psaume est une pièce entière, dont les parties ont leur ordre et leur suite naturelle. Quelquefois il y en a plusieurs qui se suivent, comme les psaumes CII, CIII, CIV, CV, CVI, qui sont tous des cantiques d'actions de graces. Le CII loue Dieu pour les besoins de la grace; le CIII, pour ceux de la nature; le CIV, pour les faveurs qu'il a faites à son peuple; le CV, de sa bonté à lui pardonner ses crimes; et ces deux sont une suite d'histoire. Le CVI, remercie Dieu au nom de tous les hommes, des secours qu'il leur a donnés en quatre des plus grandes afflictions de la vie; la famine, la captivité, la maladie, le naufrage. Ce dessein particulier paraît entre autres dans les psaumes XVII, XVIII, XXI, LXXVII, LXXVIII, XC, et dans les deux cantiques de Moïse: celui de l'*Exode* après le passage de la mer Rouge, et celui du *Deutéronome*, un peu avant sa mort.

Dans quelques pièces où l'ordre était entièrement arbitraire, parce qu'il n'y a que des mouvements de passion, ou des maximes de morale qui n'ont aucune liaison nécessaire, on a fait les couplets acrostiches, suivant l'ordre de l'alphabet, apparemment pour soulager la mémoire. Telles sont les *Lamentations de Jérémie*, les psaumes XXXIII et CXVIII, et quelques autres ; tel est aussi le portrait de la femme forte, par où finissent les *Proverbes de Salomon*.

Il faut observer sur ce livre des *Proverbes*, et sur les autres poésies tout-à-fait morales, comme les psaumes I, XIV, XXXVI, et plusieurs autres, et une grande partie de *Job*, que le défaut de mouvement y est bien compensé par les peintures naïves, les métaphores et les riches comparaisons, d'où est venu le nom de *Paraboles*, *Proverbes* ou *Énigmes*. Il n'y a de l'obscurité dans ce style qu'autant qu'il en faut pour exercer agréablement l'esprit : mais il fait entrer bien avant dans le cœur les grandes vérités, par des images vives et simples. Aussi il me semble que, comme la poésie de Moïse est la plus mâle et la plus forte, celle de Salomon est la plus délicate et la plus jolie. Que l'on voie, entre autres, comme il représente, en divers endroits de la préface des *Proverbes*, les artifices des femmes pour séduire les jeunes gens, et les funestes effets de l'amour criminel ; on y verra et le feu de l'amour, et ses liens, et ses flèches dont il perce le cœur, et ses ailes qui portent l'amoureux dans les filets qui lui sont tendus, et tout ce qui paraît le plus galant dans les poètes profanes; avec cette différence essentielle, que Salomon ne fait ses descriptions que pour donner de l'horreur. C'est tout ce que nous pouvons connaître des poésies hébraïques : le dessein, les pensées, les figures, l'élocution. Encore cette dernière partie n'est-elle connue que de ceux qui savent fort bien l'hébreu : les autres ne voient ces beautés qu'à travers une traduction qui en ôte toute la grace, sur-tout dans les Psaumes, où ce voile est double, puisque la version que nous en avons dans la Vulgate est faite sur la version grecque des Septante. Que l'on traduise ainsi littéralement les plus beaux endroits des poètes latins ; ou, pour faire la comparaison tout-à-fait juste, que l'on mette en français les versions latines des poètes grecs, on verra si elles seront supportables ; et on pourra juger par là de la beauté des poésies hébraïques, qui ne laissent pas d'être aperçues de bien des gens qui ne les lisent qu'en latin.

Mais ces poésies avaient encore des agréments considérables, que personne ne connaît plus, non pas même les Juifs les plus savants en hébreu; car, comme on a perdu l'ancienne prononciation de cette langue, aussi bien que de toutes les autres langues mortes, on ne peut sentir ni l'harmonie des paroles, ni la quantité des syllabes, qui font cependant toute la beauté des vers. On n'a pas même, comme pour le grec et pour le latin, des règles

pour deviner la quantité des syllabes, les noms et
le nombre des pieds et la construction des vers : et
toutefois il est certain que les Hébreux observaient
tout cela. On voit dans leurs poésies des lettres ajou-
tées ou retranchées à la fin des mots, qui sont des
marques de sujétion à une certaine mesure de syllabes, et un certain mot *Sela*, (*Præf. in Job.*) qui
semble ne servir qu'à remplir un espace vide; enfin, saint Jérôme parle de ces vers comme les con-
naissant très bien, et compare ceux des livres de
Job aux hexamètres, et ceux des Psaumes, des Lamentations et des Cantiques, aux vers d'Horace,
de Pindare et des autres lyriques grecs; mais, depuis
son temps, les Juifs ont entièrement perdu l'art de
cette ancienne versification, et en ont à présent une
moderne, qu'ils ont empruntée des Arabes.

On ignore encore plus le chant et la danse qui
accompagnaient les poésies hébraïques. On sait
qu'elles se chantaient, et qu'elles n'étaient faites que
pour cela : et par les noms de *sir*, ou cantique, et
mizmor, ou psaume, et par l'histoire de l'Écriture,
qui le dit quelquefois expressément, comme au
passage de la mer Rouge, et par les inscriptions des
psaumes, qui font souvent mention de maîtres de
musique; enfin, on peut juger que la musique en était
belle par la beauté des paroles, et par tout l'artifice
qui vient d'être remarqué.

Il est certain aussi que les chants étaient accompagnés de danses; car les chœurs dont l'Écriture
parle si souvent sont les troupes de danseurs ou de
danseuses. Elle fait mention de danses dans les ré-

jouissances pour les victoires, et même dans les cérémonies de religion, comme à la procession que fit David pour amener l'arche d'alliance en Sion, et à la dédicace de Jérusalem, sous Néhémias, ou deux chœurs, qui avaient chanté sur les murailles de la ville, vinrent finir ensemble dans le temple. Nous ne connaissons donc que très imparfaitement ces poésies, puisque nous n'en voyons tout au plus que la lettre dépouillée de tous ses ornements extérieurs. Elles étaient sans doute tout autres dans la bouche des musiciens, accompagnées de toute la magnificence des fêtes auxquelles elles étaient destinées; et, pour en concevoir la beauté, il faudrait nous placer dans le temple de Salomon, au milieu de ce peuple innombrable qui en remplissait les cours et les galeries, et voir l'autel chargé des victimes, et environné des prêtres revêtus de leurs habits blancs; et plus loin les lévites distribués en plusieurs troupes, les uns jouant des instruments, les autres chantant et dansant avec modestie et gravité.

Les Hébreux n'ont jamais eu, que nous sachions, de comédies, de tragédies, de poèmes épiques, ni aucune autre espèce de cette poésie que Platon appelle *poésie d'imitation*. Il est vrai que le cantique de Salomon est un poème dramatique, où l'on voit parler différents personnages; mais on en voit de même dans les Psaumes, et dans tous les autres ouvrages poétiques de l'Écriture; et il n'y a point de poésie sans cela. De plus, le cantique n'exprime que des sentiments et non pas une suite d'actions, ce qui me semble une condition essentielle à tous les poëmes d'imitation. On ne remarque dans l'Écriture que des cantiques, psaumes, odes ou chansons, comme on voudra les nommer, c'est-à-dire ce genre de poésie que Platon dit avoir été la seule ancienne. En effet, il ne paraît pas que les Grecs aient emprunté d'ailleurs le poème dramatique : tous les poètes qu'ils ont eu en ce genre sont plus nouveaux que la captivité de Babylone.

Le *Psautier* est un recueil de cent cinquante pièces, composées sur différents sujets et par différentes personnes. Quand on les lit d'abord, ou qu'on les récite sans grande attention, on croit n'y voir que des paroles qui disent toujours la même chose; mais plus on s'y applique, plus on les trouve pleines, et plus on y remarque de pensées différentes et de figures toujours nouvelles. Cette variété se trouve dans toutes les bonnes poésies de l'antiquité, mais elle est très rare dans nos modernes : aussi la plupart sont fort ennuyeuses. Ces figures sont fortes, mais naturelles, des interrogations, des apostrophes, des exclamations.

Dans les psaumes qui demandent du dessein, on le voit très bien suivi et très bien exécuté. Par exemple, le psaume XVII est une action de graces de David, après que Dieu l'eut délivré de tous ses ennemis. 1° Il y propose d'abord son dessein; 2° il y représente son affliction; 3° sa prière; 4° comment Dieu l'a exaucé; 5° comment il a résolu de le secourir : là il exprime poétiquement la puissance de Dieu qui ébranle toute la nature; 6° comment Dieu a défait tous ses ennemis; 7°. comment il a délivré David; 8° pourquoi il l'a fait: à cause de la vertu et de la justice de David; 9° l'heureux état où il l'a mis; 10° l'avantage qu'il a sur ses ennemis; leur misère, leur abattement; 11° les graces qu'il espère encore; 12° il conclut par la louange, comme il a commencé. Ce psaume contient tout cela précisément dans le même ordre; et cette suite me paraît très belle, de marquer qu'il était affligé, qu'il a prié, que Dieu l'a secouru, que ses ennemis ont été défaits; qu'il a été non-seulement délivré, mais mis au-dessus, et qu'il a ruiné à son tour ses persécuteurs.

Il est à remarquer sur les psaumes historiques, que la narration y est très différente de celle des simples histoires. On n'y marque que les principaux endroits, les plus importants et les plus illustres; et s'il y a quelque circonstance qui donne jeu à la poésie, le prophète ne manque pas de la relever.

Voici l'histoire de Joseph dans le psaume CIV. « Dieu appela la famine sur la terre; il brisa tous « les appuis de la nourriture; il envoya devant eux « (devant les enfants de Jacob, dont il a parlé) un « homme; Joseph fut vendu comme un esclave. » Remarquez la grandeur de cette narration qui remonte d'abord aux desseins de Dieu, et la beauté de la figure: Dieu commande à la famine; vous diriez qu'il lui parle comme à une personne. Je ne trouve point d'expressions en notre langue pour rendre ce qui suit: l'Écriture, en ce lieu, et en d'autres, compare le pain, c'est-à-dire la nourriture, à un bâton sur lequel un homme faible s'appuie pour marcher : de sorte qu'ôter le pain aux hommes, c'est ôter à un vieillard ou à un malade le bâton qui le soutient. Mais au lieu de toutes ces circonlocutions, l'Écriture dit hardiment, et sa langue le souffre, que *la famine rompt le bâton de notre pain.* Voilà de ses métaphores. Ensuite le psaume nous représente Joseph chargé de fers, pour nous peindre en un mot sa prison, et revient aussitôt à Dieu qui le délivre par sa parole et par sa sagesse dont il l'anime ; et , en effet, « le roi envoie « le délivrer; le prince des peuples le met en liber- « té; il le fait seigneur de sa maison et gouverneur « de tous ses biens, afin qu'il rendît ses princes « savants, comme il l'était lui-même, et qu'il apprît « la prudence aux vieillards, » c'est-à-dire, aux plus sages de son état. Voilà toute l'histoire de Joseph ; sa captivité, sa délivrance, sa puissance, et tout cela par l'ordre de Dieu. On voit de cette espèce de narration dans Virgile, lorsqu'il représente sur le bouclier d'Énée les plus beaux endroits de l'histoire romaine.

Si l'on veut voir de la hauteur et de la délicatesse dans les pensées : « Seigneur, vous me sondez et me « connaissez; vous connaissez mon repos et mon « action (ps. CXXXVIII); » car s'asseoir signifie se reposer, et se lever, se disposer à l'action ; et c'est ainsi qu'il est dit dans un autre psaume : « Levez- « vous après vous être reposé (ps. CXXXVI, 2); » comme qui dirait : Reposez-vous, et puis vous agirez. Dieu connaît donc l'action extérieure. Ce n'est pas assez : « **Vous comprenez mes pensées et même de**

« loin. Vous découvrez ma conduite et mes des-
« seins. *Bien plus :* Vous prévoyez toutes mes voies,
« *ma conduite et mes actions*, quoique je ne parle
« point. Oui, Seigneur, vous connaissez toutes choses,
« nouvelles et anciennes, *le futur et le passé.* » Et
revenant au particulier : « Vous m'avez formé et
« vous tenez sur moi votre main, *pour me conser-*
« *ver et me conduire.* Votre science est admirable
« pour moi, et si grande que je ne puis y atteindre.»
Puis changeant de figure tout d'un coup, il s'écrie :
« Où irai-je pour me dérober à votre esprit ? Où
« fuirai-je devant vous ? » Il prend toute l'étendue
du monde dans toutes ses dimensions : « Si je monte
« au ciel, vous y êtes; si je descends aux enfers, je
« vous y trouve. » Autre figure encore plus riche :
« Quand je prendrais des ailes, et que je partirais
« dès le matin pour m'aller loger au-delà des mers
« *qui bornent le monde*, ou, *suivant l'hébreu :* Quand
« j'emprunterais les ailes de l'aurore pour voler
« *comme elle en un moment* jusqu'à l'extrémité des
« mers; » il ne dit pas simplement, cela serait inutile;
ou bien, comme au verset précédent, je vous y
trouverais; mais, par une expression bien plus sa-
vante et bien plus délicate, comme un homme qui
s'accuserait d'extravagance de vouloir se cacher à
Dieu : Bien loin de me dérober à vous, c'est vous
qui me soutenez et qui me portez dans ma fuite
même. Quelque chimère que je me figure, je ne
puis m'imaginer de pouvoir subsister sans vous :
quand je pourrais voler, comme j'ai dit, « ce serait
« votre main qui me conduirait, et vous me tien-

« driez de votre droite. » Il semble qu'il ait épuisé son imagination. Mais voici encore une idée plus étudiée d'un moyen de se cacher à Dieu : « Je dis « en moi-même : peut-être que les ténèbres pour- « raient me couvrir, et je ferais mes délices de la « nuit, comme un autre de la lumière. *Mais je suis* « *encore un insensé* : les ténèbres ne sont point té- « nèbres pour vous ; la nuit à votre égard est éclairée « comme le jour ; les ténèbres de l'une sont comme « la lumière de l'autre. »

Que les beaux esprits modernes viennent après cela traiter de grossiers nos bons laboureurs de la Palestine : et qu'ils nous trouvent dans les auteurs profanes des pensées plus hautes, plus fines et mieux tournées, sans parler de la profonde théologie et de la solide piété que renferment ces paroles. Le reste des psaumes contient encore des réflexions admirables sur la formation de l'homme dans le ventre de sa mère, et sur la prédestination : d'où le prophète prend occasion de marquer son respect pour les saints et son mépris pour les pécheurs.

La variété des figures se trouve partout dans ces divins cantiques : toutefois dans les psaumes de prières ou d'exhortations, plus que dans ceux de narration. Dans le psaume XC : *Qui habitat in adjutorio altissimi;* un de ceux qui nous sont les plus familiers [*] ; d'abord c'est le poète qui parle, pour proposer son dessein, qui est d'expliquer la protection de Dieu envers les hommes, et il le propose

---

[*] Selon l'usage de l'Église de Rome et de plusieurs autres, on récite le psaume XC, tous les jours à Complies.

en deux phrases, dont les mots se répondent avec une grande justesse. Dans les deux versets suivants, il fait parler l'homme qui reçoit cette grace; mais il se sert de deux figures différentes: dans le second verset, il adresse la parole à Dieu; dans le troisième, il en parle en tierce personne. Dans le quatrième verset, c'est le poète qui parle, adressant toujours la parole à l'homme protégé de Dieu; mais avec une grande diversité de comparaison et de métaphores, et une énumération des différentes espèces de protection. Au neuvième verset, l'homme juste l'interrompt, pour s'écrier: « Oui, Seigneur, vous « êtes mon espérance, » comme pour marquer la raison de ce qui vient d'être dit; et le poète répond aussitôt : « vous avez pris le Très-Haut pour votre « refuge; le mal n'approchera point de vous, etc. » Et il continue dans les quatre versets suivants, (adressant toujours la parole à l'homme juste), d'expliquer d'autres effets plus grands de la protection de Dieu: entre autres l'assistance continuelle des anges, et la puissance sur les démons, figurés dans l'Écriture par les bêtes vénimeuses. Enfin dans les trois derniers versets, c'est Dieu même, qui parle pour confirmer et autoriser tout ce qui vient d'être dit, et qui explique d'autres effets de sa protection, finissant par la promesse de la vie éternelle, et de la vision béatifique. Ceux qui ont un peu lu les poètes, ne s'étonneront point de ce changement de personnes, sans que l'auteur en avertisse. Rien n'est plus fréquent dans Horace, non-seulement dans ses Odes, mais dans ses Lettres et ses Satires, et je ne vois pas qu'il soit nécessaire pour cela de dire que le psaume XC est dramatique, ou il faut dire qu'ils le sont pour la plupart.

Ce peu d'exemples suffira pour donner ouverture à en trouver une infinité d'autres; car tous les psaumes en sont pleins : et non-seulement les Psaumes, mais Job dont la poésie est universellement plus hardie et plus magnifique, et tous les autres ouvrages poétiques qui sont dans l'Écriture. Qu'on lise entre autres, le Cantique de Moïse à la fin du *Deutéronome*, et le cantique de Baruch et de Débora.

Cependant nous ne connaissons qu'une partie de la beauté de ces ouvrages. Sans compter la différence de nos mœurs et des idées que nous avons des choses, il est certain que ce que nous pouvons connaître dans ces poésies est tout au plus le dessein, les pensées et les figures. Pour l'élocution, il n'y a que ceux qui savent l'hébreu qui puissent en juger : et qui peut se vanter parmi nous de le bien savoir? Mais pour tout le reste, je veux dire l'harmonie des paroles, la mesure des vers et l'air du chant, je dis hardiment qu'il n'y a homme sur la terre qui en sache rien; or, on sait combien tous ces ornements sont essentiels à la poésie.

FLEURY, *Discours sur la Poésie des Hébreux*.

MÊME SUJET.
Caractère distinctif de chacun des Prophètes.

Les prophètes ont chacun leur caractère particulier, dit saint Jérôme, en parlant des douze prophètes du second ordre. Cette remarque s'applique encore, avec plus de justesse, aux trois prophètes connus sous le nom de *grands* ; car Isaïe diffère extrêmement de Jérémie, et il n'est aucun ouvrage qui ressemble moins aux compositions de ces deux prophètes, que le livre d'Ézéchiel.

Isaïe *, le premier des prophètes, pour le mérite autant que pour l'ancienneté, réunit tous les genres de perfection à un degré si éminent, qu'on peut regarder ses ouvrages comme le modèle le plus accompli de la poésie prophétique. Son style est à la fois élégant et sublime, plein de force et d'agréments, de richesse et d'énergie, de noblesse et de variété. Ses sentiments sont élevés; ses images exactes, élégantes, fécondes, variées, majestueuses. Sa diction, remarquable par son élégance, ne l'est pas moins par sa clarté et sa simplicité: deux qualités d'autant plus surprenantes, que les sujets d'Isaïe sont enveloppés de beaucoup d'obscurité. Il existe, en outre, une telle harmonie soit naturelle, soit artificielle, dans l'arrangement poétique de ses sentences, que, si la poésie hébraïque conserve encore aujourd'hui quelque reste de sa grace native et de son antique mélodie, c'est aux écrits d'Isaïe qu'elle en est principalement redevable; en sorte qu'on peut appliquer à ce prophète ces paroles d'Ézéchiel.

Tu omnibus numeris absolutum es exemplar, plenus sapientiâ, et perfectus pulchritudine. (Ezech.

---

* Isaïe, fils d'Amos, oncle d'Amasias, roi de Juda..... Manassès, successeur d'Ézéchias, irrité des reproches d'Isaïe, le fit fendre par le milieu du corps avec une scie de bois..... On place sa mort l'an 681 avant Jesus Christ.   Снокрré,

XXVIII, 12). « Toi à qui rien ne manque, tu es « plein de sagesse, et parfait en beauté. »

Isaïe excelle encore d'une manière toute particulière dans ce qui concerne la disposition des parties, l'ordre et la liaison naturelle des idées; autant du moins que peut le permettre la nature des inspirations prophétiques qui s'emparent de l'âme avec une violence irrésistible, et l'entraînent souvent, par de rapides transitions, des objets les plus voisins des sens, aux objets qui en sont les plus éloignés, et des choses humaines aux choses divines. Nous devons aussi remarquer avec soin les limites de chacune des prophéties, dont la plupart sont dans un état de désordre qui cause souvent beaucoup de difficultés et d'embarras aux interprètes. J'ai déja cité un exemple d'un poème où règnent d'un bout à l'autre un ordre et un arrangement parfaits. Cet exemple, c'est Isaïe lui-même qui nous l'a fourni, et il pourrait nous en offrir encore plusieurs dans la première partie de son livre, où les prophéties sont presque toujours distinctes et séparées les unes des autres. La dernière partie, qui, je crois, commence au XL.ᵉ chapitre, est peut-être la plus élégante et la plus sublime de toutes les compositions prophétiques; et toutefois elle semble présenter, à cet égard, quelque imperfection: c'est, en quelque sorte, un recueil de différentes prophéties qu'il n'est pas aisé de distinguer les unes des autres, à cause des rapports d'affinité qui les unissent entre elles, et les rattachent à un même sujet. Cependant le sujet général de cette dernière partie est évidemment l'établissement de l'Église. La délivrance de la captivité, la destruction de l'idolâtrie, le triomphe de la puissance divine et de la vérité, la consolation des Israélites, l'invitation que Dieu leur fait, leur incrédulité, leur impiété et leur réprobation, la vocation des gentils, la conservation d'un peuple choisi, la gloire et la félicité de l'Église dans son état de perfection, la perte infaillible des méchants, y sont exposés avec assez d'ordre et de méthode. Qu'on lise ces divers passages avec attention, qu'on ait égard au génie et à la nature de l'allégorie mystique, et qu'on se rappelle en même temps que tous ces différents sujets ont été déjà mille fois traités dans d'autres prophéties publiées à diverses époques, on trouvera que l'ensemble de l'ouvrage est très heureusement ordonné, et qu'il a assez de régularité et de suite dans le développement de ses parties. Je regarde, au reste, le livre d'Isaïe comme très poétique, à l'exception de quelques passages qui, pris ensemble, fourniraient tout au plus cinq ou six chapitres.

Quoique Jérémie * ne manque ni d'élégance, ni de sublimité, il s'en faut néanmoins qu'il égale Isaïe sous ce rapport. Saint Jérôme semble reprocher à Jérémie je ne sais quelle rusticité de langage dont, je l'avouerai, je n'ai encore trouvé aucune trace dans ses écrits. Il y a peut-être, à la vérité, moins d'élévation dans ses pensées, moins de netteté et de précision dans ses périodes ; il a le ton qui convient à un écrivain dont le principal objet

---

* Jérémie, fils d'Helcias, de la tribu de Benjamin. Il fut lapidé en Égypte dans la vallée de Taphné.   Chompré.

est d'exciter les émotions douces, et particulièrement la douleur et la pitié. C'est ce que l'on aperçoit surtout dans les *Lamentations*, où ces affections dominent exclusivement. C'est ce que l'on remarque encore fréquemment dans ses prophéties, notamment dans la première partie du livre, qui est presque toute poétique. Le milieu appartient à l'histoire, et la fin, qui consiste en six chapitres, à la poésie. Ce livre renferme plusieurs oracles distinctement marqués, dans lesquels l'auteur s'élève presque à la sublimité d'Isaïe. J'ai de la peine à croire néanmoins qu'une moitié du volume puisse être regardée comme poétique.

Ézéchiel[*], quant à l'élégance, est très inférieur à Jérémie; mais pour le sublime il égale Isaïe même. Il est vrai que c'est dans un genre bien différent. Ézéchiel, en effet, est sombre, terrible, véhément, tragique; c'est la terreur qui domine chez lui : ses sentiments sont élevés, impétueux; ils respirent l'amertume et l'indignation; ses images sont fécondes, magnifiques, terribles, quelquefois choquantes; son style est pompeux, énergique, grave, dur et quelquefois barbare; il abonde en répétitions qui n'ont point la grace et l'élégance pour objet, mais qui sont l'effet de l'indignation et de l'emportement. Quand ce prophète a entrepris un sujet, il le poursuit avec persévérance; il s'y attache exclusivement, et rarement il lui arrive de s'écarter de son but : aussi ses

---

[*] Ézéchiel, fils de Buzy, sacrificateur. Il fut conduit à Babylone avec Jéchonias. On croit qu'Ézéchiel fut tué par un prince de sa nation, à qui il reprochait son idolâtrie.   Chompré

compositions se font-elles remarquer par l'ordre et l'enchaînement qui y règnent. Ézéchiel, à plusieurs égards, reste peut-être au-dessous de la plupart des autres prophètes, mais il n'a jamais eu son égal pour l'énergie, le sublime, la force et la pompe des images; c'est un genre de beauté qui semble lui appartenir exclusivement. Sa diction est assez claire, et n'a guère d'autre obscurité que celle qui résulte de la nature du sujet. Ses visions sur-tout sont très-obscures, quoiqu'elles soient écrites d'un style qui se rapproche par sa simplicité de la narration historique, comme on en peut voir des exemples dans les autres prophètes, tels que Osée, Amos et Zacharie. La plus grande partie du livre d'Ézéchiel, surtout vers le milieu, est poétique, soit pour le sujet, soit pour le style; mais il y a en général si peu d'art et de goût dans l'arrangement de ses périodes (ou sentences), que je ne sais le plus souvent ce que l'on doit penser, sous ce point de vue, de cet écrivain.

Isaïe, Jérémie et Ézéchiel peuvent, pour le style, être, à juste titre, placés, chez les Hébreux, au même rang que tinrent parmi les Grecs, Homère, Eschyle et Simonide.

Osée * est le premier des prophètes du second ordre, et le plus ancien de tous peut-être, si l'on excepte Jonas. Le style d'Osée porte un caractère d'antiquité fort reculée; il est énergique, pressant, concis; il possède à un degré éminent cette brièveté

---

* Osée prophétisa sous les règnes d'Ozias, de Joatham, d'Achaz et d'Ézéchias. CHOMPRÉ

du genre sentencieux; qui distingue la composition poétique, et dont les écrivains postérieurs se sont un peu écartés. Cette particularité n'a point échappé à saint Jérôme, qui s'exprime ainsi sur Osée: « Ce « prophète est laconique, et ne parle, pour ainsi « dire, que par sentences. » Mais cette brièveté même qui, dans l'origine, donnait probablement à la poésie des Hébreux une force et une élégance particulières, ne sert plus aujourd'hui, dans l'état de décadence où leur langue est tombée, qu'à répandre beaucoup d'obscurité sur les écrits d'Osée; au point que ce prophète, malgré la clarté de son sujet, est plus obscur et plus difficile que tous les autres ensemble. Il est toutefois encore une autre raison à laquelle on peut attribuer en partie l'obscurité de son style : Osée écrivit sous les quatre rois de Judée, Ozias, Joatham, Achaz et Ézéchias; la durée de ces quatres règnes, de quelque manière qu'on la calcule, doit renfermer un espace de temps considérable. Or, il ne nous reste de ses ouvrages qu'un assez petit volume qui contient, à ce qu'il paraît, ses principales prophéties; mais elles y sont rassemblées sans aucun indice des différentes époques où elles ont été composées, sans distinction des divers sujets qui y sont traités. Il ne faut donc plus s'étonner si, en lisant les prophéties d'Osée, on croit avoir rencontré quelques feuilles éparses de la sybille.

Le style de Joël * s'éloigne essentiellement de celui d'Osée; mais le caractère de sa diction, quoi-

* On n'a aucun detail sur la vie de Joel. Ses prophéties ont principalement pour objet la captivité de Babylone et le jugement dernier. Comparz

que dans un genre différent, n'est pas moins poétique. Elle est élégante, simple, abondante, aisée, et en même temps sublime, pleine de chaleur et d'énergie. Aux premier et deuxième chapitres, il déploie dans ses descriptions toute la puissance et la pompe de la poésie prophétique; il y montre une grande prédilection pour les métaphores, les comparaisons et les allégories. Partout même clarté dans l'ordre et la liaison du sujet, et dans la couleur du style: témoins les divers passages où il fait une peinture effrayante des malheurs qui menacent les Israélites; où il les exhorte au repentir; où il leur promet, en cas de pénitence, une longue prospérité sur la terre, et un bonheur sans fin dans le ciel; où il annonce le rétablissement de leur nation, et la vengeance exercée sur leurs ennemis. Mais, tout en lui donnant ici, comme ailleurs, les éloges qu'il mérite en général pour la clarté qui règne dans sa méthode et dans sa diction, nous ne pouvons nous empêcher de convenir qu'il a quelquefois aussi beaucoup d'obscurité, comme on peut le voir dans la dernière partie de sa prophétie que nous venons de citer.

Saint Jérôme (*Comment. sur Amos*) a dit d'Amos [*] ce que saint Paul disait modestement de lui-même (I I *Cor.*, XI, 6.) : « Qu'il était ignorant quant « au langage, mais non quant à la science. » Plusieurs commentateurs, entraînés par l'autorité de saint Jérôme, ont parlé d'Amos comme d'un écrivain sans

---

[*] Amos vécut sous les règnes d'Osias et de Jéroboam Amasias, prêtre de Bethel, le fit mourir.   Caovené.

art, sans éloquence, et absolument dénué de tout ornement dans le style et dans la composition. Cependant rien n'est moins fondé que cette opinion. Qu'un lecteur impartial et judicieux parcoure les ouvrages d'Amos, il reconnaîtra certainement que notre pasteur ne le cède en rien aux premiers d'entre les prophètes *. Il verra non-seulement que pour la sublimité des sentiments, Amos s'élève à la hauteur des plus grands écrivains, mais même qu'il n'en est peut-être pas un seul qui l'emporte sur lui par la pompe du style et l'élégance de la composition. L'esprit divin qui animait Isaïe et Daniel à la cour des rois, inspirait également David et Amos dans les étables des bergers; car Dieu choisit partout les interprètes de ses volontés, et place souvent les louanges du Très-Haut jusque dans la bouche des enfants à la mamelle. Tantôt il se sert de l'éloquence naturelle des uns, tantôt il donne cette éloquence à d'autres.

Le style de Michée ** est ordinairement pressé, concis, énergique; quelquefois il se rapproche de celui d'Osée pour l'obscurité; mais, en général, il est plein d'élévation, de chaleur et de poésie.

Toutefois, des prophètes du second ordre, il n'en est aucun, selon moi, qui égale Nahum *** pour

---

* Presque toutes les prédictions d'Amos concernent le royaume de Samarie. Il y a des traits fort remarquables dans les chapitres III, V et IX.

** Les prophéties de Michée ont pour objet les malheurs qui doivent frapper les royaumes d'Israel et de Juda. Il prophétisa sous les règnes de Joatham, d'Achaz et d'Ézéchias. CHOMPRÉ.

*** On ne connaît aucun détail sur la vie de Nahum. On ne sait pas même si son nom est celui de sa famille, celui de son pays, ou une qualification; car *Nahum* veut dire en hébreu *Consolateur*. CHOMPRÉ.

le feu, l'audace et le sublime. Ses prophéties ont d'ailleurs l'avantage de former un poème complet et régulier. L'exorde en est magnifique. Les apprêts pour la ruine de Ninive, la description de cette catastrophe et de la désolation qui l'accompagne, y sont peints des couleurs les plus vives, les plus enflammées, et y sont présentées de manière à produire le plus grand effet.

Le style d'Habacuc * est également poétique, et sur-tout dans cette ode qu'on peut regarder comme un des chefs-d'œuvre de la poésie lyrique**. On peut en dire autant de Sophonie, quoiqu'on ne trouve rien d'extraordinaire ni de bien relevé dans ses écrits, soit pour l'arrangement du sujet, soit pour la couleur du style.

Ce serait ici le cas de parler des ouvrages d'Abdias ***; mais ce qui nous en reste est très peu considérable, et se trouve d'ailleurs en grande partie

---

* Il paraît, par le dernier verset de ses prophéties, qu'Habacuc vivait à l'époque du sac de Jérusalem, et qu'il eut le bonheur d'échapper à la mort et à la captivité.

** Lefranc de Pompignan a traduit avec succès les trois chapitres d'Habacuc, et sur-tout le chapitre II, que termine cette strophe :

« Le sculpteur a dit à la pierre :
« Sois un Dieu, je vais t'implorer.
« Il a dit à ce tronc étendu sur la terre :
« Lève-toi ; je veux t'adorer.
« D'un bois rongé de vers, ou d'un marbre insensible
« L'idolâtre fait son appui.
« Mais le Seigneur habite un temple incorruptible ;
« Que l'univers se taise et tremble devant lui! »

*** On n'est point d'accord sur l'époque précise à laquelle Abdias a vécu. On croit qu'il a prophétisé sous le règne de Josias.

contenu dans une des prophéties de Jérémie*. Jonas et Daniel, ainsi que je l'ai déjà dit, peuvent être regardés comme de simples historiens**.

Les seuls prophètes dont il nous reste à nous entretenir, sont Aggée***, Zacharie**** et Malachias*****. Le premier est tout-à-fait prosaïque, ainsi que la plus grande partie des ouvrages du second. L'on trouve cependant, sur la fin des prophéties de Zacharie, plusieurs passages embellis de tous les ornements de la poésie******, et qui ont plus de clarté qu'on ne s'attend à en rencontrer dans le plus obscur, peut-être, de tous les prophètes. Le livre de Malachias, le dernier des prophètes, est écrit dans une espèce de style mixte qui semble indiquer que, dès le temps de la captivité de Babylone, la poésie hébraïque avait déjà perdu l'éclat et la vigueur du bel âge, et qu'elle penchait vers son déclin.

LOWTH, *Cours de Poésie sacrée. Trad.* de F. ROGER.

* On retrouve dans les *Prophéties de Jérémie*, (XLIX, 7, 9, 10, 14, 15 et 16), presque tout ce qui nous est resté des prédictions d'Abdias (*Voyez Abdias*, I, 9.)

** On ne comptait d'ordinaire pour prophètes que ceux qui en menaient la vie; d'où vient que les livres de David, de Salomon et de Daniel ne sont point mis au rang des livres prophétiques, parce que les deux premiers étaient des rois, vivant dans les délices et la splendeur, et le dernier était un satrape, vivant aussi à la cour et dans le grand monde.

FLEURY, *Mœurs des Israélites.*

*** Ce prophète naquit de père et mère captifs à Babylone, sous le règne de Darius, fils d'Hystaspe. CHOMPRÉ

**** Zacharie prophétisa en même temps qu'Aggée, pour encourager les Juifs à rebâtir le temple. *Ibid.*

***** Malachias ou Malachie a prophétisé, selon toute apparence, du temps de Néhémie, sous le règne d'Artaxerce-Longue-main.

****** *Voyez* les chap. IX, X et le commencement du chap. XI.

MÊME SUJET.

L'Évangile.

La majesté des Écritures m'étonne; la sainteté de l'Évangile parle à mon cœur. Voyez les livres des philosophes avec toute leur pompe; qu'ils sont petits près de celui-là! Se peut-il qu'un livre, à la fois si sublime et si sage, soit l'ouvrage des hommes? Se peut-il que celui dont il fait l'histoire ne soit qu'un homme lui-même? Est-ce là le ton d'un enthousiaste ou d'un ambitieux sectaire? Quelle douceur! quelle pureté dans ses mœurs! quelle grace touchante dans ses instructions! quelle élévation dans ses maximes! quelle profonde sagesse dans ses discours! quelle présence d'esprit, quelle finesse et quelle justesse dans ses réponses! quel empire sur ses passions! Où est l'homme, où est le sage qui sait agir, souffrir et mourir, sans faiblesse et sans ostentation? Quand Platon peint son juste imaginaire couvert de tout l'opprobre du crime, et digne de tous les prix de la vertu, il peint trait pour trait Jésus-Christ[*]; la ressemblance est si frappante,

---

[*] Mettons de l'autre côté (en opposition avec le méchant) l'homme juste et modeste, plus jaloux, comme dit Eschyle, d'être bon que de le paraître. Il ne faut pas qu'il le paraisse; car si on le croit homme de bien, sa renommée lui attirera des honneurs et des récompenses, et l'on ne saura plus s'il est vertueux pour la vertu seule, ou pour les récompenses et les honneurs. Ainsi dépouillons-le de tout, excepté de sa justice, et rendons, en un mot, le contraste parfait : irréprochable, qu'il soit chargé de tous les soupçons du crime; éprouvons sa vertu; je veux le voir aux prises avec l'infamie et ses tourments; mais qu'il marche d'un pas ferme jusqu'au tombeau, entouré sans cesse des faux jugements de l'opinion, et toujours vertueux. Que dis-je? qu'il soit battu de verges, mis à la torture et aux fers,

que tous les Pères l'ont sentie, et qu'il n'est pas possible de s'y tromper.

Quels préjugés, quel aveuglement ne faut-il point avoir pour oser comparer le fils de Sophronisque au fils de Marie! Quelle distance de l'un à l'autre! Socrate mourant sans douleur, sans ignominie, soutint aisément jusqu'au bout son personnage; et si cette facile mort n'eût honoré sa vie, on douterait si Socrate avec tout son esprit, fut autre chose qu'un sophiste. Il inventa, dit-on, la morale; d'autres avant lui l'avaient mise en pratique; il ne fit que dire ce qu'ils avaient fait; il ne fit que mettre en leçons leurs exemples. Aristide avait été juste avant que Socrate eût dit ce que c'était que justice. Léonidas était mort pour son pays avant que Socrate eût fait un devoir d'aimer la patrie. Sparte était sobre avant que Socrate eût loué la sobriété; avant qu'il eût loué la vertu, la Grèce abondait en hommes vertueux. Mais où Jésus avait-il pris chez les siens cette morale élevée et pure dont lui seul a donné les leçons et l'exemple? Du sein du plus furieux fanatisme, la plus haute sagesse se fit entendre, et la simplicité des plus héroïques vertus honora le plus vil de tous les peuples. La mort de Socrate, philosophant tranquillement avec ses amis, est la plus douce qu'on puisse désirer; celle de Jésus expirant dans les tourments, injurié, raillé, maudit de tout un peuple, est la plus horrible qu'on puisse

---

qu'on lui brûle les yeux, et qu'enfin, après avoir souffert tous les supplices, il expire sur une croix.

PLATON, *République*, II, trad de J. V. Le Clerc.

craindre. Socrate, prenant la coupe empoisonnée, bénit celui qui la lui présente et qui pleure. Jésus, au milieu d'un affreux supplice, prie pour ses bourreaux acharnés. Oui, si la vie et la mort de Socrate sont d'un sage, la vie et la mort de Jésus sont d'un Dieu *.

J.-J. Rousseau.

MÊME SUJET.
La philosophie des Hébreux.

La plus ancienne philosophie écrite qui nous soit connue, celle des Hébreux, s'attacha à faire connaître la cause suprême, intelligente, éternelle de l'univers, et sa volonté générale, dont les lois fondamentales des êtres sont l'expression : elle en tira la connaissance des devoirs de l'homme, et elle parla de cette cause suprême et de l'homme, son plus noble effet, et celui qui soumet tous les autres à sa pensée ou à son action, avec une hauteur d'intelligence, une force de sentiment, une magnificence de style proportionnée à la majesté des objets, et auxquels le langage des autres peuples ne put atteindre.

Les effets même purement matériels, la philosophie des Hébreux ne les considéra pas en eux-

---

* Jésus-Christ est très savant, dont ses ennemis demeurent étonnés, et n'en peuvent trouver la raison. Il meurt ignominieusement, et on l'adore comme un Dieu. Qu'y-a-t-il entre toutes les religions qui vaille celle de Jésus-Christ ? Ces éclatantes élévations et efforts de vertu qui se trouvent en aucuns philosophes qui morguent les dangers, la nécessité, la mort, sont plutôt saillies d'âmes fiévreuses qu'actions formées sans artifice. Jésus-Christ a craint la mort, a fui les dangers, et, s'y trouvant en propre, les a soufferts sans faire le fendant et le brave.

Charron, les Trois Vérités, Liv. II.

mêmes: ils ne lui parurent pas dignes de ses recherches; elle les considéra comme l'action merveilleuse de la cause souverainement puissante; et franchissant ces lois générales du mouvement et de la matière dont nous sommes si péniblement occupés, elle vit dans les cieux le pavillon qu'étendait sur l'univers la main du Très-Haut, dans les nuées son vêtement, dans la terre son marche-pied, dans les foudres et les tempêtes ses messagers et ses hérauts. Si elle admira la puissance infinie du Créateur dans les grands phénomènes de la nature, elle bénit son inépuisable bonté dans les plus petits effets de la création. Les productions de la terre furent le repas préparé pour l'homme, et les animaux furent les serviteurs destinés à l'aider dans ses travaux. De là, ces hymnes à la gloire de l'être tout-puissant et tout bon, ces cantiques de reconnaissance et d'amour, qui font de la plus haute philosophie, la poésie tantôt la plus sublime et tantôt la plus gracieuse, et qui traduisent des pensées divines en langage divin.

DE BONALD, *Législation primitive*.

MÊME SUJET.

Psaume CIII, sur la Création du monde, considéré sous le rapport lyrique.

David, disait saint Jérôme, peut nous tenir lieu de tous les Grecs et de tous les Latins: *David, Simonides noster, Pindarus, Alcœus, Flaccus quoque.* C'est là qu'on trouve le beau idéal de l'ode, réalisé. Le grand, le doux, le triste, le véhément, tout y est dans la plus haute perfection. Que serait-ce si nous pouvions le goûter parfaitement, et dans la langue originale, qui est la plus énergique de toutes les langues?

Le poète sacré exprime dans le psaume CIII son admiration et sa reconnaissance à la vue des ouvrages de Dieu. Ainsi la matière du poème est le sentiment de l'admiration: et l'objet de cette admiration est la sagesse, la puissance et la bonté de Dieu pour le genre humain.

« Mon âme bénissez le Seigneur*. »

C'est le début, bénir, c'est louer, célébrer, remercier un bienfaiteur. David annonce le sentiment qui l'anime et qu'il va présenter dans tout son Cantique. Mais comme ce sentiment tient aux objets qui le produisent, il présente ces objets pour présenter en même temps le sentiment. On va les voir dans les tableaux suivants, que nous avons séparés exprès, afin qu'on les vît avec plus de facilité et de netteté.

1er *Tableau.*

« Que votre grandeur a d'éclat, ô mon Dieu! Quelle « gloire, quelle majesté vous environne! Vous êtes « entouré de lumière comme d'un vêtement**.»

Il faut que l'imagination s'arrête vis-à-vis de cette peinture, pour en sentir la magnificence. Le Prophète voit Dieu avec toute sa gloire : il lui paraît environné de feux et de rayons éclatants : c'est le vêtement qui le couvre.

* Benedic anima mea Domino. (v. 1.)
** Domine Deus meus, magnificatus es vehementer. Confessionem et decorem induisti; amictus lumine sicut vestimento. (v. 1, 2)

David ayant fixé d'abord ses yeux sur Dieu même, et voulant parcourir ses ouvrages, devait commencer par le ciel où brille sur-tout sa gloire : c'est le second tableau.

2⁵ *Tableau.*

« C'est vous qui avez tendu le ciel comme un pa-
« villon, dont les eaux supérieures sont le toit.
« Vous montez sur les nuées, vous marchez sur les
« ailes des vents : les orages sont vos ministres, et
« le feu brûlant exécute vos ordres*. »

L'univers n'est qu'une tente pour celui qui l'a fait. Il l'a dressée en un moment, il peut la replier de même. Les eaux célestes forment une voûte immense, un plafond de cristal qui l'embellit. C'est la signification propre du terme hébreu. C'est sous ce dais superbe que Dieu vole d'un bout à l'autre de l'univers, et qu'il y promène sa gloire. Les nuées lui servent de chariot; quand il veut descendre, il les abaisse : et les vents sont ses coursiers, il marche sur leurs ailes. Il envoie ses ministres, qui sont les orages et la flamme dévorante. Faut-il soulever les flots, dessécher les mers, porter aux climats arides d'abondantes rosées? les vents partent et exécutent. Faut-il dévorer des villes adultères, consumer des nations rebelles? le feu descend et Dieu est vengé.

Tendre le ciel, est d'une énergie admirable. Il peint la chose, l'action et la facilité de celui qui

---

* Extendens cœlum sicut pellem : qui tegis aquis superiora ejus. Qui ponis nubem ascensum tuum, qui ambulas super pennas ventorum. Qui facis angelos tuos spiritus, et ministros tuos ignem urentem. (v. 3, 4, 5.)

agit. *Vous montez sur les nuées, comme sur un char de triomphe.* Mais quel char, qui porte Dieu dans le vide des airs ! *Marcher sur les ailes*, pour dire, être traîné par des coursiers ailés, est une expression aussi riche que hardie.

On a vu le ciel, les airs, les nuées et Dieu qui y règne : c'est le trône de Dieu. Voyons la terre qui est son marchepied : *Terra scabellum pedum ejus*.

3e *Tableau*.

« Vous avez fondé la terre sur elle-même : les
« siècles ne l'ébranleront jamais. L'abîme l'environne
« comme un vêtement.

« Les ondes étaient arrêtées sur les montagnes :
« votre parole menaçante leur a fait prendre la fuite ;
« la voix de votre tonnerre les a remplies de crainte.
« Aussitôt s'élevèrent les montagnes, les vallées
« s'abaissèrent dans les lieux que vous avez marqués.
« Vous avez posé des bornes qu'elles ne passeront ja-
« mais. Jamais elles ne reviendront couvrir la terre *.

Que de traits sublimes dans ce tableau! La terre en équilibre au milieu des airs, appuyée sur elle-même. Un poids immense qui se soutient seul, sans appui, et que tous les siècles ne peuvent ébranler. La mer l'environne *comme un vêtement*. Homère a employé la même expression, Ποσειδῆς ἐννοσίγαιος.

---

* Qui fundasti terram super stabilitatem suam : non inclinabitur in sæculum sæculi. Abyssus, sicut vestimentum, amictus ejus, super montes stabunt aquæ. Ab increpatione tuâ fugient : à voce tonitrui tui formidabunt. Ascendunt montes et descendunt campi, in locum quem fundasti eis Terminum posuisti, quem non transgredientur, neque convertentur operire terram. (v 6, 7, 8, 9, 10)

Les ondes fixées étaient arrêtées.... Il y a le futur dans le texte, c'est un hébraïsme. Dans le temps de la création, lorsque tout était encore confondu dans le chaos, les eaux couvraient les montagnes : elles étaient fixées sur elles, *stabant*. Les eaux entendirent la voix menaçante du Créateur : elles s'enfuirent aussitôt en mugissant. Alors les montagnes élevèrent leurs cimes, les vallées s'abaissèrent, le globe terrestre prit la figure qui lui était prescrite : quelle peinture! Les eaux se sont retirées dans le bassin qu'on leur a préparé, elles s'agitent, se gonflent; mais elles n'oseraient passer la ligne tracée par le doigt de Dieu : *Non transgredientur*.

Dans le tableau suivant le prophète se représente les fontaines, les pluies du ciel, la fécondité de la terre.

4ᵉ Tableau.

« C'est vous qui envoyez les fontaines dans les
« vallées. Leurs eaux se filtrent à travers les mon-
« tagnes. Les bêtes des champs viendront s'y abreu-
« ver : l'âne sauvage attend qu'elles coulent pour
« s'y désaltérer. Les oiseaux perchés sur leurs bords
« y feront entendre leurs ramages, au milieu des
« rochers. Vous arroserez les montagnes mêmes par
« les eaux du ciel. Toute la terre rassasiée de vos
« bienfaits deviendra féconde*. »

Le prophète se place dans l'instant de la créa-

---

* Qui emittis fontes in convallibus, inter medium montium pertransibunt aquæ. Potabunt omnes bestiæ agri, expectabunt onagri in siti suâ Rigans montes de superioribus suis, de fructu operum tuorum satiabitur terra (v. 11, 12, 13.)

tion. Il voit sourdre les fontaines, au premier ordre du Créateur : il voit l'animal altéré qui *attend* qu'elles coulent. Cette idée est très belle, et marque la confiance que les animaux mêmes ont en celui qui les nourrit. Il y a dans Tibulle une expression à peu près semblable, appliquée aux herbes de l'Égypte que le Nil arrose sans le secours des pluies :

Arida nec pluvio supplicat herba Jovi.

L'herbe altérée n'invoque point le dieu de la pluie. *Les oiseaux perchés....* Les bords des rivières sont plantés d'arbres, les oiseaux y font entendre leurs ramages dans les rochers; ce sont des objets placés comme en perspective dans le tableau : il n'est rien de plus gracieux, ni de plus riant.

Vous arroserez.... C'est l'humidité jointe à une douce chaleur qui développe tous les germes de la nature. Les vallées et les plaines sont arrosées par les rivières : que deviendront les montagnes? Dieu a placé au-dessus d'elles des réservoirs : les nuages se fondront en pluie pour les désaltérer. Ainsi toute la terre, qui est comme un amas de germes, formé par la sagesse et la puissance du Créateur, sera partout féconde. Que produira-t-elle? On va le voir dans le tableau qui suit.

5e *Tableau*.

« Vous produisez l'herbe qui nourrit les animaux :
« les plantes dont vous tirez le pain qui soutient
« l'homme, le vin qui charme son cœur, l'huile qui
« répand la joie sur son front. Les arbres des forêts,
« les cèdres du Liban qu'il a plantés, seront nourris

« de ses bienfaits. Ce sera là que les oiseaux feront
« leurs nids, qu'on verra la race du héron qui en
« sera le roi. Les cerfs auront leurs retraites sur les
« montagnes, et les hérissons dans les rochers.* »

On voit avec quel feu et quelle force se fait l'énumération des principales productions de la terre. On en montre en même temps l'utilité. Tout est clair, précis. Les cèdres du Liban, les montagnes, les rochers mêmes ont leur usage dans l'intention de la nature. Ce sont des demeures préparées pour différentes créatures, qui ont besoin de pareilles retraites.

Voilà l'homme établi sur la terre, au milieu de tous les biens : il jouit. Mais quel sera l'ordre des temps? L'homme, fait à l'image de Dieu, sera-t-il confondu et mêlé avec tous les animaux? se trouvera-t-il dans la campagne en même temps que l'ours et le lion? Non. Le Créateur a réglé les intervalles et a marqué à chacun ses heures.

6e *Tableau*

« Il a fait la lune pour régler les temps : le soleil
« a connu chaque jour le terme de sa course. Vous
« avez posé les ténèbres : elles ont formé la nuit.
« Ce sera dans ce temps que les bêtes des forêts
« passeront à travers les campagnes, que les petits

---

* Producens fœnum jumentis, et herbam servituti hominum. Ut educas panem de terrâ, et vinum lætificet cor hominis. Ut exhilaret faciem ejus in oleo, et panis cor hominis confirmet. Saturabuntur ligna campi, et cedri Libani quas plantavit : illic passeres nidificabunt : herodii domus dux est eorum : montes excelsi cervis : petra refugium herinaceis. (v 14, 15, 16, 18)

« des lions demanderont à Dieu leur proie, qu'ils
« raviront en rugissant. Le soleil a paru : déjà elles
« sont rassemblées et retirées dans leurs demeures.
« Et l'homme sort pour aller reprendre ses travaux
« jusqu'à la nuit. Dieu! que vos œuvres sont belles!
« Vous avez fait toutes choses avec une souve-
« raine sagesse. La terre est toute remplie de vos
« bienfaits*. »

Le prophète s'écrie, enchanté d'un si bel ordre. Il a bien paru, dans le tableau qu'il vient de faire, qu'il était dans l'enthousiasme. Tous les traits en sont sublimes. Le soleil *connait* le terme de sa course. C'est assez pour lui de le connaître, il obéit en silence, et marche sans cesse pour s'y rendre.

Il a posé les ténèbres.... Il leur a dit, vous serez là, et vous serez appelées *nuit*. Les ténèbres entendent la voix de Dieu, et se rangent à ses ordres. Ce sera quand elles couvriront la terre, lorsque les astres ne fourniront qu'une lumière timide, que les bêtes sauvages *passeront*. Ce dernier mot peint admirablement la course errante de ces animaux qui cherchent leur proie, et qui traversent, comme en fuyant, une campagne que Dieu ne leur a point donnée. Que dirons-nous de ces petits des lions, qui *invoquent Dieu en rugissant*, et lui demandent ainsi

---

* Fecit lunam in tempora ; sol cognovit occasum suum. Posuisti tenebras et facta est nox : in ipsa pertransibunt omnes bestiæ sylvæ. Catuli leonum rugientes, ut rapiant, et quærant à Deo escam sibi. Ortus est sol et congregati sunt, et in cubilibus suis collocabuntur. Exibit homo ad opus suum et ad operationem suam usque ad vesperam. Quàm magnificata sunt opera tua Domine! omnia in sapientià fecisti : impleta est terra possessione tuà. (v. 19, 20, 21, 22, 23, 24.)

leur nourriture? Dieu les entend, et il exauce leur prière.

Le soleil a paru..... Quelle différence, si le prophète eût dit : *Le soleil paraît, aussitôt elles se rassemblent!* Mais non, le soleil a paru, déjà tout est rentré. *Elles sont rassemblées;* c'est une sorte de peuple qui est dans les forêts. Il a ordre de s'y retirer dès que le soleil paraît, afin de laisser la campagne libre à l'homme, qui est chargé de la cultiver, et qui a droit d'en recueillir les fruits.

Jusqu'ici on n'a parlé de la mer qu'en passant, et parce qu'elle tient nécessairement à l'image de la terre, qui a été la matière du troisième tableau. Celui qui suit ne sera que pour elle.

7ᵉ Tableau.

« Cette mer vaste, immense, de combien de pois-
« sons n'est-elle pas remplie, de grands et de petits!
« C'est là que passeront les navires, et qu'habite-
« ront ces monstres qui se jouent dans les abîmes*. »

Le prophète présente d'abord une étendue immense, une mer vaste et profonde. Au dedans elle est remplie d'animaux; il y en a d'une grosseur monstrueuse qui se jouent des vagues et des tempêtes. *Draco* signifie en cet endroit des monstres, *Leviathan*. Le singulier est beaucoup plus poétique que n'eût été le pluriel. Sur sa superficie, on voit passer des vaisseaux; ils volent; on les voit : un instant après ils ont disparu. Cet élément qui semblait

* Hoc mare magnum et spatiosum manibus, illic reptilia quorum non est numerus. Animalia pusilla cum magnis Illic naves pertransibunt. Draco iste quem formasti ad illudendum ei. (v. 25, 26, 27)

fait pour séparer les peuples, devient un lien de commerce, et sert à rapprocher les nations les plus éloignées.

La terre, la mer, l'air, tout est rempli d'animaux qui ont chaque jour besoin de nourriture. C'est Dieu seul qui la leur fournit. Il ne fait qu'ouvrir la main, il sont tous rassasiés : c'est le huitième tableau.

8⁰ Tableau.

« Tous attendent de vous leur nourriture, quand
« le temps est venu. Vous la leur donnerez, et ils
« la recueilleront; vous ne ferez qu'ouvrir la main,
« et ils seront remplis de vos bienfaits*. »

C'est ainsi que la main qui nourrit les petits d'un oiseau domestique, s'ouvre, et laisse tomber le grain, qu'ils recueillent avec avidité. Elle est prête dans l'instant du besoin, *in tempore*.

9⁰ Tableau.

« Détournez votre visage, ils se troublent; vous
« leur retirez la vie ; ils périssent et rentrent dans
« leur poussière. Envoyez votre souffle divin, ils
« renaissent, et la face de la terre est renouvelée**. »

Il n'est pas possible de peindre avec des traits plus vifs et plus hardis. Tout l'Univers se décompose, se bouleverse, parce que Dieu a détourné de dessus lui ses regards. Tous les animaux reprennent leur poussière: *leur* est plein d'énergie; que de cho-

* Omnia à te expectant ut des illis escam in tempore. Dante te illis, colligent · aperiente te manum tuam, omnia implebuntur bonitate (v. 27, 28)

** Avertente autem te faciem, turbabuntur : aufeics spiritum corum et deficient, et in pulverem suum revertentur. Emittes spiritum tuum et creabuntur, et renovabis faciem terræ. (v 29, 30.)

ses dans ce seul mot! on les sent. Et le mot de *poussière!* Il aurait dit leur néant; mais il a voulu laisser à l'imagination un objet, et c'est celui qui est le plus vil et le plus proche du néant, la poussière. L'esprit de Dieu souffle, tout est ranimé. Où trouvera-t-on des traits si sublimes?

Tous ces tableaux sont fondus dans le sentiment: on sent la joie, l'admiration qui sortent par les tours singuliers et rapides : quelquefois le prophète parle à Dieu, quelquefois c'est à lui-même, quelquefois c'est à toute la nature. Ses expressions annoncent partout une imagination étonnée, une âme ravie, emportée au-dessus d'elle-même. Dans ce qui reste, le sentiment est plus vif encore et moins confondu avec les idées.

« Que la gloire du Seigneur soit célébrée dans
« tous les siècles! Que le Seigneur s'applaudisse lui-
« même dans ses ouvrages! Il regarde la terre, elle
« frémit de crainte; il touche les montagnes, elles
« s'exhalent en fumée. Je célébrerai la gloire de
« mon Dieu; toute ma vie il sera l'objet de mes
« chants. Puissent mes louanges lui être agréables!
« Il est ma joie et mon bonheur. Périssent à jamais
« ceux qui l'offensent! Qu'ils soient anéantis! O mon
« âme, bénissez le Seigneur*! »

Voilà la conclusion. C'est le sentiment pur. Après

* Sit gloria Domini in sæculum : lætabitur Dominus in operibus suis. Qui respicit terram et facit eam tremere : qui tangit montes et fumigant. Cantabo Domino in vitâ meâ : psallam Deo meo quandiù sum. Jucundum sit ei eloquium meum : ego verò delectabor in Domino. Deficiant peccatores à terrâ et iniqui, itâ ut non sint; benedic anima mea Domino. (v. 31, 32, 33, 34, 35)

avoir parcouru tant de tableaux si sublimes, qui portaient tous au cœur à peu près la même impression, le sentiment devait éclater d'une façon singulière. Aussi cette fin est-elle pleine de feu, d'écarts, de tours extraordinaires.

On ne trouve dans aucun des auteurs profanes le sublime qui est dans les cantiques sacrés. Si on en cherche la raison, on verra que c'est parce que les poètes n'avaient pas le même fond dans leur matière, ni le même esprit pour les animer dans la composition. Ils ne chantaient qu'une religion fausse, un héroïsme mal entendu, des combats dont la gloire était chimérique. Dans les hymnes consacrés à la gloire du vrai Dieu, on sent, au fond même du sujet, la vraie grandeur puisée dans sa source : ce sont de vraies beautés, de vraies vertus qu'on admire, et des sentiments solides qu'on exprime. Dans les poètes, c'est toujours l'homme qui écrit, qui travaille : on sent son effort, et par conséquent sa faiblesse : ou sent ses vices, ses préjugés, son ignorance, sa corruption. Ici, c'est l'Esprit de Dieu qui souffle : tout est plein, libre, lumineux, marqué au coin de celui qui se jouait en formant l'univers. Quelque grand homme que soit l'écrivain profane, il n'a qu'une étincelle de ce feu qui embrasait les prophètes; qu'une petite portion de cette vertu dont ceux-ci avaient la plénitude : c'est le talent seul qui produit. En un mot, qu'Horace et Pindare aient été inspirés par la nature, à laquelle ils dérobaient des traits heureux : David et Moïse l'ont été par l'auteur même de la nature, par celui qui a seul les premiers modèles du beau : c'était lui qui guidait leur pinceau, qui leur fournissait les sujets, les idées, les couleurs, les traits. Est-il étonnant qu'ils aient sur les profanes une si grande supériorité ?

Cependant il y a ici une observation à faire, c'est que la nature, telle qu'elle existe, n'étant que le plan même du Créateur, mis en exécution, et ceux qui n'ont copié que la nature, et ceux qui ont été inspirés par l'auteur de la nature, doivent se réunir dans le même point : c'est la nature qui est leur objet. Les règles de l'imitation sortant nécessairement de l'objet imité, il y a eu les mêmes règles, et pour les auteurs sacrés et pour les profanes. Le genre lyrique veut être grand, riche, sublime, hardi : il demande des tours singuliers, des élans, des traits de feu, des écarts. Il ne veut point d'ordre sensible : il évite les détails trop analysés, les généralités scientifiques, les subtilités : il lui faut des objets qu'on voie, qu'on touche, qui se remuent : voilà les règles, les sacrés et les profanes ont dû s'y conformer, pour nous plaire : et ils s'y sont conformés effectivement. Toute la différence qu'il y a entre eux, c'est que les profanes sont restés dans la sphère de l'humanité ; au lieu que David, prenant un essor surnaturel, a été jusques dans le sein de la Divinité prendre ses sujets et la force qui lui était nécessaire pour les traiter dignement.

BATTEUX, *Principes de la Littérature.*

MÊME SUJET.

De l'utilité de l'Écriture-Sainte.

C'est en lisant et en relisant l'Écriture-Sainte, qu'on apprend à parler cette belle langue de la piété, du zèle et de l'onction, qui répand tour à tour sur le style des images touchantes, majestueuses ou terribles, sans lesquelles on ne s'emparera jamais ni de l'imagination ni du cœur de l'homme. Ah! ne regardons point comme une contrainte importune l'heureuse nécessité de mêler sans cesse le texte sacré à nos compositions. Les prodiges de l'histoire sainte nous offrent tout le merveilleux que l'imagination presque poétique d'un orateur peut employer en chaire, avec la certitude d'intéresser vivement à la fois les souvenirs, la pensée et l'âme de ses auditeurs. La *Bible* est, littérairement parlant, pour le style des prédicateurs, ce qu'a toujours été la Mythologie pour l'élocution des poètes, un apanage du genre, plutôt qu'une servitude du ministère. On trouve dans les livres saints des pensées si sublimes, des expressions si hardies et si énergiques, des tableaux si pittoresques, des allégories si heureuses, des sentences si profondes, des élans si pathétiques, des images si éclatantes et si variées, qu'il faudrait se les approprier par intérêt et par goût, si l'on était assez malheureux pour ne les point rechercher par principe et par devoir.

Tous ces bienfaits qu'offre à la chaire une lecture assidue des livres sacrés, ont été développés avec autant de vérité que d'attrait, par le P. Lamy, oratorien, dans la préface de son *Introduction à l'Écri-*

ture-Sainte, ouvrage éminemment propre à piquer la curiosité et à inspirer le goût de cette étude. « Les « prédicateurs, dit-il, sont d'autant plus inexcusa-« bles de négliger l'Écriture, qu'il n'y a point pour « eux de fond plus riche et plus inépuisable. Tout « ce qui soutient l'éloquence, les actions extraordi-« naires, les mots éclatants, les exemples, les com-« paraisons, les paraboles, s'y trouve avec abon-« dance. Non-seulement on y puise la véritable « doctrine : on y découvre encore tous les orne-« ments qui donnent de la force aux discours. Quelle « manière d'enseigner plus claire et plus briève que « l'Évangile? Quel orateur peut égaler l'élévation et « la véhémence des prophètes? Qui sait mieux tour-« ner l'esprit et toucher le cœur, que saint Paul ? « Quoi de plus propre à donner au discours l'éclat « et la magnificence de la poésie, que les Psaumes de « David? Enfin quelle foule admirable de sentences « et de maximes dans les Livres de Salomon! »

J'invite avec confiance les orateurs chrétiens à s'assurer eux-mêmes que le beau idéal du genre lyrique se fait admirer dans les psaumes où, selon le jugement de saint Jérôme, le roi prophète nous tient lieu de tous les poètes grecs et latins, d'Horace lui-même : *David Simonides noster, Pindarus, Alcæus, Flaccus quoque.* Tous les secrets de cette poésie originale et sublime nous ont été parfaitement révélés, dans l'explication du Cantique de Moïse sur le passage de la mer Rouge, que Rollin a examiné, d'après M. Hersan, dans son *Traité des Études*, suivant toutes les règles de l'éloquence*. L'abbé Batteux, dans le troisième volume de ses *Principes de Littérature*, chapitre IX, page 296, analyse et développe également avec beaucoup d'esprit et de goût, selon la meilleure poétique de l'ode, le psaume CIII, sur *la Création du Monde : Benedic anima mea Domino, etc.* Toutes les beautés lyriques de ce chef-d'œuvre s'y trouvent parfaitement divisées et présentées en neuf tableaux de la plus grande magnificence. C'est le commentaire le plus instructif et le plus lumineux que je puisse indiquer aux candidats de la chaire, pour leur apprendre à discerner et à sentir les richesses oratoires et poétiques des livres saints **.

Un orateur sacré peut et doit même s'emparer à discrétion des sentiments, des pensées ou des mouvements sublimes qu'il découvre dans ces livres divins : c'est là que le plagiat lui est permis, et même ordonné. Plus il y recueille de trésors, plus ses auditeurs lui savent gré de ses conquêtes. Les citations des auteurs inspirés deviennent pour un orateur chrétien des autorités qui rendent son langage plus touchant et plus auguste, des témoignages imposants qu'il peut avec autant de droit que de facilité aller chercher dans la plus haute antiquité, dans le ciel même, et jusqu'au fond de l'enfer, pour instruire et confondre la terre. Malheur! malheur à lui s'il rougissait de l'Évangile, au moment où il l'annonce; et s'il s'abaissait à l'impie et abjecte condescendance de n'oser plus nommer Jésus-Christ,

* Voyez ci-dessus, pag. 23.
** Voyez ci-dessus, pag. 204.

dans la chaire même où il vient occuper sa place et proclamer ses oracles!

Eh! ne reste-t-il donc pas encore assez de beautés inconnues dans l'Écriture-Sainte, pour exciter la studieuse émulation d'un prédicateur? Quelque pensée qu'il veuille exprimer ou sanctifier, il trouvera le germe ou du moins quelques principes communs d'identité et quelques rapports d'analogie dans les livres sacrés, si son zèle lui impose la loi de les méditer tous les jours, et si cet exercice habituel aiguise assez la sagacité de son esprit, pour démêler de loin toutes les allusions heureuses qu'ils doivent lui suggérer. En cherchant un trait dont il a besoin, il en découvrira une foule d'autres qu'il saura mettre en réserve, pour les sujets auxquels ils pourront s'allier avec le plus d'éloquence et de fruit.

Revenez donc chaque jour à l'Écriture-Sainte avec cette application prévoyante qui pour un orateur en est la véritable étude, puisqu'elle seule en découvre tous les rapports avec la chaire. Un tact prompt et exercé y saisit d'abord les combinaisons et les résultats dont le ministère sacré saura faire ensuite un magnifique usage. Il faut prendre note, en lisant la *Bible*, la plume à la main, de tous les passages frappants qui peuvent servir de cadres heureux au développement de la morale ou des faits instructifs, et sur-tout aux tableaux historiques. C'est ainsi que le verset du psaume CI, *Prospexit de excelso sancto suo*, cinq fois répété, et amenant chaque fois un portrait affreux, mais sublime de la corruption et des désastres de notre patrie, suffit à Massillon quand il veut peindre avec l'énergie et la véhémence de Démosthène l'état de la France, vers la fin du règne de Louis XIV, dans la dernière partie de son admirable discours sur *les Motifs de Conversion*, pour le jour *des Cendres*. On doit donc acquérir une connaissance anticipée de ces traits mémorables, et se la rendre assez familière pour que chaque sujet en rapelle, en indique, ou en inspire ainsi, au besoin, l'application oratoire.

Vous verrez à chaque page dans les discours de Bossuet, combien ce grand homme, qu'aucun prédicateur n'égale dans la connaissance approfondie de l'Écriture Sainte, y avait fait d'heureuses découvertes qui viennent orner à souhait ses compositions. Ce sublime orateur embellit même singulièrement la Vulgate, toutes les fois que son talent ne se trouve pas entièrement satisfait de cette version latine qu'il refait souvent sur les originaux écrits en langue grecque ou hébraïque. Eh! que dis-je? il ne se contente même pas d'en reproduire à sa manière le texte primitif dont nous n'avons dans le latin qu'une traduction affaiblie : il le rend beaucoup plus beau : il l'enrichit du plus éloquent commentaire ou des mouvements les plus oratoires que l'écrivain sacré puisse attendre de son génie. Je me bornerai à citer ici un seul exemple de sa méthode ; il me serait trop aisé d'en remplir un volume.

Je vais donc insérer au bas de cette page les deux textes latins d'Isaïe et de Daniel*, que rappelle Bos-

* Hæc dicit Dominus Chisto meo Cyro, cujus apprehendi dextram... Ego ante te ibo, et gloriosos terræ humiliabo : portas æreas conteram, et vectes

suet, dès le début triomphant de sa première partie, dans l'oraison funèbre du grand Condé, qu'il veut comparer aussitôt à Cyrus et à Alexandre. J'invite le lecteur à examiner préalablement ces passages avec attention, pour se rendre compte à lui-même de toutes les beautés qu'ils renferment ou qu'ils peuvent indiquer à son imaginaion; il jouira mieux ensuite de la magnificence oratoire à laquelle il verra s'élever la traduction ou la paraphrase de l'évêque de Meaux, qui va partager l'enthousiasme, le coloris et la verve des prophètes. C'est, dans cette partie, le plus digne objet de perfection que puisse imiter un prédicateur, lorsqu'il doit traduire en chaire les livres saints. Voici avec quels sublimes accents Bossuet se rend l'interprète d'Isaïe et de Daniel dont il réunit les pinceaux; mais on aura lieu d'observer ici qu'à lui seul appartient ce tour vif et oratoire d'un si grand effet: *le voyez-vous, etc.*

« Quel autre, dit-il, a fait un Cyrus, si ce n'est
« Dieu qui l'avait nommé deux cents ans avant sa
« naissance dans les oracles d'Isaïe? *Tu n'es pas en-*
« *core*, lui disait-il, *mais je te vois, et je t'ai nommé*
« *par ton nom: tu t'appelleras Cyrus. Je marcherai*
« *devant toi dans les combats. A ton approche je*

ferreos confringam.... Ut scias quia ego Dominus, qui voco nomen tuum.... Vocavi te nomine tuo... Accinxi te, et non cognovisti me.. Ego Dominus et non est alter, formans lucem, et creans tenebras, faciens pacem, et creans malum: ego Dominus, faciens omnia hæc, etc. *Isaï.* XLV, 1, 2, 3, 4, 7. Veniebat ab occidente super faciem totius terræ, et non tangebat terram. *Dan* VIII, 5, 21. Cucurrit ad eum in impetu fortitudinis suæ; cumque appropinquasset prope arietem, efferatus est in eum, et percussit arietem... Cumque eum misisset in terram, conculcavit, et nemo quibat liberare arietem de manu ejus. *Ibid.* 6, 7, 20.

« *mettrai les rois en fuite : je briserai les portes d'ai-*
« *rain.* C'est moi qui étends les cieux, qui soutiens
« la terre, qui nomme ce qui n'est pas, comme ce
« *qui est ;* c'est-à-dire, c'est moi qui fais tout, et moi
« qui vois dès l'éternité tout ce que je fais.. Quel
« autre a pu former un Alexandre, si ce n'est ce
« même Dieu, qui en a fait voir de si loin, et par
« des figures si vives, l'ardeur indomptable, à son
« prophète Daniel ? Le voyez-vous, dit-il, ce con-
« quérant ; avec quelle rapidité *il s'élève de l'Occi-*
« *dent* comme par bonds, *et ne touche pas à terre ?*
« Semblable dans ses sauts hardis, et dans sa légère
« démarche à ces animaux vigoureux et bondissants,
« il ne s'avance que par vives et impétueuses saillies,
« et n'est arrêté ni par montagnes, ni par précipices.
« Déjà le roi de Perse est entre ses mains ; à sa vue
« il s'est animé, *efferatus est in eum*, dit le pro-
« phète. *Il l'abat, il le foule aux pieds : nul ne le*
« *peut défendre des coups qu'il lui porte, ni lui ar-*
« *racher sa proie.* A n'entendre que ces paroles de
« Daniel, qui croiriez-vous voir sous cette figure,
« Alexandre ou le prince de Condé ? »

Mais quand, sur la foi de toute la gloire que le talent de Bossuet à su puiser dans les éloquentes applications de la Bible, j'invite les orateurs sacrés à regarder ce livre divin comme le plus riche manuel de leur ministère, je ne prétends nullement les induire à surcharger leurs discours d'un amas de textes latins aussi faciles à réunir qu'insipides à répéter : c'est le métier mécanique d'un compilateur sans esprit, ce n'est point la méthode du génie oratoire. Voyez avec quel goût et quel talent, l'auteur des tragédies immortelles d'*Esther* et d'*Athalie**, où il a posé les dernières bornes de la perfection que puisse atteindre l'art d'écrire, sait fondre dans son élocution toutes les richesses poétiques de l'Écriture-Sainte, d'autant plus belle et plus sublime sous ses pinceaux, qu'un œil clairvoyant l'y distingue toujours, sans que cette double magnificence de la religion et de la poésie hébraïque forme jamais la moindre discordance avec le ton et la couleur de son style : tant son langage est, pour ainsi dire, en harmonie avec la langue de Dieu même! Voilà, sous ce rapport, après Bossuet, le maître et le modèle

---

* Racine termina sa carrière littéraire par ces deux magnifiques ouvrages, lorsque ses principes religieux, ranimés par tous les dégoûts qu'il venait d'essuyer, le déterminèrent à ne plus travailler pour le théâtre. C'est un grand malheur pour la gloire des lettres et de la nation, que, durant ses dix dernières années, et à l'apogée de son génie, il n'ait pas eu la pensée, ou du moins que Boileau et ses amis de Port-Royal, ne lui aient jamais donné le conseil de consacrer à la religion un si précieux loisir, en composant un poëme épique sur quelqu'un des beaux sujets de l'*Ancien Testament*, spécialement sur l'histoire de Joseph, qui réunit si heureusement l'intérêt et le merveilleux de l'épopée. J'ai souvent regretté que ce grand poète, dont tant de morceaux admirables avaient constaté, sur-tout dans *Phèdre*, le rare talent pour le genre épique, qui savait si bien former un plan et le remplir, et qui avait trouvé la plus parfaite des tragédies dans le XIe chapitre du quatrième Livre des *Rois*, n'ait pas songé à tirer, en honneur de Joseph, un poëme éminemment épique, du superbe et touchant récit de Moïse, dans les treize derniers chapitres du Livre de *la Genèse*. Un pareil sujet se rattache aux merveilles de la création, au berceau du genre humain et aux prodiges de toute l'histoire du monde jusqu'à la mort de Jacob. Je ne doute pas que, s'il avait voulu s'en occuper, Racine n'eût mis le comble à sa gloire poétique, en s'illustrant par le plus grand ouvrage littéraire du XVIIe siècle, par le chef-d'œuvre de notre littérature, que lui seul jusqu'à présent aurait pu faire rivaliser sous ce rapport avec l'*Iliade* et l'*Énéide*.

que doivent choisir de préférence les prédicateurs *.

La *Bible* est donc une source féconde et intarissable de sublime. Où trouver ailleurs avec autant d'abondance cette poésie d'imagination dans l'expression, qui donne tant de relief, d'empire et d'éclat aux compositions de la chaire, et qui, sans recherche comme sans enflure, est pour ce ministère le véritable coloris du style oratoire? Il suffit de lire avec attention nos prédicateurs du premier rang, pour voir combien ils y ont emprunté de pompe, d'autorité, de véhémence et d'élévation. Toutes les fois que vous êtes plus vivement frappé de la magnificence ou même de l'onction de leurs discours, suspendez un instant, éclairez votre admiration, remontez aussitôt par la pensée à l'origine de cette élocution ravissante qui s'élève sans effort et sans emphase au-dessus de la langue ordinaire des hommes. Le pieux enchantement de votre goût va découvrir avec la surprise d'une sainte joie, que l'orateur se montre d'autant plus sublime, qu'il répète plus fidèlement les paroles du texte sacré.

Eh! quel besoin aurait-on d'y ajouter aucun ornement, si l'on savait en choisir les mouvements et les images, et les approprier aux sujets qu'on

* La Motte lui-même est redevable aux récits des livres saints, de deux vers qu'on a retenus, et qu'on cite dans le petit nombre de beaux vers sortis de sa plume; celui-ci tiré de l'ode sur les miracles des apôtres.

Le muet parle au sourd étonné de l'entendre ;

et le vers de situation, qui termine avec tant de bonheur, dans la bouche d'Antigone, favorite d'Antiochus, le troisième acte de sa tragédie des *Machabées*:

Rachel suivra Jacob sans emporter ses dieux.

traite en chaire? Avec la seule éloquence du zèle dont il était animé, le grand missionnaire Bridaine excitait une émotion extraordinaire et frappait tout son auditoire d'un sombre saisissement, par la simple citation d'un passage de l'Évangile, très naturellement amené dans son sermon sur le zèle sacerdotal. Voici le trait mémorable que fournissait à son inculte véhémence la traduction littérale de deux versets de saint Luc, pour enflammer l'émulation des ministres du sanctuaire, lorsqu'il donnait une retraite particulière au clergé durant ses missions. « Mes vénérables frères, disait-il, si l'exemple des
« apôtres qui ont converti le monde, intimide votre
« ministère au lieu de l'encourager, je vais m'ac-
« commoder aujourd'hui à votre faiblesse. Je veux
« proposer par condescendance à l'ardeur de vos sol-
« licitudes en faveur des pécheurs, un nouveau mo-
« dèle que vous n'osiez pas trouver trop saint, et
« encore moins, trop inimitable dans l'œuvre de
« leur conversion. Écoutez donc avec confusion et
« avec envie le singulier émule de zèle que j'ai à
« vous présenter. Ce n'est plus parmi les apôtres,
« ce n'est plus au milieu des Pères de l'Église, ce
« n'est même plus entre les grands évêques et les
« saints ministres de l'Évangile, c'est uniquement
« parmi les réprouvés, c'est dans l'enfer que je vais
« chercher en ce moment un exemple de la com-
« passion charitable que vous me permettrez bien,
« sans doute, d'attendre ici de votre sacerdoce, pour
« écarter vos frères de l'abîme éternel où le pauvre
« misérable, qui va comparaître à l'instant devant

« vous, se trouve déjà précipité lui-même! Voici
« comment le mauvais riche parle dans l'Évangile
« après sa réprobation : Père Abraham, s'écrie-t-il,
« envoyez du moins Lazare dans la maison de mon
« père, afin qu'il avertisse les cinq frères que j'y ai
« laissés, de peur qu'ils ne tombent aussi eux-mêmes
« dans ce lieu de tourments; car si quelqu'un ne
« ressuscite d'entre les morts, ils ne croiront pas.
« (*Luc*, XVI, 27, 28.) Tel est le zèle d'un ré-
« prouvé pour empêcher d'autres pécheurs comme
« lui, d'être bientôt entraînés à sa suite au fond
« de l'enfer. C'est un damné, c'est un suppôt de
« satan, qui, ne pouvant les instruire lui-même
« de son malheureux sort, veut du moins leur en-
« voyer un charitable missionnaire! Et un prêtre de
« Jésus-Christ verrait avec indifférence s'enfoncer
« dans ce gouffre toujours ouvert de la justice di-
« vine, des âmes rachetées du sang d'un Dieu qui
« l'en rendra responsable au dernier jugement! ô
« scandale! ô ineffaçable opprobre du sanctuaire!»

On est frappé, en admirant un si vigoureux mouvement d'éloquence, des ressources fécondes et inépuisables qu'offrent les livres saints au talent d'un orateur capable d'en discerner et d'en reproduire les trésors. Mais tout ce que l'on veut citer de l'Écriture doit être saillant et mémorable : il serait messéant de recourir à l'oracle de l'Esprit saint, pour ne lui faire dire que des choses communes. Eh! comment un sentiment profond de religion ne suggérerait-il point cette précaution de respect aux ministres de l'Évangile, tandis que sous le seul rapport des convenances, le grand sens d'Horace a fait, dans son *Art poétique*, un précepte de goût, de cette réserve à ne mettre jamais en action une divinité fabuleuse du paganisme, sans la dignité qui convient à un Dieu, c'est-à-dire sans tout l'effet que doit produire le ressort de son intervention :

Nec Deus intersit, nisi dignus vindice nodus
Inciderit.....

(*De Arte poet.* 191, 192.)

Rien ne me paraît aussi plus oratoire et plus facile que l'art de tirer de la *Bible* des comparaisons historiques, les plus riches en genre d'éloquence sacrée, et les mieux adaptées au style de la chaire. Ces heureuses analogies s'offrent d'elles-mêmes à un orateur familiarisé avec les livres saints. Massillon excelle dans cette partie. Vous trouverez dans tous ses discours, tantôt des similitudes d'un trait concis qui viennent rehausser ou embellir sa pensée, tantôt des comparaisons plus développées qui font mieux ressortir ses peintures de mœurs.

Telle est cette belle et touchante allégorie, qu'on admire avec attendrissement vers la fin du premier point de son sermon sur *les Afflictions.* « Il est écrit
« que Joseph, élevé aux premières places de l'É-
« gypte, ne pouvait presque s'empêcher de répandre
« des larmes, et sentait renouveler toute sa ten-
« dresse pour ses frères, dans le temps même qu'il
« affectait de leur parler plus durement, et qu'il
« feignait de ne pas les connaître. *Quasi ad alienos*
« *durius loquebatur, avertitque se parumper et flevit.*
« (*Genèse*, XLII, 7—24.) C'est ainsi que Jésus-Christ

BIBLE.

« nous châtie. Il fait semblant, si j'ose ainsi parler,
« de ne pas reconnaître en nous ses cohéritiers et
« ses frères; il nous frappe et nous traite rude-
« dement, comme des étrangers. Mais cette con-
« trainte coûte trop à son amour : il ne peut soutenir
« long-temps ce caractère de sévérité : ses graces
« viennent bientôt adoucir ses coups : il se montre
« promptement tel qu'il est; et son amour ne tarde
« pas de trahir ces apparences de rigueur et de co-
« lère. *Quasi ad alienos durius loquebatur, avertit-*
« *que se parumper et flevit.* »

Telle est encore, dans le sermon du même orateur
sur le *Délai de la Conversion*, l'image frappante du
pécheur qui ne veut donner à Dieu que le rebut et
les déplorables restes de sa vie. « Le prophète Isaïe
« insultait autrefois en ces termes à ceux qui adoraient
« de vaines idoles. Vous prenez un cèdre sur le Li-
« ban, leur disait-il, vous en retranchez la plus belle
« et la meilleure partie pour fournir à vos besoins,
« à vos plaisirs, à votre luxe et à l'ornement de vos
« palais; et quand vous ne savez plus à quoi em-
« ployer ce qui vous reste, vous en faites une idole :
« vous lui offrez des vœux et des hommages ridi-
« cules. *Et de reliquo ejus idolum faciam.* (*Isaï.*
« XLIV, 19.) Et voilà aussi ce que je puis vous
« dire de ces misérables et derniers jours de la vieil-
« lesse que vous croyez consacrer en les destinant
« à Dieu, etc. »

Je ne transcris point, je me contente d'indiquer
dans son sermon sur *le véritable Culte*, la superbe
comparaison que lui fournit le livre des Machabées,

entre les pécheurs qui n'ont qu'une apparence de religion, et les soldats juifs, sous les tuniques desquels on trouva des idoles cachées, après leur mort sur le champ de bataille. Une autre similitude non moins admirable peint, dans son discours sur *le Respect humain*, la condition du juste méconnu dans le monde, parfaitement représentée sous l'emblème du feu sacré déposé dans les entrailles de la terre, lequel ne parut plus, disent les livres saints qu'une eau épaisse et bourbeuse, aux yeux des Juifs, quand ils revinrent de la captivité de Babylone, mais qui se ralluma soudain au premier rayon du soleil, en présence de tout le peuple d'Israël saisi d'admiration. *Accensus est ignis magnus, ità ut omnes mirarentur.* (II *Machab.* c. 22.)

Tel est aussi le tour oratoire qu'emploie Massillon dans son discours sur *la Parole de Dieu*, lorsqu'il attaque l'abus si commun de n'assister aux instructions chrétiennes, que pour juger du talent de l'orateur. Il ne dit point alors avec l'apostolique fierté de Bossuet, dans l'exorde de son éloge funèbre de la princesse Palatine : « Mon discours
« dont vous vous croyez peut-être les juges, vous
« jugera tous au dernier jour, et ce sera sur vous un
« nouveau fardeau, comme parlent les prophètes.
« *Onus verbi Domini super Israel.*(*Zach.* XII, 1.) Mais il applique à ses auditeurs le même reproche que Joseph adressait par feinte à ses frères : « Ce n'est
« pas, dit-il, pour chercher du froment que vous
« arrivez en Égypte; vous êtes venus ici comme des
« espions pour remarquer les endroits faibles de

« cette contrée. *Exploratores estis, ut videatis infir-
« miora terræ hujus venistis* *. »

L'éloquent évêque de Clermont se sert encore d'une heureuse comparaison tirée de l'Écriture, dans son sermon sur *la Rechute*, pour retracer par une image très pittoresque la triste destinée du pécheur, qui, après s'être relevé d'une première chute, retombe encore et se fixe à jamais dans ses habitudes criminelles; Massillon le compare à l'idole de Dagon, laquelle après avoir été renversée devant l'arche, fut aussitôt replacée sur son autel par les prêtres des Philistins. « Mais, l'idole étant tombée une seconde fois,
« on fit d'inutiles efforts pour redresser cette statue
« mutilée, qui resta étendue sur la terre, et immobile
« pour toujours. *Porrò Dagon solus truncus remanse-*
« *rat in loco suo* **. » Cette magnifique application du récit consigné dans le premier livre des Rois, fournit à l'orateur un développement sublime qu'il n'eût jamais imaginé sans cette allégorie.

Enfin, l'abbé de Boismont a employé, de nos jours, avec beaucoup de succès, un passage de l'Écriture-Sainte, dont son imagination a su former une éloquente allusion, dans son oraison funèbre de Louis XV. Il rappelle d'abord tous les malheurs de la France, depuis le commencement du XVIIIe siècle, jusqu'au ministère si sage et si heureux du cardinal de Feury; et, pour célébrer avec plus de pompe les changements qu'on vit s'opérer à cette époque dans l'administration de l'État, dont toutes

---

* *Gen.* XLII.
** *Reg.* V, 5.

les branches avaient été flétries par de longs désastres, il s'élève, en quelque sorte un moment au ton de Bossuet. « Louis dit au cardinal de Fleury,
« comme autrefois le Seigneur Dieu au prophète
« Ézéchiel : *Insuffla super interfectos istos ut revivis-*
« *cant** *:* soufflez sur ces morts afin qu'ils revivent.
« Tout-à-coup un esprit de vie coule dans ces osse-
« ments arides et desséchés; un mouvement doux,
« mais puissant, se communique à tous les membres
« de ce grand corps épuisé; toutes les parties se
« rapprochent et se balancent. *Et accesserunt ossa*
« *ad ossa, unumquodque ad juncturam suam* **. »

Non-seulement l'Écriture-Sainte abonde en traits et en applications qui vivifient ainsi l'éloquence sacrée; mais encore un orateur qui voudrait diversifier et rajeunir les instructions qu'on attend de son ministère, trouverait dans l'Ancien Testament des sujets neufs et intéressants qu'on pourrait traiter en forme d'homélies, avec autant de succès et d'onction que les paraboles si dramatiques du Nouveau, comme Moïse, Job, Tobie, Ruth, Esther, Suzanne, Isaac, Jacob, Joseph, David, la Mère des Machabées, etc. C'est une route nouvelle qu'on peut ouvrir à l'éloquence sacrée, en y appliquant la méthode historique et morale de nos belles homélies sur les récits en action de l'Évangile, telles que *l'Enfant prodigue*, le *Lazare*, la *Pécheresse* et la *Samaritaine*. Ces histoires de la *Bible* étant fort connues, attacheraient beaucoup plus un auditeur instruit que

* *Ézéch.* XXXVII.
** *Ibid.*

les sujets ordinaires des panégyriques. J'ai souvent été surpris qu'aucun de nos prédicateurs n'eût encore conçu l'idée, si naturelle et si féconde, d'introduire une fois par semaine, cette heureuse variété dans les grandes stations du ministère évangélique.

Maury, *Essai sur l'Éloquence de la Chaire.*

MÊME SUJET.

Du style de la Bible.

On trouve dans la *Bible* toutes les sortes de styles: styles qui, formant un corps unique de cent morceaux divers, n'ont toutefois aucune ressemblance avec les styles des hommes. Entre ces styles divins, trois sur-tout se font remarquer:

1° Le style historique, tel que celui de la *Genèse*, du *Deutéronome*, de *Job*, etc.

2° La poésie sacrée, telle qu'elle existe dans les Psaumes, dans les prophètes et dans les traités moraux, etc.

3° Le style évangélique.

Le premier de ces trois styles, avec un charme plus grand qu'on ne peut dire, tantôt imite la narration de l'épopée, comme dans l'aventure de Joseph, tantôt emprunte les mouvements de l'ode, comme après le passage de la mer Rouge; ici soupire les Élégies du saint Arabe; là chante avec Ruth d'attendrissantes bucoliques. Ce peuple dont tous les pas sont marqués par des phénomènes; ce peuple pour qui le soleil s'arrête, le rocher verse des eaux, le ciel prodigue sa manne; ce peuple ne pouvait avoir des fastes ordinaires. Les formes connues changent à son égard : ses révolutions sont tour à tour racontées avec la trompette, la lyre et le chalumeau; et le style de son histoire est lui-même un continuel miracle, qui porte témoignage de la vérité des miracles dont il perpétue le souvenir.

On est merveilleusement étonné d'un bout de la *Bible* à l'autre. Qui a-t-il de comparable à l'ouverture de la *Genèse?* Cette simplicité du langage, en raison inverse de la magnificence des faits, nous semble le dernier effort du génie.

« In principio creavit Deus cœlum et terram.

« Terra autem erat inanis et vacua, et tenebræ
« erant super faciem abyssi, et spiritus Dei fere-
« batur super aquas.

« Dixitque Deus : fiat lux, et facta est lux.

« Et vidit Deus lucem, quod esset bona : et divi-
« sit lucem à tenebris. »

On ne montre pas comment un pareil style est beau; et si quelqu'un le critiquait, on ne saurait que répondre. Nous nous contenterons d'observer que Dieu qui voit la lumière, et qui, comme un *homme* content de son ouvrage, s'applaudit lui-même et la trouve bonne, est un de ces traits qui ne sont point dans l'ordre des choses humaines; cela ne tombe point naturellement dans l'esprit. Homère et Platon, qui parlent des dieux avec tant de sublimité, n'ont rien de semblable à cette naïveté imposante : c'est Dieu qui s'abaisse au langage des hommes, pour leur faire comprendre ses merveilles, mais c'est toujours Dieu.

C'est dans *Job* que le style historique de la *Bible*

prend, comme nous l'avons dit, le ton de l'élégie. Aucun écrivain n'a poussé la tristesse de l'âme au degré où elle a été poussée par le saint Arabe, pas même Jérémie, « qui peut seul égaler les lamen-« tations aux douleurs, » comme parle Bossuet. Il est vrai que les images empruntées de la nature du midi, les sables du désert, le palmier solitaire, la montagne stérile, conviennent singulièrement au langage et au sentiment d'un cœur malheureux; mais il y a dans la mélancolie de Job quelque chose de surnaturel. L'homme *individuel*, si misérable qu'il soit, ne peut tirer de tels soupirs de son âme. Job est la figure de l'*humanité souffrante*, et l'écrivain inspiré a trouvé assez de plaintes pour la multitude des maux partagés entre la race humaine. De plus, comme dans l'Écriture tout a un rapport final avec la nouvelle alliance, on pourrait croire que les Élégies de Job se préparaient aussi pour les jours de deuil de l'Église de Jésus-Christ : Dieu faisait composer par ses prophètes des cantiques funèbres dignes des morts chrétiens, deux mille ans avant que ces morts sacrés eussent conquis la vie éternelle.

« Puisse périr le jour où je suis né, et la nuit
« en laquelle il a été dit : un homme a été conçu ! »

Étrange manière de gémir ! il n'y a que l'Écriture qui ait jamais parlé ainsi.

« Je dormirais dans le silence, et je reposerais
« dans mon sommeil ! »

Cette expression, *je reposerais dans* mon *sommeil*, est une chose frappante; mettez *le* sommeil,

tout disparaît. Bossuet a dit : « Dormez votre som-
« meil, riches de la terre et demeurez dans votre
« poussière.

« Pourquoi le jour a-t-il été donné au misérable,
« et la vie à ceux qui sont dans l'amertume du
« cœur? »

Jamais les entrailles de l'homme n'ont fait sortir de leur profondeur un cri plus douloureux.

« L'homme né de la femme vit peu de temps, et
« il est rempli de beaucoup de misères. »

Cette circonstance, *né de la femme*, est une redondance merveilleuse; on voit toutes les infirmités de l'homme dans celles de sa mère. Le style le plus recherché ne peindrait pas la vanité de la vie avec la même force que ce peu de mots : *Il vit peu de temps*, et il est rempli de *beaucoup* de misères.

Au reste, tout le monde connaît ce passage où Dieu daigne justifier sa puissance devant Job, en confondant la raison de l'homme; c'est pourquoi nous n'en parlons point ici.

Le troisième caractère sous lequel il nous resterait à envisager le style historique de la *Bible*, est le caractère pastoral; mais nous aurons occasion d'en traiter avec quelque étendue dans les deux chapitres suivants.

Quant au second style général des saintes lettres, à savoir la poésie sacrée, une foule de critiques s'étant exercés sur ce sujet, il serait superflu de nous y arrêter. Qui n'a lu les chœurs d'*Esther* et d'*Athalie*, les Odes de Rousseau et de Malherbe? Le Traité du docteur Lowth est entre les mains de tous les littérateurs; et La Harpe a donné en prose une traduction estimée du Psalmiste.

Enfin, le troisième et dernier style des livres saints est celui du *Nouveau Testament*. C'est là que la sublimité des prophètes se change en une tendresse non moins sublime; c'est là que parle l'amour divin; c'est là que le *Verbe* s'est réellement *fait chair*. Quelle onction! quelle simplicité!

Chaque évangéliste a un caractère particulier, excepté saint Marc, dont l'*Évangile* ne semble être que l'abrégé de celui de saint Mathieu. Saint Marc, toutefois était disciple de saint Pierre, et plusieurs ont pensé qu'il a écrit sous la dictée de ce prince des apôtres. Il est digne de remarque qu'il a raconté aussi la faute de son maître. Cela nous semble un mystère sublime et touchant que Jésus-Christ ait choisi pour chef de son Église, précisément le seul de ses disciples qui l'eût renié. Tout l'esprit du christianisme est là: saint Pierre est l'Adam de la nouvelle loi; il est le père coupable et repentant des nouveaux Israélites; sa chute nous enseigne en outre que la religion chrétienne est une religion de miséricorde, et que Jésus-Christ a établi sa loi parmi les hommes sujets à l'erreur, moins encore pour l'innocence que pour le repentir.

L'*Évangile* de saint Mathieu est sur-tout précieux pour la morale. C'est cet apôtre qui nous a transmis le plus grand nombre de ces préceptes ou sentiments qui sortaient avec tant d'abondance des entrailles de Jésus-Christ.

Saint Jean a quelque chose de plus doux et de

plus tendre. On reconnaît en lui « le disciple que Jé-
« sus aimait, » le disciple qu'il voulut avoir auprès de lui, au jardin des Oliviers, pendant son
agonie. Sublime distinction sans doute ! car il n'y
a que l'ami de notre âme qui soit digne d'entrer
dans le mystère de nos douleurs. Jean fut encore le
seul des apôtres qui accompagna le fils de l'homme
jusqu'à la croix. Ce fut là que le sauveur lui légua
sa mère : « Mulier, ecce filius tuus : deinde dicit
« discipulo : ecce mater tua. »

Mot céleste, parole ineffable ! Le disciple bien
aimé qui avait dormi sur le sein de son maître, avait
gardé de lui une image ineffaçable : aussi le reconn-
ut-il le premier après sa résurrection. Le cœur de
Jean ne put se méprendre aux traits de son divin
ami, et la foi lui vint de la charité.

Au reste, l'esprit de tout l'*Évangile* de saint Jean
est renfermé dans cette maxime qu'il allait répétant dans sa vieillesse : cet apôtre, rempli de jours
et de bonnes œuvres, ne pouvant plus faire de longs
discours au nouveau peuple qu'il avait enfanté à
Jésus-Christ, se contentait de lui dire : « Mes pe-
« tits enfants, aimez-vous les uns les autres. »

Saint Jérôme prétend que saint Luc était médecin; profession si belle et si noble dans l'antiquité,
et que son *Évangile* est la médecine de l'âme : le
langage de cet apôtre est pur et élevé. On voit que
c'était un homme versé dans les lettres, et qui connaissait les affaires et les hommes de son temps. Il
entre dans son récit, à la manière des anciens historiens; vous croyez entendre Hérodote :

BIBLE.

« 1° Comme plusieurs ont entrepris d'écrire l'his-
« toire des choses qui se sont accomplies parmi nous;

« 2° Suivant les rapports que nous en ont faits
« ceux qui dès le commencement les ont vues de leurs
« propres yeux, et qui ont été les ministres de la parole;

« 3° J'ai cru que je devais aussi, très excellent
« Théophile, après avoir été exactement informé de
« toutes ces choses, depuis leur commencement,
« vous en écrire par ordre toute l'histoire. »

Notre ignorance est telle aujourd'hui, qu'il y a peut-être des *gens de lettres* qui seront étonnés d'apprendre que saint Luc est un très grand écrivain dont l'*Évangile* respire le génie de l'antiquité grecque-hébraïque. Qui a-t-il de plus beau que tout le morceau qui précède la naissance de Jésus-Christ?

« Au temps d'Hérode, roi de Judée, il y avait un
« prêtre nommé Zacharie, du sang d'Abia : sa femme
« était aussi de la race d'Aaron; elle s'appelait Éli-
« sabeth.

« Ils étaient tous deux justes devant Dieu. Ils
« n'avaient point d'enfants parce qu'Élisabeth était
« stérile; et qu'ils étaient tous deux avancés en âge. »

Zacharie offre un sacrifice; un ange lui « appa-
« raît debout à côté de l'autel des parfums. » Il lui prédit qu'il aura un fils, que ce fils s'appellera Jean, qu'il sera le précurseur du Messie, « et qu'il réu-
« nira le cœur des pères et des enfants. » Le même ange va trouver ensuite « une vierge qui demeurait
« en Israël, et lui dit : Je vous salue, ô pleine de
« grace, le Seigneur est avec vous. » Marie s'en va

dans les montagnes de la Judée ; elle rencontre Élisabeth, et l'enfant que celle-ci portait dans son sein tressaille à la voix de la Vierge qui devait mettre au jour le sauveur du monde.

Élisabeth, remplie tout-à-coup de l'esprit saint, élève la voix, et s'écrie : « Vous êtes bénie entre « toutes les femmes, et le fruit de votre sein sera « béni.

« D'où me vient le bonheur que la mère de mon « Sauveur vienne vers moi? Car, lorsque vous m'a- « vez saluée, votre voix n'a pas plutôt frappé mon « oreille, que mon enfant a tressailli de joie dans « mon sein. »

Marie entonne alors le magnifique cantique : « O « mon âme! glorifie le Seigneur! »

L'histoire de la crèche et des bergers vient ensuite. *Une troupe nombreuse de l'armée céleste* chante pendant la nuit : « Gloire à Dieu dans le « ciel, et paix sur la terre aux hommes de bonne « volonté ! » Mot digne des anges, et qui est comme l'abrégé de la religion chrétienne.

Nous croyons connaître un peu l'antiquité, et nous osons assurer qu'on chercherait long-temps chez les plus beaux génies de Rome et de la Grèce, avant d'y trouver rien qui soit à la fois aussi simple et aussi merveilleux.

Quiconque lira l'Évangile avec un peu d'attention, y découvrira à tous moments des choses admirables, et qui échappent d'abord à cause de leur extrême simplicité. Saint Luc, par exemple, en donnant la généalogie du Christ, remonte jusqu'à la naissance du monde. Arrivé aux premières générations, et continuant à nommer les races, il dit: « Caïnan qui fuit Henos, qui fuit Seth, qui fuit « Adam, qui fuit Dei; » le simple mot *qui fuit Dei*, jeté là sans commentaire et sans réflexion, pour raconter la création, l'origine, la nature, les fins et le mystère de l'homme, nous semble de la plus grande sublimité.

La religion du fils de Marie est comme l'essence des diverses religions, ou ce qu'il y a de plus céleste en elles. On peut peindre en quelques mots le caractère du style évangélique: c'est un ton d'autorité paternelle, mêlé à je ne sais quelle indulgence de frère, à je ne sais quelle considération d'un Dieu qui, pour nous racheter, a daigné devenir fils et frère des hommes.

Au reste, plus on lit les Épîtres des apôtres, surtout celles de saint Paul, et plus on est étonné: on ne sait quel est cet homme qui, dans une espèce de prône commun, dit familièrement des mots sublimes, jette les regards les plus profonds sur le cœur humain, explique la nature du souverain être, et prédit l'avenir.

CHATEAUBRIAND, *Génie du Christianisme*.

MÊME SUJET.

Jusque dans le langage de l'Écriture, son inspiration se manifeste. On pourrait dire des écrivains sacrés, ce que disaient de Jésus-Christ les émissaires des pharisiens: « Nul homme ne parla jamais comme « cet homme*. » On voit en les lisant que le doigt

---

* Nunquam sic locutus est homo, sicut hic homo. *Joan.* VII, 46.

de Dieu a touché leurs lèvres; quelle simplicité naïve dans les récits! quel charme de candeur et de vérité! quelle grace ingénue. C'est la parole dans sa pureté et son innocence primitive; et puis quelle force! quelle profondeur! quelle richesse d'images! quels regards jetés jusqu'au fond de la nature humaine! Qui a mieux senti ses misères? qui a mieux connu sa grandeur? On entend des plaintes déchirantes sur le sort des enfants d'Adam; je ne sais quoi de funèbre enveloppe leurs destinées; un long gémissement, des cris d'angoisse, saisissent l'âme de tristesse et d'une secrète terreur : « Pourquoi la « lumière a-t-elle été donnée au misérable, et la vie « à ceux qui sont dans l'amertume du cœur? qui « attendent la mort, et elle ne vient point[*]! » Voilà l'homme tombé, l'homme qu'un crime antique tourmente intérieurement. Et tout-à-coup une voix d'espérance s'élève et domine cette voix de douleur. L'œil du prophète a découvert le salut dans l'avenir. Sion tressaille d'allégresse; elle relève sa tête couverte de cendre, et salue par des chants de joie que l'univers entier redira, le libérateur qui s'avance.

Tout ce qu'il y a de doux et de tendre, de terrible, de sublime, ne le cherchez point ailleurs que dans l'Écriture. Ici c'est Rachel pleurant ses enfants sur la montagne, et « elle ne veut point être conso- « lée, parce qu'ils ne sont plus[**]. » Là c'est l'épouse

---

[*] Quare misero data est lux, et vita his qui in amaritudine animæ sunt? qui exspectant mortem, et non venit. *Job.* III, 20.

[**] Vox in excelso audita est lamentationis, luctûs, et fletûs Rachel plo-

du vrai Salomon, qui soupire ses ineffables amours.
« Mon bien-aimé est à moi, et je suis à lui, il re-
« pose entre les lis, jusqu'à ce que l'aurore se lève,
« et que les ombres déclinent. Filles de Sion, sortez,
« et voyez le roi Salomon le front ceint du diadème
« dont sa mère le couronna au jour de ses fiançailles,
« et au jour de la joie de son cœur*. »

Ravis au-dessus du temps, les écrivains sacrés semblent le discerner à peine dans l'éternité que leur pensée habite. Ils voient l'univers comme Dieu lui-même le voit. « Il a déployé les cieux ainsi qu'une « tente** » : Vient-il à s'irriter, « il les roule comme « un livre, et toute l'armée du ciel tombe comme « la feuille de la vigne et du figuier***. »

Si les cieux ressemblent à un pavillon qu'on dresse le matin, et qu'on enlève le soir : si le vent de la colère divine emporte toute la milice du ciel comme une feuille séchée, qu'est-ce donc que l'homme ? « un esprit qui s'en va et ne revient point**** ; ses « jours sont comme l'herbe, sa fleur est comme « celle des champs, un souffle passe : il n'est plus*****. »

---

rantis filios suos, et nolentis consolari super eis, quia non sunt. *Jerem.* XXXI, 15.

* Dilectus meus mihi, et ego illi, qui pascitur inter lilia, donec aspiret dies, et inclinentur umbræ... Egredimini et videte, filiæ Sion, regem Salomonem in diademate quo coronavit illum mater sua in die desponsationis illius, et in die lætitiæ cordis ejus. Cant. II, 16, 17; III, 2.

** Extendens cœlum sicut pellem. Ps. CIII, 3.

*** Complicabuntur, sicut liber, cœli : et omnis militia eorum defluet, sicut defluit folium de vineâ et de ficu. *Isaï.* XXXIV, 4.

**** Spiritus vadens et non rediens. Ps. LXXVII, 39.

***** Homo sicut fœnum, dies ejus tanquam flos agri sic efflorebit, quoniam spiritus pertransibit in illo, et non subsistet. *Ps.* CII, 15 et 16

Mais écoutez : Ceux qui dorment dans la poussière se réveilleront, les uns dans la vie éternelle, les autres dans l'opprobre pour le voir toujours*. Nul autre livre que l'Écriture ne nous apprend à parler de Dieu, à le prier; et cela seul prouverait que l'Écriture est divine. Elle dévoile à nos yeux l'ordre entier de la justice et de la providence du Très-Haut; elle nous fait comprendre sa conduite sur le genre humain; les épreuves du juste, afin que ce qu'il y a de plus sublime dans la vertu soit révélé; le supplice du méchant, afin que le crime tremble. Contemplez David, le père et tout ensemble la figure du Messie; voyez-le détrôné par son propre fils, sortant de Jérusalem, traversant le torrent de Cédron, et, sans proférer une plainte, *allant où il doit aller***. « Or, « David montait la colline des Oliviers, pleurant et « marchant nu-pieds, la tête couverte; et tout le « peuple, la tête couverte, montait en pleurant***. »

Mais voilà qu'un bruit lugubre s'élève du côté de l'Égypte. Dieu va punir l'orgueil de Pharaon et de son peuple. « Fils de l'homme, dis-lui : Tu as été « comparé au lion des nations, et au dragon des mers : « tu agitais ta corne dans les fleuves, tes pieds trou- « blaient leurs eaux, et tu foulais les fleurs. C'est « pourquoi, voici ce que dit le Seigneur : J'étendrai

---

* Qui dormiunt in terræ pulvere, evigilabunt alii in vitam æternam, alii in opprobium, ut videant semper. *Daniel*. XII, 2.

** Ego autem vadam quà iturus sum. II *Reg*. XV, 20.

*** Porrò David ascendebat clivum olivarum, scandens et flens, nudis pedibus incedens et operto capite; sed et omnis populus qui erat cum eo, operto capite, ascendebat plorans. *Ibid*, 30.

« sur toi mes rets, au milieu de la foule des peuples,
« et je te tirerai dans mes filets, et je t'amènerai
« sur la terre; je te jetterai sur la face d'un champ,
« et je ferai habiter sur toi tous les oiseaux du ciel,
« et je rassasierai de toi tous les animaux de la terre.
« Les astres du ciel s'attristeront sur toi, et j'éten-
« drai les ténèbres sur ton royaume, lorsque les
« tiens, blessés à mort, tomberont au milieu de la
« terre, dit le Seigneur Dieu. Je troublerai le cœur
« des peuples, quand j'amènerai tes débris au milieu
« des nations, en des contrées que tu ignores. — Et
« le Seigneur me dit : fils de l'homme, commence
« le chant lugubre sur la multitude d'Égypte : traîne-
« la, elle et les filles des nations puissantes au fond
« de la terre, avec ceux qui descendent dans le lac.
« En quoi es-tu plus beau? Descends, et dors avec
« les incirconcis. » Là sont tous ceux qui ont été
tués par l'épée, chaque monarque au milieu des
siens, Assur et tout son peuple, Alam et tout son
peuple, Mosoch, Thubal et tout son peuple, Édom
et ses rois, et ses chefs, qui ont péri, eux et les leurs
par l'épée; là sont tous les princes de l'Aquilon et
tous les chasseurs; ils ont été conduits avec les morts,
tremblants et confondus dans leur force. La multitude est couchée autour de leur fosse. « Ils ont
« dormi avec ceux qui ont été tués par l'épée, et ils
« ont porté leur ignominie avec ceux qui descendent
« dans le lac. Ils ne dormiront point avec les forts,
« qui sont descendus dans les enfers avec leurs armes,
« et qui ont posé leurs épées sous leurs têtes. Leurs
« iniquités ont pénétré leurs os, parce qu'ils répan-

« dirent l'épouvante dans la terre des vivants *. »

Des chants pleins de douceur, des hymnes d'une beauté sublime, reposent l'âme effrayée par ces sombres tableaux. Quelquefois on entend comme une voix du ciel, comme le son ravissant du concert des anges; quelquefois l'oreille est soudain frappée d'un bruit sinistre; elle a entendu dans la nuit comme les soupirs de l'abîme.

Et que de préceptes admirables, que d'instructions profondes, que de vérités inaccessibles à notre faible esprit, nous sont révélés dans l'Écriture! Ce n'est pas l'homme qui converse avec l'homme, qui se fatigue pour l'éclairer; c'est Dieu qui, d'un seul mot, illumine son intelligence et remue tout son cœur. Il jette, en quelque sorte, à pleines mains, dans le style des prophètes, les merveilles de sa pensée, comme les mondes dans l'espace; et sa parole, élevée à une hauteur infinie au-dessus du langage humain, a un tel caractère de magnificence et d'empire, qu'on n'est point étonné que le néant lui ait obéi.

L'Évangile, par sa simplicité même, est encore plus surprenant, plus manifestement divin. Il y a dans les prophètes quelque chose d'ardent, de passionné, et comme un travail du désir pour atteindre un bien qu'ils ne possèdent pas, et auquel toute leur âme aspire. Ils l'appellent avec l'accent de l'amour et de l'espérance; ils demandent à l'avenir celui qui doit sauver le monde; ils s'élancent dans les cieux pour l'y chercher; ils montent jusqu'au sanctuaire où réside le Très-Haut; et, lorsqu'on a cessé de les voir,

* *Ezech.* XXXII.

on entend encore, au milieu des tonnerres qui roulent au pied du trône de l'Éternel, leur voix qui invoque son fils.

Dans l'Évangile, c'est le calme de la possession, la paix ravissante qui suit un immense désir satisfait, la tranquille sérénité du ciel même. Celui que la terre attendait est venu : « Le Verbe s'est fait « chair, et il a habité parmi nous; et nous avons « vu sa gloire, la gloire du fils unique du père, « plein de grace et de vérité*. » Tout prend une face nouvelle : le temps des figures est passé; le salut est accompli; la nature humaine rassurée éprouve comme un grand repos qu'elle n'avait point connu. Prenez un homme, qui vous voudrez; qu'il raconte cet évènement si long-temps l'objet de tous les vœux, ce mystère impénétrable de miséricorde et de justice; son langage pourra être pompeux, touchant, sublime; voici l'Évangile :

« En ce temps-là on publia un édit de César Au« guste, pour faire le dénombrement de tous les « habitants de toute la terre; et tous allaient pour « se faire inscrire chacun dans sa ville. Joseph partit « aussi de la ville de Nazareth en Galilée, et vint « dans la Judée à la ville de David, appelée Bethléem, « parce qu'il était de la maison et de la famille de « David, pour se faire inscrire avec Marie, son épouse, « qui était grosse. Pendant qu'ils étaient là, il arriva « que les jours de son enfantement s'accomplirent :

---

* Et verbum caro factum est, et habitavit in nobis : et vidimus gloriam ejus, gloriam quasi unigeniti à patre, plenum gratiæ et veritatis. *Joan*, I, 14.

« et elle enfanta son fils premier né, et elle l'enve-
« loppa de langes, et elle le coucha dans une crèche,
« parce qu'il n'y avait point pour eux de place dans
« l'hôtellerie. Or, il y avait dans le même pays des
« pasteurs qui veillaient, gardant tour à tour leur
« troupeau pendant la nuit; et voilà qu'un ange du
« Seigneur s'arrête près d'eux, et une clarté divine
« les environne; et ils furent saisis d'une grande
« crainte; et l'ange leur dit : Ne craignez point; je
« vous annonce, ce qui sera pour tout le peuple
« une grande joie : il vous est né aujourd'hui un
« sauveur qui est le Christ, le Seigneur dans la ville
« de David; et ceci sera le signe auquel vous le re-
« connaîtrez : vous trouverez un enfant enveloppé
« de langes et posé dans une crèche (Luc. II, 1, 12). »

Pour nous élever jusqu'à lui, le Verbe divin descend jusqu'à nous. Ce qu'il y a de plus humble dans
l'homme, c'est là ce qu'il choisit pour se l'approprier. « Il ne disputera point, il ne criera point, sa
« voix ne retentira point dans les places publiques*. »

Il vient à nous *plein de douceur***. Sa parole est
simple, et cette parole est visiblement celle d'un
Dieu. Voyez dans saint Jean, l'entretien de Jésus
avec la Samaritaine; voyez le sermon sur la montagne, le discours après la cène, dont chaque mot
est une source de vérité et d'amour, inépuisable
ici-bas à notre cœur et à notre intelligence; voyez
le récit de la Passion; voyez tout, car tout est éga-

* Non contendet, neque clamabit, neque audiet aliquis in plateis vocem ejus. *Matt.* XII, 19.
** Ecce rex tuus venit tibi mansuetus. *Ibid.* XXI, 5.

lement divin. « Beaucoup de péchés lui sont remis,
« parce qu'elle a beaucoup aimé *. Laissez ces petits
« enfants venir à moi **. Venez à moi, vous tous qui
« souffrez et qui êtes oppressés, et je vous ranimerai.
« Prenez mon joug sur vous, et apprenez de moi,
« parce que je suis doux et humble de cœur, et vous
« trouverez le repos de vos âmes; car mon joug est
« aimable et mon fardeau léger***. » Jamais rien de
semblable ne sortit d'une bouche humaine. Et cette
prière qui contient tout ce qu'une créature peut
demander, tout ce qu'elle doit désirer, cette prière
merveilleuse qui est comme le lien du ciel et de la
terre, est-elle d'un homme? Est-ce un homme qui a
dit : *Tout est consommé?* non, non, cette parole,
qui annonce le salut du monde, n'appartient qu'à
celui qui le créa.

L'abbé DE LA MENNAIS, *Essai sur l'indifférence
en matière de religion*, chap. XXXII.

MÊME SUJET.

La Poésie sacrée; dithyrambe.

A M. Eugène Genoude.

Son front est couronné de palmes et d'étoiles;
Son regard immortel, que rien ne peut ternir,
Traversant tous les temps, soulevant tous les voiles,
Réveille le passé, plonge dans l'avenir!

---

* Remittuntur ei peccata multa, quoniam dilexit multùm. *Luc.* VII, 47.

** Sinite parvulos venire ad me, et ne prohibueritis eos : talium enim est regnum Dei. *Marc.* X, 5.

*** Venite ad me omnes, qui laboratis et onerati estis, et ego reficiam vos. Tollite jugum meum super vos, et discite à me, quia mitis sum et humilis corde : et invenietis requiem animabus vestris. Jugum enim meum suave est, et onus meum leve. *Matt.* XI, 28 — 30.

Du monde sous ses yeux les fastes se déroulent,
Les siècles à ses pieds comme un torrent s'écoulent;
A son gré descendant ou remontant leur cours,
Elle sonne aux tombeaux l'heure, l'heure fatale,
    Ou sur sa lyre virginale
Chante au monde vieilli ce jour, père des jours!

    « Écoutez!.... Jéhova s'élance
    « Du sein de son éternité.
« Le chaos endormi s'éveille en sa présence,
« Sa vertu le féconde, et sa toute-puissance
    « Repose sur l'immensité!

« Dieu dit, et le jour fut; Dieu dit, et les étoiles
« De la nuit éternelle éclaircirent les voiles;
    « Tous les éléments divers
    « A sa voix se séparèrent;
    « Les eaux soudain s'écoulèrent
    « Dans le lit creusé des mers;
    « Les montagnes s'élevèrent,
    « Et les aquilons volèrent
    « Dans les libres champs des airs!

« Sept fois de Jéhova la parole féconde
    « Se fit entendre au monde,
« Et sept fois le néant à sa voix répondit;
« Et Dieu dit: Faisons l'homme à ma vivante image.
« Il dit, l'homme naquit; à ce dernier ouvrage
« Le Verbe créateur s'arrête et s'applaudit! »
Mais ce n'est plus un Dieu!... C'est l'homme qui soupire.
Éden a fui!... voilà le travail et la mort!
    Dans les larmes sa voix expire;
La corde du bonheur se brise sur sa lyre,
Et Job en tire un son triste comme le sort.

« Ah! périsse à jamais le jour qui m'a vu naître!

BIBLE.

« Ah ! périsse à jamais la nuit qui m'a conçu !
  « Et le sein qui m'a donné l'être,
  « Et les genoux qui m'ont reçu !

« Que du nombre des jours Dieu pour jamais l'efface ;
« Que, toujours obscurci des ombres du trépas,
« Ce jour parmi les jours ne trouve plus sa place,
  « Qu'il soit comme s'il n'était pas !

« Maintenant dans l'oubli je dormirais encore,
  « Et j'achèverais mon sommeil
« Dans cette longue nuit qui n'aura point d'aurore,
« Avec ces conquérants que la terre dévore,
« Avec le fruit conçu qui meurt avant d'éclore
  « Et qui n'a pas vu le soleil.

  « Mes jours déclinent comme l'ombre ;
  « Je voudrais les précipiter.
  « O mon Dieu ! retranchez le nombre
  « Des soleils que je dois compter !
  « L'aspect de ma longue infortune
  « Éloigne, repousse, importune
  « Mes frères lassés de mes maux ;
  « En vain je m'adresse à leur foule,
  « Leur pitié m'échappe et s'écoule
  « Comme l'onde au flanc des coteaux.

  « Ainsi qu'un nuage qui passe,
  « Mon printemps s'est évanoui ;
  « Mes yeux ne verront plus la trace
  « De tous ces biens dont j'ai joui.
  « Par le souffle de la colère,
  « Hélas ! arraché de la terre,
  « Je vais d'où l'on ne revient pas !
  « Mes vallons, ma propre demeure,
  « Et cet œil même qui me pleure,

« Ne reverront jamais mes pas !
« L'homme vit un jour sur la terre
« Entre la mort et la douleur ;
« Rassasié de sa misère,
« Il tombe enfin comme la fleur ;
« Il tombe ! Au moins par la rosée
« Des fleurs la racine arrosée
« Peut-elle un moment refleurir !
« Mais l'homme, hélas ! après la vie,
« C'est un lac dont l'eau s'est enfuie :
« On le cherche, il vient de tarir.
« Mes jours fondent comme la neige
« Au souffle du courroux divin ;
« Mon espérance, qu'il abrège,
« S'enfuit comme l'eau de ma main ;
« Ouvrez-moi mon dernier asyle ;
« Là, j'ai dans l'ombre un lit tranquille,
« Lit préparé pour mes douleurs !
« O tombeau ! vous êtes mon père !
« Et je dis aux vers de la terre :
« Vous êtes ma mère et mes sœurs !
« Mais les jours heureux de l'impie
« Ne s'éclipsent pas au matin ;
« Tranquille, il prolonge sa vie
« Avec le sang de l'orphelin !
« Il étend au loin ses racines ;
« Comme un troupeau sur les collines,
« Sa famille couvre Ségor ;
« Puis dans un riche mausolée
« Il est couché dans la vallée,
« Et l'on dirait qu'il vit encor.

« C'est le secret de Dieu, je me tais et j'adore !
« C'est sa main qui traça les sentiers de l'aurore,

« Qui pesa l'océan, qui suspendit les cieux!
« Pour lui, l'abîme est nu, l'enfer même est sans voiles!
« Il a fondé la terre et semé les étoiles!
         « Et qui suis-je à ses yeux? »

Mais la harpe a frémi sous les doigts d'Isaïe;
De son sein bouillonnant la menace à longs flots
S'échappe; un Dieu l'appelle, il s'élance, il s'écrie :
« Cieux et terre, écoutez! silence au fils d'Amos!

« Osias n'était plus : Dieu m'apparut : je vis
« Adonaï vêtu de gloire et d'épouvante!
« Les bords éblouissants de sa robe flottante
         « Remplissaient le sacré parvis!

« Des séraphins debout sur des marches d'ivoire
« Se voilaient devant lui de six ailes de feux;
« Volant de l'un à l'autre, ils se disaient entre eux :
« *Saint, saint, saint, le Seigneur, le Dieu, le roi des Dieux!*
         « *Toute la terre est pleine de sa gloire!*

« Du temple à ces accents la voûte s'ébranla,
« Adonaï s'enfuit sous la nue enflammée,
« Le saint lieu fut rempli de torrents de fumée,
         « La terre sous mes pieds trembla!

« Et moi! je resterais dans un lâche silence,
« Moi qui t'ai vu, Seigneur, je n'oserais parler !
         « A ce peuple impur qui t'offense
         « Je craindrais de te révéler !

« Qui marchera pour nous? dit le Dieu des armées.
« Qui parlera pour moi? dit Dieu : Qui?... moi, Seigneur!
         « Touche mes lèvres enflammées!
         « Me voilà! je suis prêt!... malheur!
         « Malheur à vous qui dès l'aurore

« Respirez les parfums du vin !
« Et que le soir retrouve encore
« Chancelants aux bords du festin !
« Malheur à vous qui, par l'usure,
« Étendez sans fin ni mesure
« La borne immense de vos champs !
« Voulez-vous donc, mortels avides,
« Habiter, dans vos champs arides,
« Seuls sur la terre des vivants ?

« Malheur à vous, race insensée !
« Enfants d'un siècle audacieux,
« Qui dites dans votre pensée :
« Nous sommes sages à nos yeux.
« Vous changez la nuit en lumière
« Et le jour en ombre grossière
« Où se cachent vos voluptés !
« Mais, comme un taureau dans la plaine,
« Vous traînez après vous la chaîne
« De vos longues iniquités !

« Malheur à vous, filles de l'onde !
« Iles de Sidon et de Tyr !
« Tyrans qui trafiquez du monde
« Avec la pourpre et l'or d'Ophir !
« Malheur à vous ! votre heure sonne !
« En vain l'Océan vous couronne.
« Malheur à toi, reine des eaux,
« A toi, qui, sur des mers nouvelles,
« Fais retentir comme des ailes
« Les voiles de mille vaisseaux !

« Ils sont enfin venus les jours de ma justice ;
« Ma colère, dit Dieu, se déborde sur vous !
  « Plus d'encens, plus de sacrifice

« Qui puisse éteindre mon courroux ?

« Je livrerai ce peuple à la mort, au carnage :
« Le fer moissonnera comme l'herbe sauvage
   « Ses bataillons entiers !
« — Seigneur ! épargnez-nous ! Seigneur ! — Non, point de trêve,
« Et je ferai sur lui ruisseler de mon glaive
   « Le sang de ses guerriers !

« Ses torrents sècheront sous ma brûlante haleine ;
« Ma main nivellera, comme une vaste plaine,
   « Ses murs et ses palais ;
« Le feu les brûlera comme il brûle le chaume ;
« Là, plus de nations, de ville, de royaume :
   « Le silence à jamais !

« Ses murs se couvriront de ronces et d'épines ;
« L'hyène et le serpent peupleront ses ruines ;
   « Les hiboux, les vautours,
« L'un l'autre s'appelant durant la nuit obscure,
« Viendront à leurs petits porter la nourriture,
   « Au sommet de ses tours ! »

Mais Dieu ferme à ces mots les lèvres d'Isaïe ;
   Le sombre Ézéchiel,
Sur le tronc desséché de l'ingrat Israël,
Fait descendre à son tour la parole de vie :

« L'Éternel emporta mon esprit au désert :
« D'ossements desséchés le sol était couvert ;
« J'approche en frissonnant ; mais Jéhova me crie :
« Si je parle à ces os, reprendront-ils la vie ?
« — Éternel, tu le sais ! Eh bien ! dit le Seigneur,
« Écoute mes accents ! retiens-les et dis-leur :
« Ossements desséchés ! insensible poussière !
« Levez-vous ! recevez l'esprit et la lumière !

« Que vos membres épars s'assemblent à ma voix !
« Que l'esprit vous anime une seconde fois !
« Qu'entre vos os flétris vos muscles se replacent !
« Que votre sang circule et vos nerfs s'entrelacent !
« Levez-vous et vivez, et voyez qui je suis !
« J'écoutai le Seigneur, j'obéis et je dis :
« Esprit, soufflez sur eux, du couchant, de l'aurore ;
« Soufflez de l'aquilon, soufflez !... Pressés d'éclore,
« Ces restes du tombeau, réveillés par mes cris,
« Entrechoquent soudain leurs ossements flétris ;
« Aux clartés du soleil leur paupière se rouvre,
« Leurs os sont rassemblés, et la chair les recouvre !
« Et ce champ de la mort tout entier se leva,
« Redevint un grand peuple et connut Jéhova !

Mais Dieu de ses enfants a perdu la mémoire ;
La fille de Sion, méditant ses malheurs,
S'assied en soupirant, et, veuve de sa gloire,
Écoute Jérémie et retrouve des pleurs.

« Le Seigneur, m'accablant du poids de sa colère,
« Retire tour à tour et ramène sa main ;
  « Vous qui passez par le chemin,
« Est-il une misère égale à ma misère ?

« En vain ma voix s'élève, il n'entend plus ma voix ;
« Il m'a choisi pour but de ses flèches de flamme,
  « Et tout le jour contre mon âme
« Sa fureur a lancé les fils de son carquois !
« Sur mes os consumés ma peau s'est desséchée ;
« Les enfants m'ont chanté dans leurs dérisions ;
  « Seule, au milieu des nations,
« Le Seigneur m'a jeté comme une herbe arrachée.

« Il s'est enveloppé de son divin courroux ;
« Il a fermé ma route, il a troublé ma voie ;

« Mon sein n'a plus connu la joie,
« Et j'ai dit au Seigneur : Seigneur, souvenez-vous,
« Souvenez-vous, Seigneur, de ces jours de colère ;
« Souvenez-vous du fiel dont vous m'avez nourri ;
« Non, votre amour n'est point tari :
« Vous me frappez, Seigneur, et c'est pourquoi j'espère.

« Je repasse en pleurant ces misérables jours ;
« J'ai connu le Seigneur dès ma plus tendre aurore :
« Quand il punit, il aime encore ;
« Il ne s'est pas, mon âme, éloigné pour toujours.

« Heureux qui le connaît ! heureux qui, dès l'enfance,
« Porta le joug d'un Dieu, clément dans sa rigueur !
« Il croit au salut du Seigneur,
« S'assied au bord du fleuve, et l'attend en silence !

« Il sent peser sur lui ce joug de votre amour ;
« Il répand dans la nuit ses pleurs et sa prière,
« Et, la bouche dans la poussière,
« Il invoque, il espère, il attend votre jour. »

    Silence, ô lyre ! et vous, silence,
    Prophètes, voix de l'avenir !
    Tout l'univers se tait d'avance
    Devant celui qui doit venir !
    Fermez-vous, lèvres inspirées ;
    Reposez-vous, harpes sacrées,
    Jusqu'au jour où, sur les hauts lieux,
    Une voix, au monde inconnue,
    Fera retentir dans la nue :
    Paix à la terre, et gloire aux cieux !

        DE LAMARTINE, *Méditations poétiques.*

MÊME SUJET.

Isaïe.

Tel, du front de ces rocs où reposent les nues,
Le Nil, précipitant ses vagues éperdues,
Tombe, écume, bondit, se roule à gros bouillons ;
Et, versant ses trésors sur les plaines fécondes,
      De ses puissantes ondes
      Enrichit leurs sillons ;
Tel, et plutôt encore, une aigle au vol immense,
Des cimes du Liban dans l'espace s'élance,
Jusqu'au char du soleil plane en s'ouvrant les cieux ;
Et, se couvrant des jets de la flamme opulente,
      Revient étincelante
      De clartés et de feux :
Tel Isaïe, armé de ses ailes de flamme,
Rapide, et plein du Dieu qui transporte son âme,
S'élève jusqu'au trône où siége l'Éternel ;
Et revient, du génie étalant les miracles,
      Proclamer les oracles
      Qu'il ravit dans le ciel.
« Tremble ! malheur à toi, cité profanatrice !
« Toi, qu'au culte de l'or voue un long sacrifice,
« Tyr ! ô toi qui t'assieds sur le trône des eaux,
« Et qui, fendant les mers à ton sceptre fidèles,
      « Y fais voler les ailes
      « De tes légers vaisseaux.
« Pareils dans leur essor à des aigles rapides
« Tes navires, guidés par des mains intrépides,
« Sous leurs fiers pavillons touchaient à tous les bords ;
« Et voilà que, prenant les nochers pour victimes,
      « La mer, dans ses abîmes,
      « Engloutit tes trésors.

BIBLE.

« Fille de l'Océan! au jour de ta ruine,
« Tous les peuples nombreux que son trident domine,
« En voyant tes débris seront saisis d'effroi ;
« Tes marchands, tes soldats, tes richesses, tes flottes,
   « Et tes hardis pilotes,
   « Tomberont avec toi !

« Au bruit de tes clameurs, quittant soudain la rame,
« Tes mille matelots, qu'en vain la mer réclame,
« De leurs vaisseaux muets descendront tout en pleurs ;
« Et, revêtus de deuil, et se couvrant de cendre,
   « Sur toi feront entendre
   « Le cri de leurs douleurs :

« Qui fut semblable à Tyr, maintenant solitaire ?
« Sans cesse, pour nourrir les peuples de la terre,
« Sur l'immense Océan s'élançait ses vaisseaux ;
« Et voilà qu'expirant avec toute sa gloire,
   « Sans nom et sans mémoire,
   « Elle dort sous les eaux.

« Le pilote étranger, qui visite ces plages,
« Ne reconnaissant plus tes opulents rivages,
« S'étonne, en écoutant le silence des mers :
« Et voguant, plein d'orgueil sur tes eaux qu'il domine,
   « Insulte à la ruine
   « De tes vieux ports déserts. »

Ainsi chante Isaïe ; et sa voix redoutable,
Proclamant du Très-Haut l'arrêt épouvantable,
Dans un style inspiré raconte l'avenir ;
A Tyr, encor vivante, ouvre une tombe antique,
   Où son chant prophétique
   Sait déjà la punir.

Mais si jamais sa vive et poétique ivresse,
Dans des modes sacrés exhalant sa richesse,

A chanté sur un ton encor plus solennel,
C'est lorsque, convoquant les pouvoirs de son âme,
  En traits d'or et de flamme
  Il nous peint l'Éternel.

« Dieu, dit-il, de son souffle allume le tonnerre,
« Il soutient, de trois doigts, la masse de la terre;
« Roule autour de ses flancs l'Océan spacieux;
« Tient aux voûtes d'azur l'étoile suspendue;
  « Dans sa main étendue
  « Il a pesé les cieux.

« Il voit les nations sur la terre pressées,
« Et de l'urne des temps sans relâche versées,
« Comme une goutte d'eau dans un vase d'airain;
« Il parle : devant lui tous les peuples s'écoulent,
  « Et les trônes s'écroulent
  « Sous sa terrible main.

« Dans son temple égorgés, les taureaux, les génisses,
« Pour ses yeux éternels sont de vils sacrifices;
« Il regarde en pitié tout l'encens des mortels :
« Des forêts du Liban l'inépuisable empire
  « Ne peut même suffire
  « Au feu de ses autels. »

O vous ! chantres fameux, vous qui, dans vos ouvrages,
Vous disputez le prix de ces vives images
Qui charment la pensée, ou ravissent le cœur,
Montrez-nous des tableaux dont l'éclat poétique
  De ce chant prophétique
  Égale la vigueur !

Astre aux feux éternels, père de l'harmonie,
Vieil Homère ! je sais admirer ton génie,
Et de tes nobles chants l'éclat mélodieux ;
Soit que, comme un éclair, ton vers hardi s'élance,

Et dans l'espace immense
Suive le char des dieux;

Soit qu'au bruit éclatant de Neptune en furie,
Le monarque infernal s'épouvante et s'écrie
Au fond du noir palais qu'entr'ouvre le trident;
Soit que le dieu des mers, sans y laisser de trace,
  Effleure la surface
  De l'abîme grondant.

Mais combien, fils d'Amos, plus vif et plus sublime
Est le divin transport qui t'échauffe et t'anime!
Quels feux inattendus brillent dans tes portraits!
Telle, avant qu'on ait vu sa lueur homicide,
  La foudre au vol rapide
  Nous atteint de ses traits.

CHÊNEDOLLÉ, Études poétiques.

MORCEAUX CHOISIS IMITÉS DE LA BIBLE.

I. Chœurs d'Esther de Racine *.

ESTHER.

Mes filles, chantez-nous quelqu'un de ces cantiques
Où vos voix, si souvent se mêlant à mes pleurs,
De la triste Sion célèbrent les malheurs.

---

* Dans *Esther* et dans *Athalie*, Racine a voulu nous donner une idée des chœurs des anciennes tragédies grecques; mais il n'a pas poussé l'imitation jusqu'à rendre le chœur permanent sur la scène. Les chœurs d'*Esther* ne sont que le cortège particulier de la reine, et ne sont pas aussi intimement liés avec l'action que les chœurs des tragédies grecques. Cet essai a donné lieu à Racine de faire briller un nouveau genre de talent, et de montrer qu'il était aussi habile à manier la lyre qu'à chausser le cothurne. Rien n'égale la sublimité, le sentiment et la grâce touchante, répandus dans les chœurs de Racine; notre littérature n'a point de plus belles odes : c'est le langage des prophètes; c'est la poésie des écrivains sacrés dans tout son éclat.

GEOFFROY, Commentaire sur Racine.

UNE ISRAÉLITE.

Déplorable Sion, qu'as-tu fait de ta gloire?
Tout l'univers admirait ta splendeur :
Tu n'es plus que poussière, et de cette grandeur
Il ne nous reste plus que la triste mémoire.
Sion, jusques au ciel élevée autrefois,
Jusqu'aux enfers maintenant abaissée,
Puissé-je demeurer sans voix,
Si dans mes chants ta douleur retracée
Jusqu'au dernier soupir n'occupe ma pensée[*] !

TOUT LE CHOEUR.

O rives du Jourdain! ô champs aimés des cieux!
Sacrés monts, fertiles vallées,
Par cent miracles signalées!
Du doux pays de nos aïeux
Serons-nous toujours exilées?

UNE ISRAÉLITE.

Quand verrai-je, ô Sion! relever tes remparts,
Et de tes tours les magnifiques faîtes?
Quand verrai-je de toutes parts
Tes peuples en chantant accourir à tes fêtes?

TOUT LE CHOEUR.

O rives du Jourdain! ô champs aimés des cieux!
Sacrés monts, fertiles vallées,
Par cent miracles signalées!
Du doux pays de nos aïeux
Serons-nous toujours exilées?

(Act. I, sc. 2.)

UNE ISRAÉLITE.

Pleurons et gémissons, mes fidèles compagnes,
A nos sanglots donnons un libre cours;

---

[*] « Adhæreat lingua mea faucibus meis, si non meminero tui, si non pro-
« posuero Jerusalem in principio lætitiæ meæ. » (Ps. CXXXVI, 7 et 8.)

Levons les yeux vers les saintes montagnes
D'où l'innocence attend tout son secours.
O mortelles alarmes !
Tout Israël périt. Pleurez mes tristes yeux :
Il ne fut jamais sous les cieux
Un si juste sujet de larmes.

TOUT LE CHOEUR.

O mortelles alarmes !

UNE AUTRE ISRAÉLITE.

N'était-ce pas assez qu'un vainqueur odieux
De l'auguste Sion eût détruit tous les charmes,
Et traîné ses enfants captifs en mille lieux ?

TOUT LE CHOEUR.

O mortelles alarmes !

LA MÊME ISRAÉLITE.

Faibles agneaux livrés à des loups furieux,
Nos soupirs sont nos seules armes.

TOUT LE CHOEUR.

O mortelles alarmes !

UNE ISRAÉLITE.

Arrachons, déchirons tous ces vains ornements
Qui parent notre tête.

UNE AUTRE.

Revêtons-nous d'habillements
Conformes à l'horrible fête
Que l'impie Aman nous apprête.

TOUT LE CHOEUR.

Arrachons, déchirons tous ces vains ornements
Qui parent notre tête.

UNE ISRAÉLITE.

Quel carnage de toutes parts !
On égorge à la fois les enfants, les vieillards,
Et la sœur et le frère,

Et la fille et la mère,
Le fils dans les bras de son père !
Que de corps entassés, que de membres épars,
Privés de sépulture !
Grand Dieu, tes saints sont la pâture
Des tigres et des léopards !

UNE DES PLUS JEUNES ISRAÉLITES.

Hélas ! si jeune encore,
Par quel crime ai-je pu mériter mon malheur !
Ma vie à peine a commencé d'éclore :
Je tomberai comme une fleur
Qui n'a vu qu'une aurore.
Hélas ! si jeune encore,
Par quel crime ai-je pu mériter mon malheur* ?

UNE AUTRE.

Des offenses d'autrui malheureuses victimes,
Que nous servent, hélas ! ces regrets superflus ?
Nos pères ont péché, nos pères ne sont plus,
Et nous portons la peine de leurs crimes.

TOUT LE CHOEUR.

Le Dieu que nous servons est le Dieu des combats :
Non, non, il ne souffrira pas
Qu'on égorge ainsi l'innocence.

UNE ISRAÉLITE.

Hé quoi ! dirait l'impiété,
Où donc est-il ce Dieu si redouté
Dont Israël nous vantait la puissance ?

UNE AUTRE.

Ce Dieu jaloux, ce Dieu victorieux,
Frémissez, peuples de la terre,

---

* La répétition de ces deux vers est touchante. Racine ne se contente pas de varier la mesure de ses vers, il varie aussi le ton. Après la peinture horrible du carnage, il peint un enfant qui se plaint. Ces différents contrastes servent beaucoup à animer le style.   LUNEAU-BOISGERMAIN.

BIBLE.

Ce Dieu jaloux, ce Dieu victorieux,
    Est le seul qui commande aux cieux :
    Ni les éclairs, ni le tonnerre
    N'obéissent point à vos dieux.

UNE AUTRE.

Il renverse l'audacieux.

UNE AUTRE.

Il prend l'humble sous sa défense.

TOUT LE CHOEUR.

Le Dieu que nous servons est le Dieu des combats :
    Non, non, il ne souffrira pas
    Qu'on égorge ainsi l'innocence.

DEUX ISRAÉLITES.

O Dieu, que la gloire couronne,
Dieu, que la lumière environne,
Qui voles sur l'aile des vents*
Et dont le trône est porté par les anges ;

DEUX AUTRES DES PLUS JEUNES.

Dieu, qui veux bien que de simples enfants
    Avec eux chantent tes louanges ;

TOUT LE CHOEUR.

Tu vois nos pressants dangers ;
Donne à ton nom la victoire ;
Ne souffre point que ta gloire
Passe à des dieux étrangers.

UNE ISRAÉLITE.

Arme-toi, viens nous défendre :
Descends, tel qu'autrefois la mer te vit descendre.
Que les méchants apprennent aujourd'hui
    A craindre ta colère.

---

* « Amictus lumine sicut vestimento..... Qui ambulas super pennas vento-
« rum. (Ps. CIII, 2 et 4.) — « Et ascendit super cherubim, et volavit, et
« lapsus est super pennas venti.» (*Reg.* XXII, V, 11.)

Qu'ils soient comme la poudre et la paille légère
Que le vent chasse devant lui *.

TOUT LE CHŒUR.

Tu vois nos pressants dangers,
Donne à ton nom la victoire;
Ne souffre point que ta gloire
Passe à des dieux étrangers.

(Act. I, sc. 5.)

ÉLISE.

Que vous semble, mes sœurs, de l'état où nous sommes?
D'Esther, d'Aman, qui le doit emporter?
Est-ce Dieu, sont-ce les hommes,
Dont les œuvres vont éclater?
Vous avez vu quelle ardente colère
Allumait de ce roi le visage sévère.

UNE ISRAÉLITE.

Des éclairs de ses yeux l'œil était ébloui.

UNE AUTRE.

Et sa voix m'a paru comme un tonnerre horrible.

---

* « Sint tanquam pulvis ante faciem venti. » (Ps. XXIV, 5.) — « Et sicut « stipulam ante faciem venti » (Ps. LXXXII, 12.) Il est curieux et instructif d'observer avec quel art deux grands poètes, ayant à rendre la même idée dans des sujets différents, ont su choisir la couleur la plus convenable, et l'harmonie propre au sujet. Les vers de Racine, qui sont une imprécation contre les méchants, respirent un ton plus véhément, une harmonie plus vigoureuse et plus fière que ceux de J.-B. Rousseau, qui n'expriment qu'une plainte touchante, et dont la teinte doit être douce et mélancolique :

Et votre souffle m'enlève
De la terre des vivants,
Comme la feuille séchée,
Qui, de sa tige arrachée,
Devient le jouet des vents.

(*Cant. d'Ézéchias.*)

GEOFFROY, *Commentaire sur Racine.*

BIBLE.

ÉLISE.

Comment ce courroux si terrible
En un moment s'est-il évanoui?

UNE ISRAÉLITE.

Un moment a changé ce courage inflexible :
Le lion rugissant est un agneau paisible.
Dieu, notre Dieu sans doute a versé dans son cœur
    Cet esprit de douceur.

LE CHOEUR.

Dieu, notre Dieu sans doute a versé dans son cœur
    Cet esprit de douceur.

LA MÊME ISRAÉLITE.

    Tel qu'un ruisseau docile
Obéit à la main qui détourne son cours,
Et, laissant de ses eaux partager le secours,
    Va rendre tout un champ fertile :
Dieu, de nos volontés arbitre souverain,
    Le cœur des rois est ainsi dans ta main.

ÉLISE.

Ah! que je crains, mes sœurs, les funestes nuages
    Qui de ce prince obscurcissent les yeux !
Comme il est aveuglé du culte de ses dieux !

UNE ISRAÉLITE.

Il n'atteste jamais que leurs noms odieux.

UNE AUTRE.

Aux feux inanimés dont se parent les cieux
    Il rend de profanes hommages.

UNE AUTRE.

Tout son palais est plein de leurs images.

LE CHOEUR.

Malheureux, vous quittez le maître des humains
    Pour adorer l'ouvrage de vos mains !

UNE ISRAÉLITE.

Dieu d'Israël, dissipe enfin cette ombre :
Des larmes de tes saints quand seras-tu touché?
Quand sera le voile arraché
Qui sur tout l'univers jette une nuit si sombre?
Dieu d'Israël, dissipe enfin cette ombre :
Jusqu'à quand seras-tu caché?

UNE DES PLUS JEUNES ISRAÉLITES.

Parlons plus bas, mes sœurs. Ciel! si quelqu'infidèle,
Écoutant nos discours, nous allait déceler!

ÉLISE.

Quoi! fille d'Abraham, une crainte mortelle
Semble déjà vous faire chanceler!
Hé! si l'impie Aman, dans sa main homicide
Faisant luire à vos yeux un glaive menaçant,
A blasphémer le nom du Tout-Puissant
Voulait forcer votre bouche timide!

UNE AUTRE ISRAÉLITE.

Peut-être Assuérus, frémissant de courroux,
Si nous ne courbons les genoux
Devant une muette idole,
Commandera qu'on nous immole :
Chère sœur, que choisirez-vous?

LA JEUNE ISRAÉLITE.

Moi, je pourrais trahir le Dieu que j'aime!
J'adorerais un Dieu sans force et sans vertu,
Reste d'un tronc par les vents abattu,
Qui ne peut se sauver lui-même!

LE CHOEUR.

Dieux impuissants, dieux sourds, tous ceux qui vous implorent
Ne seront jamais entendus :
Que les démons et ceux qui les adorent,
Soient à jamais détruits et confondus!

BIBLE.

UNE ISRAÉLITE.

Que ma bouche et mon cœur, et tout ce que je suis,
Rendent honneur au Dieu qui m'a donné la vie.
  Dans les craintes, dans les ennuis,
 En ses bontés mon âme se confie.
Veut-il par mon trépas que je le glorifie?
Que ma bouche et mon cœur, et tout ce que je suis,
Rendent honneur au Dieu qui m'a donné la vie.

ÉLISE.

Je n'admirai jamais la gloire de l'impie.

UNE AUTRE ISRAÉLITE.

Au bonheur du méchant qu'une autre porte envie.

ÉLISE.

  Tous ses jours paraissent charmants;
  L'or éclate en ses vêtements;
Son orgueil est sans borne ainsi que sa richesse;
Jamais l'air n'est troublé de ses gémissements;
Il s'endort, il s'éveille au son des instruments;
  Son cœur nage dans la mollesse.

UNE AUTRE ISRAÉLITE.

  Pour comble de prospérité,
Il espère revivre en sa postérité;
Et d'enfants à sa table une riante troupe
Semble boire avec lui la joie à pleine coupe.

LE CHŒUR.

 Heureux, dit-on, le peuple florissant
 Sur qui ces biens coulent en abondance.
  Plus heureux le peuple innocent
Qui dans le Dieu du ciel a mis sa confiance!

UNE ISRAÉLITE.

 Pour contenter ses frivoles désirs
L'homme insensé vainement se consume,

Il trouve l'amertume
Au milieu des plaisirs.

UNE AUTRE.

Le bonheur de l'impie est toujours agité :
Il erre à la merci de sa propre inconstance.
Ne cherchons la félicité
Que dans la paix de l'innocence.

LA MÊME, *avec une autre.*

O douce paix !
O lumière éternelle !
Beauté toujours nouvelle !
Heureux le cœur épris de tes attraits !
O douce paix !
O lumière éternelle !
Heureux le cœur qui ne te perd jamais !

LE CHOEUR.

O douce paix !
O lumière éternelle !
Beauté toujours nouvelle !
O douce paix !
Heureux le cœur qui ne te perd jamais !

LA MÊME, *seule.*

Nulle paix pour l'impie. Il la cherche, elle fuit ;
Et le calme en son cœur ne trouve point de place.
Le glaive au dehors le poursuit,
Le remords au dedans le glace.

UNE AUTRE.

La gloire des méchants en un moment s'éteint ;
L'affreux tombeau pour jamais les dévore.
Il n'en est pas ainsi de celui qui te craint ;
Il renaîtra, mon Dieu, plus brillant que l'aurore.

LE CHOEUR.

O douce paix!
Heureux le cœur qui ne te perd jamais!

(Act. II, sc. 9.)

UNE DES ISRAÉLITES.

C'est Aman.

UNE AUTRE.

C'est lui-même; et j'en frémis, ma sœur.

LA PREMIÈRE.

Mon cœur de crainte et d'horreur se resserre.

L'AUTRE.

C'est d'Israël le superbe oppresseur.

LA PREMIÈRE.

C'est celui qui trouble la terre.

ÉLISE.

Peut-on, en le voyant, ne le connaître pas!
L'orgueil et le dédain sont peints sur son visage.

UNE ISRAÉLITE.

On lit dans ses regards sa fureur et sa rage.

UNE AUTRE.

Je croyais voir marcher la mort devant ses pas.

UNE DES PLUS JEUNES.

Je ne sais si ce tigre a reconnu sa proie:
Mais, en nous regardant, mes sœurs, il m'a semblé
Qu'il avait dans les yeux une barbare joie,
Dont tout mon sang est encore troublé.

ÉLISE.

Que ce nouvel honneur va croître son audace!
Je le vois, mes sœurs, je le voi:
A la table d'Esther, l'insolent près du roi
A déjà pris sa place.

UNE DES ISRAÉLITES.

Ministres du festin, de grace, dites-nous,

Quels mets à ce cruel, quel vin préparez-vous?
UNE AUTRE.
Le sang de l'orphelin,
UNE TROISIÈME.
Les pleurs des misérables,
LA SECONDE.
Sont ses mets les plus agréables.
LA TROISIÈME.
C'est son breuvage le plus doux.
ÉLISE.
Chères sœurs, suspendez la douleur qui vous presse.
Chantons, on nous l'ordonne; et que puissent nos chants
Du cœur d'Assuérus adoucir la rudesse,
Comme autrefois David, par ses accords touchants,
Calmait d'un roi jaloux la sauvage tristesse.
UNE ISRAÉLITE.
Que le peuple est heureux,
Lorsqu'un roi généreux,
Craint dans tout l'univers, veut encore qu'on l'aime!
Heureux le peuple, heureux le roi lui-même!
TOUT LE CHOEUR.
O repos! ô tranquillité!
O d'un parfait bonheur assurance éternelle
Quand la suprême autorité
Dans ses conseils a toujours auprès d'elle
La justice et la vérité!
UNE ISRAÉLITE.
Rois, chassez la calomnie:
Ses criminels attentats
Des plus paisibles états
Troublent l'heureuse harmonie.
Sa fureur, de sang avide,

BIBLE.

Poursuit par tout l'innocent.
Rois, prenez soin de l'absent
Contre sa langue homicide.

De ce monstre si farouche
Craignez la feinte douceur:
La vengeance est dans son cœur,
Et la pitié dans sa bouche.

La fraude adroite et subtile
Sème de fleurs son chemin :
Mais sur ses pas vient enfin
Le repentir inutile.

UNE AUTRE.

D'un souffle l'aquilon écarte les nuages,
  Et chasse au loin la foudre et les orages:
Un roi sage, ennemi du langage menteur,
Écarte d'un regard le perfide imposteur.

UNE AUTRE.

J'admire un roi victorieux,
Que sa valeur conduit triomphant en tous lieux :
  Mais un roi sage et qui hait l'injustice,
  Qui, sous la loi du riche impérieux,
  Ne souffre point que le pauvre gémisse,
    Est le plus beau présent des cieux.

UNE AUTRE.

La veuve en sa défense espère ;

UNE AUTRE.

De l'orphelin il est le père ;

TOUTES ENSEMBLE.

Et les larmes du juste implorant son appui
  Sont précieuses devant lui*.

---

* Rousseau a presque copié ces vers (Liv. I, od. 5) :
  Et les larmes de l'innocence
  Sont précieuses devant lui.

F.

UNE ISRAÉLITE.

Détourne, roi puissant, détourne tes oreilles
    De tout conseil barbare et mensonger.
      Il est temps que tu t'éveilles :
Dans le sang innocent ta main va se plonger,
      Pendant que tu sommeilles.
Détourne, roi puissant, détourne tes oreilles
    De tout conseil barbare et mensonger.

UNE AUTRE.

Ainsi puisse sous toi trembler la terre entière !
Ainsi puisse à jamais contre tes ennemis,
Le bruit de ta valeur te servir de barrière !
S'ils t'attaquent, qu'ils soient en un moment soumis ;
    Que de ton bras la force les renverse ;
    Que de ton nom la terreur les disperse :
Que tout leur camp nombreux soit devant tes soldats
    Comme d'enfants une troupe inutile ;
Et si par un chemin il entre en tes états,
    Qu'il en sorte par plus de mille.

                        (Act. III, sc. 3.)

TOUT LE CHOEUR.

    Dieu fait triompher l'innocence,
    Chantons, célébrons sa puissance.

UNE ISRAÉLITE.

Il a vu contre nous les méchants s'assembler,
    Et notre sang prêt à couler ;
Comme l'eau sur la terre ils allaient le répandre * :
    Du haut du ciel sa voix s'est fait entendre ;
      L'homme superbe est renversé,
      Ses propres flèches l'ont percé.

---

* « Effuderunt sanguinem eorum tanquam aquam. » (Ps. LXXVIII, 3)

BIBLE.

UNE AUTRE.

J'ai vu l'impie adoré sur la terre ;
Pareil au cèdre il cachait dans les cieux
Son front audacieux ;
Il semblait à son gré gouverner le tonnerre,
Foulait aux pieds ses ennemis vaincus :
Je n'ai fait que passer, il n'était déjà plus*.

UNE AUTRE.

On peut des plus grands rois surprendre la justice :
Incapables de tromper,
Ils ont peine à s'échapper
Des pièges de l'artifice.
Un cœur noble ne peut soupçonner en autrui
La bassesse et la malice
Qu'il ne sent point en lui.

UNE AUTRE.

Comment s'est calmé l'orage?

UNE AUTRE.

Quelle main salutaire a chassé le nuage?

TOUT LE CHOEUR.

L'aimable Esther a fait ce grand ouvrage.

UNE ISRAÉLITE.

De l'amour de son Dieu son cœur s'est embrasé ;
Au péril d'une mort funeste
Son zèle ardent s'est exposé ;
Elle a parlé : le ciel a fait le reste.

---

* Boileau disait « que la sublimité des psaumes était l'écueil de tous les « traducteurs ; que leur majestueuse tranquillité ne pouvait être rendue que « bien difficilement par la plume des plus grands maitres ; qu'elle avait sou- « vent désespéré M. Racine ; qu'il était venu pourtant à bout de traduire ad- « mirablement cet endroit du psalmiste : « *Vidi impium superexaltatum, et* « *elevatum sicut cedros Libani ; et transivi, et ecce non erat.* » (Psalm. XXXVI, 35 et 36.)   LUNEAU BOISGERMAIN.

DEUX ISRAÉLITES.

Esther a triomphé des filles des Persans :
La nature et le ciel à l'envi l'ont ornée.

L'UNE DES DEUX.

Tout ressent de ses yeux les charmes innocents.
Jamais tant de beauté fut-elle couronnée?

L'AUTRE.

Les charmes de son cœur sont encor plus puissants.
Jamais tant de vertu fut-elle couronnée?

TOUTES DEUX *ensemble*.

Esther a triomphé des filles des Persans :
La nature et le ciel à l'envi l'ont ornée.

UNE ISRAÉLITE.

Ton Dieu n'est plus irrité ;
Réjouis-toi Sion, et sors de ta poussière* ;
Quitte les vêtements de la captivité,
Et reprends ta splendeur première.
Les chemins de Sion à la fin sont ouverts :
Rompez vos fers,
Tribus captives ;
Troupes fugitives,
Repassez les monts et les mers ;
Rassemblez-vous des bouts de l'univers.

TOUT LE CHOEUR.

Rompez vos fers,
Tribus captives ;
Troupes fugitives,
Repassez les monts et les mers ;
Rassemblez-vous des bouts de l'univers.

UNE ISRAÉLITE.

Je reverrai ces campagnes si chères.

* « Consurge, consurge; induere fortitudine tuâ, Sion, induere vesti-
« mentis gloriæ tuæ... Excutere de pulvere, consurge, sede, Jerusalem,
« solve vincula colli tui, captiva filia Sion. » (*Isaï*. LII, 1 et 2.)

UNE AUTRE.

J'irai pleurer au tombeau de mes pères.

TOUT LE CHOEUR.

Repassez les monts et les mers ;
Rassemblez-vous des bouts de l'univers.

UNE ISRAÉLITE.

Relevez, relevez les superbes portiques
Du temple où notre Dieu se plaît d'être adoré :
Que de l'or le plus pur son autel soit paré,
Et que du sein des monts le marbre soit tiré.
Liban, dépouille-toi de tes cèdres antiques :
Prêtres sacrés, préparez vos cantiques.

UNE AUTRE.

Dieu descend, et revient habiter parmi nous :
Terre, frémis d'allégresse et de crainte ;
Et vous, sous sa majesté sainte,
Cieux, abaissez-vous [*].

UNE AUTRE.

Que le Seigneur est bon, que son joug est aimable !
Heureux qui dès l'enfance en connaît la douceur !
Jeune peuple, courez à ce maître adorable :
Les biens les plus charmants n'ont rien de comparable
Aux torrents de plaisirs qu'il répand dans un cœur.
Que le Seigneur est bon ! que son joug est aimable !
Heureux qui dès l'enfance en connaît la douceur !

---

[*] Cette image sublime des cieux qui s'abaissent est empruntée du deuxième livre des *Rois*, XXII, 10, et du ps. XVII, 10 : « *Inclinavit cœlos.* » Après Racine, Voltaire et J.-B. Rousseau s'en sont emparés : le premier a dit dans *la Henriade*, chant V :

Viens ; des cieux enflammés abaisse la hauteur.

Et l'autre s'exprime ainsi, dans sa huitième ode sacrée :

Lève ton bras, lance ta flamme,
Abaisse la hauteur des cieux.

GEOFFROY, *Commentaire sur Racine.*

UNE AUTRE.

Il s'apaise, il pardonne :
Du cœur ingrat qui l'abandonne
Il attend le retour ;
Il excuse notre faiblesse :
A nous chercher même il s'empresse :
Pour l'enfant qu'elle a mis au jour
Une mère a moins de tendresse.
Ah ! qui peut avec lui partager notre amour !

TROIS ISRAÉLITES.

Il nous fait remporter une illustre victoire.

L'UNE DES TROIS.

Il nous a révélé sa gloire.

TOUTES TROIS, *ensemble*.

Ah ! qui peut avec lui partager notre amour !

TOUT LE CHOEUR.

Que son nom soit béni ; que son nom soit chanté ;
Que l'on célèbre ses ouvrages
Au-delà des temps et des âges,
Au-delà de l'éternité*.

(Act. III, sc. dernière.)

II. Chœurs d'Athalie de Racine.

LE CHOEUR.

Tout l'univers est plein de sa magnificence ;
Qu'on l'adore ce Dieu ; qu'on l'invoque à jamais :
Son empire a des temps précédé la naissance ;
Chantons, publions ses bienfaits.

UNE VOIX, *seule*.

En vain l'injuste violence
Au peuple qui le loue imposerait silence ;

---

* On ne passerait pas une pareille idée, si elle n'était pas de l'Écriture, et inspirée par l'enthousiasme prophétique : *Regnabit Dominus in æternum et ultrà*.   GEOFFROY, *Commentaire sur Racine*.

Son nom ne périra jamais.
Le jour annonce au jour sa gloire et sa puissance *,
Tout l'univers est plein de sa magnificence :
Chantons, publions ses bienfaits.

TOUT LE CHOEUR *répète.*

Tout l'univers est plein de sa magnificence :
Chantons, publions ses bienfaits.

UNE VOIX, *seule.*

Il donne aux fleurs leur aimable peinture;
Il fait naître et mûrir les fruits,
Il leur dispense avec mesure,
Et la chaleur des jours et la fraîcheur des nuits :
Le champ qui les reçut les rend avec usure.

UNE AUTRE.

Il commande au soleil d'animer la nature,
Et la lumière est un don de ses mains :
Mais sa loi sainte, sa loi pure
Est le plus riche don qu'il ait fait aux humains.

UNE AUTRE.

O mont de Sinaï, conserve la mémoire
De ce jour à jamais auguste et renommé,
Quand, sur ton sommet enflammé,
Dans un nuage épais le Seigneur enfermé
Fit luire aux yeux mortels un rayon de sa gloire.
Dis-nous pourquoi ces feux et ces éclairs,
Ces torrents de fumée, et ce bruit dans les airs,
Ces trompettes et ce tonnerre :
Venait-il renverser l'ordre des éléments?

---

* « *Dies diei eructat verbum.* » (Ps. XVIII, 2.) Rousseau, traduisant le même passage, a dit :

Le jour au jour la révèle.
. La nuit l'annonce à la nuit.

(Liv. I, od, 2.)   F.

Sur ses antiques fondements
Venait-il ébranler la terre?

UNE AUTRE.

Il venait révéler aux enfants des Hébreux
De ses préceptes saints la lumière immortelle;
Il venait à ce peuple heureux
Ordonner de l'aimer d'une amour éternelle.

TOUT LE CHOEUR.

O divine, ô charmante loi!
O justice, ô bonté suprême!
Que de raisons, quelle douceur extrême
D'engager à ce Dieu son amour et sa foi!

UNE VOIX, *seule*.

D'un joug cruel il sauva nos aïeux,
Les nourrit au désert d'un pain délicieux!
Il nous donne ses lois, il se donne lui-même :
Pour tant de biens, il commande qu'on l'aime.

LE CHOEUR.

O justice, ô bonté suprême!

LA MÊME VOIX.

Des mers pour eux il entr'ouvrit les eaux;
D'un aride rocher fit sortir des ruisseaux;
Il nous donne ses lois, il se donne lui-même :
Pour tant de biens il commande qu'on l'aime.

LE CHOEUR.

O divine, ô charmante loi!
Que de raisons, quelle douceur extrême
D'engager à ce Dieu son amour et sa foi!

UNE AUTRE VOIX, *seule*.

Vous qui ne connaissez qu'une crainte servile,
Ingrats, un Dieu si bon ne peut-il vous charmer?
Est-il donc à vos cœurs, est-il si difficile
Et si pénible de l'aimer?

L'esclave craint le tyran qui l'outrage;
Mais des enfants l'amour est le partage :
Vous voulez que ce Dieu vous comble de bienfaits,
    Et ne l'aimer jamais!

        TOUT LE CHOEUR.
    O divine, ô charmante loi!
    O justice, ô bonté suprême!
Que de raisons, quelle douceur extrême
D'engager à ce Dieu son amour et sa foi!
                    (Act. I. sc. 4.)

        UNE DES FILLES DU CHOEUR.
    Quel astre à nos yeux vient de luire?
Quel sera quelque jour cet enfant merveilleux?
        Il brave le faste orgueilleux,
        Et ne se laisse point séduire
        A tous ses attraits périlleux.

            UNE AUTRE.
    Pendant que du dieu d'Athalie
    Chacun court encenser l'autel,
    Un enfant courageux publie
    Que Dieu lui seul est éternel,
    Et parle comme un autre Élie,
    Devant cette autre Jézabel.

            UNE AUTRE.
Qui nous révèlera ta naissance secrète,
Cher enfant? Es-tu fils de quelque saint prophète?
            UNE AUTRE.
    Ainsi l'on vit l'aimable Samuel
        Croître à l'ombre du tabernacle:
Il devint des Hébreux l'espérance et l'oracle.
Puisses-tu, comme lui, consoler Israël!
            UNE AUTRE
    O bienheureux mille fois

L'enfant que le Seigneur aime,
Qui de bonne heure entend sa voix,
Et que ce Dieu daigne instruire lui-même!
Loin du monde élevé, de tous les dons des cieux
Il est orné dès sa naissance;
Et du méchant l'abord contagieux
N'altère point son innocence.

TOUT LE CHOEUR.

Heureuse, heureuse l'enfance
Que le Seigneur instruit et prend sous sa défense!

LA MÊME VOIX, *seule*.

Tel en un secret vallon,
Sur le bord d'une onde pure,
Croît, à l'abri de l'aquilon,
Un jeune lis, l'amour de la nature.
Loin du monde élevé, de tous les dons des cieux
Il est orné dès sa naissance;
Et du méchant l'abord contagieux
N'altère point son innocence.

TOUT LE CHOEUR.

Heureux, heureux mille fois
L'enfant que le Seigneur rend docile à ses lois!

UNE VOIX, *seule*.

Mon Dieu, qu'une vertu naissante
Parmi tant de périls marche à pas incertains!
Qu'une âme qui te cherche et veut être innocente
Trouve d'obstacle à ses desseins!
Que d'ennemis lui font la guerre!
Où se peuvent cacher tes saints?
Les pécheurs couvrent la terre.

UNE AUTRE.

O palais de David, et sa chère cité,
Mont fameux, que Dieu même a long-temps habité,

Comment as-tu du ciel attiré la colère?
Sion, chère Sion, que dis-tu quand tu vois
  Une impie étrangère
  Assise, hélas! au trône de tes rois?

    TOUT LE CHOEUR.

Sion, chère Sion, que dis-tu quand tu vois
  Une impie étrangère
  Assise, hélas! au trône de tes rois?

    LA MÊME VOIX *continue.*

  Au lieu des cantiques charmants
Où David t'exprimait ses saints ravissements,
Et bénissait son Dieu, son Seigneur, et son père;
Sion, chère Sion, que dis-tu quand tu vois
  Louer le dieu de l'impie étrangère,
Et blasphémer le nom qu'ont adoré tes rois?

    UNE VOIX, *seule.*

Combien de temps, Seigneur, combien de temps encore
Verrons-nous contre toi les méchants s'élever?
Jusque dans ton saint temple ils viennent te braver;
Ils traitent d'insensé le peuple qui t'adore.
Combien de temps, Seigneur, combien de temps encore
Verrons-nous contre toi les méchants s'élever?

    UNE AUTRE.

Que vous sert, disent-ils, cette vertu sauvage?
  De tant de plaisirs si doux
  Pourquoi fuyez-vous l'usage?
  Votre Dieu ne fait rien pour vous.

    UNE AUTRE.

Rions, chantons, dit cette troupe impie;
De fleurs en fleurs, de plaisirs en plaisirs,
  Promenons nos désirs.

---

* « Usquequò peccatores, Domine, usquequò peccatores gloriabuntur
« et loquentur iniquitatem? » (Ps. XCIII, 3.)   F.

Sur l'avenir insensé qui se fie.
De nos ans passagers le nombre est incertain :
Hâtons-nous aujourd'hui de jouir de la vie;
Qui sait si nous serons demain?

TOUT LE CHOEUR.

Qu'ils pleurent, ô mon Dieu, qu'ils frémissent de crainte,
Ces malheureux, qui de ta cité sainte
Ne verront point l'éternelle splendeur.
C'est à nous de chanter, nous à qui tu révèles
Tes clartés immortelles,
C'est à nous de chanter tes dons et ta grandeur.

UNE VOIX, *seule*.

De tous ces vains plaisirs où leur âme se plonge,
Que leur restera-t-il? Ce qui reste d'un songe
Dont on a reconnu l'erreur.
A leur réveil, (ô réveil plein d'horreur!)
Pendant que le pauvre à ta table
Goûtera de ta paix la douceur ineffable,
Ils boiront dans la coupe affreuse, inépuisable,
Que tu présenteras, au jour de ta fureur,
A toute la race coupable.

TOUT LE CHOEUR.

O réveil plein d'horreur!
O songe peu durable!
O dangereuse erreur!

(Act. II, sc. 9.)

JOAD.

Mais d'où vient que mon cœur frémit d'un saint effroi?
Est-ce l'esprit divin qui s'empare de moi?
C'est lui-même : il m'échauffe, il parle; mes yeux s'ouvrent,
Et les siècles obscurs devant moi se découvrent.
Lévites, de vos sons prêtez-moi les accords,
Et de ses mouvements secondez les transports.

LE CHOEUR *chante au son de toute la symphonie des instruments.*

Que du Seigneur la voix se fasse entendre,
Et qu'à nos cœurs son oracle divin
  Soit ce qu'à l'herbe tendre
Est, au printemps, la fraîcheur du matin *.

JOAD.

Cieux, écoutez ma voix ; terre, prête l'oreille **.
Ne dis plus, ô Jacob, que ton Seigneur sommeille.
Pécheurs, disparaissez; le Seigneur se réveille.

Ici recommence la symphonie, et Joad aussitôt reprend la parole.

Comment en un plomb vil l'or pur s'est-il changé *** ?...
Quel est dans le lieu saint ce pontife égorgé **** ?...
Pleure, Jérusalem, pleure, cité perfide,
Des prophètes divins malheureuse homicide ;
De son amour pour toi ton Dieu s'est dépouillé ;
Ton encens à ses yeux est un encens souillé *****...
 Où menez-vous ces enfants et ces femmes ****** ?
Le Seigneur a détruit la reine des cités ******* :
Ses prêtres sont captifs, ses rois sont rejetés.
Dieu ne veut plus qu'on vienne à ses solennités ********.

---

* « Fluat ut ros eloquium meum, quasi imber super herbam. » (*Deuter.* XXXII, 2.)

** « Audite, cœli, quæ loquor; audiat terra verba oris mei » (*Deuter.* XXXII, 1.)

*** « Quomodò obscuratum est aurum, mutatus est color optimus. » (*Lament. Jerem.* IV, 1.)

**** Zacharie.

***** Dieu lui-même dit dans *Isaïe*, I, 13 : « Incensum abominatio est.

****** Captivité de Babylone.

******* « Facta est quasi vidua domina gentium; princeps provinciarum « facta est sub tributo. » (*Lament. Jér.* I, 1.)

******** « Calendas vestras et solemnitates vestras odivit anima mea : facta « sunt mihi molesta, laboravi sustinens. » (*Isaï.* II, 14.)

Temple, renverse-toi. Cèdres, jetez des flammes.
  Jérusalem, objet de ma douleur,
Quelle main en un jour t'a ravi tous tes charmes?
Qui changera mes yeux en deux sources de larmes *
   Pour pleurer ton malheur?

AZARIAS.

O saint temple!

JOSABET.

  O David!

LE CHOEUR.

    Dieu de Sion, rappelle,
Rappelle en sa faveur tes antiques bontés.

La symphonie recommence, et Joad un moment après l'interrompt.

JOAD.

  Quelle Jérusalem nouvelle **
Sort du fond du désert brillante de clartés,
Et porte sur le front une marque immortelle?
  Peuples de la terre, chantez.
Jérusalem renaît plus charmante et plus belle *** :
  D'où lui viennent de tous côtés
Ces enfants qu'en son sein elle n'a point portés **** ?
Lève, Jérusalem, lève ta tête altière;
Regarde tous ces rois de ta gloire étonnés :
Les rois des nations, devant toi prosternés,
  De tes pieds baisent la poussière :
Les peuples à l'envi marchent à ta lumière.
Heureux qui pour Sion d'une sainte ferveur
  Sentira son âme embrasée!

---

* « Quis dabit capiti meo aquam, et oculis meis fontem lacrymarum » (*Jerem.* IX, v. 1.)

** « Quæ est ista quæ ascendit per desertum sicut virgulta fumi ex aromatibus mirrhæ et thuris, et universi pulveris pigmentarii? » (*Cant. Cant.* III, 6.)

*** L'Église.

**** Les Gentils.

Cieux, répandez votre rosée,
  Et que la terre enfante son sauveur*!
JOSABET.

Hélas! d'où nous viendra cette insigne faveur,
Si les rois de qui doit descendre ce sauveur?...
JOAD.

Préparez, Josabet, le riche diadème
Que sur son front sacré David porta lui-même.
Aux lévites.

Et vous, pour vous armer suivez-moi dans ces lieux
Où se garde caché, loin des profanes yeux,
Ce formidable amas de lances et d'épées,
Qui du sang philistin jadis furent trempées,
Et que David vainqueur, d'ans et d'honneurs chargé,
Fit consacrer au Dieu qui l'avait protégé.
Peut-on les employer pour un plus noble usage?
Venez, je veux moi-même en faire le partage.
SALOMITH.

Que de craintes, mes sœurs, que de troubles mortels!
  Dieu tout-puissant, sont-ce là les prémices,
    Les parfums et les sacrifices
Qu'on devait en ce jour offrir sur tes autels?
UNE DES FILLES DU CHOEUR.

  Quel spectacle à nos yeux timides!
  Qui l'eût cru qu'on dût voir jamais
Les glaives meurtriers, les lances homicides
    Briller dans la maison de paix?
UNE AUTRE.

D'où vient que, pour son Dieu pleine d'indifférence,

---

* « Rorate, cœli, desuper, et nubes pluant justum; aperiatur terra, et
« germinet salvatorem. » (*Isaï.* XLV, 8.)

Toute cette prophétie, composée de passages de l'Écriture très bien liés
ensemble, est peut-être le plus beau morceau de poésie lyrique qu'il y ait en
notre langue. GEOFFROY, *Commentaires sur Racine.*

Jérusalem se tait en ce pressant danger?
D'où vient, mes sœurs, que, pour nous protéger,
Le brave Abner au moins ne rompt pas le silence?

SALOMITH.

Hélas! dans une cour où l'on n'a d'autres lois
Que la force et la violence,
Où les honneurs et les emplois
Sont le prix d'une aveugle et basse obéissance,
Ma sœur, pour la triste innocence
Qui voudrait élever sa voix?

UNE AUTRE.

Dans ce péril, dans ce désordre extrême,
Pour qui prépare-t-on le sacré diadème?

SALOMITH.

Le Seigneur a daigné parler;
Mais ce qu'à son prophète il vient de révéler,
Qui pourra nous le faire entendre?
S'arme-t-il pour nous défendre?
S'arme-t-il pour nous accabler?

TOUT LE CHOEUR.

O promesse! ô menace! ô ténébreux mystère!
Que de maux, que de biens sont prédits tour à tour!
Comment peut-on avec tant de colère
Accorder tant d'amour?

UNE VOIX, *seule.*

Sion ne sera plus; une flamme cruelle
Détruira tous ses ornements.

UNE AUTRE VOIX.

Dieu protège Sion; elle a pour fondements
Sa parole éternelle.

LA PREMIÈRE.

Je vois tout son éclat disparaître à mes yeux.

LA SECONDE.

Je vois de toutes parts sa clarté répandue.

LA PREMIÈRE.

Dans un gouffre profond Sion est descendue.

LA SECONDE.

Sion a son front dans les cieux.

LA PREMIÈRE.

Quel triste abaissement !

LA SECONDE.

Quelle immortelle gloire !

LA PREMIÈRE.

Que de cris de douleur !

LA SECONDE.

Que de chants de victoire*!

UNE TROISIÈME.

Cessons de nous troubler; notre Dieu, quelque jour,
Dévoilera ce grand mystère!

TOUTES TROIS.

Révérons sa colère;
Espérons en son amour.

UNE AUTRE.

D'un cœur qui t'aime,
Mon Dieu, qui peut troubler la paix?
Il cherche en tout ta volonté suprême,
Et ne se cherche jamais.
Sur la terre, dans le ciel même,
Est-il d'autre bonheur que la tranquille paix
D'un cœur qui t'aime?

(Act. III, sc. 7 et 8.)

---

* N'est-il pas admirable que Racine ait trouvé le secret de reproduire dans un simple chœur, les plus grandes beautés du dialogue de Polyeucte et de Pauline ? (GEOFFROY, *Commentaire sur Racine*.)

LE CHOEUR.

Partez, enfants d'Aaron, partez:
Jamais plus illustre querelle
De vos aïeux n'arma le zèle.
Partez, enfants d'Aaron, partez:
C'est votre roi, c'est Dieu pour qui vous combattez.

UNE VOIX.

Où sont les traits que tu lances,
Grand Dieu, dans ton juste courroux?
N'es-tu plus le Dieu jaloux?
N'es-tu plus le Dieu des vengeances?

UNE AUTRE.

Où sont, Dieu de Jacob, tes antiques bontés?
Dans l'horreur qui nous environne,
N'entends-tu que la voix de nos iniquités?
N'es-tu plus le Dieu qui pardonne?

LE CHOEUR.

Où sont, Dieu de Jacob, tes antiques bontés!

UNE VOIX.

C'est à toi que, dans cette guerre,
Les flèches des méchants prétendent s'adresser.
Faisons, disent-ils, cesser
Les fêtes de Dieu sur la terre *;
De son joug importun délivrons les mortels;
Massacrons tous ses saints; renversons ses autels;
Que de son nom, que de sa gloire
Il ne reste plus de mémoire;
Que ni lui, ni son Christ ne règnent plus sur nous.

LE CHOEUR.

Où sont les traits que tu lances,
Grand Dieu, dans ton juste courroux?

---

* « Quiescere faciamus omnes dies festos Dei à terrâ.» (Ps. LXXIII, 8.)

BIBLE.

N'es-tu plus le Dieu jaloux?
N'es-tu plus le Dieu des vengeances?

UNE VOIX.

Triste reste de nos rois,
Chère et dernière fleur d'une tige si belle,
Hélas! sous le couteau d'une mère cruelle
Te verrons-nous tomber une seconde fois!
Prince aimable, dis-nous si quelque ange, au berceau,
Contre tes assassins prit soin de te défendre;
Ou si dans la nuit du tombeau
La voix du Dieu vivant a ranimé ta cendre.

UNE AUTRE.

D'un père et d'un aïeul contre toi révoltés,
Grand Dieu, les attentats lui sont-ils imputés?
Est-ce que sans retour ta pitié l'abandonne?

LE CHOEUR.

Où sont, Dieu de Jacob, tes antiques bontés?
N'es-tu plus le Dieu qui pardonne?

UNE DES FILLES DU CHOEUR.

Chères sœurs, n'entendez-vous pas
Des cruels Tyriens la trompette qui sonne?

SALOMITH.

J'entends même les cris des barbares soldats,
Et d'horreur j'en frissonne.
Courons, fuyons, retirons-nous
A l'ombre salutaire
Du redoutable sanctuaire.

(Act. IV, sc. 6.)

III. *Caractère du juste.*

Seigneur, dans ta gloire adorable
Quel mortel est digne d'entrer?
Qui pourra, grand Dieu, pénétrer

Ce sanctuaire impénétrable *,
Où tes saints inclinés, d'un œil respectueux,
Contemplent de ton front l'éclat majestueux?

  Ce sera celui qui du vice
  Évite le sentier impur;
  Qui marche d'un pas ferme et sûr
  Dans le chemin de la justice;
Attentif et fidèle à distinguer sa voix,
Intrépide et sévère à maintenir ses lois.

  Ce sera celui dont la bouche
  Rend hommage à la vérité;
  Qui, sous un air d'humanité,
  Ne cache point un cœur farouche;
Et qui, par des discours faux et calomnieux,
Jamais à la vertu n'a fait baisser les yeux:

  Celui devant qui le superbe,
  Enflé d'une vaine splendeur,
  Paraît plus bas, dans sa grandeur,
  Que l'insecte caché sous l'herbe:
Qui, bravant du méchant le faste couronné,
Honore la vertu du juste infortuné;

  Celui, dis-je, dont les promesses
  Sont un gage toujours certain:
  Celui qui d'un infâme gain
  Ne sait point grossir ses richesses:
Celui qui, sur les dons du coupable puissant,
N'a jamais décidé du sort de l'innocent.

---

 * Racine avait dit, dans *Athalie* (act. II, sc. 5),
  Pour *réparer* des ans *l'irréparable* outrage.
Un habile professeur, M. Piéton, d'Évreux, a traduit ce beau vers avec une grande fidélité:
  Annorum *reparans* nunquam *reparabile* damnum.

F.

BIBLE.

> Qui marchera dans cette voie,
> Comblé d'un éternel bonheur,
> Un jour, des élus du Seigneur
> Partagera la sainte joie ;
> Et les frémissements de l'enfer irrité
> Ne pourront faire obstacle à sa félicité.
>
> <div align="right">J.-B. Rousseau, <i>Odes</i>, liv. I, od. 1,
tirée du ps. XIV.</div>

IV. L'ame s'élève à la connaissance de Dieu par la contemplation de ses ouvrages.

> Les cieux instruisent la terre
> A révérer leur auteur :
> Tout ce que leur globe enserre *
> Célèbre un Dieu créateur :
> Quel plus sublime cantique
> Que ce concert magnifique
> De tous les célestes corps !
> Quelle grandeur infinie !
> Quelle divine harmonie
> Résulte de leurs accords** !
>
> De sa puissance immortelle
> Tout parle, tout nous instruit :

* Vieux mot, *renferme*.

** M. de La Harpe n'approuve que les deux premiers vers de cette strophe, où il règne d'ailleurs une sorte de redondance emphatique bien éloignée de la simplicité si noble de l'original. « *Cœli enarrant gloriam Dei, et opera manuum ejus annuntiat firmamentum.* » Il trouve *résulte* prosaïque ; *grandeur infinie* et *divine harmonie* lui semblent des chevilles, et il blâme le *globe des cieux*, comme une expression très fausse. Cette dernière critique est un peu sévère, et a besoin d'être motivée. Le mot *globe* présente toujours à l'idée quelque chose de fini. On le dit très bien de la terre. On dit aussi *globe céleste* en parlant d'une sphère qui représente le ciel. Mais l'homme ne peut voir, dans cette étendue sans bornes qui lui offre l'apparence des cieux, qu'une immense voûte, que l'enveloppe de tout ce qui existe.

Les trois strophes suivantes, et sur-tout la troisième et la quatrième, sont d'une beauté achevée. DE WAILLY.

Le jour au jour la révèle,
La nuit l'annonce à la nuit*.
Ce grand et superbe ouvrage
N'est point pour l'homme un langage
Obscur et mystérieux :
Son admirable structure
Est la voix de la nature
Qui se fait entendre aux yeux**.

Dans une éclatante voûte,
Il a placé, de ses mains,
Ce soleil qui dans sa route
Éclaire tous les humains.
Environné de lumière,
Cet astre ouvre sa carrière
Comme un époux glorieux,
Qui dès l'aube matinale,
De sa couche nuptiale
Sort brillant et radieux.

L'univers, à sa présence,
Semble sortir du néant.
Il prend sa course, il s'avance
Comme un superbe géant.
Bientôt sa marche féconde
Embrasse le tour du monde
Dans le cercle qu'il décrit ;

---

* « *Dies diei eructat verbum,* » dit le Psalmiste. La langue française n'a pas d'expression qui puisse rendre l'énergie du mot *eructat*. Racine, dans *Athalie* (acte I, sc. 4), avait ainsi rendu ce passage :
   Le jour annonce au jour sa gloire et sa puissance.
                                                                                F.

** Un ancien commentateur des Psaumes avait déjà dit, en parlant de ce concert sublime de la nature : « *Inscriptus est omnium oculis.* » Peut-être est-ce là ce qui a donné à Rousseau l'idée heureuse, et si noblement hardie, d'une *voix qui se fait entendre aux yeux.*

AMAR, *Commentaire sur J.-B. Rousseau.*

Et, par sa chaleur puissante,
La nature languissante
Se ranime et se nourrit*.

O que tes œuvres sont belles,
Grand Dieu! quels sont tes bienfaits!
Que ceux qui te sont fidèles
 Sous ton joug trouvent d'attraits!
Ta crainte inspire la joie;
Elle assure notre voie;
Elle nous rend triomphants:
Elle éclaire la jeunesse,
Et fait briller la sagesse
Dans les plus faibles enfants.

Soutiens ma foi chancelante,
Dieu puissant; inspire-moi
Cette crainte vigilante
Qui fait pratiquer ta loi.
Loi sainte, loi désirable,
Ta richesse est préférable
A la richesse de l'or;
Et ta douceur est pareille
Au miel dont la jeune abeille
Compose son cher trésor!

Mais sans tes clartés sacrées,
 Qui peut connaître, Seigneur,
Les faiblesses égarées
Dans les replis de son cœur?
Prête-moi tes feux propices:
Viens m'aider à fuir les vices.

* Combien cette figure rapetisse la majesté de l'original : « *A summo cœlo
« egressio ejus, et occursus ejus usque ad summum ejus.* » Cet astre est parti
des hauteurs du ciel : « il s'est élancé comme un géant pour parcourir sa car-
« rière. Il arrive jusqu'à l'autre extrémité des cieux, et rien ne se dérobe à
« ses rayons.»   Amar, *Ibid.*

Qui s'attachent à mes pas :
Viens consumer par la flamme
Ceux que je vois dans mon âme,
Et ceux que je n'y vois pas.

Si de leur cruel empire
Tu veux dégager mes sens ;
Si tu daignes me sourire,
Mes jours seront innocents.

J'irai puiser sur ta trace
Dans les sources de ta grace ;
Et, de ses eaux abreuvé,
Ma gloire fera connaître
Que le Dieu qui m'a fait naître
Est le Dieu qui m'a sauvé.

Le même, Ibid, liv. I, od. 2,
tirée du ps. XVIII.

V. Sur l'aveuglement des hommes du siècle.

Qu'aux accents de ma voix la terre se réveille [*] !
Rois, soyez attentifs ; peuples, ouvrez l'oreille !
Que l'univers se taise, et m'écoute parler.
Mes chants vont seconder les accords de ma lyre ;
L'esprit saint me pénètre [**], il m'échauffe, il m'inspire
Les grandes vérités que je vais révéler.

[*] Ce début, dit Le Brun, décèle le poète lyrique tout entier ; et le choix du rythme ajoute beaucoup à son mérite. Racine avait déjà dit (dans *Athalie*, acte III. sc. 7) :

Cieux, écoutez ma voix, terre, prête l'oreille !

Cette magnifique exclamation est empruntée du beau cantique de Moïse : « *Audite, cœli, quod loquor, audiat terra verba oris mei.* » *Deuter.* XXXII.

Amar, Ibid.

[**] Mais d'où vient que mon cœur frémit d'un saint effroi ?
Est-ce l'esprit divin qui s'empare de moi ?
C'est lui-même ; il m'échauffe ; il parle, mes yeux s'ouvrent,
Et les siècles obscurs devant moi se découvrent.

Racine.

BIBLE.

L'homme en sa propre force a mis sa confiance ;
Ivre de ses grandeurs et de son opulence,
L'éclat de sa fortune enfle sa vanité.
Mais, ô moment terrible, ô jour épouvantable,
Où la mort saisira ce fortuné coupable,
Tout chargé des liens de son iniquité !

Que deviendront alors, répondez, grands du monde,
Que deviendront ces biens où votre espoir se fonde,
Et dont vous étalez l'orgueilleuse moisson ?
Sujets, amis, parents, tout deviendra stérile ;
Et, dans ce jour fatal, l'homme à l'homme inutile
Ne paîra point à Dieu le prix de sa rançon.

Vous avez vu tomber les plus illustres têtes ;
Et vous pourriez encore, insensés que vous êtes,
Ignorer le tribut que l'on doit à la mort !
Non, non, tout doit franchir ce terrible passage :
Le riche et l'indigent, l'imprudent et le sage,
Sujets à même loi, subissent même sort.

D'avides étrangers, transportés d'allégresse,
Engloutissent déjà toute cette richesse,
Ces terres, ces palais, de vos noms ennoblis.
Et que vous reste-t-il en ces moments suprêmes ?
Un sépulcre funèbre, où vos noms, où vous-mêmes
Dans l'éternelle nuit serez ensevelis.

Les hommes, éblouis de leurs honneurs frivoles,
Et de leurs vains flatteurs écoutant les paroles,
Ont de ces vérités perdu le souvenir :
Pareils aux animaux farouches et stupides,
Les lois de leur instinct sont leurs uniques guides,
Et pour eux le présent paraît sans avenir.

Un précipice affreux devant eux se présente ;
Mais toujours leur raison, soumise et complaisante,
Au-devant de leurs yeux met un voile imposteur.
Sous leurs pas cependant s'ouvrent les noirs abîmes,
Où la cruelle mort, les prenant pour victimes,
Frappe ces vils troupeaux dont elle est le pasteur*.

Là s'anéantiront ces titres magnifiques,
Ce pouvoir usurpé, ces ressorts politiques,
Dont le juste autrefois sentit le poids fatal :
Ce qui fit leur bonheur deviendra leur torture ;
Et Dieu, de sa justice apaisant le murmure**,
Livrera ces méchants au pouvoir infernal.

Justes, ne craignez point le vain pouvoir des hommes ;
Quelque élevés qu'ils soient, ils sont ce que nous sommes.
Si vous êtes mortels, ils le sont comme vous.
Nous avons beau vanter nos grandeurs passagères,
Il faut mêler sa cendre aux cendres de ses pères ;
Et c'est le même Dieu qui nous jugera tous.

Le même, Ibid, liv. I, od. 3,
tirée du ps. XLVIII.

* « Sicut oves, in inferno positi sunt, mors depascit eos » dit le Psalmiste. Young, à qui l'Écriture-Sainte était très familière, s'exprime ainsi dans une de ses <i>Nuits</i> : « Je vois une meute nombreuse d'hommes, tantôt poursuivants, « tantôt poursuivis, et tantôt la proie de l'un et de l'autre jusqu'à ce que le « trépas, cet infatigable chasseur vienne les engloutir tous dans leur dernier « terrier. » F.

** Ce vers rappelle celui de Claudien, dans son poème contre Rufin,

Abstulit hunc tandem Rufini pœna tumultum,
Absolvitque deos.

Mais cette idée, de faire absoudre les dieux par la punition d'un scélérat est plus brillante que solide, et elle a même quelque chose d'injurieux pour la divinité. Le poète chrétien l'a épurée en la mettant en œuvre ; et sa pensée est aussi belle que juste. De Wailly.

BIBLE.

VI. Contre les hypocrites.

Si la loi du Seigneur vous touche,
Si le mensonge vous fait peur,
Si la justice en votre cœur
Règne aussi bien qu'en votre bouche ;
Parlez, fils des hommes, pourquoi
Faut-il qu'une haine farouche
Préside aux jugements que vous lancez sur moi?

C'est vous de qui les mains impures
Trament le tissu détesté
Qui fait trébucher l'équité
Dans le piège des impostures ;
Lâches, aux cabales vendus,
Artisans de fourbes obscures,
Habiles seulement à noircir les vertus.

L'hypocrite, en fraudes fertile,
Dès l'enfance est pétri de fard :
Il sait colorer avec art
Le fiel que sa bouche distille ;
Et la morsure du serpent
Est moins aiguë et moins subtile
Que le venin caché que sa langue répand.

En vain le sage les conseille,
Ils sont inflexibles et sourds ;
Leur cœur s'assoupit aux discours
De l'équité qui les réveille :
Plus insensibles et plus froids
Que l'aspic, qui ferme l'oreille
Aux sons mélodieux d'une touchante voix.

Mais de ces langues diffamantes

Dieu saura venger l'innocent.
Je le verrai, ce Dieu puissant,
Foudroyer leurs têtes fumantes.
Il vaincra ces lions ardents,
Et dans leurs gueules écumantes
Il plongera sa main, et brisera leurs dents.

Ainsi que la vague rapide
D'un torrent qui roule à grand bruit
Se dissipe et s'évanouit
Dans le sein de la terre humide ;
Ou comme l'airain enflammé
Fait fondre la cire fluide
Qui bouillonne à l'aspect du brasier allumé* :

Ainsi leurs grandeurs éclipsées
S'anéantiront à nos yeux ;
Ainsi la justice des cieux
Confondra leurs lâches pensées.
Leurs dards deviendront impuissants,
Et de leurs pointes émoussées
Ne pénètreront plus le sein des innocents.

Avant que leurs tiges célèbres
Puissent pousser des rejetons,
Eux-mêmes, tristes avortons,
Seront cachés dans les ténèbres ;
Et leur sort deviendra pareil
Au sort de ces oiseaux funèbres
Qui n'osent soutenir les regards du soleil.

C'est alors que de leur disgrace

---

* Rousseau rend ici littéralement, et avec un rare bonheur, le texte sacré,
« *Ad nihilum devenient, tanquàm aqua currens.... sicut cera quæ fluit au-*
« *ferentur.* » Amar, *Commentaire sur J.-B. Rousseau.*

BIBLE.

>Les justes riront à leur tour :
>C'est alors que viendra le jour
>De punir leur superbe audace ;
>Et que, sans paraître inhumains,
>Nous pourrons extirper leur race,
>Et laver dans leur sang nos innocentes mains *.

>Ceux qui verront cette vengeance
>Pourront dire avec vérité
>Que l'injustice et l'équité
>Tour à tour ont leur récompense ;
>Et qu'il est un Dieu dans les cieux
>Dont le bras soutient l'innocence,
>Et confond des méchants l'orgueil ambitieux.

Le même, Ibid, liv. I, od. 4,
tirée du ps. LVII.

VII. Image du bonheur temporel des méchants

>Béni soit le Dieu des armées
>Qui donne la force à mon bras,
>Et par qui mes mains sont formées
>Dans l'art pénible des combats !
>De sa clémence inépuisable
>Le secours prompt et favorable
>A fini mes oppressions :
>En lui j'ai trouvé mon asyle ;
>Et par lui d'un peuple indocile
>J'ai dissipé les factions.

---

* Racine s'exprime bien plus énergiquement encore, (*Athalie*, act. IV, sc. 3) en parlant de ces fameux lévites qui,

>De leurs plus chers parents *saintement homicides*,
>Consacrèrent leurs mains dans le sang des perfides.

Consacrer est ici la pensée de la religion et le mot de la poésie.

Amar, ibid

Qui suis-je! vile créature!
Qui suis-je, Seigneur! et pourquoi
Le souverain de la nature
S'abaisse-t-il jusques à moi?
L'homme en sa course passagère
N'est rien qu'une vapeur légère
Que le soleil fait dissiper :
Sa clarté n'est qu'une nuit sombre;
Et ses jours passent comme une ombre
Que l'œil suit et voit échapper.

Mais quoi! les périls qui m'obsèdent
Ne sont point encore passés!
De nouveaux ennemis succèdent
A mes ennemis terrassés!
Grand Dieu! c'est toi que je réclame :
Lève ton bras, lance ta flamme,
Abaisse la hauteur des cieux * ;
Et viens, sur leur voûte enflammée,
D'une main de foudres armée,
Frapper ces monts audacieux.

Objet de mes humbles cantiques,
Seigneur, je t'adresse ma voix :
Toi dont les promesses antiques

---

* Voltaire a transporté ce beau vers dans sa *Henriade :*

Viens des cieux enflammés abaisser la hauteur.

Mais, selon la remarque de M. de Wailly, *enflammés* n'ajoute rien à l'idée et nuit à l'effet du vers. Le Psalmiste dit bien plus énergiquement : *Domine inclina cœlos tuos et descende ; tange montes, et fumigabunt.* Racine s'était emparé le premier de cette belle image des *cieux qui s'abaissent*:

Et vous, sous sa majesté sainte,
Cieux, abaissez-vous.

F.

Furent toujours l'espoir des rois ;
Toi de qui les secours propices,
A travers tant de précipices,
M'ont toujours garanti d'effroi ;
Conserve aujourd'hui ton ouvrage,
Et daigne détourner l'orage
Qui s'apprête à fondre sur moi.

Arrête cet affreux déluge
Dont les flots vont me submerger :
Sois mon vengeur, sois mon refuge
Contre les fils de l'étranger :
Venge-toi d'un peuple infidèle
De qui la bouche criminelle
Ne s'ouvre qu'à l'impiété,
Et dont la main, vouée au crime,
Ne connaît rien de légitime
Que le meurtre et l'iniquité.

Ces hommes, qui n'ont point encore
Éprouvé la main du Seigneur,
Se flattent que Dieu les ignore,
Et s'enivrent de leur bonheur.
Leur postérité florissante,
Ainsi qu'une tige naissante,
Croît et s'élève sous leurs yeux* ;
Leurs filles couronnent leurs têtes
De tout ce qu'en nos jours de fêtes
Nous portons de plus précieux.

De leurs grains les granges sont pleines ;
Leurs celliers regorgent de fruits ;

---

* Quorum filii sicut novellæ plantationes in juventute suâ. (Ps. CLXIII, 12.)

Leurs troupeaux, tout chargés de laines,
Sont incessamment reproduits :
Pour eux la fertile rosée,
Tombant sur la terre embrasée,
Rafraîchit son sein altéré ;
Et pour eux le flambeau du monde
Nourrit d'une chaleur féconde
Le germe en ses flancs resserré.

Le calme règne dans leurs villes ;
Nul bruit n'interrompt leur sommeil :
On ne voit points leurs toits fragiles
Ouverts aux rayons du soleil.
C'est ainsi qu'ils passent leur âge.
Heureux, disent-ils, le rivage
Où l'on jouit d'un tel bonheur !
Qu'ils restent dans leur rêverie :
Heureuse la seule patrie
Où l'on adore le Seigneur !

Le même, *Ibid*, liv. I, od. 8,
tirée du ps. CXLIII.

VIII. Pour une personne convalescente.

J'ai vu mes tristes journées
Décliner vers leur penchant ;
Au midi de mes années
Je touchais à mon couchant :
La mort, déployant ses ailes,
Couvrait d'ombres éternelles
La clarté dont je jouis ;
Et, dans cette nuit funeste,
Je cherchais en vain le reste
De mes jours évanouis.

BIBLE.

Grand Dieu, votre main réclame
Les dons que j'en ai reçus;
Elle vient couper la trame
Des jours qu'elle m'a tissus :
Mon dernier soleil se lève,
Et votre souffle m'enlève
De la terre des vivants,
Comme la feuille séchée,
Qui de sa tige arrachée
Devient le jouet des vents.

Comme un lion plein de rage*,
Le mal a brisé mes os;
Le tombeau m'ouvre un passage
Dans ses lugubres cachots.
Victime faible et tremblante,
A cette image sanglante
Je soupire nuit et jour;
Et, dans ma crainte mortelle,
Je suis comme l'hirondelle
Sous les griffes du vautour.

Ainsi, de cris et d'alarmes
Mon mal semblait se nourrir;
Et mes yeux, noyés de larmes,

---

* La plupart des éditions portent :

> Comme un tigre impitoyable
> Le mal a brisé mes os ;
> Et sa rage insatiable
> Ne me laisse aucun repos.

Mais la leçon que nous adoptons est à la fois plus près du texte et plus poétique ; seulement il serait à désirer que le mot *comme* ne fût pas répété plus bas, dans la même strophe.   F.

Étaient lassés de s'ouvrir*.
Je disais à la nuit sombre :
O nuit, tu vas dans ton ombre
M'ensevelir pour toujours !
Je redisais à l'aurore :
Le jour que tu fais éclore
Est le dernier de mes jours !

Mon âme est dans les ténèbres,
Mes sens sont glacés d'effroi :
Écoutez mes cris funèbres,
Dieu juste, répondez-moi.
Mais enfin sa main propice
A comblé le précipice
Qui s'entr'ouvrait sous mes pas :
Son secours me fortifie,
Et me fait trouver la vie
Dans les horreurs du trépas.

Seigneur, il faut que la terre
Connaisse en moi vos bienfaits :
Vous ne m'avez fait la guerre
Que pour me donner la paix.
Heureux l'homme à qui la grace
Départ ce don efficace
Puisé dans ses saints trésors,
Et qui, rallumant sa flamme,
Trouve la santé de l'âme
Dans les souffrances du corps !

---

* Voltaire a dit aussi dans *Sémiramis* (act. I, sc. 5) :

O voiles de la nuit, quand viendrez-vous couvrir
Mes yeux remplis de pleurs et lassés de s'ouvrir.

F.

C'est pour sauver la mémoire
De vos immortels secours ;
C'est pour vous, pour votre gloire
Que vous prolongez nos jours.
Non, non, vos bontés sacrées
Ne seront point célébrées
Dans l'horreur des monuments :
La mort, aveugle et muette,
Ne sera point l'interprète
De vos saints commandements.

Mais ceux qui de sa menace,
Comme moi, sont rachetés,
Annonceront à leur race
Vos célestes vérités.
J'irai, Seigneur, dans vos temples
Réchauffer par mes exemples
Les mortels les plus glacés ;
Et, vous offrant mon hommage,
Leur montrer l'unique usage
Des jours que vous leur laissez.

Le même, *Ibid*, liv. I, od. 10,
tirée du cantique d'Ézéchias.

IX. Misère des réprouvés. Félicité des élus.

Peuples, élevez vos concerts ;
Poussez des cris de joie et des chants de victoire ;
Voici le roi de l'univers
Qui vient faire éclater son triomphe et sa gloire.

La justice et la vérité
Servent de fondements à son trône terrible ;
Une profonde obscurité
Aux regards des humains le rend inaccessible.

Les éclairs, les feux dévorants,
Font luire devant lui leur flamme étincelante;
Et ses ennemis expirants
Tombent de toutes parts sous sa foudre brûlante.

Pleine d'horreur et de respect,
La terre a tressailli sur ses voûtes brisées:
Les monts fondus à son aspect,
S'écoulent dans le sein des ondes embrasées.

De ses jugements redoutés
La trompette céleste a porté le message;
Et dans les airs épouvantés
En ces terribles mots sa voix s'ouvre un passage:

«Soyez à jamais confondus,
«Adorateurs impurs de profanes idoles,
«Vous qui, par des vœux défendus,
«Invoquez de vos mains les ouvrages frivoles.

«Ministres de mes volontés,
«Anges, servez contre eux ma fureur vengeresse.
«Vous, mortels que j'ai rachetés,
«Redoublez, à ma voix, vos concerts d'allégresse.

«C'est moi qui, du plus haut des cieux,
«Du monde que j'ai fait règle les destinées:
«C'est moi qui brise ses faux dieux,
«Misérables jouets des vents et des années.

«Par ma présence raffermis,
«Méprisez du méchant la haine et l'artifice:
«L'ennemi de vos ennemis
«A détourné sur eux les traits de leur malice.

BIBLE.

« Conduits par mes vives clartés,
« Vous n'avez écouté que mes lois adorables :
« Jouissez des félicités
« Q'ont mérité pour vous mes bontés secourables.

« Venez donc, venez en ce jour
« Signaler de vos cœurs l'humble reconnaissance;
« Et, par un respect plein d'amour,
« Sanctifiez en moi votre réjouissance. »

Le même, *Ibid*, liv. I, od. 14,
tirée du ps. XCVI.

X.

Le Seigneur est connu dans nos climats paisibles ;
Il habite avec nous ; et ses secours visibles
Ont de son peuple heureux prévenu les souhaits.
Ce Dieu, de ses faveurs nous comblant à toute heure,
   A fait de sa demeure
   La demeure de paix.

Du haut de la montagne où sa grandeur réside,
Il a brisé la lance et l'épée homicide
Sur qui l'impiété fondait son ferme appui.
Le sang des étrangers a fait fumer la terre;
   Et le feu de la guerre
   S'est éteint devant lui.

Une affreuse clarté dans les airs répandue
A jeté la frayeur dans leur troupe éperdue :
Par l'effroi de la mort ils se sont dissipés;
Et l'éclat foudroyant des lumières célestes
   A dispersé leurs restes
   Aux glaives échappés.

Insensés qui, remplis d'une vapeur légère,
Ne prenez pour conseil qu'une ombre mensongère
Qui vous peint des trésors chimériques et vains,
Le réveil suit de près vos trompeuses ivresses;
   Et toutes vos richesses
   S'écoulent de vos mains.

L'ambition guidait vos escadrons rapides;
Vous dévoriez déjà, dans vos courses avides,
Toutes les régions qu'éclaire le soleil:
Mais le Seigneur se lève; il parle, et sa menace
   Convertit votre audace
   En un morne sommeil.

O Dieu, que ton pouvoir est grand et redoutable!
Qui pourra se cacher au trait inévitable
Dont tu poursuis l'impie au jour de ta fureur?
A punir les méchants ta colère fidèle
   Fait marcher devant elle
   La mort et la terreur.

Contre ces inhumains tes jugements augustes
S'élèvent pour sauver les humbles et les justes
Dont le cœur devant toi s'abaisse avec respect.
Ta justice paraît, de feux étincelante;
   Et la terre tremblante
   Frémit à ton aspect.

Mais ceux pour qui ton bras opère ces miracles
N'en cueilleront le fruit qu'en suivant tes oracles,
En bénissant ton nom, en pratiquant ta loi.
Quel encens est plus pur qu'un si saint exercice!
   Quel autre sacrifice
   Serait digne de toi!

Ce sont là les présents, grand Dieu, que tu demandes.
Peuples, ce ne sont point vos pompeuses offrandes
Qui le peuvent payer de ses dons immortels :
C'est par une humble foi, c'est par un amour tendre,
  Que l'homme peut prétendre
   D'honorer ses autels.

Venez donc adorer le Dieu saint et terrible
Qui vous a délivrés par sa force invincible
Du joug que vous avez redouté tant de fois;
Qui d'un souffle détruit l'orgueilleuse licence,
  Relève l'innocence,
  Et terrasse les rois.
LE MÊME, Ibid, liv. I, od. 16,
tirée du ps. LXXV.

XI.

Dieu se lève: tombez, roi, temple, autel, idole;
Au feu de ses regards, au son de sa parole,
  Les Philistins ont fui.
Tel le vent dans les airs chasse au loin la fumée;
Tel un brasier ardent voit la cire enflammée
  Bouillonner devant lui*.

  Chantez vos saintes conquêtes,
  Israël; dans vos festins,
  Offrez d'innocentes fêtes
  'A l'auteur de vos destins.
  Jonchez de fleurs son passage,

---

 * J.-B. Rousseau avait dit, avant Pompignan (<i>Voyez</i> ci-dessus, p. 300):
  ... Comme l'airain enflammé
  Fait fondre la cire fluide
 Qui bouillonne à l'aspect du brasier allumé.
F.

Votre gloire est son ouvrage,
Et le Seigneur est son nom.
Son bras venge vos alarmes
Dans le sang et dans les larmes
Des familles d'Ascalon.

Ils n'ont pu soutenir sa face étincelante;
Du timide orphelin, de la veuve tremblante
    Il protège les droits.
Du fond du sanctuaire il nous parle à toute heure;
Il aime à rassembler dans la même demeure
    Ceux qui suivent ses lois.

Touché du remords sincère,
Il rompt les fers redoutés
Qu'il forgea dans sa colère
Pour ses enfants revoltés.
Mais ses mains s'appesantissent
Sur les peuples qui l'aigrissent
Par des attentats nouveaux;
Et dans des déserts arides
Sur ces cœurs durs et perfides
Il épuise ses fléaux.

Souverain d'Israël, Dieu vengeur, Dieu suprême,
Loin des rives du Nil tu conduisais toi-même
    Nos aieux effrayés.
Parmi les eaux du ciel, les éclairs et la foudre,
Le mont de Sinaï prêt à tomber en poudre,
    Chancela sous tes pieds.

De l'humide sein des nues
Le pain que tu fis pleuvoir,
A nos tribus éperdues

BIBLE.

Rendit la vie et l'espoir.
Tu veilles sur ma patrie,
Comme sur sa bergerie
Veille un pasteur diligent;
Et ta divine puissance
Répand avec abondance
Ses bienfaits sur l'indigent.

Sur l'abîme des flots, sur l'aile des tempêtes,
Tes ministres sacrés étendent leurs conquêtes
    Aux lieux les plus lointains.
Ton peuple bien-aimé vaincra toute la terre,
Et le sceptre des rois, que détrône la guerre,
    Passera dans ses mains.

Ses moindres efforts terrassent
Ses ennemis furieux;
Des périls qui le menacent
Il sort toujours glorieux.
Roi de la terre et de l'onde,
Il éblouira le monde
De sa nouvelle splendeur.
Ainsi du haut des montagnes,
La neige dans les campagnes
Répand sa vive blancheur.

O monts délicieux! ô fertile héritage!
Lieux chéris du seigneur, vous êtes l'heureux gage
    De son fidèle amour.
Demeure des faux dieux, montagnes étrangères,
Vous n'êtes point l'asyle où le Dieu de nos pères
    A fixé son séjour.

Sion, quelle auguste fête!
Quels transports vont éclater!

Jusqu'à ton superbe faîte
Le char de Dieu va monter.
Il marche au milieu des anges
Qui célèbrent ses louanges,
Pénétrés d'un saint effroi.
Sa gloire fut moins brillante
Sur la montagne brûlante
Où sa main grava sa loi.

Seigneur, tu veux régner au sein de nos provinces;
Tu reviens entouré de peuples et de princes;
   Chargés de fers pesants.
L'idolâtre a frémi quand il t'a vu paraître;
Et quoiqu'il n'ose encor t'avouer pour son maître,
   Il t'offre des présents.

Ce Dieu si grand, si terrible,
A nos voix daigne accourir.
Sa bonté toujours visible
Se plaît à nous secourir.
Prodigue de récompenses,
Malgré toutes nos offenses
Il est lent dans sa fureur;
Mais les carreaux qu'il apprête,
Tôt ou tard brisent la tête
De l'impie et du pécheur.

Dieu m'a dit: de Bazan pourquoi crains-tu les pièges?
La mer engloutira ces tyrans sacrilèges
   Dans son horrible flanc.
Tu fouleras aux pieds leurs veines déchirées;
Et les chiens tremperont leurs langues altérées
   Dans les flots de leur sang.

BIBLE.

      Les ennemis de sa gloire
      Sont vaincus de toutes parts :
      La pompe de sa victoire
      Frappe leurs derniers regards.
      Nos chefs enflammés de zèle
      Chantent la force immortelle
      Du Dieu qui sauva leurs jours ;
      Et nos filles triomphantes
      Mêlent leurs voix éclatantes
      Au son bruyant des tambours.

Bénissez le Seigneur, bénissez votre maître,
Descendants de Jacob, ruisseaux que firent naître
      Les sources d'Israël.
Vous, jeune Benjamin, vous, l'espoir de nos pères,
Nephtali, Zabulon, Juda, roi de vos frères,
      Adorez l'Éternel.

      Remplis, Seigneur, la promesse
      Que tu fis à nos aïeux ;
      Que les rois viennent sans cesse
      Te rendre hommage en ces lieux.
      Dompte l'animal sauvage
      Qui contre nous, plein de rage,
      S'élance de ces marais ;
      Pour éviter ta poursuite,
      Qu'il cherche en vain dans sa fuite
      Les roseaux les plus épais.

Des nations de sang confonds la ligue impie.
Les envoyés d'Égypte et les rois d'Arabie
      Reconnaîtront tes lois.
Chantez le Dieu vivant, royaumes de la terre ;
Vous entendez ces bruits, ces éclats de tonnerre,
      C'est le cri de sa voix.

O ciel, ô vaste étendue,
Les attributs de ton Dieu,
Sur les astres, dans la nue,
Sont écrits en traits de feu.
Les prophètes qu'il envoie,
Sont les héros qu'il emploie
Pour conquérir l'univers.
Sa clémence vous appelle,
Nations, que votre zèle
Serve le Dieu que je sers.

Le Franc de Pompignan, *Poésies sacrées*,
ode i, tirée du ps. LXVII.

XII.

Inspire moi de saints cantiques,
Mon âme; bénis le Seigneur.
Quels concerts assez magnifiques,
Quels hymnes lui rendront honneur?
L'éclat pompeux de ses ouvrages,
Depuis la naissance des âges,
Fait l'étonnement des mortels.
Les feux célestes le couronnent,
Et les flammes qui l'environnent,
Sont ses vêtements éternels.

Ainsi qu'un pavillon tissu d'or et de soie,
Le vaste azur des cieux sous sa main se déploie :
Il peuple leurs déserts d'astres étincelants.
Les eaux autour de lui demeurent suspendues;
  Il foule aux pieds les nues,
  Et marche sur les vents.

Fait-il entendre sa parole,
Les cieux croulent, la mer gémit,

BIBLE.

    La foudre part, l'aquilon vole,
    La terre en silence frémit.
    Du seuil des portes éternelles,
    Des légions d'esprits fidèles
    A sa voix s'élancent dans l'air.
    Un zèle dévorant les guide,
    Et leur essor est plus rapide
    Que le feu brulant de l'éclair.

Il combla du chaos les abîmes funèbres ;
Il affermit la terre et chassa les ténèbres ;
Les eaux couvraient au loin les rochers et les monts :
Mais au bruit de sa voix les ondes se troublèrent,
        Et soudain s'écoulèrent
       Dans leurs gouffres profonds.

    Les bornes qu'il leur a prescrites
    Sauront toujours les resserrer ;
    Son doigt a tracé les limites
    Où leur fureur doit expirer.
    La mer, dans l'excès de sa rage,
    Se roule en vain sur le rivage
    Qu'elle épouvante de son bruit :
    Un grain de sable la divise,
    L'onde écume, le flot se brise,
    Reconnaît son maître et s'enfuit*.

---

* Ces six derniers vers sont d'un vrai poète, et leur beauté lyrique allant toujours en croissant, le dernier de tous est le plus sublime.

                  Le cardinal MAURY, *Discours de réception*
                              à *l'Académie française.*

Le Franc de Pompignan, imite ici un passage magnifique, du *Sermon sur l'extravagance de l'impiété* par Daniel Superville, un des plus célèbres orateurs protestants : « Vois les flots qui s'élèvent si haut, qui roulent avec tant de fracas, et viennent se briser contre le rivage ; ils se laissent arrêter

La terre ici s'élève en de hautes montagnes,
Ailleurs elle s'abaisse en de vastes campagnes :
Les vallons émaillés sont remplis de ruisseaux ;
Et des fleuves divers l'onde fraîche et bruyante
   Éteint la soif ardente
   Des plus nombreux troupeaux.

  Sur le rocher le plus sauvage,
  Dans les forêts, dans les déserts,
  Le cri des oiseaux, leur ramage
  Bénit le Dieu de l'univers.
  Sur les montagnes solitaires
  Il répand ses feux salutaires
  Des torrents cachés dans les cieux,
  Et dans les plaines arrosées,
  Il fait par d'utiles rosées
  Germer des fruit délicieux.

Les troupeaux dans les prés vont chercher leur pâture.
L'homme dans les sillons cueille sa nourriture,
L'olivier l'enrichit des flots de sa liqueur ;
Le pampre coloré fait couler sur sa table
   Ce nectar délectable,
   Charme et soutien du cœur.

  Le souverain de la nature
  A prévenu tous nos besoins,
  Et la plus faible créature
  Est l'objet de ses tendres soins.
  Il verse également la sève,
  Er dans le chêne qui s'élève,

« par une barrière de sable ; on dirait qu'ils viennent baiser les caractères
« du doigt de Dieu, imprimés sur l'arène, et qu'après les avoir reconnus,
« ils se retirent ; ils se recourbent avec respect en se reculant. » F.

Et dans les humbles arbrisseaux.
Du cèdre voisin de la nüe
La cime orgueilleuse et touffue
Sert de base au nid des oiseaux.

Le daim léger, le cerf et le chevreuil agile,
S'ouvrent sur les rochers une route facile;
Pour eux seuls de ces bois Dieu forma l'épaisseur,
Et les trous tortueux de ce gravier aride,
  Pour l'animal timide
  Qui nourrit le chasseur.

 Le globe éclatant qui dans l'ombre
 Roule au sein des cieux étoilés,
 Brilla pour nous marquer le nombre
 Des ans, des mois renouvelés.
 L'astre du jour dès sa naissance,
 Se plaça dans le cercle immense
 Que Dieu lui même avait décrit;
 Fidèle aux lois de sa carrière,
 Il retire et rend la lumière
 Dans l'ordre qui lui fut prescrit.

La nuit vient à son tour, c'est le temps du silence.
De ses antres fangeux la bête alors s'élance,
Et de ses cris aigus étonne le pasteur.
Par leurs rugissements les lionceaux demandent
  L'aliment qu'ils attendent
  Des mains du Créateur.

 Mais quand l'aurore renaissante
 Peint les airs de ses premiers feux,
 Ils s'enfoncent pleins d'épouvante
 Dans leurs repaires ténébreux.

Effroi de l'animal sauvage,
Du Dieu vivant brillante image,
L'homme paraît quand le jour luit :
Sous ses lois la terre est captive ;
Il y commande, il la cultive
Jusqu'au règne obscur de la nuit.

Seigneur, être parfait, que tes œuvres sont belles !
Tu fais servir l'accord qui les unit entre elles,
Au bien de l'univers, au bonheur des humains.
Partout je vois empreint le sceau de ta sagesse,
  Et tu répands sans cesse
  Tes dons à pleines mains.

Tu fis ces gouffres effroyables,
Noir empire des vastes mers ;
Leurs abîmes impénétrables
Sont peuplés d'animaux divers.
Ton souffle assembla les orages,
Les aquilons dont les ravages
Font régner la mort sur les eaux ;
Et tu dis : « Ces mers déchaînées
« Verront leurs ondes étonnées
« Porter d'innombrables vaisseaux. »

Là des monstres marins, dans leur course pesante,
Ouvrent des flots émus la surface écumante,
Ils semblent se jouer des vagues en courroux.
Quand de l'horrible faim les tourments les dévorent,
  C'est-toi seul qu'ils implorent,
  Et tu les nourris tous.

Privés de tes regards célestes,
Tous les êtres tombent détruits,

Et vont mêler leurs tristes restes
Au limon qui les a produits.
Mais par des semences de vie,
Que ton souffle seul multiplie,
Tu répares les coups du temps ;
Et la terre toujours peuplée,
De sa fange renouvelée
Voit renaître ses habitants.

Dieu des jours, Dieu des temps, triomphe d'âge en âge,
Jouis de ta grandeur, jouis de ton ouvrage :
Tu regardes la terre, elle tremble d'effroi :
Tu frappes la montagne, et sa cime enflammée,
   Dans des flots de fumée,
   S'abîme devant toi.

Que le jour commence à paraître,
Ou qu'il s'éteigne dans les mers,
Mon créateur, mon divin maître
Sera l'objet de mes concerts.
Trop heureux, si, dans sa clémence,
Il écoute avec complaisance
Les chants que je forme pour lui.
Fidèle à marcher dans sa voie,
En lui seul je mettrai ma joie,
Mon espérance et mon appui.

Trop long-temps les pécheurs ont lassé sa justice ;
Que l'enfer les dévore, et que leur nom périsse ;
Que Dieu verse la paix dans le fond de mon cœur :
Qu'il pénètre mes sens, que son zèle m'enflamme,
  Et qu'à jamais mon âme
  Bénisse le Seigneur.

Le même, Ibid, ode II,
tirée du ps. CIII.

XIII.

Captifs chez un peuple inhumain *,
Nous arrosions de pleurs les rives étrangères,
Et le souvenir du Jourdain,
A l'aspect de l'Euphrate, augmentait nos misères.

* Voici encore deux traductions de ce magnifique psaume :

Assis sur les bords de l'Euphrate,
Un tendre souvenir redoublait nos douleurs;
Nous pensions à Sion dans cette terre ingrate,
Et nos yeux, malgré nous, laissaient couler des pleurs

Nous suspendîmes nos citharres
Aux saules qui bordaient ces rivages déserts;
Et les cris importuns de nos vainqueurs barbares
A nos tribus en deuil demandaient des concerts.

Chantez, disaient-ils, vos cantiques;
Répétez-nous ces airs si vantés autrefois,
Ces beaux airs que Sion, sous de vastes portiques,
Dans les jours de sa gloire admira tant de fois.

Comment, au sein de l'esclavage,
Pourrions-nous de Sion faire entendre les chants?
Comment redirions-nous, dans un climat sauvage,
Du temple du Seigneur les cantiques touchants?

O cité sainte! ô ma patrie!
Chère Jérusalem dont je suis exilé,
Si ton image échappe à mon âme attendrie,
Si jamais, loin de toi, mon cœur est consolé;

Que ma main tout-à-coup séchée
Ne puisse plus vers toi s'étendre désormais;
A mon palais glacé que ma langue attachée
Dans mes plus doux transports ne te nomme jamais.

BIBLE.

Aux arbres qui couvraient les eaux
Nos lyres tristement demeuraient suspendues,
Tandis que nos maîtres nouveaux
Fatiguaient de leurs cris nos tribus éperdues.

Souviens-toi de ce jour d'alarmes,
Seigneur, où par leur joie et leurs cris triomphants,
Les cruels fils d'Édom insultant à nos larmes,
S'applaudissaient des maux de tes tristes enfants.

Détruisez, détruisez leur race,
Crioient-ils aux vainqueurs, de carnage fumants,
De leurs remparts brisés ne laissaient point de trace,
Anéantissez-en jusques aux fondements.

Ah! malheureuse Babylone,
Qui nous vois sans pitié traîner d'indignes fers!
Heureux qui, t'accablant des débris de ton trône,
Te rendra les tourments que nous avons soufferts!

Objet des vengeances célestes,
Que tes mères en sang, sous leurs toits embrasés,
Expirent de douleur, en embrassant les restes
De leurs tendres enfants sur la pierre écrasés.

MALFILATRE.

Assis sur les bords odieux
Où cette Babylone, auteur de nos misères,
Voit deux fleuves baigner ses remparts orgueilleux,
Nous arrosions de pleurs ces rives étrangères
Au souvenir des champs qu'habitaient nos aïeux.

Nos harpes détendues,
Oubliant leurs accords,
Se taisaient suspendues
Aux saules de ces bords.

En vain les fils de l'Assyrie,
Nos fiers et barbares vainqueurs,

Chantez, nous disaient ces tyrans,
Les hymnes préparés pour vos fêtes publiques,
Chantez, et que vos conquérants
Admirent de Sion les sublimes cantiques.

 Nous demandaient les chants de la patrie :
Oubliez, disaient-ils, oubliez vos malheurs,
 Fils d'Israël, et chantez ces cantiques
Que répétait Sion dans ses fêtes antiques.

Hélas! ces chants divins, ces hymnes du Seigneur,
Pourrions-nous les redire aux terres étrangères?
Sion, objet sacré d'amour et de douleur,
Lieu saint qui m'as vu naître, où moururent mes pères,
 Si de mon triste souvenir
Ton image jamais pouvait être effacée,
Si tu devais un jour sortir de ma pensée,
Puisse le juste ciel aussitôt m'en punir!
Que ma main pour jamais aride et desséchée
Cherche en vain sur ma harpe un son religieux,
 A mon palais que ma langue attachée
Ne puisse plus chanter les cantiques pieux.

 Dieu d'Israël, au jour de la vengeance,
Dans ce jour que toi-même as promis à Sion,
  Souviens-toi des enfants d'Édom,
 Et de leur brutale insolence.

Les entends-tu crier : « Renversez, renversez
  « Cette cité superbe!
  « Qu'on cherche en vain sous l'herbe
  « Ses débris dispersés! »

Fille de Babylone, ô courtisane impie,
Qui des larmes des saints enivre tes enfants,
Heureux qui te rendra tes funestes présents
Et les maux que tu fais à ma triste patrie!
Heureux qui changera tes insolents remparts
  En un vil amas de poussière,

BIBLE.

    Ah! dans ces climats odieux,
Arbitre des humains, peut-on chanter ta gloire!
    Peut-on, dans ces funestes lieux,
Des beaux jours de Sion célébrer la mémoire!

    De nos aïeux sacré berceau,
Sainte Jérusalem, si jamais je t'oublie,
    Si tu n'es pas jusqu'au tombeau
L'objet de mes désirs, et l'espoir de ma vie:

    Rebelle aux efforts de mes doigts,
Que ma lyre se taise entre mes mains glacées!
    Et que l'organe de ma voix
Ne prête plus de sons à mes tristes pensées!

    Rappelle-toi ce jour affreux,
Seigneur, où d'Ésaü la race criminelle
    Contre ses frères malheureux
Animait du vainqueur la vengeance cruelle.

    Égorgez ces peuples épars,
Consommez, criaient-ils, les vengeances divines;
    Brûlez, abattez ces remparts,
Et de leurs fondements dispersez les ruines.

    Malheur à tes peuples pervers,
Reine des nations, fille de Babylone;
    La foudre gronde dans les airs,
Le seigneur n'est pas loin, tremble, descends du trône.

    Puissent tes palais embrasés
Éclairer de tes rois les tristes funérailles!

    Et qui de tes enfants, brisés contre la pierre,
Foulera sous ses pieds les cadavres épars!

Charles Loyson.

Et que sur la pierre écrasés,
Tes enfants de leur sang arrosent les murailles.
Le même, *Ibid*, ode III,
tirée du ps. CXXXVI.

XIV. Cantique de Moïse avant sa mort.

Cieux, terre, écoutez-moi : Jacob, faites silence.
Que mes discours touchants, que ma sainte éloquence
Pénètrent vos esprits, renouvellent vos cœurs,
Comme du haut des airs la féconde rosée,
Ranimant tous les fruits de la terre embrasée,
Relève l'herbe tendre, et rafraîchit les fleurs.

Rendez hommage au Dieu que ma voix vous annonce,
Adorez les arrêts que sa bouche prononce :
Le sort de l'univers à ses pieds est écrit.
Tout ce qu'il fait est bien, tout ce qu'il veut est juste.
Fidèle observateur de sa parole auguste,
Il tient ce qu'il promet ; faisons ce qu'il prescrit.

De lâches révoltés ont armé sa colère,
Ils furent ses enfants, mais il n'est plus leur père ;
Peuple ingrat, peuple vain, sans raison, sans vertu,
Pense donc au néant d'où sa voix te fit naître ;
Méconnais-tu ton Dieu, ton protecteur, ton maître ?
Sans lui, sans ses bienfaits, parle, que serais-tu ?

Parcours l'ordre des ans, des siècles, et des âges,
Compte de ses bontés les nombreux témoignages ;
Ou si de ta mémoire ils étaient effacés,
Appelle tes aïeux, interroge leur cendre,
Du séjour de la mort leur cri se fait entendre
Qu'ignorés de toi seul par tout ils sont tracés.

Tu n'étais point encor, toi qui lui fais la guerre,
Quand aux murs de Babel il divisait la terre
Entre les nations qu'il séparait de lui.
Mais dès lors, pour toi seul, il marquait les limites
Du pays fortuné d'où les races proscrites
A l'aspect d'Israël s'enfuiront aujourd'hui.

Israël qu'il aimait, Israël qui le brave,
Dans les plaines du Nil n'était qu'un peuple esclave,
Qu'un troupeau vagabond sans guide et sans pasteur.
Ses yeux l'ont rencontré sur des sables arides,
Dans de vastes déserts, où ces âmes perfides
Osaient même insulter leur divin créateur.

C'est là qu'il attendait ce peuple trop rebelle,
C'est là que tant de fois sa bonté paternelle
Par d'utiles rigueurs a voulu l'éprouver.
Soulageant ses besoins en punissant ses vices,
Prodigue de secours, avare de supplices,
Son bras ne l'abaissait que pour mieux l'élever.

Comme un aigle au milieu de ses aiglons timides,
Les couvre, les soutient de ses ailes rapides,
Dans les ondes de l'air forme leur vol tremblant :
Tel des fils de Jacob Dieu conduisait la trace,
Encourageait leur foi, ranimait leur audace,
Et portait devant eux son glaive étincelant.

Bientôt ils entreront dans ces riches asyles
Où, parmi les trésors des champs les plus fertiles,
Ils vivront sous un ciel de cristal et d'azur.
Là des fleuves de lait arrosent les campagnes,
Des flots d'huile et de miel descendent des montagnes,
Et la vigne y répand son nectar le plus pur.

Par les mains du Seigneur tirés de l'indigence,
Ils le méconnaîtront au sein de l'abondance,
Et des dieux inconnus ils chercheront l'appui.
Qu'ils redoutent du moins ses vengeances terribles;
De leur culte nouveau, de leurs fêtes horribles
Le bruit tumultueux montera jusqu'à lui.

L'idole est sur l'autel, et les bûchers s'allument,
L'encens brûle à ses pieds, et les fleurs la parfument :
Israël perverti consomme son forfait.
Israël, que fais-tu? peuple volage, arrête,
Détourne les malheurs que ton crime t'apprête :
Le Dieu que tu détruis est le Dieu qui t'a fait.

Ce Dieu jaloux a vu leurs lâchetés insignes.
« J'attendrai le succès de leurs complots indignes;
« Et je mettrai, dit-il, un voile entre eux et moi.
« Ils servent un dieu sourd, un dieu d'or ou de plâtre :
« Et moi j'adopterai ce stupide idolâtre,
« Cet étranger impur qu'avait proscrit ma loi!

« Je leur ai préparé ces fournaises brûlantes,
« Ces épais tourbillons de flammes dévorantes
« Que la terre entretient dans ses flancs embrasés;
« Et qui, sortis enfin de leur prison profonde,
« Consumeront un jour les ruines du monde
« Dans les gouffres de feu que ma haine a creusés.

« Leurs supplices divers, leurs maux feront ma joie.
« Par la faim desséchés, ils deviendront la proie
« De serpents monstrueux dans leurs maisons éclos.
« J'ai promis pour pâture à l'oiseau de carnage
« Leurs corps défigurés, dont la bête sauvage
« Aura meurtri les chairs et brisé tous les os.

« Un effroi léthargique accablera leurs âmes.
« De féroces vainqueurs égorgeront leurs femmes,
« Leurs filles, leurs vieillards, et leurs tendres enfants.
« Où sont-ils, quel asyle est ouvert à ces traîtres?
« Je retire la foi promise à leurs ancêtres,
« Et j'efface leur nom du livre des vivants.

« Mais ma gloire suspend l'effet de ma justice.
« Ma vengeance perdrait le fruit de leur supplice,
« Bientôt leurs ennemis n'en seraient que plus vains.
« Vils ressorts que j'emploie et qu'aussitôt je brise,
« Ces peuples que je hais, ces rois que je méprise,
« Diraient que ma victoire est l'œuvre de leurs mains ».

Et quel autre que Dieu, race orgueilleuse et vile,
Devant un seul guerrier en a fait fuir dix mille?
Quel autre t'a livré nos coupables tribus?
Entre tes dieux et lui que Pharaon soit juge:
S'il punit nos forfaits, il est notre refuge:
De tes divinités quels sont les attributs?

Que deviendraient sans lui les trônes de la terre!
Il ordonne la paix, il commande la guerre,
Par lui seul tout s'élève, et tout est renversé.
Le courage, la peur, la force, la faiblesse,
Et l'esprit de vertige, et l'auguste sagesse,
Sont des présents de Dieu propice ou courroucé.

Famille d'Israël, quels vices t'ont souillée?
De ta vertu première aujourd'hui dépouillée,
Ton sein ne produit plus que des crimes honteux.
Telle au bord des marais de l'infâme Gomorre
La terre, que le soufre empoisonne et dévore,
N'enfante que des fruits amers et venimeux.

Ton monarque éternel ne cherche qu'à t'absoudre :
Il t'aime, ta douleur peut éteindre sa foudre ;
Pleure, gémis ; les temps se pressent d'arriver.
Mais le terme est venu des vengeances célestes.
Le Seigneur attendri rassemble enfin les restes
De ce peuple expirant qu'il veut encor sauver.

Me voici, vous dit-il, j'ai pitié de vos crimes.
Où sont ces dieux nourris du sang vos victimes,
Ces Dieux que vous couvrez d'un nuage d'encens ?
Autour de vos remparts les torches étincellent,
Sous les coups redoublés vos derniers murs chancellent,
Que font sur vos autels ces bustes impuissants ?

Je viens vous soulager du poids de vos misères ;
Reconnaissez la voix du pasteur de vos pères,
Rentrez dans le bercail, troupeau que je chéris ;
Rentrez : déjà la mort de meurtres assouvie,
Voit jaillir sous sa faux les sources de la vie :
J'ôte et je rends le jour, je frappe et je guéris.

Je suis le Dieu vivant, j'ai juré par moi-même.
Les barbares tyrans du seul peuple que j'aime,
Sont jugés à leur tour, et vont subir leur sort.
C'en est fait ; ma fureur au comble est parvenue.
Plus brillant que l'éclair qui partage la nue,
Mon glaive est dans la main des anges de la mort.

Ils frappent et tout meurt. Que de cris ! que de larmes ;
Mes ennemis troublés jettent au loin leurs armes ;
Achevons, vengeons-nous, c'est trop les ménager.
Je verrai les débris couvrir la terre entière.
Leurs têtes à mes pieds rouler dans la poussière,
Et dans des flots de sang leurs cadavres nager.

Tremblez, prosternez-vous, nations étrangères ;
Et vous, chefs d'Israël, conducteurs de vos frères
Au Dieu qui vous défend restez toujours unis.
Juste dispensateur des biens et des disgraces,
Fidèle en ses traités, fidèle en ses menaces*,
Il venge ses enfants, quand il les a punis.
Le même, *Ibid*, Cantiques.

XV. Cantique de Débora.

Louez le Dieu des batailles,
Vous qui combattez pour lui.
Peuples, loin de vos murailles
La guerre et la mort ont fui.
Ma victoire vous relève ;
Débora charge du glaive
La main qui brise vos fers ;
Rois, soldats, que l'on m'écoute :
Déjà la céleste voute
S'ouvre au bruit de mes concerts.

Sur les monts de Séir, au champs de l'Idumée
Tu te couvris, Seigneur, d'une épaisse fumée,
Tu joignis l'eau du ciel à tes foudres brûlants :
Les rochers de Sina sous tes pieds éclatèrent,
Et leurs débris tombèrent
Dans les feux redoublés qui sortaient de leurs flancs.

J'ai vu la ligue fatale
Des ennemis d'Israël,

---

* Racine avait déjà dit (*Athalie*, act. I, sc. 1) :

Et Dieu trouvé fidèle en toutes ses menaces.

Porter sa fureur brutale
Jusqu'aux tentes de Jahel :
J'ai vu tous nos champs incultes
Abandonnés aux insultes
De brigands audacieux,
Et nos tribus consternées
Par des routes détournées
Se dérober à leurs yeux.

Une femme s'oppose à leurs progrès funestes ;
Mère de sa patrie, elle en sauve les restes,
Qui des fers d'un tyran ne pouvaient s'échapper.
Dieu s'ouvre à la victoire une nouvelle voie :
Le chef qu'il nous envoie
A combattu sans arme, et vaincu sans frapper.

Vous dont les lois me sont chères,
Dont les succès sont les miens,
Vous, magistrats de vos frères,
Vous, soldats et citoyens,
Venez, le Dieu des vengeances
Brise les chars et les lances
De vos tyrans étouffés.
Quel retour de sa justice !
Quel coup de sa main propice !
Il combat, vous triomphez.

Rentrez, peuple vainqueur, rentrez sous vos portiques ;
Lève-toi, Débora : commence tes cantiques,
Vers ton Dieu bienfaisant prends un sublime essor.
Et toi, Barac, mon fils *, ornement de nos fêtes,

---

* Quelques auteurs, entre autres saint Ambroise, ont cru que Barac était fils de Débora.

Achève tes conquêtes,
Poursuis, charge de fer les habitants d'Asor.

>Le cruel Amalec tombe
>Sous le fer de Josué,
>L'orgueilleux Jabin succombe
>Sous le fils d'Abinoé.
>Issachar a pris les armes,
>Zabulon court aux alarmes,
>Nephtali marche avec eux.
>Ruben, ton bras se repose!
>Pourquoi trahis-tu la cause
>De tes frères malheureux?

Lâche voisin de Tyr, peuple amoureux de l'onde,
Azer, quand sur nos bords le ciel s'allume et gronde,
La soif de l'or t'enchaîne au sein de tes vaisseaux;
Les rois des nations menacent ta patrie:
>Mais malgré leur furie,

Des torrents du Thabor leur sang grossit les eaux.

>Cachez-vous, tribus oisives,
>Faibles tribus, cachez-vous;
>Gardez vos ports et vos rives,
>Les cieux combattent pour nous.
>La trompette et le tonnerre,
>Des vils enfants de la terre
>Annoncent le triste sort.
>Pour nous pleine de rosée,
>Sur eux la nue embrasée
>Vomit la foudre et la mort.

Les débris de leur camp sont épars dans la plaine:
Le torrent de Cison dans ses gouffres entraîne
Les cadavres impurs dont ses bords sont couverts,

Sous cet horrible poids sa course est arrêtée,
   Et son onde infectée
Mêle des flots de sang à l'écume des mers.

   Malheur à vous, troupe vile,
   Ingrats peuples de Méros,
   Qui voyez d'un œil tranquille
   Les périls de nos héros.
   Béni soit l'heureux courage,
   Qui d'un tyran plein de rage
   A déconcerté l'effort !
   A notre ennemi barbare
   La main de Jahel prépare
   Le lait, la couche, et la mort.

Pour la dernière fois il a vu la lumière ;
Les ombres du sommeil ont couvert sa paupière,
Je vois lever le fer, et j'entends le marteau ;
Le géant se débat sous les pieds d'une femme,
   Mord la poudre et rend l'âme
Dans les tristes horreurs d'un supplice nouveau.

   De sa mère qui l'appelle
   L'écho répète les cris :
   « Dieux d'Azor, grands dieux, dit-elle,
   « Quand me rendrez-vous mon fils ?
   « En vain ma vue incertaine,
   « Errant au loin dans la plaine,
   « Cherche ce fils glorieux ;
   « Je ne vois point la poussière
   « Voler sous la marche altière
   « De son char victorieux.

« Calmez, répond alors l'épouse du barbare,
« Calmez l'indigne crainte où votre âme s'égare,
« Votre fils, mon époux, est vainqueur aujourd'hui.
« Sans doute en ce moment, entouré de captives,
        « Dans leurs troupes plaintives
« Il choisit les beautés qu'il réserve pour lui.

        « Il destine pour nos fêtes,
        « Leurs plus riches vêtements ;
        « Il sèmera sur nos têtes
        « Leurs perles, leurs diamants.
        « Que nos ennemis gémissent,
        « Mais que ces lieux retentissent
        « Des exploits de nos guerriers ;
        « Que pour des têtes si chères,
        « Les épouses et les mères
        « Entrelacent des lauriers. »

Elle parle ; la mort tenait déjà sa proie.
Meure ainsi tout mortel que ta haine foudroie,
Grand Dieu ; ton peuple seul est fait pour la grandeur :
Qu'aux yeux des nations de sa gloire étonnées
        Ses vertus couronnées
Du soleil qui se lève égalent la splendeur
                        LE MÊME, *Ibid.*

XVI. Paraphrase du Psaume CXXIX, *De profundis clamavi.*

C'est du fond de mon cœur, grand Dieu, que je t'implore,
Du fond d'un cœur frappé d'un salutaire effroi,
Que le remords poursuit, que le regret dévore,
        Mais qui toujours espère en toi.

Exauce un moribond qui t'invoque et t'appelle :
Des humains n'es-tu pas le père en les créant ?

Pour n'être qu'un objet de l'ire paternelle
  M'aurais-tu tiré du néant ?

Remets-moi sous ton aile, et deviens mon refuge :
J'ai suivi le torrent du siècle vicieux ;
Eh ! qui de nous, hélas ! si tu n'es que son juge,
  Sera pardonnable à tes yeux ?

Dieu pardonne, dit l'homme ; il connaît ma faiblesse :
Puis-je tant en avoir qu'il n'ait plus de bonté ?
Sur ce principe il s'ouvre et s'élargit sans cesse
  Les routes de l'iniquité.

De l'infernal abîme il voit enfin la flamme ;
Il la voit quand il touche à son dernier moment :
Contrit moins qu'effrayé, pour lors il te réclame,
  Et te réclame vainement.

Tel est le jour affreux dont sa nuit est suivie ;
Sur moi-même tel est le retour accablant :
Ainsi sur le tableau de ma coupable vie
  Je jette les yeux en tremblant.

Tu l'as dit : « Qu'Israël en repos vive et meure ;
« Mes bras lui sont ouverts en tout temps, en tout lieu ;
« Du premier de ses jours jusqu'à sa dernière heure
  « Qu'il ait confiance en son Dieu.

« S'il a prévariqué, qu'il se repente, m'aime,
« Me remontre un cœur pur, tel que je lui donnai ;
« Qu'à tous ses ennemis il pardonne lui-même,
  « Et tout lui sera pardonné. »

Mourant dans cet esprit, et plein de confiance,
Quand donc au tribunal je serai présenté,
Que ta miséricorde, y tenant la balance,
  Désarme ta sévérité.

       Piron.

XV. Ruth, églogue tirée de l'Écriture-Sainte, couronnée par l'Académie française.

A S. A. S. Mgr. le duc de Penthièvre.

Le plus saint des devoirs, celui qu'en traits de flamme
La nature a gravé dans le fond de notre âme,
C'est de chérir l'objet qui nous donna le jour.
Qu'il est doux à remplir ce précepte d'amour !
Voyez ce faible enfant que le trépas menace,
Il ne sent plus ses maux quand sa mère l'embrasse :
Dans l'âge des erreurs, ce jeune homme fougueux
N'a qu'elle pour ami dès qu'il est malheureux :
Ce vieillard qui va perdre un reste de lumière
Retrouve encor des pleurs en parlant de sa mère.
Bienfait du Créateur, qui daigna nous choisir
Pour première vertu notre plus doux plaisir !
Il fit plus : il voulut qu'une amitié si pure
Fût un bien de l'amour comme de la nature,
Et que les nœuds d'hymen, en doublant nos parents,
Vinssent multiplier nos plus chers sentiments.
C'est ainsi que, de Ruth récompensant le zèle,
De ce pieux respect Dieu nous donne un modèle.

    Lorsqu'autrefois un juge*, au nom de l'Éternel,
Gouvernait dans Maspha les tribus d'Israël,
Du coupable Juda Dieu permit la ruine.
Des murs de Bethléem chassés par la famine,
Noémi, son époux, deux fils de leur amour,
Dans les champs de Moab vont fixer leur séjour.
Bientôt de Noémi les fils n'ont plus de père :
Chacun d'eux prit pour femme une jeune étrangère ;
Et la mort les frappa. La triste Noémi,

* In diebus unius judicis, quandò judices præerant, facta est fames in terrâ. Abiitque homo de Bethleem Juda, ut peregrinaretur in regione moabitide cum uxore suâ ac duobus liberis, etc. (*Ruth.* I, 1.)

Sans époux, sans enfants, chez un peuple ennemi,
Tourne ses yeux en pleurs vers sa chère patrie,
Et prononce en partant, d'une voix attendrie,
Ces mots qu'elle adressait aux veuves de ses fils :

« Ruth, Orpha, c'en est fait, mes beaux jours sont finis :
« Je retourne en Juda mourir où je suis née.
« Mon Dieu n'a pas voulu bénir votre hyménée :
« Que mon Dieu soit béni ! Je vous rends votre foi.
« Puissiez-vous être un jour plus heureuses que moi !
« Votre bonheur rendrait ma peine moins amère.
« Adieu : n'oubliez pas que je fus votre mère. »

Elle les presse alors sur son cœur palpitant.
Orpha baisse les yeux, et pleure en la quittant.
Ruth demeure avec elle : « Ah ! laissez-moi vous suivre[*],
« Partout où vous vivrez, Ruth près de vous doit vivre.
« N'êtes-vous pas ma mère en tout temps, en tout lieu ?
« Votre peuple est mon peuple, et votre Dieu mon Dieu.
« La terre où vous mourrez verra finir ma vie ;
« Ruth dans votre tombeau veut être ensevelie :
« Jusques-là vous servir sera mes plus doux soins ;
« Nous souffrirons ensemble, et nous souffrirons moins. »

Elle dit. C'est en vain que Noémi la presse
De ne point se charger de sa triste vieillesse ;
Ruth, toujours si docile à son moindre désir,
Pour la première fois refuse d'obéir.
Sa main de Noémi saisit la main tremblante ;
Elle guide et soutient sa marche défaillante,
Lui sourit, l'encourage, et, quittant ces climats,
De l'antique Jacob va chercher les états.

[*] Ne adverseris mihi, ut relinquam te et abeam : quocumque enim perrexeris, pergam ; et ubi morata fueris, et ego pariter morabor. Populus tuus populus meus, et Deus tuus Deus meus. Quæ te terra morientem susceperit, in eâ moriar, ibique locum accipiam sepulturæ. (*Ibid.* I, 16 et 17)

De son peuple chéri Dieu réparait les pertes :
Noémi de moissons voit les plaines couvertes.
« Enfin, s'écria-t-elle en tombant à genoux,
« Le bras de l'Éternel ne pèse plus sur nous :
« Que ma reconnaissance à ses yeux se déploie !
« Voici les premiers pleurs que je donne à la joie.
« Vous voyez Bethléem, ma fille : cet ormeau
« De la tendre Rachel vous marque le tombeau.
« Le front dans la poussière, adorons en silence
« Du Dieu de mes aïeux la bonté, la puissance :
« C'est ici qu'Abraham parlait à l'Éternel. »
Ruth baise avec respect la terre d'Israël.

Bientôt de leur retour la nouvelle est semée.
A peine de ce bruit la ville est informée,
Que tous vers Noémi précipitent leurs pas.
Plus d'un vieillard surpris ne la reconnaît pas :
Quoi*! c'est là Noémi ? Non, leur répondit-elle,
Ce n'est plus Noémi ? ce nom veut dire belle ;
J'ai perdu ma beauté, mes fils et mon ami :
Nommez-moi malheureuse, et non pas Noémi.

Dans ce temps, de Juda les nombreuses familles
Recueillaient les épis tombant sous les faucilles :
Ruth veut aller glaner. Le jour à peine luit,
Qu'aux champs du vieux Booz le hasard la conduit ;
De Booz dont Juda respecte la sagesse,
Vertueux sans orgueil, indulgent sans faiblesse,
Et qui, des malheureux l'amour et le soutien,
Depuis quatre-vingts ans fait tous les jours du bien.

* Dicebantque : Hæc est illa Noemi ? Quibus ait : Ne vocetis me Noemi (id est pulchram) ; sed vocate me Mara (id est amaram) : quia amaritudine valdè replevit me Omnipotens. Egressa sum plena ; et vacuam reduxit me Dominus. (*Ibid.* I, 19 et 21.)

Ruth* suivait dans son champ la dernière glaneuse;
Étrangère et timide, elle se trouve heureuse
De ramasser l'épi qu'une autre a dédaigné.
Booz, qui l'aperçoit, vers elle est entraîné :
« Ma fille, lui dit-il, glanez près des javelles;
« Les pauvres ont des droits sur des moissons si belles.
« Mais vers ces deux palmiers suivez plutôt mes pas;
« Venez des moissonneurs partager le repas;
« Le maître de ce champ par ma voix vous l'ordonne;
« Ce n'est que pour donner que le Seigneur nous donne. »
Il dit : Ruth à genoux de pleurs baigne sa main.
Le vieillard la conduit au champêtre festin.
Les moissonneurs, charmés de ses traits, de sa grace,
Veulent qu'au milieu d'eux elle prenne sa place,
De leur pain, de leurs mets lui donnent la moitié :
Et Ruth, riche des dons que lui fait l'amitié,
Songeant que Noémi languit dans la misère,
Pleure, et garde son pain pour en nourrir sa mère**.

Bientôt elle se lève, et retourne aux sillons.
Booz parle à celui qui veillait aux moissons :
« Fais tomber, lui dit-il, les épis autour d'elle,
« Et prends garde sur-tout que rien ne te décèle :
« Il faut que sans te voir elle pense glaner,
« Tandis que par nos soins elle va moissonner.
« Épargne à sa pudeur trop de reconnaissance,
« Et gardons le secret de notre bienfaisance. »

* Et colligebat spicas post terga metentium..... Et ait Booz ad Ruth : Audi, filia; ne vadas in alterum agrum ad colligendum.... Si sitieris, vade ad sarcinulas, et bibe aquas de quibus et pueri bibunt. (*Ibid*. II.)

** Sedit itaque ad messorum latus, et congessit polentam sibi, comedit-que........ et tulit reliquias; atque inde surrexit, ut spicas ex more colligeret. Præcepit autem Booz pueris suis, dicens..... De vestris manipulis projicite de industriâ, et remanere permittite, ut absque rubore colligat. (*Ibid*. II.)

Le zélé serviteur se presse d'obéir :
Partout aux yeux de Ruth un épis vient s'offrir ;
Elle porte ses biens vers le toit solitaire
Où Noémi cachait ses pleurs et sa misère.
Elle arrive en chantant : « Bénissons le Seigneur,
« Dit-elle ; de Booz il a touché le cœur.
« A glaner dans son champ ce vieillard m'encourage ;
« Il dit que sa moisson du pauvre est l'héritage. »
De son travail* alors elle montre le fruit.
« Oui, lui dit Noémi, l'Éternel vous conduit :
« Il veut votre bonheur, n'en doutez point, ma fille.
« Le vertueux Booz est de notre famille ;
« Et nos lois... Je ne puis vous expliquer ces mots :
« Mais retournez demain dans le champ de Booz.
« Il vous demandera quel sang vous a fait naître ;
« Répondez : Noémi vous le fera connaître ;
« La veuve de son fils embrasse vos genoux.
« Tous mes desseins alors seront connus de vous.
« Je n'en puis dire plus : soyez sûre d'avance
« Que le sage Booz respecte l'innocence ;
« Et que vous voir heureuse est mon plus cher désir**. »
Ruth embrasse sa mère, et promet d'obéir.
Bientôt un doux sommeil vient fermer sa paupière.
Le soleil n'avait pas commencé sa carrière,
Que Ruth est dans le champ. Les moissonneurs lassés
Dormaient près des épis autour d'eux dispersés :
Le jour commence à naître ; aucun ne se réveille.
Mais, aux premiers rayons de l'aurore vermeille,
Parmi ses serviteurs Ruth reconnaît Booz.
D'un paisible sommeil il goûtait le repos ;

---

* Portans reversa est, et ostendit socrui suæ ; et dedit ei de reliquiis cibi sui, etc. (*Ibid.* II, 18.)

** Filia mea, quæram tibi requiem, et providebo ut benè sit tibi. Booz iste propinquus noster est, etc. (*Ibid.* III, 1 et 2.)

Des gerbes soutenaient sa tête vénérable.
Ruth s'arrête : « O vieillard, soutien du misérable,
« Que l'ange du Seigneur garde tes cheveux blancs !
« Dieu pour se faire aimer doit prolonger tes ans.
« Quelle sérénité se peint sur ton visage !
« Comme ton cœur est pur, ton front est sans nuage.
« Tu dors, et tu parais méditer des bienfaits :
« Un songe t'offre-t-il les heureux que tu fais ?
« Ah ! s'il parle de moi, de ma tendresse extrême,
« Crois-le ; ce songe, hélas ! est la vérité même. »

Le vieillard se réveille à des accents si doux.
« Pardonnez, lui dit Ruth, j'osais prier pour vous ;
« Mes vœux étaient dictés par la reconnaissance :
« Chérir son bienfaiteur ne peut être une offense ;
« Un sentiment si pur doit-il se réprimer ?
« Non, ma mère me dit que je puis vous aimer.
« De Noémi dans moi reconnaissez la fille :
« Est-il vrai que Booz soit de notre famille ?
« Mon cœur et Noémi me l'assurent tous deux.

« O ciel ! répond Booz, ô jour trois fois heureux !
« Vous êtes cette Ruth, cette aimable étrangère
« Qui laissa son pays et ses dieux pour sa mère !
« Je suis de votre sang ; et, selon notre loi,
« Votre époux doit trouver un successeur en moi.
« Mais puis-je réclamer ce noble et saint usage ?
« Je crains que mes vieux ans n'effarouchent votre âge
« Au mien l'on aime encor, près de vous je le sens ;
« Mais peut-on jamais plaire avec des cheveux blancs ?
« Dissipez la frayeur dont mon âme est saisie :
« Moïse ordonne en vain le bonheur de ma vie ;
« Si je suis heureux seul, ce n'est plus un bonheur. »

« Ah ! que ne lisez-vous dans le fond de mon cœur !
« Lui dit Ruth ; vous verriez que la loi de ma mère

« Me devient dans ce jour et plus douce et plus chère. »
La rougeur, à ces mots, augmente ses attraits.
Booz tombe à ses pieds : « Je vous donne à jamais
« Et ma main et ma foi : le plus saint hyménée
« Aujourd'hui va m'unir à votre destinée.
« A cette fête, hélas ! nous n'aurons pas l'amour ;
« Mais l'amitié suffit pour en faire un beau jour.
« Et vous, Dieu de Jacob, seul maître de ma vie,
« Je ne me plaindrai point qu'elle me soit ravie ;
« Je ne veux que le temps et l'espoir, ô mon Dieu,
« De laisser Ruth heureuse, en lui disant adieu. »

Ruth le conduit alors dans les bras de sa mère.
Tous trois à l'Éternel adressent leur prière ;
Et le plus saint des nœuds en ce jour les unit.
Juda s'en glorifie : et Dieu, qui les bénit,
Aux désirs de Booz permet que tout réponde.
Belle comme Rachel, comme Lia féconde,
Son épouse eut un fils* ; et cet enfant si beau
Des bienfaits du Seigneur est un gage nouveau :
C'est l'aïeul de David. Noémi le caresse ;
Elle ne peut quitter ce fils de sa tendresse,
Et dit, en le montrant sur son sein endormi :
« Vous pouvez maintenant m'appeler Noémi. »

De ma sensible Ruth, prince, acceptez l'hommage.
Il a fallu monter jusques au premier âge
Pour trouver un mortel qu'on pût vous comparer.
En honorant Booz, j'ai cru vous honorer :
Vous avez sa vertu, sa douce bienfaisance ;
Vous moissonnez aussi pour nourrir l'indigence :
Pieux comme Booz, austère avec douceur,

---

* Tulit itaque Booz Ruth, et accepit uxorem..... et dedit illi Dominus
ut conciperet et pareret filium.... Susceptumque Noemi puerum posuit in sinu
suo, et nutricis ac gerulæ fungebatur officio. (*Ibid.* IV, 13 et 16.)

Vous aimez les humains, et craignez le Seigneur.
Hélas! un seul soutien manque à votre famille :
Vous n'épousez pas Ruth, mais vous l'avez pour fille.
FLORIAN.

XVII. Tobie, poème tiré de l'Écriture-Sainte.

A M^{elles} de L. B. et D. D., âgées de neuf à dix ans.

O vous, qui de cet âge où l'on sort de l'enfance,
Conservez seulement la grace et l'innocence,
Dont le précoce esprit, empressé de savoir,
Croit gagner un plaisir s'il apprend un devoir,
De Tobie écoutez l'antique et sainte histoire.
Dans ce simple récit point d'amour, point de gloire :
C'est un juste, un bon père, un cœur pur, bienfaisant,
Qui n'aime que son Dieu, les humains, son enfant.
Ah! ces vertus pour vous ne sont point étrangères;
Lisez, lisez Tobie à côté de vos mères.

A Ninive autrefois, quand les tribus en pleurs
Expiaient dans les fers leurs coupables erreurs,
Il fut un juste encore : il avait nom Tobie.
Consacrant à son Dieu chaque instant de sa vie,
Vieillard, malheureux, pauvre, il n'en donnait pas moins
Aux pauvres des secours, aux malheureux des soins *.
A travers les dangers, par des routes secrètes,
De ses frères captifs parcourant les retraites,
Il consolait la veuve, adoptait l'orphelin :
Le cri d'un opprimé réglait seul son chemin;
Et lorsque ses amis, effrayés de son zèle,
Lui présageaient du roi la vengeance cruelle **,

---

* Tobias quotidie pergebat per omnem cognationem suam, et consolabatur eos, dividebatque unicuique, prout poterat, de facultatibus suis, esurientes alebat, nudisque vestimenta præbebat, etc. (*Tob.* I, 19 et 20.)

** Arguebant autem eum omnes proximi ejus, dicentes : Jam hujus rei causâ interfici jussus es.... Sed Tobias, plus timens Deum quàm regem, etc. (*Ibid.* II, 8 et 9.)

« Je crains Dieu, disait-il, encor plus que le roi,
« Et les infortunés me sont plus chers que moi. »

Un jour *, après avoir, pendant la nuit obscure,
A des morts délaissés donné la sépulture,
De travail épuisé, de fatigue abattu,
Sa force ne pouvant suffire à sa vertu,
Le vieillard lentement au pied d'un mur se traîne.
Il dormait, quand l'oiseau que le printemps ramène,
Du nid qu'il a construit au-dessus de ce mur,
Fait tomber sur ses yeux un excrément impur :
A Tobie aussitôt la lumière est ravie.
Sans se plaindre, adorant la main qui le châtie,
« O Dieu, s'écria-t-il, tu daignes m'éprouver !
« Je n'en murmure point, tu frappes pour sauver :
« Mes yeux, mes tristes yeux, privés de la lumière,
« Ne pourront plus au ciel précéder ma prière ;
« Vers le pauvre avec peine, hélas ! j'arriverai ;
« Je ne le verrai plus, mais je le bénirai. »
Ses amis cependant, sa famille, sa femme,
Loin d'émousser les traits qui déchiraient son âme,
De porter sur ses maux le baume précieux
De la compassion, seul bien des malheureux,
Viennent lui reprocher jusqu'à sa bienfaisance ** ;
« Où donc, lui disent-ils, est cette récompense
« Qu'aux vertus, à l'aumône, accorde le Seigneur ? »
Le vieillard ne répond qu'en leur montrant son cœur ;
Mais ce cœur, accablé de ces cruels reproches,
Fort contre le malheur, faible contre ses proches,
Désire le trépas, et le demande au ciel :

* Contigit autem ut, quâdam die, fatigatus à sepulturâ, jactasset se
juxtà parietem, et obdormisset, ex nido hirundinum dormienti illi callida
stercora inciderent super oculos ejus, fieretque cæcus. (*Ibid.* II, 10 et 11.)

** Irridebant vitam ejus, dicentes : « Ubi est spes tua, pro quâ eleemo-
synas et sepulturas faciebas ? » (*Ibid.* II, 15 et 16.)

Sa prière monta jusques à l'Éternel :
L'ange du Dieu vivant descendit sur la terre.

Le vieillard, se croyant au bout de sa carrière,
Fait appeler son fils, son fils qui, jeune encor,
De l'aimable innocence a gardé le trésor,
Comme un autre Joseph nourri dans l'esclavage,
Et semblable à Joseph de mœurs et de visage,
Possédant sa beauté, sa grace et sa pudeur ;
Tobie, en l'embrassant, lui dit avec douceur :
« Mon fils, la mort dans peu va te ravir ton père :
« De ton respect pour moi fais hériter ta mère* ;
« Celle qui t'a nourri, qui t'a donné le jour,
« Pour de si grands bienfaits ne veut qu'un peu d'amour :
« Quel plaisir est plus doux qu'un devoir de tendresse ?
« Honore le seigneur, marche dans sa sagesse ;
« Que sur-tout l'indigent trouve en toi son appui**,
« Partage tes habits et ton pain avec lui ;
« Reçois entre tes bras l'orphelin qui t'implore ;
« Riche, donne beaucoup ; et pauvre, donne encore :
« Ce précepte, mon fils, contient toute la loi.
« Je dois en ce moment confier à ta foi
« Qu'à Gabélus jadis, sur sa simple promesse,
« Je laissai dix talents, mon unique richesse :
« Va toi-même à Ragès pour les redemander.
« Vers ce lointain pays quelqu'un peut te guider ;
« Cherche dans nos tribus un conducteur fidèle
« Dont nous reconnaîtrons et la peine et le zèle. »
   Il dit. Son fils le quitte et court vers sa tribu.

* Honorem habebis matri tuæ omnibus diebus vitæ ejus : memor enim esse debes quæ et quanta pericula passa sit propter te in utero suo (*Ibid* IV, 3 et 4.)

** Panem tuum cum esurientibus comede, et de vestimentis tuis nudos tege... Si multùm tibi fuerit, abundanter tribue ; si exiguum tibi fuerit, etiam exiguum libenter impertiri stude. (*Ibid* IV, 17 et 9)

Devant lui se présente un jeune homme inconnu,
Dont la taille, les traits, la grace plus qu'humaine,
Dès le premier abord et l'attire et l'enchaîne;
Ses yeux doux et brillants, sa touchante beauté,
Son front où la noblesse est jointe à la bonté,
Tout plaît, tout charme en lui par un pouvoir suprême.

C'était l'ange du ciel envoyé par Dieu même,
Qui venait de Tobie assurer le bonheur.

L'ange s'offre à servir de guide au voyageur :
Il le suit chez son père, et le vieillard en larmes
Ne lui déguise point ses soupçons, ses alarmes;
Long-temps il l'interroge; et lui tendant les bras :
« De mes craintes, dit-il, ne vous offensez pas;
« Vieux, souffrant, et privé de la clarté céleste,
« Mon enfant de la vie est tout ce qui me reste :
« La frayeur est permise à qui n'a plus qu'un bien.
« De mon dernier trésor je vous fais le gardien.
« Ah! vous me le rendrez; mon âme satisfaite
« Éprouve en vous parlant une douceur secrète;
« Je ne sais quelle voix me dit au fond du cœur
« Que vous serez conduit par l'ange du Seigneur.
« O mon fils, pour adieu reçois ce doux présage. »
Le jeune homme l'embrasse et s'apprête au voyage.
Il presse, en gémissant, sa mère sur son sein.
Bientôt, guidé par l'ange, il se met en chemin;
Mais trois fois il s'arrête, et trois fois renouvelle
Ses adieux et ses cris; alors le chien fidèle *,
Seul ami demeuré dans la triste maison,
Court, et du voyageur devient le compagnon.

Ils marchent tout le jour dans ces plaines fécondes
Où le Tigre en courroux précipite ses ondes.

---

* Profectus est Tobias, et canis secutus est eum, etc. (*Ibid.* VI, 1)

Arrêté sur ses bords pour prendre du repos,
Tobie, en se lavant dans ses rapides eaux,
Découvre un monstre affreux dont la gueule béante
Lui fait jeter un cri d'horreur et d'épouvante.
L'ange accourt : « Saisissez, lui dit-il, sans frémir,
« Ce monstre qu'à vos pieds vous allez voir mourir.
« Prenez son fiel sanglant*, il vous est nécessaire ;
« Le temps vous apprendra ce qu'il en faudra faire. »
Le jeune Hébreu, surpris, obéit à l'instant ;
Il partage le corps du monstre palpitant,
Et réserve le fiel ; sur une flamme pure
Le reste préparé devient sa nourriture.

Cependant de Ragès, au bout de quelques jours,
Les voyageurs charmés aperçoivent les tours.
L'ange, avant d'arriver aux portes de la ville :
« De Gabélus, dit-il, ne cherchons point l'asyle ;
« Dès long-temps Gabélus a quitté ces climats.
« Chez un autre que lui je vais guider vos pas.
« Le riche Raguel, neveu de votre père,
« A pour fille Sara, son unique héritière.
« Son plus proche parent doit seul la posséder :
« La loi l'ordonne ainsi, venez la demander. »
Interdit à ces mots, le docile Tobie
Lui répond : « O mon frère, à vous seul je confie**
« Des malheurs de Sara ce qu'on m'a rapporté :
« Tout Israël connaît sa vertu, sa beauté,
« Mais déjà sept époux, briguant son hyménée,

* Exentera hunc piscem, et cor ejus, et fel... Quod cùm fecisset, assavit carnes ejus, et secum tulerunt in viâ. (*Ibid.* VI, 5 et 6.)

** Audio quia tradita est septem viris, et mortui sunt... Timeo ne forte et mihi hæc eveniant ; et cùm sim unicus parentibus meis, deponam senectutem illorum cum tristitiâ ad inferos. Tunc angelus dixit ei : Hi qui conjugium itâ suscipiunt, ut Deum à se et à suâ mente excludant, et suæ libidini itâ vacent, etc.. habet potestatem dæmonium super eos. Tu autem, etc. (*Ibid.* VI.)

« Ont dès le même soir fini leur destinée.
« Que deviendra mon père, hélas ! si je péris ?
« Ne craignez rien, dit l'ange, et suivez mes avis.
« Ivres d'un fol amour que le Seigneur condamne,
« Les amants de Sara brûlaient d'un feu profane.
« Ils en furent punis : mais vous, mon frère, vous,
« Que la loi de Moïse a nommé son époux,
« Dont le cœur, aux vertus formé dès votre enfance,
« Épurera l'amour par la chaste innocence,
« Vous obtiendrez Sara sans irriter le ciel. »
　En prononçant ces mots ils sont chez Raguel.
Tous deux, les yeux baissés, demandent à l'entrée
Cette hospitalité des Hébreux révérée.
Raguel, à leur voix empressé d'accourir,
Rend grace aux voyageurs qui l'ont daigné choisir :
Mais, fixant sur l'un d'eux une vue attentive,
Il reconnaît les traits du vieillard de Ninive :
Quelques pleurs aussitôt s'échappent de ses yeux.
« Seriez-vous, leur dit-il, du nombre des Hébreux
« Que le vainqueur retient dans les champs d'Assyrie ?
« Oui, répond l'ange. — Ainsi vous connaissez Tobie *?
— « Qui de nous a souffert et ne le connaît pas ?
— « Ah ! parlez : avons-nous à pleurer son trépas ?
« Ou le Seigneur, touché de nos longues misères,
« L'a-t-il laissé vivant pour exemple à nos frères ?
« Il respire, dit l'ange, et vous voyez son fils.
— « O jour trois fois heureux ! Enfant que je bénis,
« Viens, accours dans mon sein ; que Raguel embrasse
« Le digne rejeton d'une si sainte race !

　* Dixitque illis Raguel : « Nostis Tobiam fratrem meum ? Qui dixerunt :
« Novimus... » Et misit se Raguel, et cum lacrymis osculatus est eum, et
plorans suprà collum ejus, dixit : « Benedictio sit tibi, fili mi, quia boni et
« optimi viri filius es... Et præcepit Raguel occidi arietem et parari convivium. »
(*Ibid.* VII.)

« Ton père soixante ans fut notre unique appui ;
« Viens jouir, ô mon fils, de notre amour pour lui. »

Il appelle aussitôt son épouse et sa fille,
Annonce son bonheur à toute sa famille,
Et veut que d'un bélier, immolé par sa main,
Aux hôtes qu'il reçoit on prépare un festin.

On obéit. Tobie, assis près de son guide,
Sur la belle Sara porte un regard timide :
Il rencontre ses yeux : aussitôt la pudeur
Couvre son jeune front d'une aimable rougeur.
Il s'enhardit pourtant, et d'une voix émue :
« O Raguel, dit-il, notre loi t'est connue ;
« Tu sais qu'elle prescrit des nœuds encor plus doux
« Aux liens que le sang a formés entre nous ;
« Je réclame la loi, je suis de ta famille :
« Au fils de ton ami daigne accorder ta fille.
« Mes seuls titres, hélas ! pour obtenir sa foi,
« Sont le nom de mon père et mon respect pour toi. »

Le vieillard, à ces mots, sent naître ses alarmes*.
Il élève au Seigneur des yeux remplis de larmes ;
Son épouse et sa fille, en se pressant la main,
Ont caché toutes deux leur tête dans leur sein.
Mais l'ange les rassure, et sa douce éloquence
Dans leur cœur pas à pas fait entrer l'espérance :
Il les plaint, les console, et de leur souvenir
Bannit les maux passés par les biens à venir.
Raguel, entraîné, cède au pouvoir suprême
De ce jeune inconnu qu'il révère et qu'il aime.
Il unit les époux au nom de l'Éternel ;

* Quo audito verbo, Raguel expavit, sciens quid evenerit septem viris..
Et dixit angelus : Noli timere.... etc. Et apprehendens dexteram filiæ suæ,
dexteræ Tobiæ tradidit... etc. (*Ibid.*VII.)

Les bénit en tremblant, les recommande au ciel ;
Et pendant le festin sa timide allégresse
Voile quelques instants sa profonde tristesse.

Le repas achevé, dans leur appartement
Les deux nouveaux époux sont conduits lentement.
A genoux aussitôt, le front dans la poussière *,
Ils élèvent au ciel leur touchante prière :
« Dieu puissant, disent-ils, qui daignas de tes mains
« Former une compagne au premier des humains,
« Afin de consoler sa prochaine misère,
« Par le doux nom d'époux et par celui de père ;
« Nous ne prétendons point à ce bonheur parfait,
« Qui pour le cœur de l'homme, hélas ! ne fut point fait ;
« Mais donne nous l'amour des devoirs qu'il faut suivre :
« La vertu pour souffrir, la tendresse pour vivre,
« Des héritiers nombreux dignes de te chérir,
« Et des jours innocents passés à te servir. »

Dans ces devoirs pieux la nuit s'écoule entière.
Dès que le chant du coq annonce la lumière,
Raguel, son épouse, accourent tout tremblants,
N'osant pas espérer d'embrasser leurs enfants :
Ils les trouvent tous deux dans un sommeil tranquille.
De festons aussitôt ils parent leur asyle,
Font ruisseler le sang des taureaux immolés,
Et retiennent dix jours leurs amis rassemblés.

L'ange, pendant ce temps, au fond de la Médie,
Allait redemander le dépôt de Tobie.
Gabélus le lui rend ; et l'ange de retour,

---

* Instanter orabant ambo simul... Domine Deus patrum nostrorum... tu fecisti Adam de limo terræ, dedistique ei adjutorium Hevam... Miserere nobis, et consenescamus ambo pariter sani. Et factum est circà pullorum cantum, etc (*Ibid.* VIII)

Au milieu des plaisirs de l'hymen, de l'amour,
Retrouve son ami pensif et solitaire,
Soupirant en secret de l'absence d'un père.
« Partons, lui dit Tobie, ô mon cher bienfaiteur ;
« Être heureux loin de lui pèse trop sur mon cœur.
« Parmi tant de festins, au sein de l'opulence,
« Je ne vois que mon père en proie à l'indigence :
« Hâtons-nous, hâtons-nous d'aller le secourir ;
« Obtiens de Raguel qu'il nous laisse partir.
« Il est père ; aisément son âme doit comprendre
« Ce qu'un fils doit d'amour au père le plus tendre. »

Il dit. L'ange aussitôt va trouver Raguel ;
Il le fait consentir à ce départ cruel.
Le malheureux vieillard les conjure, les presse
De revenir un jour consoler sa vieillesse :
Tobie en fait serment ; et bientôt les chameaux,
Les esclaves nombreux, les mugissants troupeaux,
Qui de la jeune épouse ont été le partage,
Vers la terre d'Assur commencent leur voyage.
L'ange, présent partout, guide les conducteurs.
Sara, le front voilé, cachant ainsi ses pleurs,
Assise sur le dos d'un puissant dromadaire,
Soupire, et tend de loin ses deux bras à sa mère :
Son époux la soutient sur son sein palpitant ;
Et le fidèle chien marche en les précédant.

Hélas ! il était temps que le jeune Tobie *
A son malheureux père allât rendre la vie.

* Cùm verò moras faceret Tobias causâ nuptiarum, sollicitus erat pater ejus Tobias... Cœpit autem contristari nimis ipse, et Anna uxor ejus cum eo ; et cœperunt ambo simul flere, eò quòd die statuto minimè reverteretur filius eorum ad eos.... etc. Mater quotidie exsiliens, circumspiciebat et circuibat vias omnes per quas spes remeandi videbatur, ut procul videret eum, si fieri posset, venientem. (*Ibid.* X.)

BIBLE.   353

Depuis qu'il est parti, ce vieillard désolé,
Comptant de son retour le moment écoulé,
Se traînait chaque jour aux portes de Ninive.
Son épouse guidait sa démarche tardive.
Le vieillard restait seul, assis sur le chemin ;
Vers chaque voyageur il étendait la main :
Le voyageur passait ; et Tobie en silence,
Pour la reperdre encore, attendait l'espérance.
Sa femme, gravissant sur les monts d'alentour,
Cherchait au loin des yeux l'objet de son amour,
Pleurait de ne point voir cet enfant qu'elle adore,
Et suspendait ses pleurs pour le chercher encore.

Mais ce fils approchait; accusant ses lenteurs,
Il laisse ses troupeaux aux soins de leurs pasteurs,
Les précède avec l'ange ; et sa mère attentive *
L'aperçoit tout-à-coup accourant vers Ninive.
Elle vole aussitôt, craint d'arriver trop tard ;
Mais le chien, plus prompt qu'elle, est auprès du vieillard;
Il reconnaît son maître, il jappe, il le caresse,
Exprime par ses cris sa joie et sa tendresse.
Le malheureux aveugle, à ces cris qu'il entend,
Juge que c'est son fils que le Seigneur lui rend ;
Il se lève ; et d'un pas chancelant et rapide,
Marchant les bras ouverts, sans soutien et sans guide,
« O mon fils, criait-il, c'est toi, c'est toi... » Soudain
Le jeune homme, en pleurant, s'élance dans son sein :
Le vieillard le reçoit, et le serre, et le presse,
D'un long embrassement il savoure l'ivresse ;

---

* Et dùm ex eodem loco specularetur adventum ejus, vidit à longè, et
illico agnovit venientem filium suum ; currensque.... etc. Tunc præcucurrit
canis qui simul fuerat in viâ; et, quasi nuncius adveniens, blandimento caudæ
suæ gaudebat. Et consurgens cæcus pater ejus, cœpit offendens pedibus currere ; et, datâ manu puero, occurrit obviàm filio suo. (*Ibid.* XI, 6, 9 et 10)

Au défaut de ses yeux, sa paternelle main
S'assure d'un bonheur qu'il croit trop peu certain.
La mère arrive alors, palpitante, éperdue,
Réclamant à grands cris une si chère vue ;
Les larmes du bonheur coulent de tous les yeux ;
Et l'ange, en les voyant, se croit encore aux cieux.

    Après ces doux transports, l'ange dit à son frère *
De toucher du vieillard la tremblante paupière
Avec le fiel du monstre immolé par ses mains.
Le jeune homme obéit à ces ordres divins,
Et Tobie aussitôt voit la clarté céleste.
« Gloire à toi, cria-t-il, Dieu puissant que j'atteste !
« J'avais péché long-temps, et long-temps je souffris :
« Mais je revois enfin et le ciel et mon fils !
« O mon Dieu, je rends grace à ta bonté propice :
« Oui, ta miséricorde a passé ta justice. »

    Il dit ; et de Sara les serviteurs nombreux,
Les troupeaux, les trésors, viennent frapper ses yeux.
La modeste Sara descend, lui fait hommage
De ces biens devenus désormais son partage,
Lui demande à genoux d'aimer et de bénir
L'épouse qu'à son fils le ciel voulut unir.
Le vieillard étonné la relève, l'embrasse ;
Il admire ses traits, sa jeunesse, sa grace,
Et, s'appuyant sur elle, écoute le récit
De ce qu'a fait son Dieu pour l'enfant qu'il chérit.
« Mais, ajoute ce fils, vous voyez dans mon frère **

---

  * Tunc sumens Tobias de felle piscis, linivit oculos patris sui.... Statim visum recepit, et glorificabant Deum ... Dicebatque Tobias : Benedico te, Domine... quia tu castigasti me...Et ecce ego video Tobiam filium meum.

  ** Me duxit et reduxit sanum... uxorem ipse me habere fecit... me ipsum à devoratione piscis eripuit, te quoque videre fecit lumen cœli. .. Quid illi ad hæc poterimus dignum dare ? Sed peto, pater mi, ut roges eum si forté

« Mon soutien, mon sauveur, mon ange tutélaire ;
« Il a guidé mes pas ; il défendit mes jours ;
« C'est de lui que je tiens l'objet de mes amours ;
« Lui seul vous fait revoir la céleste lumière ;
« Il m'a donné ma femme et m'a rendu mon père :
« Hélas ! que peut pour lui notre vive amitié ?
« Des trésors de Sara donnons-lui la moitié :
« Qu'en recevant ce don sa bonté nous honore ;
« S'il daigne l'accepter, il nous oblige encore. »
   Aux pieds de l'ange alors, le père avec le fils,
Rougissant tous les deux d'offrir ce faible prix,
Le pressent de choisir dans toute leur richesse.
L'ange, les regardant, sourit avec tendresse :
« Ne vous offensez pas, dit-il, de mes refus ;
« Gardez, gardez vos biens et sur-tout vos vertus ;
« Elles vous ont valu le secours de Dieu même.
« Je suis l'ange envoyé par ce Dieu qui vous aime* :
« Il voulut acquitter ces bienfaits si nombreux
« Répandus, prodigués à tant de malheureux.
« Vos aumônes, vos dons, ô vieillard charitable,
« Tout, jusqu'au simple vœu d'aider un misérable,
« Fut écrit dans le ciel ; Dieu conserve en ses mains,
« Comme un dépôt sacré, le bien fait aux humains.
« Il vous rend ces trésors, mais pour le même usage ;
« Au pauvre, à l'indigent faites-en le partage ;
« Donnez pour amasser auprès de l'Éternel ;
« Vivez long-temps heureux, moi je retourne au ciel. »
FLORIAN.

dignabitur medietatem de omnibus quæ allata sunt sibi assumere. (*Ibid.* XI et XII.)

* Ego enim sum Raphael angelus, unus ex septem qui adstamus ante Dominum.... Bona est oratio cum jejunio et eleemosynâ.. quoniam eleemosyna à morte liberat.... et facit invenire misericordiam, .. etc. Tempus est ergo ut revertar ad eum qui me misit . etc.

XVIII. **Cantique des Juifs à leur délivrance de Babylone.** (Tiré d'Isaïe.)

Comment est disparu ce maître impitoyable !
Et comment du tribut dont nous fûmes chargés,
   Sommes-nous soulagés !
Le seigneur a brisé le sceptre redoutable,
Dont le poids accablait les humains languissants,
Ce sceptre qui frappait d'une plaie incurable
   Les peuples gémissants.
Nos cris sont apaisés, la terre est en silence :
Le seigneur a dompté ta barbare insolence,
   Cruel et superbe tyran !
   Les cèdres mêmes du Liban
   Se réjouissent de ta perte :
« Il est mort, disent-ils, et depuis qu'il n'est plus
« Jamais de nos débris la montagne couverte
« Ne nous a vus tomber par le fer abattus. »
Ton aspect imprévu fit trembler les lieux sombres.
Tout l'enfer se troubla : les plus superbes ombres
   Coururent pour te voir.
Les rois des nations descendant de leur trône,
   T'allèrent recevoir.
Toi-même, dirent-ils, ô Roi de Babylone,
Toi-même, comme nous, te voilà donc percé !
   Sur la poussière renversé,
   Des vers tu deviens la pâture,
   Et ton lit est la fange impure.

   Comment es-tu tombé des cieux,
  Astre brillant, fils de l'aurore ?
  Puissant roi, prince audacieux,
  La terre aujourd'hui te dévore.
  Comment es-tu tombé des cieux,
  Astre brillant, fils de l'Aurore ?

Dans ton cœur tu disais : « A Dieu même pareil,
« J'établirai mon trône au-dessus du soleil ;
« Et près de l'Aquilon, sur la montagne sainte
  « J'irai m'asseoir sans crainte :
« A mes pieds trembleront les humains éperdus; »
  Tu le disais, et tu n'es plus.

 Les passants qui verront ton cadavre paraître,
Diront, en se baissant, pour te mieux reconnaître :
« Est-ce là le mortel, qui troubla l'univers,
« Par qui tant de captifs soupiraient dans les fers,
« Qui perdit tant d'états, détruisit tant de villes,
  « Sous qui les champs les plus fertiles
  « Devenaient d'arides déserts ? »

 Tous les rois de la terre ont de la sépulture
  Obtenu le dernier honneur.
  Toi seul, privé de ce bonheur,
En tous lieux rejeté, l'horreur de la nature,
Homicide d'un peuple à tes soins confié,
De ce peuple aujourd'hui tu te vois oublié.

 Qu'on prépare à la mort ses enfants misérables :
La race des méchants ne subsistera pas :
Courez à tous ses fils annoncer le trépas.
Qu'ils périssent ! l'auteur de leurs jours déplorables
  Les a couverts de son iniquité.
Frappez, faites sortir de leurs veines coupables,
Le reste impur du sang dont ils ont hérité.
L. Racine.

  XIX. Même sujet.

  D'un tribut honteux et barbare
  Qui peut suspendre la rigueur,
  Et frustrer la vengeance avare

De notre superbe oppresseur ?
Quel est donc le bras invisible
Qui de sa colère inflexible,
Un instant retarde les coups ?
Où sont de ses ordres sinistres
Tant d'infatigables ministres
Que sa haine armait contre nous ?

De l'Éternel la main puissante
A brisé le sceptre sanglant,
Dont son audace triomphante
Écrasait l'univers tremblant ;
Ce sceptre de carnage avide,
Et dont la fureur homicide
Nous poursuivait dans nos déserts,
Où, par d'horribles meurtrissures,
Sans cesse il rouvrait les blessures
Dont nos corps étaient tout couverts.

Soudain du couchant à l'aurore,
La terre a connu le repos ;
Long-temps elle parut encore
Douter de la fin de ses maux.
De leur sombre image troublée
Elle se taisait, accablée
Du poids récent d'un long malheur ;
Mais, libre enfin de sa détresse,
Elle a tressailli d'allégresse,
Elle a proclamé son bonheur.

Dans les airs nos chants retentirent,
Et des vieux cèdres du Liban
Les fronts inclinés applaudirent,
Au coup qui frappa le tyran.
Ils disaient : « Ton orgueil succombe,

« L'éternel sommeil de la tombe
« Vient enfin de clore tes yeux;
« Et sur nous la hache dressée,
« A servir ton faste empressée,
« N'ose plus dépeupler ces lieux. »

Des enfers les voûtes s'émurent
Sur leurs fondements ébranlés;
Ses noirs habitants accoururent
Au bruit de ta chute assemblés.
Là, dans l'obscurité profonde,
Les rois, les anciens dieux du monde,
De leurs trônes sont descendus.
Là, de ton oreille nourrie
Des doux sons de la flatterie,
Ces tristes mots sont entendus:

« Tu n'es donc pas invulnérable,
« Nos yeux ont vu couler ton sang;
« Ton ombre, à notre ombre semblable,
« Tombe ici bas au dernier rang.
« Ta fierté d'honneurs enivrée,
« A l'opprobre aujourd'hui livrée,
« S'abreuve de honte aux enfers;
« Ton corps dans la nuit sépulcrale,
« Au lieu de la couche royale,
« A pour lit la fange et les vers. »

Toi qui semblais hier encore
Briller d'un éclat immortel,
Lucifer, rival de l'aurore,
Comment es-tu tombé du ciel?
Partout tes flèches redoutables
Frappaient les restes déplorables
D'un peuple à tes pieds dispersé.

Apprends-nous d'où partit la foudre,
Qui, de ton char réduit en poudre,
Dans ces gouffres t'a renversé.

 Tu disais dans ta folle audace :
« Je veux, au céleste séjour,
« De mon trône marquer la place
« Au-dessus de l'astre du jour.
« J'irai sur la montagne sainte ;
« Je franchirai la faible enceinte
« Qui me sépare d'un rival ;
« Et sur les ailes des nuages,
« M'élançant au sein des orages
« De Dieu je planerai l'égal. »

 Ainsi ta bouche, impur organe
De mille blasphèmes nouveaux,
Défiait, d'une voix profane,
La mort prête à lever sa faux.
Ainsi ton impie arrogance
Provoquait Dieu, dont la clémence
Laisse le temps au repentir,
Quand tout-à-coup les noirs abîmes,
Aux yeux de tes pâles victimes,
Se sont ouverts pour t'engloutir.

 Si le voyageur solitaire
De ton corps heurte les débris,
Il se baisse, il te considère,
Il te parcourt d'un œil surpris.
« Est-ce là ce fléau du monde,
« Dont la colère, en maux féconde,
« Poursuivait nos rois fugitifs ;
« Dont le bras renversait nos villes,

BIBLE.

« Et de nos campagnes stériles
« Traînait les habitants captifs? »

Tel qu'éblouissant de lumière
Le soleil entre au sein des eaux,
Des rois ainsi la gloire entière
Les suit jusque dans leurs tombeaux.
Revêtus des honneurs funèbres,
Ils sont reçus dans les ténèbres
D'éclat encore environnés;
Et, conservant les nobles marques
Dont brillent les fronts des monarques,
Ils y descendent couronnés.

Pour toi, loin de ta sépulture
Tes ossements sont délaissés,
Confondus dans la foule obscure
De ceux que le glaive a percés;
Mais que dis-je? après les batailles,
On célèbre les funérailles
Du guerrier mort au lit d'honneur;
De ses pleurs le passant l'arrose,
Et sur sa tombe l'on dépose
Le fer qui servit sa valeur.

Non, ta cendre et celle du brave
N'auront point un même cercueil;
Ton aspect au plus vil esclave
Apprend à connaître l'orgueil.
Trop heureux qu'un peu de poussière
Couvre sa dépouille grossière,
S'il repose loin de son roi;
Sur son corps mourant il se traîne,
Et fuit, en emportant sa chaîne,
L'affront d'expirer près de toi.

Quoi ! partout tu semas la guerre,
Et la paix serait ton destin !
Celui qui ravagea la terre
Dormirait tranquille en son sein !
Non, non, souillé d'un sang fétide,
Objet d'horreur, ton corps livide
De plage en plage est rejeté.
Tout, jusqu'au stérile avantage
D'obtenir l'oubli pour partage,
Aux tyrans sera disputé.

de Wailly, *Mercure de France*. (1802.)

XX. Paraphrase du psaume *In exitu*.

LE PSALMISTE CORYPHÉE.

Lorsqu'enfin séparé de la race étrangère,
Jacob se dérobant aux tyrans de Memphis,
Rejeta loin de lui son joug héréditaire,
Et marcha vers les bords attendus par ses fils,
  Dieu, fidèle à ses oracles,
  Entoura de ses miracles
  Le peuple chéri du ciel ;
  Et, de la nue enflammée,
  Sa main, guidant leur armée,
  Fut l'étendard d'Israël.

La mer le vit, la mer s'enfuit épouvantée,
Le Jourdain, vers sa source à grand bruit agitée,
  Vit rebrousser ses eaux ;
Et des monts de Cadès les cîmes ébranlées
Tressaillirent soudain, comme dans les vallées
  Bondissent les troupeaux.

Mer, d'où vient que tu fuis ? Toi, Jourdain, dans ta course
D'où vient que, tout à coup remontant vers ta source,
  Tu revois ton berceau ?

Montagnes, quel pouvoir sut vous rendre mobiles,
  Comme les faons agiles,
  Et le léger chevreau?

Les montagnes, les mers, les fleuves me répondent :
« Eh ! n'avez-vous pas vu le Seigneur en courroux?
« N'a-t-il pas menacé? Nous avons tremblé tous.
« Les éléments troublés devant lui se confondent.
« Nous l'avons vu, le roc à l'instant s'est ouvert,
« Et l'onde, en jaillissant, rafraîchit le désert. »

Non, ce n'est pas à nous, non, ce n'est pas à l'homme,
Ce n'est qu'à vous, Seigneur, que la gloire appartient.
En vous est le salut, et l'humble foi l'obtient;
La bonté le promit, l'humble foi le consomme.
Israël offre au Dieu qui s'est fait son vengeur,
L'hommage de la joie et les chants du bonheur.

CHOEUR D'ISRAÉLITES.

Dieu d'Abraham, Dieu de nos pères,
Dieu qui daignez sur nos misères
Baisser un œil compatissant;
Objet d'éternelles louanges,
Que votre peuple avec vos anges
Chante le nom du Tout-Puissant.
Votre parole inviolable
Est le garant de vos bienfaits.
Votre clémence inépuisable
Est la source de nos succès.
Les merveilles sont votre ouvrage :
L'homme entrerait-il en partage
De tant de grandeur et d'éclat?
C'est dans vos mains qu'est la puissance,
Dans nos cœurs la reconnaissance,
Et c'est à l'orgueil d'être ingrat.

LE PSALMISTE CORYPHÉE.

Israël, si jamais le Dieu qui te protège,
Pour châtier son peuple à ses yeux criminel,
  Retirait son bras paternel,
Si l'ennemi disait d'une voix sacrilège :
  « Où donc est le Dieu d'Israël ?
« Qu'il écarte de vous la mort qui vous assiège,
« Et qu'il rende la force à son peuple abattu. »
  Israël, que répondrais-tu ?

CHOEUR D'ISRAÉLITES.

Le Seigneur, à la fois bienfaisant et sévère,
Est grand dans ses bontés, est grand dans sa colère ;
Et, toujours équitable et toujours absolu,
  Il a fait ce qu'il a voulu.

LE PSALMISTE CORYPHÉE.

Aveugles nations, ce Dieu n'est pas le vôtre.
Nations, que vos dieux sont différents du nôtre !
Ou taillés dans le marbre, ou fondus en airain,
Dieux faits par le ciseau, dieux nés de votre main !
Insensés, s'il se peut, animez vos idoles :
Leurs pieds sans mouvement, leurs bouches sans paroles,
Leurs bras qu'on arme en vain de tonnerres muets,
Et ces yeux où le jour ne pénétra jamais,
Cette oreille fermée à vos cris inutiles,
Vos dieux, sur leur autel, images immobiles,
Ne respirent pas même, en leurs temples honteux,
La vapeur de l'encens que vous perdez pour eux.

CHOEUR D'ISRAÉLITES.

Que ceux qui font ces dieux à leurs dieux soient semblables !
Israël appartient au Dieu maître des cieux,
  Qui plaça parmi nos aïeux

Ses tabernacles redoutables.
Enfants d'Aaron, brûlez l'encens religieux
Devant ses autels vénérables.

LE PSALMISTE CORYPHÉE.

Trop heureux les mortels qui n'espèrent qu'en lui!
Trop heureux le cœur pur qui le craint et qui l'aime!
Du haut de son trône suprême
Sa puissance descend pour être leur appui.

CHOEUR D'ISRAÉLITES.

Trop heureux les mortels qui n'espèrent qu'en lui!
Trop heureux le cœur pur qui le craint et qui l'aime!

DEUX JEUNES FILLES D'ISRAEL.

Il se souvient de nous, de son peuple fidèle.
Le Seigneur bénit ses enfants;
Sur les petits et sur les grands,
Il étend sa main paternelle,
Et du plus haut des cieux sa bonté se répand
Sur la faiblesse qui supplie,
Sur la grandeur qui s'humilie,
Et le pécheur qui se repent.

CHOEUR DES LÉVITES.

Toi qui fus délivré par sa main salutaire,
Judas, chante ce Dieu, qui seul donne à la terre
Des fécondes saisons le bienfait éternel,
Et les mers pour ceinture et pour voûtes le ciel.
Que ses merveilles bienfaisantes,
Que ses largesses renaissantes
Toujours répondent à nos vœux!
Que sur vous toujours signalées,
Sur nos enfants renouvelées,
Elles passent à nos neveux.

LE PSALMISTE CORYPHÉE.

C'est dans les cieux des cieux qu'il choisit sa demeure
Qu'avec ses seuls élus il daigne partager.
La terre est le domaine étroit et passager
   Où l'homme habite en étranger;
   D'où la mort l'appelle à toute heure
Au tribunal suprême où Dieu va le juger.

   De la tombe et de son silence,
La louange vers toi ne peut plus parvenir,
Seigneur; il est trop tard d'implorer ta clémence,
Hors des bornes du temps marqué pour l'obtenir.

Bénissons du Très-Haut la gloire et la puissance
   Durant nos jours mortels,
Et nous partagerons le bonheur qu'il dispense
   Dans les jours éternels.

  LA HARPE, *Œuvres choisies et posthumes.*

  XXI Dieu à Job *.

Du sein d'un tourbillon, le Souverain des cieux,
En s'adressant à Job, s'écrie : « Audacieux!
« Pourquoi ces vains discours où l'ignorance abonde?
« Sur ses vieux fondements quand je posai le monde,
« Réponds, que faisais-tu? Dis, prophète nouveau,
« Qui balança son axe, étendit son niveau?
« Dis, lorsque du matin les astres, pleins de joie,
« M'applaudissaient en chœur et préparaient ma voie,
« Qui renferma la mer en son vaste bassin?
« Qui refréna les flots que vomissait son sein?
« C'est moi qui l'entourai de mes nuages sombres,
« Qui sur elle étendis le bandeau de mes ombres;

* Voici une traduction abrégée de ce beau discours de Dieu à Job, elle m'a paru la meilleure qui ait encore été faite   F. ROGER.

« Moi qui de l'Océan, dans son berceau fécond,
« Enveloppai l'enfance et l'instinct vagabond.
« Je lui dis : Jusques-là je permets que tu grondes,
« Plus loin je te défends de répandre tes ondes;
« Je veux que sur ta rive expire ton orgueil.
« Présomptueux mortel, as-tu, par un coup d'œil,
« A l'astre du matin dit : Presse-toi d'éclore?
« As-tu marqué la place où resplendit l'aurore?
« De la mer mugissante as-tu creusé le fond,
« Et promené tes pas en son gouffre profond?
« Est-ce toi dont les mains, l'agitant comme un verre,
« Pour en chasser l'impie ont secoué la terre?
« Ton bras a-t-il ouvert les portes de la mort?
« Parle, si tu sais tout, dis-moi d'où la nuit sort,
« Quel palais radieux habite la lumière;
« Dirige l'une et l'autre en leur vaste carrière.
« Apprends-moi le sentier qui mène à leurs séjours;
« Révèle-moi combien je t'ai compté de jours;
« Rassemble des autans l'impétueux cortège;
« Ouvre-moi, si tu peux, les trésors de la neige;
« Et fais que mon tonnerre, à ta voix adouci,
« Quand tu l'appelleras, réponde : Me voici !
« Est-ce toi dont la main donna, par sa puissance,
« A l'homme la sagesse, au coq la vigilance?
« Pourrais-tu raconter le grand ordre des cieux,
« Et des astres errants le cours harmonieux?
« Dis-moi, quand le corbeau cherche sa nourriture
« Quelle main à ses fils prépare leur pâture?
« Vois le rhinocéros et cherche à le dompter;
« A la crèche un instant pourrais-tu l'arrêter?
« Lui feras-tu, vainqueur de sa force infinie,
« Du joug laborieux subir l'ignominie?
« Le coursier te doit-il ses naseaux en fureur,

« Qui, de gloire gonflés et soufflant la terreur,
« Roulent un feu guerrier dans leur ardente haleine?
« De ses bonds orgueilleux il insulte la plaine :
« La force est dans ses nerfs, l'audace est dans son œil ;
« Son cou s'est redressé de colère et d'orgueil ;
« Rien ne peut l'effrayer, sur lui le carquois sonne,
« Le glaive ardent frémit, le bouclier rayonne ;
« Sur le tranchant du fer il s'élance irrité.
« Frissonnant de fureur et d'intrépidité,
« Dès qu'il entend l'airain, il tressaille, il s'écrie :
« *Allons!* et des guerriers il brave la furie.

« Vois l'aigle inaccessible au sommet du rocher ;
« En son aire, dis-moi, pourras-tu l'approcher?
« Explique-moi son œil dont le regard foudroie,
« Et voit du haut des cieux son invisible proie.
« Ses fils sucent le sang ; la mort est leur butin,
« Et ton corps en débris deviendra leur festin.
« Si ces faits étonnants n'ont rien qui te surprenne ;
« Si tu crois que tout tremble à ta voix souveraine,
« Eh bien! du monde entier déclare-toi l'auteur ;
« Sous tes pieds de mon trône abaisse la hauteur ;
« Fais rayonner sur toi mon vêtement superbe ;
« Du tonnerre en ta main saisis la triple gerbe ;
« Alors du roi des cieux tu rempliras l'emploi ;
« Tu seras Dieu toi-même, et je plîrai sous toi. »

Parseval de Grandmaison.

BIENSÉANCE. Dans l'imitation poétique, les convenances et les bienséances ne sont pas précisément la même chose : les convenances sont relatives aux personnages ; les bienséances sont plus particulièrement relatives aux spectateurs : les unes regardent les usages, les mœurs du temps et du lieu de l'action; les autres regardent l'opinion et les mœurs du pays et du siècle où l'action est représentée. Lorsqu'on a fait parler et agir un personnage comme il aurait agi et parlé dans son temps, on a observé les convenances: mais si les mœurs de ce temps-là étaient choquantes pour le nôtre, en les peignant sans les adoucir, on aura manqué aux bienséances; et si une imitation trop fidèle blesse non-seulement la délicatesse, mais la pudeur, on aura manqué à la décence. Ainsi, pour mieux observer la décence et les bienséances actuelles, on est souvent obligé de s'éloigner des convenances, en altérant la vérité. Celle-ci est toujours la même, et les convenances sont invariables dans leur rapport avec elle; mais les bienséances varient selon les lieux et les temps: on en voit la preuve frappante dans l'histoire de notre théâtre.

Il fut un temps où, sur la scène française, les amantes et les princesses mêmes déclaraient leur passion avec une liberté, souvent avec une licence qui révolterait aujourd'hui tout le monde. L'action n'était pas plus décente que les paroles. Des baisers fréquents, dérobés, faisaient le comique de la scène. Dans le *Clitandre* de Corneille, Caliste allait trouver au lit son amant Rosidor. Dans la *Céliante* de Rotrou, Nise était couchée, et Pamphile allait la surprendre; et le public était témoin de cet amoureux tête-à-tête. Rien n'était plus commun que de tels rendez-vous; et la tragédie ne violait pas moins toutes les bienséances que la comédie. Voyez, dans l'*Histoire du théâtre Français*, tom. III. ann. 1580, la scène de Clytemnestre avec sa nourrice.

>Eh bien! ce beau palais sera-ce une prison?
>Perdrai-je de mes ans, sans plaisir, la saison?
>Il faudra que toujours je bourelle mon âme,
>Sans jouir, comme il fait, de la cyprine flamme?
>Égiste, mon souci, plantera le premier
>Sur son front, etc.

Voyez dans l'*Agamemnon* de Brissette ce dialogue entre Électre et sa mère.

ÉLECTRE.

>..... C'est chose fort séante,
>En la main d'une femme une dague sanglante!

CLYTEMNESTRE.

>Babouine, oses-tu bien t'accomparer à nous?

ÉLECTRE.

>A nous! mais quel est-il ce beau nouvel époux?

CLYTEMNESTRE.

>Que j'abaisserai bien l'arrogante parole
>Dont tu use envers moi, audacieuse folle.

ÉLECTRE.

>Veuve, parlez plus bas, votre mari est mort.

Tel était, moins de cinquante ans avant *le Cid* et *Cinna*, le style de la tragédie.

Ce n'est pas le progrès des mœurs, mais le progrès du goût, de la culture de l'esprit, de la politesse d'un peuple, qui décide des bienséances. C'est à mesure que les idées de noblesse, de dignité, d'honnêteté, se purifient, et que la morale théorique se perfectionne, qu'on devient plus sévère et plus délicat.

..... Chastes sont les oreilles,
Encor que le cœur soit fripon,

dit La Fontaine. On va plus loin, et on prétend que, plus le cœur est corrompu, et plus les oreilles sont chastes; mais ce n'est qu'une façon ingénieuse de faire la satire des siècles polis. L'innocence, il est vrai, n'entend malice à rien, et à ses yeux rien n'a besoin de voile : mais le monde ne peut pas toujours être innocent et naïf, comme dans son enfance; et les siècles, comme les personnes, peuvent, en s'éclairant, devenir à la fois, et plus décents dans le langage, et plus sévères dans les mœurs.

Quoi qu'il en soit, ce ne fut qu'à l'époque du *Cid* qu'on parut devenir délicat sur les bienséances, lorsqu'on fit un crime à Corneille d'avoir fait paraître Rodrigue dans la maison de Chimène après la mort du comte, et d'avoir fait dominer l'amour dans la conduite qu'elle tient. Ce furent les yeux de l'envie qui les premiers s'ouvrirent sur cette faute, si c'en est une. Ainsi, l'on dut peut-être alors à l'envieuse malignité la réforme de notre théâtre sur l'article des bienséances, et cette sévérité de goût qui depuis en a si fort épuré les mœurs.

Dans l'art oratoire, comme dans l'art dramatique, les bienséances du langage et de l'action deviennent plus délicates et plus difficiles à observer, à mesure que le monde s'éclaire et se polit davantage, « Le « comble de l'art, disait Roscius, c'est d'observer la « décence, et c'est la seule chose qu'on ne peut ensei- « gner. » Ce que Roscius disait de son art, Cicéron l'appliquait au sien : « Caput artis decere ; et tamen unum « id esse quod tradi arte non possit (*De Orat.* I, 29.) »

MARMONTEL, *Éléments de Littérature*.

BIÈVRE (MARÉCHAL, marquis de), arrière-petit-fils de Georges Maréchal, premier chirurgien de Louis XIV, écuyer ordinaire de Monsieur, et mestre-de-camp, naquit en 1747. Il servit d'abord dans les mousquetaires, mais se rendit moins célèbre par son mérite militaire que par ses reparties ingénieuses et ses calembourgs. Il se fit une véritable habitude de cette manie de jouer sur les mots. Elle lui avait été inspirée par un abbé de ses amis : l'accueil bienveillant des oisifs l'augmenta au point que ses succès l'engagèrent à consacrer à ce genre les premiers essais de sa plume. En 1770, il fit paraître successivement *une Lettre écrite à la comtesse Tation, par le sieur Bois-Flotté, étudiant en droit fil;* Paris, in-8°; et une tragédie en un acte et en vers, intitulée *Vercingentorix,* in-8°. On peut juger du mérite de cette pièce par ces vers :

Il plut *à verse* aux dieux de m'enlever ces biens ;
Hélas ! sans eux *brouillés* que peuvent les humains !

Tel est le ton de cet ouvrage burlesque. Il fut suivi, en 1771, de l'*Almanach des Calembourgs,* in-8°.

et des *Amours de l'ange Lure, et de la fée Lure,* in-32 (très rare), et de quelques autres pièces fugitives. Enfin, Bièvre voulant prouver au public qu'il était capable d'embrasser un autre genre, et d'acquérir une réputation plus vraie et plus solide, donna *le Séducteur,* comédie en cinq actes et en vers, restée depuis au *Répertoire,* dans laquelle il attaqua avec courage la manie philosophique qui bouleversait alors la société. Toujours adonné au théâtre, où ses liaisons le retenaient, il fit représenter, quelques années après, *les Réputations,* autre comédie en cinq actes et en vers; mais elle ne fut jouée qu'une seule fois, et l'auteur se consola de son peu de succès, en trouvant l'occasion de faire un calembourg. En 1784, il sollicita vivement une place vacante à l'Académie. Prévenu par l'abbé Maury, il céda de bonne grace, en disant: *Omnia vincit amor, et nos cedamus amori* (à Maury). Il usa dans cette circonstance, comme dans beaucoup d'autres, de son moyen ordinaire de consolation. Sa santé, déjà faible, s'altérait de jour en jour. Pour la rétablir, il alla aux eaux de Spa: ce fut inutilement; la mort l'y frappa à la vigueur de l'âge, en 1789. Au milieu des intérêts qui agitaient la France, sa perte eût fait peu de sensation, si de mauvais plaisants ne se fussent avisés de lui prêter le plus détestable des calembourgs: « Mes amis, je m'en vais de ce pas (de « Spa). » Bièvre valait mieux que ses pointes. Naturellement bon, il avait une envie démesurée d'obliger, évitait avec soin de nuire à autrui, et oubliait les torts qu'on avait eus envers lui. D'une physionomie agréable, d'une taille moyenne, mais bien prise, d'une adresse extrême à tous les exercices du corps, il aimait à rire, et contait les choses les plus simples d'une manière vraiment originale : il brillait sur-tout par une facilité extraordinaire pour saisir le côté ridicule et comique de chaque chose. Ses calembourgs sont si connus, qu'il est inutile d'en citer. Ce soin d'ailleurs nous est épargné : ils ont été recueillis en 1800, sous le titre de *Bièvriana*, in-18. Quant à sa lettre sur cette question : « Quel est le « moment où Orosmane est le plus malheureux ? « Est-ce celui où il se croit trahi par sa maîtresse ? « Est-ce celui où, après l'avoir poignardée, il ap- « prend qu'elle est innocente ? » elle a été réimprimée dans le *Lycée* de La Harpe, à la suite de l'analyse de Zaïre (*Voyez* VOLTAIRE).

JUGEMENT.

La pièce du *Séducteur* eut du succès à Paris dans sa nouveauté, quoiqu'elle n'en eût point obtenu à la cour, et je crois que c'est la cour qui avait raison. La versification mérite de l'estime à quelques égards, le drame n'en mérite aucune : il est mal conçu et mal composé ; ce n'est autre chose qu'une mauvaise copie du Lovelace de Richardson, et du Cléon de Gresset. C'est d'après ce dernier que le marquis (le Séducteur) rompt le mariage du jeune d'Armance avec Rosalie ; mais ce qui est fort bien arrangé dans *le Méchant*, ce qui même, (comme on le verra), en est la partie vraiment comique, est ici dans l'avant-scène, et les effets que l'auteur a voulu en tirer sont invraisemblables. Un père de famille ne reçoit pas si facilement dans sa maison un jeune homme qui a recherché sa fille, et qui, *au moment de signer*, a disparu sans énoncer aucun motif, aucun prétexte d'une conduite si injurieuse et si malhonnête. On ne le reçoit point *avec un air froid*; on ne l'admet qu'introduit par le repentir; et ici l'on n'est sûr de celui de d'Armance qu'au cinquième acte; jusque-là il est toujours l'ami du marquis, dont les mauvais conseils lui ont fait commettre une faute qu'on ne se pardonne point quand l'amour nous la reproche. C'est d'après la fuite de Clarisse, dans Richardson, que le Séducteur concerte avec Zéronès, son agent, la scène où il veut engager Rosalie à s'évader de la maison paternelle, et vient presque à bout de l'y déterminer. Mais tous les ressorts de Lovelace, en cette occasion, sont justes et bien préparés : tous ceux du marquis sont frêles et faux. Clarisse a pour Lovelace un goût de préférence, et une aversion décidée pour l'homme qu'on veut lui faire épouser de force. Sa démarche, sur-tout dans les circonstances du moment, telles que Lovelace a su les ménager, n'a rien que de très concevable. Il n'en est pas de même de Rosalie: elle n'aime ni n'estime le marquis; elle aime d'Armance. La menace du couvent ne peut lui inspirer l'effroi que Solmes inspire à Clarisse : elle-même, quelques heures auparavant, projetait de s'y retirer; et d'ailleurs son père, Orgon, n'en a parlé que dans un moment d'humeur, et n'est rien moins qu'un Harlowe. Ce n'est point là une situation où l'on puisse convenablement proposer une évasion nocturne à une jeune personne bien née, sur qui l'on n'a obtenu encore aucune espèce d'ascendant (il s'en faut de tout), et à qui l'on parle pour la première fois. La lettre supposée de la mère du marquis n'est pas une meilleure invention, et n'excuse point Rosalie, qui n'a pas d'autre motif pour venir de nuit au bout du jardin attendre la voiture promise. On va chercher un asyle chez la mère de l'amant que l'on veut épouser, soit; et encore faut-il pour cela qu'il n'y ait pas d'autre parti à prendre; mais on ne prend point ce parti-là sans avoir d'amour. L'auteur veut nous faire croire que Rosalie a *perdu la tête;* mais on ne la perd pas pour si peu de chose, à moins d'être un peu imbécile, et Rosalie ne le paraît pas dans la scène avec le marquis, quoiqu'elle y paraisse faible et crédule sur ce qui intéresse son amour pour d'Armance et son amitié pour Orphise. Toute cette machine d'emprunt ne vaut rien, absolument rien; et c'est pourtant la pièce entière, au moins dans les deux derniers actes; car dans les trois premiers il n'y a pas apparence d'action, ce qui est encore un défaut très grave. Nulle marche, nulle progression, nulle préparation pendant ces trois actes; tout est sacrifié aux développements du rôle principal, le Séducteur; et les ressemblances, et les réminiscences du *Méchant* ne sont pas favorables à ce rôle auprès des amateurs qui ont de la mémoire et de l'oreille. Tous les autres personnages, hors celui d'Orphise, qui du moins est raisonnable, semblent avoir été réduits à la nullité, ou même à l'ineptie, pour relever le Séducteur : une Mélisse qui, au premier mot, se croit aimée d'un homme tel que le marquis, quoiqu'elle ne soit pas donnée pour une folle, et qu'elle soit sur le point d'épouser un honnête homme qu'elle aime : ce Damis, cet honnête homme, qui vient trouver le marquis pour se battre avec lui, et qui se trouve tout-à-coup subjugué par le plus frivole persiflage, dont on ne peut être dupe sans être un sot. Orgon l'est du moins, lui, dans toute la force du terme : il s'est mis en tête d'être *philosophe*, pour n'être plus *occupé que de lui seul*, et il a pour maître de philosophie cet ancien valet du marquis, ce Zéronès, que son maître a introduit dans la société à titre de philosophe; autre imitation du Charondas de la pièce de M. Palissot, et qui est loin de valoir l'original : ce qui prouve que la distance est encore assez grande entre le médiocre et le mauvais. Il n'y a de remarquable en ce rôle de Zéronès que l'intention de l'auteur, qui avait le courage, alors assez rare, d'attaquer nos philosophes. Il avait même assez bien aperçu leur principal caractère, l'orgueil de l'immoralité, étayé de l'orgueil des mots :

Il sait, grace à mes soins, que celui qui reçoit,
Accorde au bienfaiteur *bien plus qu'il ne lui doit*.....
..... Que j'acquiers des droits *sur sa personne*
En daignant accepter les secours qu'il me donne.

Sur sa personne est pour la rime; mais d'ailleurs on voit que Zéronès, en s'exprimant ainsi sur les bienfaits et la reconnaissance, est assez avancé en philosophie : ce n'est qu'un valet ; mais les maîtres n'avaient pas mieux dit ; et il répète fort bien sa leçon :

A ses yeux la patrie est un point dans l'espace,

dit son admirateur Orgon, et Zéronès répond : *Tout au plus*. Certes, cela est fier et grand en philosophie. Orgon, qui ne trouve pas Zéronès bien fort sur l'histoire et l'astronomie, lui dit : *Que connaissez-vous donc ? Le grand tout*, répond Zéronès. C'est bien là le mot de l'école ; et le marquis, tout en se moquant de lui, ne laisse pas de parler le même langage pour éblouir le bonhomme Orgon :

..... Ce n'est pas un mortel....
C'est un esprit céleste, un être *aérien :*
Du monde, avec un trait, il nous peint la structure :
Un seul de ses regards embrasse la nature.

N'est-ce pas dans ce style que les philosophes parlent des philosophes ? Il n'y a que le mot *aérien* qui est déplacé : celui-là est pour les illuminés ; mais on peut passer à l'auteur de n'en avoir pas su jusque-là. Ce qui n'est pas excusable dans un poète comique, c'est d'avoir confondu l'avilissement avec le ridicule, d'avoir ignoré qu'il y a un degré d'abjection contraire aux bienséances théâtrales, et c'est celui de son Zéronès. Vadius et Trissotin se disent les grosses injures du pédantisme, qui ne touchent pas à l'honneur ; mais Zéronès est traité par le marquis, en présence d'Orgon, comme ne peut jamais l'être aucun homme reçu dans la société. Cette scène, la plus mauvaise de la pièce, et l'une des plus mauvaises possibles, réunit tous les défauts. Elle n'a d'autre but que de persuader Orgon que le marquis et Zéronès ne sont pas d'accord : je veux bien qu'ils feignent une querelle, moyen souvent employé, mais plausible : ce qui ne l'est pas, c'est le grossier excès de cette feinte, excès qui suffirait pour en détruire l'effet. Le marquis a besoin que son Zéronès conserve quelque considération dans cette maison, et il va contre son but en l'avilissant devant Orgon, au point que celui-ci, à moins d'être stupide, doit voir qu'il n'y a qu'un valet déguisé, et même qu'un valet de la dernière classe, que l'on puisse bafouer ainsi sans qu'il ait l'air de le sentir. Orgon, au contraire, se récrie d'admiration sur cette réciprocité d'injures, qui devrait lui ouvrir les yeux : c'est entasser l'absurde sur l'absurde, et il n'en faudrait pas davantage pour en conclure que l'auteur n'avait aucune connaissance de l'art de la comédie. La pièce entière en est la preuve : tout est d'emprunt et tout est gâté ; mais sur-tout le principal caractère, quoique fait aux dépens de tous les autres, est un contresens continuel. L'auteur a confondu un séducteur avec un homme à bonnes fortunes : cela est très différent, et même incompatible dans une même action, dans un même sujet. Les conquêtes de l'homme à bonnes fortunes sont des femmes que l'on n'a pas besoin de séduire, et pour qui c'est un titre suffisant d'aimer leur sexe, et de passer pour en être aimé. Si un homme de cette espèce affichait un attachement, il perdrait sa réputation et ses avantages; et, comme a fort bien dit Collé, le chansonnier de ce monde-là :

> Un homme aimable, un homme à femmes,
> S'il veut être l'homme du jour,
> S'il veut avoir toutes ces dames,
> Ne doit jamais avoir d'amour.

Un séducteur est tout autre chose : c'est à un seul objet qu'il en veut, soit par intérêt, soit par vanité, et pour subjuguer, ou l'innocence d'une fille, ou l'honnêteté d'une femme, il faut qu'il joue un rôle ; celui d'homme passionné ; il faut qu'il cesse un moment d'être libertin pour devenir hypocrite. Il ne peut vaincre qu'en persuadant qu'il aime, ce qui est la première de toutes les séductions, et même la seule auprès du sexe, quand il ne cède encore qu'à son cœur, et n'est pas abandonné au vice. Cette vérité d'expérience n'a jamais échappé aux romanciers : voyez Lovelace dans le roman très moral de *Clarisse;* Valmont dans les *Liaisons dangereuses*, qui n'en sont qu'une très scandaleuse copie. Ces deux monstres se font long-temps le pénible effort de contrefaire la vertu pour la tromper et la corrompre. C'est donc une inconséquence impardonnable de nous montrer un séducteur qui s'amuse à une double intrigue de galanterie dans une maison dont il veut épouser la fille, et au moment même où il projette d'enlever cette fille, en feignant une passion assez forte pour égarer son innocente jeunesse. Cette faute est capitale, et si vous y joignez tant d'autres invraisemblances et disconvenances, vous en croirez aisément ceux qui, dans la nouveauté, ont vu la pièce ne devoir son succès qu'à cette espèce d'intérêt toujours si facile à répandre sur la situation d'une jeune personne abusée. Cet intérêt s'augmentait encore de celui que le public aimait à marquer à une jolie actrice* de vingt ans, qu'il regretta peu d'années après, et dont la voix et la figure également douces, devenaient touchantes dans la douleur et les larmes. Cette impression, qui fut celle des deux derniers actes, soutint la pièce malgré tant de défauts; et l'auteur, dont on aimait le caractère facile et sociable, sans envier ses calembourgs, fut démesurément exalté par les journalistes, dont le suffrage, comme on sait, s'adresse d'ordinaire beaucoup plus à la personne qu'à l'ouvrage. On alla jusqu'à en comparer le style à celui du *Méchant* : il n'y a qu'à rire de ces rapprochements, qui seraient une véritable injure au génie, si l'ignorance et la légèreté qui les rendent si communs, pouvaient être autre chose que le ridicule du jour, remplacé par celui du lendemain, qui ne dure pas davantage. Les connaisseurs savent qu'un bon couplet du *Méchant* vaut cent fois mieux que cent pièces telles que *le Séducteur*. La versification en général n'est ni dure ni incorrecte; elle a quelquefois une sorte d'élégance; mais elle n'est nullement exempte de fautes, et de fautes graves; et son élégance travaillée est bien loin de cette aisance heureuse qui fait que le vers comique ne coûte rien à retenir, parce qu'il semble n'avoir rien coûté à

* Mademoiselle Olivier

faire. Les meilleurs vers de la pièce, les seuls qu'on ait retenus comme ayant quelque chose de ce caractère, se réduisent à ceux-ci :

> Ce matin, agité d'une amoureuse flamme,
> Seul, cherchant un objet pour *épancher* mon âme,
> J'écrivais : tour à tour Lise, Éliante, Églé,
> Célimène, s'offraient à mon esprit troublé.
> Je ferme ce billet rempli de ma tendresse,
> Et le nom de Lucinde est tombé sur l'adresse.

L'idée de ces vers est vraiment de la comédie, et le dernier est heureux; mais *épancher* est faux, précisément parce qu'il exprime un sentiment vrai, qui n'est nullement celui du personnage : *pour occuper mon âme* eût été beaucoup plus juste; et les quatre premiers vers pouvaient, sans beaucoup de peine, être beaucoup mieux tournés. La scène la mieux écrite est celle du cinquième acte entre d'Armance et Rosalie; elle est plus du drame que de la comédie, et par conséquent plus aisée pour un auteur dont la diction est plus soignée que facile. Tout ce soin, tout ce travail, beaucoup trop ressentis, n'empêchent pas cependant qu'il n'arrive à l'auteur d'exprimer tout le contraire de ce qu'il veut dire :

> De la séduction quelle est donc la puissance,
> Si la crainte *peut seule* éloigner du devoir,
> Un cœur infortuné réduit au désespoir ?

Cela signifie en français, qu'*il n'y a que la crainte qui puisse éloigner du devoir*, etc.; il faut être dans le secret de la scène pour deviner que Rosalie veut dire *s'il suffit de la crainte seule, s'il ne faut qu'un moment de trouble et de frayeur pour*, etc. Ce n'est pas là être sûr de l'expression de sa pensée, et dans une occasion où l'on ne peut pas l'être trop. Et combien encore cela même pouvait être mieux dit ! Combien ne rencontre-t-on pas dans le style, de ce vague qui est à côté de l'idée, de cette faiblesse qui est loin du bon? Et ce vague me rappelle encore une bien mauvaise expression, *le vague indéfini;* c'est une battologie ridicule. Est-ce qu'il y a un *vague défini?* Comme vers assez bien faits, je citerai de préférence ceux-ci sur le mariage (ils sont dignes d'un fat comme principes; mais ils sont, comme vers, d'un homme qui aurait pu apprendre à bien écrire, s'il eût vécu et travaillé) :

.... Laisse ce froid lien
Aux êtres malheureux *proscrits* par la nature :
De leur difformité qu'ils réparent l'injure.
Le matin de la vie appartient aux amours ;
Sur le soir, de l'hymen implorons le secours.
Ce dieu consolateur est fait pour la vieillesse ;
Il nous *assure* au moins les droits de la jeunesse ;
Et la main d'une épouse à son premier printemps
Fait naître encor des fleurs dans l'hiver de nos ans.
Mais prévenir ce terme, et choisir une belle
Pour languir de concert et vieillir avec elle,
C'est s'immoler soi-même, et c'est perdre en un jour
Les secours de l'hymen et les dons de l'amour.

Il y a bien encore quelques fautes; *proscrits* n'est pas le mot propre; *disgraciés* était le mot nécessaire; c'est ce qu'il faut sentir en écrivant, et alors tout doit s'arranger pour encadrer le mot. *Nous assure les droits de la jeunesse* est encore moins juste ; *nous rend* est ce qu'il fallait dire ; mais en total le morceau est bon, et je ne sais si l'on trouverait trois couplets dont on en pût dire autant Quelle charmante réponse pouvait faire d'Armance, s'il eût été un véritable amant, et de Biévre un véritable poète ?

LA HARPE, *Cours de Littérature.*

BION, poète bucolique grec, né à Phlone, dans le territoire de Smyrne, florissait l'an 288 avant J.-C., sous Ptolémée Philadelphe. Selon l'opinion commune, il passa la majeure partie de sa vie dans la Sicile, ou dans cette portion de l'Italie, appelée la Grande-Grèce, et s'attacha par ses talents un grand nombre d'admirateurs parmi lesquels on distingue Moschus, son disciple et son ami. Au rapport de celui-ci, Bion fut contemporain de Théocrite, et mourut empoisonné ; mais on ignore le lieu et l'époque de sa mort. Sa perte est déplorée par Moschus dans sa troisième Idylle comme celle d'un poète incomparable ; et cet éloge ne paraît pas exagéré à en juger par ce qui nous reste de ses œuvres. Ses Idylles offrent en effet des images pleines de goût et de sentiment, une poésie pure et facile et un style élégant. Elles ont été traduites en vers français par Longepierre, Paris, 1680, et par M. Poinsinet de Sivry, à la suite de son Anacréon ; en prose par M. Moutonnet de Clairfons, et par M. Gail, 1795, in-18. La traduction de Longepierre est à peine lisible ; mais les notes qui l'accompagnent sont très estimées. On trouve ce qui nous reste de Bion et de Moschus, à la suite du *Théocrite*, publié par M. Boissonade; Paris, 1823, in-32.

JUGEMENTS.

I.

Ce qui nous reste de Moschus et de Bion, dans le genre pastoral, me fait extrêmement regretter ce que nous en avons perdu. Ils n'ont nulle rusticité; au contraire, beaucoup de galanterie et d'agrément; des idées neuves et tout-à-fait riantes. On les accuse d'avoir un style un peu trop fleuri, et j'en conviendrais bien à l'égard d'un petit nombre d'endroits; mais je ne sais pourquoi les critiques ont plus de penchant à excuser la grossièreté de Théocrite que la délicatesse de Moschus et de Bion.(*Voyez* ÉGLOGUE.)

FONTENELLE, *Discours sur l'Églogue*.

II.

Moschus et Bion vinrent quelque temps après Théocrite. Le premier fut célèbre en Sicile, et l'autre à Smyrne en Ionie. Si on en juge par le petit nombre de pièces qui nous restent de lui, il ajouta à l'églogue un certain art qu'elle n'avait point. On y vit plus de finesse, plus de choix, moins de négligence. Mais peut être qu'en gagnant du côté de l'exactitude, elle perdit du côté de la naïveté, qui est pourtant l'âme des bergeries. Ses bois sont des bosquets plutôt que des bois, et ses fontaines sont presque des jets d'eaux. Il semble même que ce soit, sinon un autre genre que celui de Théocrite, au moins une autre espèce dans le même genre.

On y voit peu de bergers ; ce sont des allégories ingénieuses, des récits ornés, des éloges travaillés, et qui paraissent l'avoir été.

Rien n'est plus brillant que son idylle sur l'enlèvement d'Europe : en voici quelques morceaux :

« Dès que cette princesse fut arrivée avec ses com-
« pagnes dans les prairies émaillées, elles se mirent à
« cueillir selon leur goût, l'une le narcisse odorifé-
« rant, l'autre l'hyacinthe, celle-ci la violette, une
« autre le serpolet : elles moissonnaient toutes les ri-
« chesses du printemps. D'autres à l'envi cueillaient le
« souci doré : mais la princesse cueillait de ses mains
« les roses vermeilles. Elle brillait au milieu de ses
« compagnes, comme Vénus au milieu des Graces. »

Jupiter, métamorphosé en taureau, se présente à ses yeux, se couche à ses pieds, et, retournant la tête pour la regarder, lui montrait en même temps son large dos... « Oh ! venez, mes chères compagnes,
« s'écria Europe, essayons, par amusement, de nous
« asseoir sur le dos de cet animal qui semble si
« doux : nous pouvons y être toutes assises, comme
« sur un navire... elle s'assied en riant. Les autres
« allaient l'imiter. Mais le taureau se lève brusque-
« ment, emporte la princesse, court vers la mer.
« Europe tend les bras à ses compagnes : elle les ap-
« pelle ; en vain elles s'efforcent de l'atteindre. Le
« taureau se jette au milieu des flots : il s'avance :
« on dirait un dauphin. Alors sortent des ondes les
« Néréides assises sur le dos des monstres marins,
« pour lui servir de cortège. Le redoutable Neptune
« aplanit le liquide empire, et devient le guide

« de son frère. Les Tritons, habitants de la mer
« profonde, s'assemblent autour d'eux, et avec leurs
« larges conques, ils célébrent l'hyménée. La prin-
« cesse toujours assise sur le divin taureau se te-
« nait d'une main à l'une de ses cornes, et de l'autre
« main elle abaissait sa robe de pourpre jusqu'à en
« mouiller les bords dans l'onde agitée. Son voile,
« gonflé par les vents, ressemblait à une voile de
« navire, et paraissait la soulever, etc.

Bion a été encore plus loin que Moschus. Il a fait une troisième espèce d'idylle plus parée encore que celle de ce poëte. On y sent par tout le soin de plaire, quelquefois même il y est avec affectation. Son tombeau d'Adonis, qui est si beau et si touchant, a quelques antithèses qui ne sont que des jeux d'esprit.

Tombeau d'Adonis.

Adonis était fils de Cyniras roi de Chypre, et de Mispha sa fille. Il était si beau que Vénus voulut l'épouser. Un jour qu'il chassait sur les montagnes dans les bois, il fut blessé par un sanglier, et mourut de cette blessure. On institua en son honneur des jeux funèbres qui se répandirent dans toute l'Asie, dans l'Égypte, et qui furent ensuite apportés dans la Gréce. Le prophète Ézéchiel, (VIII, 14) fait mention des femmes assises qui pleuraient Adonis. On trouve dans Lucien la description de ces fêtes. « On se lamente, dit cet auteur, on se frappe, on
« fait un grand deuil, après quoi on célèbre les fu-
« nérailles d'Adonis. Selon Théocrite, Adonis était
« représenté dans cette pompe, sur une espèce de

« lit de parade, environné d'amours volants, et de
« figures tirées de la fable : et on le pleurait comme
« si c'eût été le jour même de sa mort. »

L'ouvrage que nous allons examiner a été composé apparemment pour être chanté dans cette espèce de fête funèbre. Et comme nous avons dit que, dans le genre pastoral, il peut entrer des ouvrages de toute espèce, pourvu qu'ils aient le ton de la bergerie, celui-ci peut être regardé comme une élégie pastorale.

« Pleurons Adonis : le bel Adonis n'est plus, il
« n'est plus, le bel Adonis : tous les Amours le pleu-
« rent. Déesse de Cythère, il n'est plus temps de
« prendre un doux repos. Levez-vous, infortunée;
« prenez vos habits de deuil ; frappez-vous le sein,
« et dites à tout l'univers : Adonis n'est plus. Pleu-
« rons Adonis, tous les Amours le pleurent.

« Frappé d'une dent meurtrière, il est étendu
« sur la montagne. Il pousse à peine un dernier
« soupir. Son sang noir coule sur une chair plus
« blanche que la neige ; ses yeux s'enfoncent et s'é-
« teignent : les roses de ses lèvres sont flétries ; il
« ne vit plus.

« Ses chiens fidèles sont venus à côté de lui
« pousser des hurlements. Les Nymphes des mon-
« tagnes versent des larmes. Vénus ne se connaît
« plus : échevelée, les pieds nuds, elle se perd dans
« les bois : les ronces font jaillir son sang, le sang
« d'une déesse. Elle se perd dans les vallées, où
« elle appelle à grands cris son cher époux. Tout
« retentit de ses gémissements.

« Cependant le sang qui s'élance de la blessure
« d'Adonis a rejailli jusques sur sa poitrine, et cette
« peau blanche comme le lait a pris la couleur de
« la poupre.

« Hélas! hélas! Vénus! s'écrient les Amours. Vé-
« nus a perdu son époux, et, en le perdant, elle
« a perdu sa beauté. Quand Adonis respirait, rien
« n'était si éclatant que cette beauté; elle a disparu
« avec Adonis. Les montagnes, les chênes antiques
« répètent ses plaintes douloureuses. Les fleuves,
« les fontaines y répondent; les fleurs ont perdu
« leurs couleurs naturelles. Vénus, sur toutes les
« collines, et dans toute la ville, s'écrie: Vénus! ah
« Vénus! le bel Adonis n'est plus. L'écho a répété ces
« dernières paroles. Qui pourrait retenir ses larmes?

« Quand elle vit la blessure de son époux, quand
« elle vit son sang qui jaillissait, elle étendit les
« bras et s'écria : Arrêtez un instant, Adonis, arrêtez!
« malheureux Adonis!..... Réveillez vous pour un
« instant..... Tandis que vous respirez encore, je veux
« recueillir votre dernier soupir, et conserver ce
« dernier gage, pour me tenir lieu d'Adonis ; puis-
« que, hélas! vous me fuyez: vous me fuyez, infortuné!
« vous descendez sur les bords de l'Achéron, chez
« l'impitoyable roi des morts; et moi, malheureuse
« que je suis, je vis, je suis déesse; je ne puis vous
« suivre. Reine des enfers, recevez mon époux,
« puisque vous êtes plus puissante que moi, et que
« tout ce qui est beau dans l'univers doit passer
« dans votre empire. Que ma douleur est cruelle!
« j'ai perdu mon cher Adonis. Déesse terrible, c'est

« vous qui me l'avez ravi. Vous mourez, époux trop
« chéri. Hélas! mon bonheur s'est envolé comme
« un songe.

« Vénus est abandonnée, les Amours lui sont de-
« venus inutiles dans son temple. Elle ne se parera
« plus de sa ceinture.... Mais aussi pourquoi aller
« ainsi affronter les dangers? Avec tant de charmes,
« deviez-vous avoir cette fureur d'attaquer des bêtes
« sauvages?

« Ainsi gémissait Vénus, et les Amours avec elle.

« Vénus a versé autant de larmes qu'Adonis a
« versé de sang; et chaque goutte tombant sur la
« terre s'est changée, le sang en roses, les larmes en
« anémones. Pleurons Adonis, le bel Adonis n'est plus.

« Ne pleurez plus votre époux dans les forêts,
« triste Vénus. On lui a dressé un lit funèbre, où
« il est couché. Tout mort qu'il est, il est encore
« plein de charmes; il paraît sommeiller. Étendez-
« le sur ces tissus précieux, où il goûtait les dou-
« ceurs du repos. Couvrez-le de guirlandes et de
« fleurs; mais, hélas! depuis qu'il ne respire plus,
« toutes les fleurs sont flétries. Prodiguez le baume
« et les parfums les plus exquis. Que vous serviraient-
« ils désormais, après avoir perdu votre époux?

« On voit le bel Adonis étendu sur la pourpre.
« On entend les sanglots des Amours qui pleurent
« autour de lui. Ils ont coupé leurs cheveux pour
« les jeter sur son corps. L'un foule aux pieds ses
« flèches, l'autre son arc, un autre brise son car-
« quois. Celui-ci délie la chaussure d'Adonis: celui-
« là apporte de l'eau dans un bassin doré: un autre

« lave sa plaie; un autre, du vent de ses ailes lui
« rafraîchit le visage; et tous, ils déplorent le mal-
« heur de leur mère.

« Hyménée est venu éteindre son flambeau, à la
« porte du temple, et rompre la couronne nuptiale.
« il n'y a plus d'hymen; on ne chante plus, *Hymen!*
« mais on entend des cris entrecoupés: *Hélas! Ado-*
« *nis! Adonis!* Hélas, malheureux! ô Hyménée! Les
« Graces poussent des cris plus perçants que ceux
« de Vénus même : elles s'écrient en disant: le bel
« Adonis n'est plus. Les Parques mêmes voudraient
« le rappeler à la vie; Adonis est près de leur obéir;
« mais la dure Proserpine le retient dans ses chaînes.
« Mettez fin à vos larmes, Cythérée: abstenez-vous
« aujourd'hui des festins : mais songez que tous les
« ans vous devez reprendre vos pleurs. »

Il est inutile d'avertir le lecteur que rien n'est
si tendre et si douloureux que toute cette idylle.
Il l'a senti, s'il s'est prêté à l'impression des objets.

Le poète se place dans le temps même de la
mort d'Adonis: il peint d'après la renommée, et
d'après l'idée du vraisemblable, la désolation d'une
épouse qui aimait éperdûment son époux. Il forme
une suite de tableaux, qui sont en même temps très
touchants et très ingénieux. Nous allons les compter.
Il en est qui sont renfermés dans une seule expression : nous ne nous arrêterons qu'aux principaux.

Le premier tableau représente Adonis étendu
sur la montagne: on y voit son sang de pourpre,
qui coule sur sa peau blanche comme les lis; les roses
de ses lèvres sont flétries.

Dans le second, Vénus, les cheveux épars, en habit de deuil, court les pieds nuds, au milieu des ronces, qui font jaillir son sang. Elle s'écrie dans les vallées profondes, et appelle son époux par son nom. Ces deux tableaux sont tristes, et cependant gracieux.

Dans le troisième, les montagnes, les chênes antiques, les fleuves, les fontaines, les fleurs, pleurent avec Vénus. Cette fiction anime toute la nature, pour la rendre sensible à la douleur de la Déesse.

Le quatrième offre les gémissements de Vénus, qui veut rappeler Adonis à la vie, seulement pour recueillir son dernier soupir.

Dans le cinquième, Adonis est représenté sur un lit de parade, couvert de fleurs, et les petits Amours, tondus en signe de douleur, l'environnent avec des attitudes différentes.

Enfin l'Hyménée, les Graces, les Parques, viennent joindre leurs larmes à celles de Vénus.

Tous ces tableaux sont fondus dans le sentiment de tristesse, qui est l'âme du poème. Il s'amènent les uns les autres, se lient imperceptiblement, et semblent n'arriver que pour flatter l'imagination déja attristée, et pour nourrir une douleur qu'on serait fâché de ne plus sentir.

Il y a dans le texte un vers de refrain, que nous avons omis plus d'une fois dans la traduction. *Pleurons Adonis, les Amours le pleurent.* Ce vers est toujours suffisamment préparé, par ce qui précède. Et Bion ne mérite pas le reproche qu'on a fait à Théocrite en pareil cas, peut-être avec raison.

Arrêtez un moment, etc. Tout ce morceau paraît

être de la plus parfaite beauté. Tout y est vif, tendre ; tout y exprime la désolation.

Et moi, malheureuse que je suis.... Cette pensée est belle, ou plutôt ce n'est pas une pensée, c'est un sentiment qui exprime l'excès de l'amour de Vénus pour son époux. Elle sacrifierait sa divinité pour le suivre jusque chez les morts.

Reine des enfers, etc. Qu'on imagine le ton de voix avec lequel Vénus désespérée faisait cette apostrophe. Il y a une tendresse mêlée de sublime.

Aussi pourquoi affronter les dangers.... La douleur se change en reproches tendres. Avec tant de charmes deviez-vous avoir la fureur d'attaquer les bêtes sauvages? Cela est très beau ; il y a ici une antithèse douce, et qui n'est presque point sensible.

Vénus a versé autant de larmes qu'Adonis de gouttes de sang. Ce calcul paraît-il assez noble? Il y a peu de grandeur à compter les larmes et les gouttes de sang. Il semble que ce soit de l'esprit tout pur. Et il n'en fallait point dans une pièce toute consacrée à la douleur.

Couvrez-le de fleurs ; mais depuis qu'Adonis n'est plus, elles sont toutes flétries. Si on disait que cela est trop joli, on pourrait répondre que, dans la douleur, on veut que rien ne survive à ce que l'on a perdu. Mais ce qui suit dans le texte paraîtra outré assurément, d'autant plus que ce n'est que la même figure poussée, comme on dit en termes d'art : « Prodiguez vos parfums : à quoi vous serviront-ils ? Puisque vous avez perdu celui qui était votre parfum. »

Les Amours ont coupé leurs cheveux. C'était un signe de douleur chez les anciens : on le voit dans Homère, par l'exemple d'Achille, qui coupe les siens pour les jeter sur le corps de Patrocle, et chez Sophocle par celui d'Oreste, qui fait la même chose sur le tombeau de son père Agamemnon. Tout ce tableau est charmant; il est gracieux, riant; et nous ne saurions être de l'avis de ceux qui trouvent qu'il l'est trop, et qui disent qu'il ressemble plutôt à un jeu d'enfant, qu'à un devoir funèbre ; d'autant plus que tout cet appareil n'est que la représentation dont parle Théocrite. Tous ces Amours n'étaient qu'en figures; et le poète ne les anime que parce que c'est l'usage des poètes de faire parler et agir toutes les figures dont ils font des descriptions.

Songez que tous les ans, etc. Ces derniers vers nous annoncent assez clairement que cet ouvrage a été composé pour les fêtes funèbres qui revenaient tous les ans.

On nous pardonnera d'avoir parlé librement de ce qui nous a paru répréhensible dans cet ouvrage. Qu'on se rappelle, si on le veut bien, notre but, qui est d'aider les jeunes gens à se former le goût. Les petits défauts de Bion sont dans l'excès des ornements; ceux de Théocrite sont ordinairement dans l'excès opposé. Si nous avions été obligés de parler des fautes de ce dernier, nous l'eussions fait avec la même liberté. Cependant cela eût peut-être été moins nécessaire; parce que, dans le siècle où nous sommes, on est, du moins pour les ouvrages d'esprit, plus près d'approuver les défauts de Bion, que ceux de Théocrite.

On peut par le moyen de cette pièce, si on le veut, se former une idée juste de l'expression des sentiments. On y voit d'abord beaucoup d'interjections, qui sont le premier langage du sentiment quand il est seul : ensuite des tours naïfs, tels que l'apostrophe, l'exclamation, etc., quand le sentiment est lié à quelque pensée : des pensées douces, qui semblent porter en elles-mêmes le ton affectueux avec lequel on doit les prononcer ; enfin une espèce de désordre dans les idées, qui se succèdent sans liaison, et se choquent mutuellement. Rien n'est moins régulier que les discours de Vénus : elle saisit un objet, puis elle l'abandonne ; puis elle y revient : elle réfléchit sur sa douleur ; elle s'écrie ; elle appelle Adonis ; elle lui veut parler, et ne lui dit rien.

Si on veut rapprocher les caractères de ces trois poètes, et les comparer en peu de mots, on peut dire que Théocrite a peint la nature simple et quelquefois négligée; que Moschus l'a arrangée avec art; que Bion lui a donné des parures. Chez Théocrite, l'idylle est dans un bois, ou dans une verte prairie : chez Moschus, elle est dans une ville : chez Bion, elle est presque sur un théâtre. Or, quand nous lisons des bergeries, nous sommes bien aises d'être hors des villes. L'art est charmant : rien ne plaît tant à l'esprit que la symétrie et les proportions. Il y a néanmoins des instants où l'esprit aime à s'en débarrasser, à se trouver dans une espèce de désordre, où il voie tout, sans que rien se fasse remarquer. C'est alors qu'il sent proprement la solitude, et qu'il en jouit. On veut qu'une églogue amuse doucement, mollement, si j'ose parler ainsi; que sa lecture soit pour nous comme un demi-sommeil, où on ne pense qu'autant qu'il le faut, pour sentir qu'on se repose : et c'est précisément ce que produit le ton et la marche de Théocrite. Mais disons plutôt que ce sont trois espèces différentes, et qu'aucune d'elles ne doit être la règle, ni le modèle des deux autres.

BATTEUX, *Principes de la Littérature*.

II.

Bion et Moschus, l'un de Smyrne, l'autre de Syracuse, furent contemporains de Théocrite, et habitèrent le même pays que lui. Leur composition est plus soignée, mais elle n'est pas exempte d'affectation; ils ont moins de sensibilité. Leurs élégies sont monotones; mais plusieurs de leurs idylles sont d'une imagination délicate et ingénieuse. J'en citerai deux fort courtes; elles sont de Bion. Je me sers de la traduction qu'en a faite Chabanon dans la préface de son *Théocrite*.

« Un enfant s'amusait dans un bois à prendre des
« oiseaux : il vit l'Amour qui s'échappait, et s'allait
« reposer sur les branches d'un arbuste; il s'en ré-
« jouit comme d'une meilleure proie. Il rassemble
« tous ses gluaux et guette l'Amour, qui, toujours
« sautillant, lui échappe sans cesse. L'enfant, dans
« son dépit, jette à terre ses pièges, et court vers
« le vieux laboureur qui l'avait instruit dans cet art
« amusant. Il lui conte sa peine, et lui montre l'A-
« mour caché dans le feuillage. Le vieillard sourit
« en secouant la tête, et lui dit : Enfant, renonce à
« cette proie. Ne chasse plus un tel oiseau; c'est un

« monstre que tu dois craindre de connaître. Dès
« que tu sortiras de l'enfance; l'oiseau qui sautille
« et t'échappe, de lui-même fondra sur toi *. »

Ces idées allégoriques ont été depuis souvent employées; mais il faut songer qu'alors elles étaient originales. La pièce suivante est, à mon gré, fort supérieure.

« Cypris m'est apparue en songe. Elle conduisait
« par la main le petit Amour, qui baissait les yeux
« et regardait la terre. Chantre des vergers, m'a-
« t-elle dit, prends avec toi l'Amour, et enseigne-
« lui tes chansons. Elle dit et s'éloigne. Insensé, je
« crus l'Amour curieux de mes leçons. Je lui en-
« seigne de quelle manière Pan inventa la flûte
« oblique; Minerve, la flûte droite; Mercure, la
« lyre; Apollon, la cithare. Le petit dieu écoutait
« peu mes discours. Il se mit à chanter des vers
« tendres; il m'apprit les amours des dieux et des
« hommes, divin ouvrage de sa mère. Soudain j'ou-
« bliai ce que je venais d'enseigner à l'Amour, et ne
« me souvins que de ce qu'il venait de m'apprendre. »

N'oublions pas que ces petits tableaux, dont le fond est peu de chose, ne peuvent guère se passer du coloris de la versification. Mais il faut un pinceau bien délicat et bien sûr. Il serait à souhaiter que La Fontaine, qui a mis en vers une des plus jolies pièces d'Anacréon, eût fait le même honneur à celle-ci, qui vaut pour le moins autant. Ces sortes de compositions demandent une main très légère

* Il y a quelque analogie entre cette petite pièce, et le récit du *bonhomme Philetas* dans la pastorale de Longus.   H. Patin.

et très exercée, parce que l'essentiel est de n'y mettre qu'autant d'esprit qu'il en faut au sentiment; et cette mesure-là ne se donne pas, il faut l'avoir.

LA HARPE, *Cours de Littérature.*

MORCEAUX CHOISIS.

I. La mort d'Adonis.

Le charmant Adonis vient de finir ses jours;
Pleurons sur Adonis que pleurent les amours.

Sors de ton lit de pourpre, immortelle Cyprine,
Prends tes habits de deuil, frappe-toi la poitrine,
Et dis : « Mon Adonis vient de finir ses jours;
« Pleurons sur Adonis que pleurent les amours. »

Couché sur la montagne, il meurt; son sang ruisselle :
Un monstre l'a blessé de sa dent criminelle;
Son cœur palpite encor d'un faible mouvement :
Il meurt; et de Cyprine il fait le long tourment :
Déjà son œil s'éteint sous sa paupière close;
Et sa bouche a perdu les couleurs de la rose;
Vénus l'embrasse encor; ses lèvres un moment
Ne peuvent s'arracher aux lèvres d'un amant.
Le froid baiser d'un mort, Vénus, peut-il te plaire?
De tes baisers de feu la flamme solitaire,
Déesse, veut en vain ranimer Adonis;
Adonis ne sent plus les baisers de Cypris :
Sa blessure est affreuse, hélas! son sang l'inonde;
Mais celle de ton cœur est encor plus profonde.
C'en est fait; Adonis a terminé ses jours;
Pleurons sur Adonis que pleurent les amours.

Ses chiens font de leurs cris retentir les vallées;
Les nymphes des forêts gémissent désolées;
Mais, les cheveux épars, le pied nu, l'œil en pleurs,
Vénus va dans les bois égarer ses douleurs;

Elle marche, et partout l'épine qui la blesse
Fait jaillir sous ses pas le sang de la déesse.
« Adonis ! » criait-elle. Et les bois attendris
D'un sourd et long murmure appellent Adonis :
Il n'était plus. Déjà, d'une teinte plus noire,
Son sang de sa poitrine a coloré l'ivoire ;
Il nage dans son sang, son sang coule toujours :
« Ah, Vénus ! ah, Vénus ! » S'écriaient les Amours.

 Tant qu'Adonis vivait, son amante immortelle
Près du bel Adonis semblait encore plus belle ;
Mais, hélas ! il n'est plus : la triste déité
En perdant son époux a perdu sa beauté.

 De ton nom, Adonis, les rochers retentirent
Les montagnes, les bois, les forêts en gémirent ;
Le lis se revêtit des plus sombres couleurs,
Et le fleuve en son cours ne roula que des pleurs.
Les hameaux d'alentour et les villes voisines
Entendirent Vénus crier sur les collines :
Malheureuse Vénus, tu ne le verras plus !
Les échos répondaient : « Tu ne le verras plus. »
Eh ! qui ne gémirait des peines qu'elle endure ?

 Quand de son Adonis elle vit la blessure,
Quand elle vit son corps, sanglant, inanimé,
Elle étendit les bras : « O mon enfant aimé !
« Mon Adonis, attends au moins que ton amante
« Joigne encore sa bouche à ta bouche expirante :
« Éveille-toi ; qu'au moins je puisse recueillir
« Et ton dernier baiser et ton dernier soupir :
« Je veux les exprimer des lèvres que j'adore,
« Oui, je veux du baiser, tandis qu'il vit encore,
« Savourer à longs traits l'ineffable douceur :
« Comme Adonis lui-même, il vivra dans mon cœur.

  « Quoi ! tu me fuis ! pour moi tu vas cesser de vivre !

« Tu descends aux enfers, et je ne peux te suivre !
« Je suis déesse, hélas ! Le Destin irrité
« A condamné Vénus à l'Immortalité.

« Eh bien ! du Styx avare inexorable reine,
« O toi, dont rien de beau n'évite le domaine !
« Toi de qui le pouvoir est plus grand que le mien,
« Reçois donc mon époux ! Moi, veuve, et n'aimant rien,
« Je vais, puisqu'à ses yeux la lumière est ravie,
« Traîner péniblement une éternelle vie :
« Rien ne consolera mon cœur désespéré.

« Quoi ! tu meurs, des amants ô le plus adoré !
« L'espoir qui nous charmait n'était donc qu'un mensonge ?
« Hélas ! tout mon bonheur a passé comme un songe.
« Les Amours, ma ceinture, et ses plus doux attraits,
« Je perds tout. Imprudent ! sous l'ombre des forêts.
« Seul, et si beau, braver un monstre aussi sauvage ! »
Vénus se tait ; des pleurs inondent son visage.

La terre cependant boit les flots réunis
Des larmes de Vénus et du sang d'Adonis :
Des larmes de Vénus l'anémone est éclose,
Et du sang d'Adonis on vit naître la rose.

C'en est fait Adonis a terminé ses jours :
Pleurons sur Adonis que pleurent les Amours.

Ne va plus aux forêts confier ta tristesse,
O Vénus ! maintenant l'objet de ta tendresse
Sur un lit de fougère est mollement porté ;
Et, pour être sans vie, il n'est pas sans beauté.
Prépare ces tapis que sa tête charmante
Pressait dans un lit d'or auprès de son amante ;
Viens ; du sommeil encore il goûte les douceurs :
Fais pleuvoir sur sa tête un nuage de fleurs,
S'il reste quelque fleur qui ne soit pas flétrie :

Répands sur lui, répands les parfums d'Assyrie.
Mais en est-il pour toi, quand Adonis n'est plus,
Adonis, le nectar, le parfum de Vénus.

Près de ce lit, orné de pourpre et de verdure,
Les Amours désolés coupent leur chevelure ;
Ils font entendre au loin leur gémissante voix.
L'un foule aux pieds son arc, et l'autre son carquois ;
Celui-ci d'Adonis détache la chaussure ;
Et, tandis que l'un d'eux pour laver sa blessure
De l'onde la plus claire emplit un vase d'or,
Au-dessus d'Adonis, un autre Amour encor
Rafraîchit son visage en agitant ses ailes
Tous pleurent de Vénus les douleurs éternelles.

Sur le seuil du palais on voit l'Hymen en pleurs :
Il gémit ; son flambeau s'éteint ; ses nœuds de fleurs
Dispersés loin de lui roulent sous les portiques.
On n'entend plus d'Hymen résonner les cantiques.
Dans le temple désert on n'entend que ces cris :
Hélas, Hymen ! Hélas, malheureux Adonis !

Les Muses, modulant la plus douce harmonie,
Veulent le rappeler aux portes de la vie ;
L'inflexible Pluton le retient pour toujours.

De tes gémissements suspends enfin le cours,
Vénus ; cesse tes pleurs pendant cette journée ;
Tes pleurs doivent encor couler une autre année.
Idylle Ire, traduction de Firmin Didot.

II. L'Amour Écolier.

Vénus m'apparaissant en songe l'autre jour,
De sa divine main me présenta l'Amour ;
L'enfant baissait les yeux. « Prends mon fils, me dit-elle;
« Montre-lui l'art du chant, pasteur : » et l'immortelle

Fuit à ces mots. Pour moi, méditant des chansons,
Je crois l'Amour charmé d'entendre mes leçons.
Insensé que j'étais ! je veux d'abord lui dire
Qu'on doit à Pan la flûte, à Mercure la lyre,
Le hautbois à Minerve, et la harpe à Phébus :
J'allais continuer ; l'enfant n'écoutait plus.
Il chante, d'une voix douce autant que légère,
Les amours des mortels, des dieux et de sa mère :
Tout ce que je savais sortit de mon esprit,
Mais je n'oubliai rien de tout ce qu'il m'apprit.

Idylle IIIe, traduction du même.

BITAUBÉ (Paul Jérémie), naquit à Konigsberg le 24 novembre 1732, d'une de ces familles de réfugiés français, dont la révocation de l'édit de Nantes avait peuplé différentes contrées de l'Europe, et particulièrement l'Allemagne. Après avoir achevé ses premières études, il fallait qu'il se décidât à prendre un état; le commerce que son père exerçait, la médecine, ou le ministère évangélique semblaient devoir seuls fixer son choix : l'amour des lettres le fit prédicateur. Plein d'admiration pour les beautés de la *Bible*, dont la lecture le familiarisait avec la simplicité grecque, il devint bientôt admirateur passionné d'Homère, et il essaya d'en reproduire les beautés dans une traduction. Prussien de naissance, mais Français d'origine, il la fit paraître dans la langue de ses pères sous le titre de *Traduction libre de l'Iliade*. Berlin, 1762, in-8°. Cet essai et l'amitié de d'Alembert qu'il s'était conciliée pendant un premier voyage en France, lui acquirent l'estime de Frédéric. Il fut admis dans l'Académie de Berlin, et obtint bientôt la permission de faire un second voyage en France. Son séjour le mit à même de perfectionner sa traduction, et quelques années après, en 1780, il publia son *Iliade* entière dont la première édition avait paru en 1764, 2 vol. in-8°. Il entreprit aussi de traduire l'*Odyssée* qui fut imprimée en 1785. En 1786, l'Institut le choisit pour remplir la place vacante par la mort du landgrave régnant de Hesse-Cassel. Pour répondre à cette marque d'estime, il fit paraître son poème de *Joseph* qu'il avait composé après sa première édition de sa traduction de l'*Iliade*. L'accueil favorable qui fut fait à ce poème lui inspira le désir de tenter une épreuve plus forte. En 1796, il devint le chantre de la liberté, et choisit pour ses héros Guillaume de Nassau et ceux qui avaient opéré l'indépendance de la Hollande au XVIe siècle. Il avait célébré la liberté, mais non pas les fureurs révolutionnaires. Il fut puni de n'avoir ni participé ni applaudi à ces excès du fanatisme politique; et lui et son épouse furent jetés dans les prisons de la tyrannie. Après y avoir éprouvé les caprices d'un geolier, ce couple intéressant sortit enfin des cachots le 9 thermidor. Dénué de tout, privé de la pension que lui faisait Frédéric, Bitaubé souffrait de ne pouvoir acquitter des dettes d'amitié, et se refusait à recourir une seconde fois aux mêmes secours. La paix fut conclue et sa pension lui fut rendue. Il traduisit alors le poème de Goëthe: *Herman et Dorothée*, qu'il osa comparer à ceux d'Homère. Au moment de la réorganisation de l'Institut, Bitaubé passa de la classe de littérature et beaux-arts dans celle d'histoire et de littérature ancienne. A l'abri des persécutions, au sein de ses amis, nommé membre de la légion d'honneur, tout semblait lui sourire, quand la mort lui enleva sa respectable épouse, dont la destinée était unie à la sienne depuis cinquante ans. Il ne put survivre à cette séparation, et succomba, moins à l'âge qu'à la douleur, en 1808.

On a encore de lui : l'*Examen de la profession de foi du vicaire savoyard*, 1763, in-8°; *De l'Influence des Lettres sur la Philosophie*. Berlin, 1767, in-8°; et l'*Éloge de Corneille*, 1769, in-8°. Les *OEuvres complètes de Bitaubé* ont été imprimées à Paris, 1804, 9 vol: in-8°.

Bitaubé fut aimé de tous les gens de bien, et particulièrement du respectable Thomas et du bon Ducis, qui lui adressa l'épître suivante :

Oui, dans tes écrits purs les vertus domestiques
T'appelaient, Bitaubé, vers les temps héroïques :
Le siècle de tes mœurs, hélas ! est loin de nous.
Combien dans ton Joseph, sous les traits les plus doux,
J'admire son amour, sa pitié pour ses frères,
Ses larmes pour Jacob, le plus tendre des pères !
Chacun croit voir le sien : les pleurs viennent aux yeux.
Je me dis : Les voilà, ces jours de nos aïeux,
Ces pasteurs premiers-nés de la nation sainte,
Peuple aimé du Seigneur, et nourri dans sa crainte !
Avec quel chaste goût, quel soin religieux,
Tu m'offres leur berceau, leurs rits mystérieux,
Et le puits du serment, l'autel, leurs sacrifices !
Ton âme à tes lecteurs fait passer ses délices.

Avec quel charme encor j'ai vu, sous tes pinceaux,
Les marais du Batave affranchir leurs roseaux!
Mais que ne peut le style et la chaleur de l'âme!
J'ai lu ton *Iliade* avec un cœur de flamme,
Avec le pouls d'Achille, et parfois enfonçant
Sur mon front peu guerrier son casque menaçant.
Ton ardeur m'entraînait comme un torrent rapide.
Oui : voilà Diomède, Ajax, Ulysse, Atride,
Agitant leur panache et leur lance en fureur;
Patrocle, Achille, Hector, promenant la terreur.
Tout est fuite ou combat : au lieu d'un, j'en vois mille.
Quoi! Vénus perd son sang! Quoi! Pâris blesse Achille!
Ici, Grecs et Troyens, au carnage animés,
Se percent dans des flots par Vulcain enflammés.
J'entends tonner Bellone, et crier la vengeance.
Jupiter contre Hector penche enfin la balance.
Il meurt, Troie est en cendre; et les hommes, les dieux,
Ont troublé pour Hélène et la terre et les cieux.

Oh! comme tes héros ont chacun leur courage,
Leur port, leurs traits, leurs mœurs, leur penchant, leur langage.
Homère et la nature, en leur fécondité,
Nous raviront toujours par leur variété.
Poète immense et vrai, dans tes divins ouvrages
Tout est vie, action, charme, leçons, images.
Jupiter dans les cieux, sur ses balances d'or,
Voit flotter les destins et d'Achille et d'Hector.
Pluton dans les enfers, pour punir les Atrides,
Fait sortir des serpents du front des Euménides.
Neptune arme les mers, et poursuit sur les eaux
De Pâris ravisseur le crime et les vaisseaux.
Conquérant enchanteur, tu t'emparas, Homère,
Du tartare et du ciel, de l'onde et de la terre.
L'univers t'appartient. De tant d'êtres divers

Chacun vient, se dessine et se peint dans tes vers.
Là, s'offre une fourmi sur son herbe inconnue ;
Là, ce chêne aux cent bras qui se perd dans la nue.
Jamais hors de sa route il ne cherche des fleurs ;
Son sujet sur ses pas fait naître leurs couleurs.
Il court toujours au but. Intéresser et plaire,
Voilà tout son secret, sa magie ordinaire.
Nulle trace en ses vers de travail et d'effort,
Par sa force il vous charme, avec grace il s'endort.
La nature, aux rayons de son vaste génie,
S'étonna tout-à-coup de se voir agrandie.
Les trois Graces en chœur, de lis le front orné,
Se disaient en dansant : « Chantons, Homère est né. »
Vénus craignit qu'Homère, instruit par la nature,
Ne sût, pour plaire un jour, lui ravir sa ceinture.
Le pinçon se joua dans les frais arbrisseaux,
L'aigle au sommet des airs, le cygne au sein des eaux.
Tout semblait annoncer ses beautés éternelles.
Ses vers ont trois mille ans, leurs graces sont nouvelles.
Ami, ton nom célèbre, et sur le sien porté,
Volera d'âge en âge à l'immortalité.
Mais montre-nous la tombe et la rustique pierre
Où les Graces en deuil ont pleuré ton Homère.
Apprends-nous, s'il se peut, sous quel ciel les neuf Sœurs
L'ont couvert au berceau de baisers et de fleurs.
Ainsi du Nil fécond l'urne au loin tant cherchée,
Épanchant ses trésors, reste toujours cachée.
Et toi, grand Jupiter, que, si loin de nos yeux,
Ta splendeur et l'espace ont voilé dans les cieux,
Qui de nous vit ta tête, ou qui l'aurait conçue ?
Homère dans son vol l'aurait-il aperçue ?
Oui, ton front tout-puissant, il nous l'a révélé ;
Mais, en le dessinant, sans doute il a tremblé.

S'il l'a peint, c'est d'un trait. Que son sourcil remue,
Tout s'arrête en suspens dans la nature émue ;
L'enfer craint, la mer tremble, et le jour s'est voilé ;
Sur ses gonds fléchissants le monde est ébranlé.
Tout s'incline et frémit sous le dieu du tonnerre.
Oui, puisqu'il est si grand, il doit chérir Homère ;
Il doit t'aimer aussi. Mais ces puissants tableaux
Me font peur ; j'étais né pour chanter les ruisseaux.
Qu'Achille enfin triomphe, heureux dans son courage,
J'y consens ; mais faut-il, pour assouvir sa rage,
Faut-il qu'autour de Troie, après son char sanglant
Tois fois il traîne Hector et si noble et si grand,
Tendre époux d'Andromaque, hélas! que son veuvage,
Avec son fils naissant, réserve à l'esclavage ?
Ah ! lorsqu'un coq ardent, acharné, furieux,
Secouant son panache et l'éclair de ses yeux,
Met à mort son rival, se rengorgeant de gloire,
Insulte-t-il les morts ? souille-t-il sa victoire ?
Le sang ne coule plus, le sérail est en paix,
Les Hélènes sans peur habitent le palais,
L'amour rentre bientôt, et l'amour devant elles
De leurs Pâris encor vient agiter les ailes.

C'est par de doux objets que le cœur est charmé.
Ce charme par Homère en tout lieu fut semé.
A sa voix ont couru, sous leurs palais humides,
S'asseoir près de Thétis ses belles Néréides ;
Les nymphes ont gardé les bois et les ruisseaux ;
Pan en troubla quelqu'une au fond de leurs roseaux.
Il dit : « Naissez, Printemps ! vous, Zéphirs, suivez Flore !
« Vous, Heures, entourez le doux char de l'Aurore !
« Vous, nuages du ciel, cachez, cachez encor
« Le lit de Jupiter sous vos pavillons d'or.
« Jeune Hébé, sur des fleurs lorsqu'à table il repose,

« Verse-lui le nectar avec des doigts de rose. »
Ami, je n'aime plus tous ces combats sanglants;
Pour moi ton *Iliade* a trop de mouvements :
Mon âme est douce et faible, à s'attendrir aisée.
J'appelle à mon secours ta charmante *Odyssée*.
Eh! que me font, dis-moi, ces foules de héros,
Et leurs casques, leurs chars entraînés par les flots;
Ce Xanthe débordé, Troie, et tant de victimes;
Et ces murs, et ces camps, pleins de gloire et de crimes;
Ces nocturnes combats où d'atroces fureurs
Conjuraient le soleil d'éclairer tant d'horreurs?
Mais voyez, dira-t-on, accompagné d'Hélène,
Agamemnon vainqueur retournant à Mycène,
Rendant à Clytemnestre un époux glorieux,
Un époux roi des rois, un roi l'égal des dieux.
— Oui, mais qui, par sa femme, assassiné lui-même...
Mes amis, s'il se peut, contez-moi Polyphême,
Et le fidèle Eumée, et ce chien si touchant
Qui reconnaît son maître, et meurt en le léchant;
Pénélope et sa toile, et ses nuits dans les larmes;
Et, si l'on peut user ces récits pleins de charmes,
Contez-moi dans les bois *Petit-Poucet* errant,
Ou bien, si vous voulez, *la Belle au bois dormant*.
Ce sont là mes plaisirs, ce sont ceux de mon âge :
Homère est né conteur; il m'en plaît davantage.
Par Achille et Vénus ce poète inspiré
Jamais de trop d'encens peut-il être honoré ?
A la pudeur jamais fit-il le moindre ombrage ?
Sous des rocs caverneux qui bordent le rivage,
Quand de Nausicaé les pieds nus et charmants
Dans un cristal qui fuit pressent ses vêtements,
Nul œil ne peut errer ni sur son sein d'albâtre,
Ni sur ces beaux genoux que Diane idolâtre.

Pudeur! oui, c'est pour toi que les Graces exprès,
Pour tempérer l'orgueil ou l'éclat des attraits,
Ont filé le doux lin d'un voile humble et modeste
Qui vient les embellir de son charme céleste,
De son ombre ou plutôt d'un autre enchantement.
Heureux, trois fois heureux le chaste et jeune amant
Qui s'éprend pour jamais d'une Vénus si pure,
Et sent lier son cœur des plis de sa ceinture!

Ami, Jupiter t'aime. Eh! qui sait, quelque jour,
S'il ne daignera pas visiter ton séjour?
« Oui, dira-t-il d'abord, en voyant ta compagne,
« C'est elle, c'est Baucis, Philémon l'accompagne.
« Voilà leur lit, leur table avec son pied trop court.
« Leur verger qui fleurit, et la perdrix qui court.
« De l'amour conjugal leur hymen est l'exemple. »
Il peut changer, ami, ta demeure en un temple.
Mais ce miracle encor doit-il être opéré?
Le toit d'un honnête homme en tout temps fut sacré.
Quelle amitié peut mieux s'expliquer que la nôtre?
Qui de nous eut plus d'art, d'ambition que l'autre?
Nous devions nous tenir par un autre lien.
Thomas fut ton ami, je fus aussi le sien.
Qu'en son nom quelquefois l'amitié nous rassemble?
De lui, de ses vertus nous parlerons ensemble :
Entretiens à la fois et douloureux et doux!
Né faible, il a fini; mais, hélas! avant nous.
Nous, pèlerins plus forts, nous avons, sous l'orage,
Plus d'une fois le jour reçu tout son outrage,
Plus d'une fois le soir séché nos vêtements.
Mais la peine a toujours ses dédommagements.
Nous voilà, grace au ciel, avec notre innocence,
Près d'arriver ensemble au doux pays d'enfance;
Pays d'aise et de paix, lieux chers et peu connus,

Où l'on songe, l'on dort, l'on ne se souvient plus,
Où l'on ne fait plus rien, mais où l'on aime encore.
Les dieux nous ont conduits, notre encens les implore.
Nos respects envers eux ne sont jamais perdus :
Ami, viens, prends mon bras, nous y voilà rendus.

JUGEMENT.

On peut mettre au nombre des livres utiles et estimables la traduction en prose de l'*Iliade d'Homère*, par M. Bitaubé de l'Académie de Berlin. Ce n'est pas que je croie qu'Homère ni aucun poète grec ou latin puisse être jamais bien rendu en prose ; car il n'y a que la poésie qui puisse représenter la poésie. Mais du moins la version de M. Bitaubé est, en général, assez fidèle, et beaucoup meilleure que celle de madame Dacier, qui est souvent plate, languissante, et quelquefois inexacte. M. Bitaubé a mis au devant de son ouvrage des réflexions sur Homère, qui sont d'une critique judicieuse, mais dans lesquelles on aperçoit souvent, ce que nous appelons en français le *style de réfugié*, c'est-à-dire les constructions et les tournures vicieuses que l'habitude a fait adopter chez l'étranger, aux écrivains protestants ; et M. Bitaubé est de ce nombre........

M. Bitaubé, auteur d'une traduction de l'*Iliade* qui n'est pas sans mérite, vient de donner celle de l'*Odyssée*. Mais soit qu'il l'ait travaillée avec moins de soin et de secours, soit qu'un long séjour en pays étranger ait gâté de plus en plus son style, cette nouvelle version est très inférieure à la première*.

La Harpe, *Cours de Littérature*.

---

* L'auteur s'était montré lui-même le censeur le plus sévère de son tra-

BLAIR (HUGUES), ecclésiastique anglican, fils de Jean Blair, négociant très considéré, naquit à Édimbourg en 1718, et fit ses premières études à l'université de cette ville. Quoique bon écolier, rien ne décelait en lui le germe de son talent, lorsque, suivant encore les cours de philosophie, il composa un *Essai sur le beau* qui, en lui méritant l'approbation unanime de ses maîtres et les honneurs d'une lecture publique, détermina son goût pour la littérature. Il la cultiva avec passion; et le succès couronna ses efforts. Il parvint dans ses sermons à éclipser tous les prédicateurs écossais; à faire sentir le vice de ce mélange bizarre de trivialité et de mysticité qui les distinguait, et à se concilier l'admiration générale par son style noble et son éloquence persuasive. Il avait une prédilection marquée pour

vail, comme on le verra par la lettre suivante écrite par madame Bitaubé à Ducis.

« N'est-ce pas, Monsieur, que les bonnes femmes doivent partager le soin
« de leur mari? En cette qualité je partage les choses aimables et flatteuses
« que vous avez données à Bitaubé dans votre charmante épître. Permettez-
« moi donc d'en prendre une petite part. Mais ne vous étonnez pas, Mon
« sieur, si je vous avoue que j'ai quelques droits d'en prendre une assez
« grande : sans moi, Monsieur, cette traduction n'existerait pas. J'ai eu le
« bonheur de la sauver du feu. Mon époux, après en avoir fait quatorze
« chants, dans un moment de fatigue et de mécontentement de son travail,
« eut la barbarie de les déchirer; il allait les condamner au feu. Heureusement
« j'arrive à temps pour m'y opposer; je m'en saisis; je fais l'impossible pour
« en rajuster les fragments; j'y réussis tellement, que je mis ces quatorze
« chants en état d'être copiés.

« Je suis bien aise de vous instruire de ce petit détail, afin qu'après avoir
« loué Bitaubé, vous fassiez une bonne satire contre lui. Je ne sais pas si
« mon procédé peut convenir à une bonne femme; mais ce sont là mes sen-
« timents du moment. Je verrai dans la suite à lui pardonner. »

l'état ecclésiastique; il désirait ardemment s'y attacher; son souhait fut accompli. En 1742 il prit les ordres et fut aussitôt nommé ministre à Collésie dans le comté de Fife. Peu de temps après il échangea cette place pour celle de ministre à Canongate, à Édimbourg; et, après avoir occupé successivement les emplois les plus honorables, il obtint enfin en 1758 la charge de pasteur ou de ministre de l'église cathédrale, considérée en Écosse comme la première dignité ecclésiastique. Presque à la même époque, l'université de Saint-André lui conféra le doctorat en théologie. Les devoirs de ministre ne ralentissaient pas son zèle pour la critique littéraire : aussi en 1761, une chaire de rhétorique ayant été fondée dans l'université d'Édimbourg, il fut choisi pour la remplir et depuis il s'appliqua constamment à aplanir les difficultés nombreuses de l'étude des lettres. Dans ce but il fit paraître en 1763 une *Dissertation sur les poèmes d'Ossian*, destinée à en faire sentir les beautés et à en établir l'authenticité. En 1777 il fit imprimer le premier volume de ses Sermons : cet ouvrage qui lui valut l'estime du roi et par suite une pension de 200 livres sterl. a été traduit deux fois en français : 1° par Froissard, Lausanne, 1791, in-12; 2° par l'abbé de Tressan, Paris, 1807, 5 volumes in-8. En 1783 il publia un *Cours de Littérature* sous le titre : *Lectures on Rhetorik and belles-lettres*; cette publication lui mérita une nouvelle marque de l'estime royale et sa pension fut augmentée de 100 liv. sterlings. Ce *Cours de Rhétorique* qui passe pour un des meilleurs qui aient été écrits dans les langues modernes a été traduit en français par M. Cantwel, 1797, 4 vol. in-8°; et par M. Prevost, célèbre professeur de Genève, 1808, 4 vol., in-8°. Cette dernière est bien supérieure à l'autre. En 1801, M. Quenot, avocat, en a donné une nouvelle traduction fort estimée en trois vol. in-8°.

Respecté et chéri de tous ses compatriotes, Blair fut enlevé à leur amour en 1800, à l'âge de quatre-vingt-trois ans. Il avait un caractère d'une douceur extrême, un esprit aimable et droit, et une mémoire extraordinaire : son désir d'acquérir de nouvelles connaissances était une soif ardente et insatiable. Sensible et bon, il eut les liaisons les plus intimes avec lord Kaims, David Hume, sur-tout avec Robertson et Adam Smith, qui travaillèrent de concert avec lui à un écrit périodique intitulé : *Journal d'Édimbourg*, qui cependant, malgré la réunion de ces talents, ne put pas se soutenir. Marié en 1748, Blair avait eu deux enfants qu'il perdit de bonne heure.

JUGEMENTS.

I.

Le docteur Blair, considéré comme écrivain, ne manquait assurément ni d'esprit ni de goût : on le cite avec raison parmi les littérateurs les plus distingués de la Grande-Bretagne. Son *Cours de Rhétorique* a la même étendue, et montre beaucoup plus de talent que ses Sermons.

L'élocution de Blair est à la fois ambitieuse et décolorée; et son style faible, mais, j'en conviens, exempt de mauvais goût, languit tristement, sans mouvement et sans vie. Il est trop souvent, je le répète à regret, il est presque toujours hors de la sphère des devoirs religieux dans la chaire chrétienne: il s'adresse uniquement à l'esprit, disons plus, il ne converse jamais avec son auditeur. Que dis-je? il n'existe pour lui aucun auditeur dans ses abstractions, où il ne se montre qu'un spéculateur de morale, et non pas un apôtre de la religion. C'est un éternel et froid dissertateur qui récite un chapitre de réflexions dont l'ensemble n'offre jamais rien de saillant, rien de pieux, rien de tendre, rien de neuf, rien de touchant, et, s'il m'est permis de le dire, qu'on trouve ordinairement écrites avec la plus assoupissante sécheresse. Chacune de ses instructions ne me paraît guère qu'un traité inanimé, plus ou moins métaphysique, au lieu d'acquérir l'intérêt progressif d'une composition, ou, comme a bien mieux dit et fait Cicéron, d'une veritable action oratoire. C'est de la raison, de la logique, du goût, quelquefois même, si l'on veut, un ingénieux monologue: ce n'est pas du talent, c'est bien moins encore de l'éloquence. Toutes ces pensées méthodiques et suivies, il est vrai, mais communes et languissantes, ne remuent jamais mon imagination, ma conscience, ma sensibilité. Il n'attache même mon esprit par aucun trait frappant. Son livre, je l'avoue à ma honte, si ce n'est pas à la sienne, me tombe souvent des mains, en cessant d'intéresser et de soutenir mon attention; et quelque attrait qu'on puisse avoir pour les productions de la chaire, il en coûte beaucoup d'efforts, je le sais, pour surmonter l'ennui de le lire de suite. Il serait aisé, en transcrivant un grand nombre de passages de ses discours, de les analyser dans un volume de critiques détaillées, qui n'admettraient aucune replique, s'il était nécessaire de motiver toutes ces assertions. L'indifférence du public pour ce recueil de Sermons, dispense de lui en fournir la preuve. Si Blair est bien véritablement le premier orateur sacré de l'Angleterre, c'est donc tant pis pour elle : il ne sera jamais admis dans la seconde classe de nos prédicateurs français; et même, parmi les protestants, il me paraît, sous tous les rapports, à une très grande distance de Saurin.

MAURY, *Essai sur l'Eloquence.*

II.

Les écrits de Blair sont remarquables par la pureté du goût, l'élégance et la correction du style, la sagesse, la justesse, et souvent la finesse des vues, la noblesse constante et sans effort des sentiments et des idées.

Dans ses Sermons, il s'élève peu au-dessus d'une chaleur modérée et d'une douce sensibilité; mais sa sensibilité est pénétrante et sa chaleur est soutenue. Son style, s'il n'est jamais véhément, est toujours animé et rempli d'images heureuses; il paraît avoir pris pour modèle, autant que le comportait la nature de son talent, moins souple et moins énergique, Massillon, celui de nos orateurs qu'il admirait le plus. Son *Cours de Littérature* est un des meilleurs qui aient été écrits dans les langues modernes. Si l'on y trouve quelquefois un peu d'abondance, quoique sans diffusion et sans prolixité, il faut songer que le maître avait tout à apprendre à ceux qu'il instruisait. Blair a, plus qu'aucun de ses compatriotes, rendu justice aux auteurs français, et s'il y manque quelquefois, ce n'est point par prévention, mais vraisemblablement par la difficulté de pouvoir bien apprécier une langue qui n'était pas la sienne.

Suard, *Biographie universelle.*

III.

Dans son *Cours de Rhétorique*, Blair traite successivement du goût et de la source de ses plaisirs, de l'origine et de la structure du langage, de la théorie générale du style, de l'éloquence considérée dans tous les genres de discours publics; enfin, des meilleures compositions en vers et en prose qu'il soumet à un examen rapide et superficiel. Des principes judicieux, présentés avec méthode, éclaircis par des applications heureuses, étendus par l'analyse philosophique, recommandent les cinq divisions de l'ouvrage. On doit rendre graces aux hommes de lettres qui l'ont traduit, et jusqu'ici nous n'avons pas dans notre littérature un cours de rhétorique aussi bien conçu. Il convient d'autant mieux d'être juste à l'égard de Blair, qu'il l'est toujours envers les écrivains français. Appréciateur bienveillant de Tillotson, de Barrow, et, lui-même, prédicateur célèbre, il regarde Bossuet et Massillon comme les deux plus grands orateurs des temps modernes; il proclame Voltaire le chef des historiens du dernier siècle. Malgré les ouvrages de Fielding et de Richardson, il croit que, dans le genre des romans, les Français l'emportent sur les Anglais, ce qui peut sembler douteux, même en France. Il décerne la palme comique à Molière. En exaltant le génie de Shakspeare, il fait admirer Corneille, Racine et Voltaire.

M. J. Chénier, *Tableau de la Littérature française.*

IV.

Le docteur Blair est, sans contredit, l'orateur le plus éloquent de la chaire anglaise moderne, et on ne peut nier qu'il ne mérite à bien des égards la grande réputation qu'il s'est acquise dans sa patrie. Depuis les Sermons français de M. Erman, les protestants n'avaient rien eu dans ce genre qu'on pût comparer à ceux de M. Blair. Son éloquence n'est ni forte ni entraînante; mais elle est douce et insinuante : ses raisonnements sont plus solides, que ses figures ne sont vives et hardies. On n'y trouve jamais cette fausse chaleur qui produit la déclamation, ni cet étalage d'érudition et cet appareil scientifique qui fait les pédants, ni même aucune trace de cette dureté et de cet air empesé et presque sauvage qui caractérise particulièrement la secte presbytérienne dont il était ministre. Son style se ressent de cette modération qui était dans ses goûts comme dans ses mœurs; mais il manque de ce courage des passions ardentes qui crée les fortes compositions, comme il enfante les projets vastes et les grandes résolutions. Il indique les vérités plutôt qu'il ne les développe; il se sert trop souvent de métaphores outrées et de comparaisons un peu trop orientales; il montre bien ce qu'il faut faire, mais il n'en inspire que faiblement le désir. Ses plans sont étroits, et ses sujets trop recherchés. Ses pensées, subtiles et quelquefois alambiquées, manquent de nerf et d'embonpoint. Enfin, il sait assez bien peindre les mouvements du cœur humain, mais il ne sait point y enfoncer le trait.

Nous pourrons par un seul exemple faire remarquer ce dernier défaut, en comparant un passage de son sermon *sur les devoirs de la vieillesse*, avec un autre du sermon de Bossuet, *sur la mort*, et faire ressortir par là la différence qui sépare les deux orateurs rendant le même fond d'idées et la même morale :

« Quel homme sage, dit Blair, déjà courbé sous
« le poids des ans, sollicitera le ciel d'ajouter au
« nombre de ses jours, s'il ne doit les obtenir que
« pour les voir s'écouler dans les infirmités les plus
« cruelles? Le verra-t-on désirer de continuer à
« languir sur le bord de la tombe, après avoir vu
« briser tous les liens qui l'attachaient à la vie? Se
« plaira-t-il à vivre solitaire, au milieu d'une géné-
« ration nouvelle, à laquelle il semble entièrement
« étranger? La Providence et la nature nous com-
« mandent de nous réunir à nos pères. La raison,
« en nous rappelant ceux qui nous ont précédés,
« nous avertit que nous devons céder la place à
« ceux qui doivent nous suivre : elle nous dit que
« leur tour est venu de remplir la scène du monde
« de leurs peines, de leurs plaisirs, de leurs vertus,

« de leurs crimes : elle nous assure qu'ils en seront
« arrachés comme nous, et qu'à leur tour ils aug-
« menteront le nombre de tant de générations
« oubliées, que la terre à vues s'agiter à sa surface,
« et dont il ne reste plus qu'une légère poussière
« qui se confond avec celle des champs. »

Écoutons Bossuet : « Qu'est-ce que ma subs-
« tance, ô grand Dieu? J'entre dans la vie pour en
« sortir bientôt : je viens me montrer comme les
« autres; après il faudra disparaître. Tout nous
« appelle à la mort. La nature, comme si elle était
« presque envieuse du bien qu'elle nous a fait,
« nous déclare souvent et nous fait signifier qu'elle
« ne peut pas nous laisser long-temps ce peu de
« matière qu'elle nous prête.... Les enfants qui
« naissent, à mesure qu'ils croissent et qu'ils s'a-
« vancent, semblent nous pousser de l'épaule et nous
« dire : Retirez-vous, c'est maintenant notre tour.
« Ainsi, comme nous en voyons passer d'autres
« devant nous, d'autres nous verront passer qui
« doivent à leurs successeurs le même spectacle.
« O Dieu! encore une fois, qu'est-ce que de nous.
« Si je jette la vue devant moi, quel espace infini
« où je ne suis pas! si je la retourne en arrière,
« quelle suite effroyable où je ne suis plus! Et
« que j'occupe peu de place dans cet abîme im-
« mense du temps! Je ne suis rien; un si petit in-
« tervalle n'est pas capable de me distinguer du
« néant. On ne m'a envoyé que pour faire nombre,
« encore n'avait-on que faire de moi, et la pièce
« n'en aurait pas été moins jouée, quand je serais

27.

« demeuré derrière le théâtre.... Il n'y a qu'un mo-
« ment qui nous sépare du néant. Maintenant nous
« en tenons un ; maintenant il périt, et avec lui nous
« péririons tous, si, promptement et sans perdre
« de temps, nous n'en saisissions un autre sem-
« blable, jusqu'à ce qu'enfin il en viendra un
« auquel nous ne pourrons arriver, quelque effort
« que nous fassions pour nous y étendre ; et alors
« nous tomberons tout-à-coup manque de soutien.
« O fragile appui de notre être ! O fondement rui-
« neux de notre substance ! »

Nous n'avons pu résister au plaisir de mettre un si beau morceau sous les yeux de nos lecteurs. Quelle vie ! Quel coloris ! quelle énergie ! Et où se montre-t-elle davantage, est-ce dans le style, est-ce dans la pensée ? Quel art profond d'étendre sa pensée, sans la délayer ! Quelle originalité d'expressions ! Il n'y a pas jusqu'à celles qui paraissent dures ou négligées qui ne soient là pour faire effet, précisément par leur dureté et leur négligence même. Ce sont les nœuds de la massue de Bossuet, et il se garde bien de les polir. C'est ainsi qu'il s'est fait une langue à part, qui n'appartient qu'à lui, et hors de toute comparaison. Ce n'est pas ainsi que parle Blair ; il a voulu dire tout ce que Bossuet a dit, mais qu'il est loin de sa manière grande et fière : ce n'est pas la pensée qui lui manque, c'est l'art de la rendre et de l'exprimer ; ce n'est pas le génie, c'est le génie oratoire.

On a dit que les sermons de Blair avaient excité en France de l'enthousiasme et même du fanatisme, et que, dans l'espace de quelques mois, on en avait fait onze éditions en France, après que l'on en avait fait vingt-deux en Angleterre ; et sur cela on a reproché aux Français de négliger leurs chefs-d'œuvre pour les ouvrages souvent médiocres de leurs rivaux. Nous ne trouvons pas que ces reproches soient fondés : nous ne voyons pas que les Sermons de Blair, quoique très estimables d'ailleurs, aient excité parmi nous ni enthousiasme ni fanatisme ; et ils ne sont pas de nature à produire cette explosion. Nous ne croyons pas aux vingt-deux éditions anglaises ; et nous croyons encore moins aux onze éditions françaises. Mais nous pensons que la traduction de M. l'abbé de Tressan est bien supérieure à celle de M. Froissard, qui d'ailleurs n'a traduit que les premiers volumes des Sermons de Blair. Outre que le nouveau traducteur nous les donne dans leur totalité, il l'emporte encore sur son concurrent par l'élégance, le naturel et la rapidité. Peut-être n'a-t-il pas toujours conservé à son original la physionomie qui lui est propre ; peut-être, d'après le plan qu'il nous apprend s'être formé, de ne pas faire une simple version, a-t-il souvent plus imité que traduit ; mais, quels que soient les inconvénients attachés à une pareille entreprise, nous ne lui savons pas moins gré d'avoir cherché à naturaliser parmi nous cette production étrangère.

DE BOULOGNE, Le Spectateur français au XIXe siècle.

MORCEAUX CHOISIS*.

I. La Création.

Quoiqu'il y ait eu une époque où ce globe avec tout ce que nous y apercevons n'existait pas, nous n'avons aucune raison de croire que la sagesse et la puissance du Créateur manquaient alors d'exercice et d'emploi. L'étendue de son empire est sans bornes. D'autres globes et d'autres mondes éclairés par d'autres soleils peuvent avoir occupé dès lors, comme ils semblent occuper aujourd'hui les immenses régions de l'espace. D'innombrables familles d'êtres qui nous sont inconnus peuplent la vaste enceinte de l'univers, et fournissent une variété infinie d'objets aux soins vigilants de leur père commun. Enfin, dans le cours des âges et de son gouvernement, arriva l'époque où la terre devait être appelée à l'existence. Quand le moment mémorable, marqué de toute éternité, fut venu, Dieu se leva dans sa gloire, et d'un mot enfanta le monde. Quel jour illustre que celui où du néant s'élança tout d'un coup à la vie ce globe puissant que remplissent aujourd'hui tant de millions de créatures ! Cet évènement n'exigea pas de longs apprêts. Le Créateur n'eut pas recours à de lentes combinaisons. « Il parla, et le monde fut créé; il ordonna, et la « terre naquit à sa voix. Elle était d'abord vide et « sans forme, et les ténèbres couvraient la face de « l'abîme. » Le Tout-Puissant sonda ce gouffre téné-

---

* Nous nous dispenserons de rapporter aucun morceau du *Cours de Rhétorique* de Blair, attendu que cet ouvrage est très souvent cité dans le *Répertoire*.   F

breux, et prescrivit des limites aux divers éléments de la nature. Il dit : « Que la lumière soit, et la lu-« mière fut. » Alors parurent la mer et les continents : les montagnes s'élevèrent et les fleuves prirent leur cours; le soleil et la lune ouvrirent dans les cieux leur carrière; les fleurs et les plantes embellirent les campagnes; l'air, la terre et les eaux furent peuplés de leurs habitants; enfin l'homme fut fait à l'image de Dieu. Il parut avec une démarche noble et assurée, et il reçut la bénédiction de son Créateur, comme souverain de ce monde nouveau. Le Tout-Puissant contempla son ouvrage quand il fut achevé, et prononça qu'il était bon. Les êtres supérieurs virent avec surprise le domaine de l'existence agrandi. « Les étoiles du matin chan-« tèrent en chœur, et tous les enfants de Dieu tres-« saillirent de joie. »

II. Le véritable Honneur.

Le véritable honneur de l'homme ne tire point sa source des actions brillantes ni des talents qui excitent une haute admiration. Le courage et la bravoure, une réputation militaire, des conquêtes et des victoires signalées, peuvent rendre le nom d'un homme fameux sans rendre son caractère vraiment honorable. Beaucoup de vaillants hommes, beaucoup de héros renommés dans l'histoire, commandent notre admiration. On se souvient de leurs exploits, on célèbre leurs louanges ; ils sont en quelque sorte placés sur une éminence, d'où ils dominent le reste du genre humain. Toutefois leur élévation peut n'être pas celle devant laquelle on s'incline avec une estime et un respect intérieur : il faut pour cela quelque chose de plus que le bras d'un conquérant et que l'intrépidité de l'âme. Les palmes du guerrier sont toujours teintes de sang et arrosées des pleurs de la veuve et de l'ophelin; mais si elles ont été souillées par la rapine et par l'inhumanité, si la sordide avarice a flétri son caractère, si une basse et grossière sensualité a dégradé ses mœurs, le héros sublime tombe au rang des êtres les plus méprisables. Ce que nous admirons à une certaine distance, et d'après un coup d'œil superficiel, devient vil, odieux peut-être, quand nous l'examinons plus attentivement : pareil à la statue colossale dont la grandeur frappe d'étonnement le spectateur éloigné, mais qui, lorsqu'on s'en approche, paraît sans proportion, sans forme et sans grace.

On peut appliquer ces observations à toutes les renommées dues à l'éclat des qualités sociales, à la profonde politique de l'homme d'état, ou au succès littéraire du génie et de l'érudition. Ces avantages procurent et doivent, à certains égards, procurer la grandeur et l'élévation parmi les hommes. Ils annoncent des talents distingués en eux-mêmes, et qui deviennent dignes d'une haute estime quand on les consacre au bonheur du genre humain. Aussi conduisent-ils d'ordinaire à la renommée. Mais on doit faire une distinction entre la renommée et le véritable honneur. La première est un suffrage bruyant et tumultueux; l'autre est un hommage plus silencieux et plus intime. La renommée voltige, emportée par le souffle de la multitude; l'honneur s'appuie sur le jugement des hommes qui pensent. La renommée peut prodiguer les éloges sans accorder l'estime : point de véritable honneur sans une estime mêlée de respect. L'une s'attache plus particulièrement à certains talents distingués : l'autre embrasse tout le caractère. Aussi le ministre, l'orateur, ou le poète, peuvent être fameux, tandis que l'homme même est loin d'être honoré. Nous envions ses talents, nous souhaitons de les égaler; mais nous ne voudrions pas être confondus avec celui qui les possède.

Il suit de ces réflexions que, pour reconnaître en quoi consiste le véritable honneur, il faut examiner, non pas quelque circonstance accidentelle, non pas quelque qualité brillante, mais ce qui fait l'homme même, ce qui le rend digne comme tel d'un rang élevé dans la classe d'êtres à laquelle il appartient; en un mot, il faut examiner l'âme et le caractère. Une âme supérieure à la crainte, à l'intérêt personnel et à la corruption; une âme guidée par les principes d'une droiture et d'une intégrité constante, toujours la même dans la prospérité et dans l'adversité, inébranlable au milieu des séductions de la faveur et des menaces du pouvoir, incapable de se laisser conduire à la mollesse par le plaisir ni au découragement par l'infortune, telle est l'âme qui fait la grandeur et la distinction réelle de l'homme. Celui qui, dans aucune situation de la vie, ne tremble et ne rougit d'accomplir son devoir, et de remplir ses engagements avec fermeté et constance, fidèle au Dieu qu'il adore et à la religion qu'il professe ; rempli d'affection pour ses semblables et ses frères ; sincère envers ses amis ; généreux pour ses ennemis ; ému d'une ardente compassion pour le malheur ; sourd aux méprisables conseils de l'intérêt privé et des plaisirs, mais zélé pour le bonheur et l'intérêt publics ; magnanime sans orgueil ; humble sans bassesse ; juste sans dureté ; simple dans ses mœurs, avec des sentiments élevés ; sur la parole duquel vous pouvez vous reposer avec une entière confiance ; dont les démonstrations extérieures ne vous trompent jamais ; dont les protestations d'attachement sont des effusions du cœur ; celui enfin que, sans aucune vue d'avantage personnel, vous choisiriez pour supérieur, à qui vous vous confieriez comme à un ami ; que vous chéririez comme un frère : tel est l'homme que dans votre cœur vous honorez plus que tous les autres, et que vous devez honorer en effet.

III. Limites des connaissances humaines.

Rien n'excite plus volontiers nos plaintes que les notions étroites et imparfaites que nous avons sur la nature, sur la Providence et sur tous les objets qui nous environnent ; et cependant, après un mûr examen, on trouvera que notre vue s'étend de tout côté précisément aussi loin qu'elle doit s'étendre, et que le privilège de voir et de connaître au-delà de ce qui nous est accessible, bien loin de nous offrir quelque avantage, entraînerait des maux certains. Nous cherchons, par exemple, avec une impatiente curiosité à lire les évènements futurs; heureusement pour nous, ils sont couverts d'un voile; et un seul regard derrière ce voile, s'il nous était permis, suffirait pour empoisonner toutes les jouissances de notre vie par l'anticipation des chagrins qui nous attendent. C'est ainsi que nous souhaitons souvent avec ardeur de pénétrer dans les secrets de la nature, de contempler le monde invisible et d'acquérir la connaissance de la destinée entière de l'homme. Nos vœux sont rejetés : nous sommes de toutes parts environnés de mystères, et ces mystères font notre bonheur; car, si ces grands objets invisibles étaient découverts à nos regards, leur aspect ne servirait qu'à nous confondre et à nous anéantir. Ou il troublerait entièrement nos faibles facultés, ou il s'emparerait de notre attention au point de nous faire oublier tous les soins et tous les intérêts de ce monde; il produirait sur nous le même effet que si nous étions enlevés de la terre, et confondus parmi les habitants de quelque autre planète. Les connaissances qui nous ont été accordées avaient pour but de nous rendre propres à remplir notre destination dans notre état présent. Ainsi donc, au point précis où finit l'utilité, là s'arrête le savoir; là naît l'ignorance. La lumière brille pour nous aussi long-temps qu'elle sert à nous guider dans notre sentier; mais elle nous abandonne aussitôt qu'elle deviendrait nuisible à nos yeux, et une salutaire obscurité cache le fond de la scène. Il faudrait être stupide et insensé pour ne pas reconnaître dans cette organisation de l'esprit humain, et dans ce rapport exact de ses diverses facultés aux grands objets de la vie, la main d'une adorable sagesse aussi bien que d'une bonté infinie.

IV. La Jeunesse.

La jeunesse est la saison des émotions vives et généreuses : le cœur s'ouvre alors spontanément à l'admiration de ce qui est grand ; il s'enflamme d'amour pour ce qui est beau et excellent ; il s'attendrit à la vue de l'affection et de la bienveillance. Dans cette saison, nous devons tâcher, par un examen sage et raisonné, d'établir nos principes; de ne point les laisser ébranler par les railleries des libertins et par les sophismes des sceptiques. Jamais la licence du jeune âge, ni la complaisance pour la folle gaieté des autres ne doivent nous arracher de profanes saillies.

La jeunesse ne doit pas être stérile en progrès dans la vertu, progrès si essentiels à notre félicité future et à notre honneur.

Elle est pour la vie la saison des semences. Notre caractère est alors, sous l'autorité divine, remis à notre discrétion : notre sort est en quelque sorte confié à nos mains. La nature est encore souple et flexible ; les habitudes n'ont pas encore établi leur empire ; les préjugés n'ont pas préoccupé notre entendement; le monde n'a pas encore eu le temps de rétrécir et de dégrader nos affections. Toutes nos facultés sont plus vigoureuses, plus actives, plus libres qu'elles ne le seront désormais à aucune époque. Quelque impulsion que nous donnions maintenant à nos désirs et à nos passions, cette direction doit vraisemblablement continuer. Elle formera le lit où notre vie va couler; elle peut même déterminer son cours irrévocable.

Une jeunesse vertueuse amène par degrés une maturité florissante et accomplie; et une telle maturité passe sans effort pénible à une vieillesse paisible et respectable. Mais si la jeunesse s'est écoulée sans progrès dans la vertu, l'âge mûr sera méprisable et la vieillesse malheureuse. Si le matin de la vie a été vanité, le soir ne peut être qu'affliction d'esprit.

V. L'Age mûr.

A mesure que nous avançons de la jeunesse vers l'âge mûr, une nouvelle carrière s'ouvre devant nous, et exige une conduite différente. L'effervescence d'une humeur légère et trop vive commence à se calmer : la vie prend par degrés un caractère plus grave, l'esprit un tour plus sérieux et plus réfléchi. L'attention passe maintenant du plaisir à l'intérêt, c'est-à-dire au plaisir pris dans un sens plus étendu, et dans une sphère d'opérations plus importantes.

Auparavant la jouissance du moment actuel absorbait toute notre attention; maintenant aucune de nos actions ne se borne à son objet immédiat; toutes ont rapport à quelque but éloigné. Nous recherchons la richesse et le pouvoir, comme les instruments d'une satisfaction durable, avec plus d'ardeur que n'en inspirait aucun plaisir. La sagesse et la prévoyance forment leur plan; l'industrie poursuit ses patients efforts ; l'activité se porte en avant ; l'habileté est mise en œuvre. Ici, c'est un ennemi à déjouer ; là, un rival à supplanter, un concurrent à vaincre. Ainsi le torrent du monde nous entraîne de plus en plus.

VI. La Vieillesse.

Dans la carrière de la vie humaine, la vieillesse est un terme où chacun se flatte de parvenir. C'est un âge qui a des titres légitimes au respect général. Ses faiblesses mêmes doivent être touchées d'une main délicate. Si toutes les époques de la vie sont exposées à des désagréments, néanmoins, dans nos jeunes années, les affaires ou les plaisirs servent à en affaiblir l'impression, en offrant à notre âme un aliment.

Le premier effet de la vieillesse est de rendre les hommes incapables de goûter les plaisirs, ou de prendre une part active aux affaires : en même temps qu'elle leur ôte leur énergie ordinaire, elle leur impose un fardeau toujours croissant d'infirmités.

Dans les premiers jours de leur voyage, l'espoir ne cessait de leur offrir des perspectives riantes et délicieuses ; mais à mesure que la vieillesse s'avance, toutes ces illusions s'évanouissent : la vie se resserre dans un cercle étroit et monotone. Chaque année leur dérobe quelqu'une de leurs jouissances, les prive de quelqu'un de leurs anciens amis, émousse quelques-uns de leurs organes, et les rend inhabiles à quelque fonction de la vie.

Le ton grondeur qu'on leur impute doit être plutôt considéré comme une faiblesse naturelle que comme un vice. On ne peut justifier de même cette humeur chagrine contre les mœurs de la jeunesse, et cette âpre censure de ses plaisirs, qui accompagne quelquefois le déclin des ans.

Il est trop commun de trouver les vieillards en guerre ouverte avec le système entier des mœurs et des coutumes nouvelles; déclamant sans cesse contre la dépravation croissante du genre humain, et contre les folies et les vices étranges de la génération naissante. Tout, à les entendre, est menacé d'une prochaine dissolution; la décence et le bon ordre ont péri sans retour avec les sages institutions à l'ombre desquelles ils ont eu le bonheur de passer leur jeunesse.

Les anciennes folies ont disparu et sont dans l'oubli; celles de l'âge présent attirent l'observation, et réveillent la censure. Si la corruption du genre humain avait continué à s'accroître dans la même proportion que ces tristes calculs, qui, depuis tant de siècles, représentent chaque génération comme pire que la précédente, on ne verrait plus parmi les hommes luire un seul rayon de bon sens, ni briller une seule étincelle de vertu et de piété.

BLANCS (Vers). Dans la poésie moderne, on appelle vers blancs des vers non rimés. Plusieurs poètes anglais et allemands se sont affranchis de la rime. Mais les Allemands ont prétendu y suppléer en composant les vers métriques, à la manière des latins, les Anglais se sont contentés de leur vers rhythmique, qui est le même que celui des Italiens.

Le vers peut avoir trois sortes d'agréments qui le distinguent de la prose : une harmonie plus sensible ; une difficulté de plus qu'on a le mérite de vaincre ; et un moyen pour la mémoire de retenir plus aisément la pensée et les mots dont le vers est formé. Le vers blanc peut être aussi harmonieux que le vers rimé, à la consonnance près dont l'habitude a fait un plaisir pour l'oreille ; et si dans les vers blancs le poète a mis à profit la liberté qu'il s'est donnée, pour en mieux assortir les nombres et les sons, le faible plaisir de la rime sera aisément compensé. Mais la difficulté vaincue, et la surprise agréable qu'elle nous cause, sur-tout lorsque la nécessité de la rime produit une pensée inattendue et heureusement amenée, une expression singulière et juste, et dans l'une ou dans l'autre, un tour ingénieux ; ce mérite de l'art, qui se renouvelle à chaque instant dans les vers rimés, et qui, par une alternative continuelle, excite et satisfait la curiosité de l'esprit ou l'impatience de l'oreille, n'existe plus dans les vers blancs. Ils n'ont pas non plus l'avantage de donner à la mémoire, dans l'unisson des désinences, des points d'appui, et comme des signaux qui l'empêchent de s'égarer ; et à ces deux égards les vers blancs sont inférieurs aux vers rimés.

J'ajouterai que, dans toutes les langues, les vers les plus difficiles à bien faire ont été les mieux faits De tous les vers métriques, l'hexamètre est celui qui admet le moins de licences; et c'est en hexamètres que sont écrits les plus beaux poèmes anciens. Notre vers de douze syllabes est le plus difficile des vers rhythmiques; et c'est en vers de douze syllabes que nos plus beaux poèmes sont écrits. La contention de l'esprit en multiplie les forces, la nécessité en accroît les ressources; et le plus grand défaut dont il ait à se préserver, c'est la mollesse et la nonchalance. Or, la difficulté de l'expression à vaincre à chaque instant, si elle n'est pas désespérante, et si on a devant soi des hommes de génie qui l'ont vaincue avec grace et noblesse, est un aiguillon qui réveille à chaque instant l'émulation, et qui excite la paresse. L'homme qui se sent du talent, pressé d'un côté par le défi que lui donnent l'art et l'exemple, et de l'autre côté par le goût qui ne lui passe aucune incorrection de style, rien de lâche, rien de diffus, rien d'obscur et rien de pénible, rassemblera tous ses moyens : ceux de la mémoire, pour la recherche des mots et des tours de la langue; ceux de l'imagination, pour le choix des images; ceux de la pensée, pour l'invention de ces idées accessoires qui doivent enrichir le style, en même temps qu'elles viennent remplir les temps et les nombres du vers. Voilà, je crois, ce qui se passe dans l'esprit du poète qui travaille sérieusement; et son secret, pour paraître avoir la plume abondante et facile, c'est de plier et de replier son expression dans tous les sens, d'en essayer toutes les formes, jusqu'à ce qu'il ait réuni la régularité, la précision, l'élégance, l'harmonie et le coloris, et que dans les gênes du vers il ait acquis l'aisance de la prose. C'est ce que Despréaux se vantait d'avoir appris à Racine, et ce que Racine bientôt sut mieux que Despréaux lui-même; car il s'en faut bien que le travail se cache dans les vers de l'*Art poétique*, comme dans les vers d'*Andromaque*, de *Phèdre* et de *Britannicus*.

Mais dans ces vers, qui peut calculer toutes les beautés dont la poésie est redevable à la contrainte de la mesure et de la rime? Dans les *Fables de La Fontaine*, dont le genre a permis un style plus concis et moins artistement lié, c'est un plaisir de voir combien de vers heureux la rime semble avoir fait naître, et avec quelle facilité.

Par exemple, dans ce récit :

Un vieux renard, mais des plus fins,
Grand croqueur de poulets, grand preneur de lapins,
Fut enfin au piège attrapé :

rien ne manquait au sens; mais il fallait une rime à *queue*, et cette rime était unique : l'amener était une chose très difficile; et quand on lit le vers qui résout le problème, rien ne paraît plus naturel :

Grand croqueur de poulets, grand preneur de lapins,
Sentant son renard d'une lieue.

Dans la fable du *Loup berger*, que le poète eût dit seulement :

Il s'habille en berger, endosse un hoqueton,
Fait sa houlette d'un bâton;

c'était assez : mais *ruse*, qui venait au bout d'un

vers suivant, demandait une rime; et pour la rime s'est présenté ce vers naïf qui achève le tableau :

Sans oublier sa cornemuse.

Il en est de même de l'hémistiche, *comme aussi sa musette*, que l'esprit ne demandait pas, et que la nécessité de la rime et de la mesure a fait trouver :

Son chien dormait aussi, comme aussi sa musette.

De même, dans la fable du *Chêne et du Roseau* :

Tout vous est aquilon, tout me semble zéphir.

Dans celle des *deux Perroquets* :

Nourris ensemble et *compagnons d'école*.

Dans celle du *Chat et du vieux Rat* :

Même il avait perdu sa queue à la bataille.

Dans celle du *Lièvre et de la Perdrix* :

Miraut, sur leur odeur ayant philosophé.

Dans celle des *Obsèques de la Lionne* :

Les lions n'ont point d'autre temple.

Dans celle de l'*Ane et du Chien*, après ce vers,

Point de chardons pourtant : il s'en passa pour l'heure;

cette réflexion si plaisante :

Il ne faut pas toujours être si délicat.

Dans celle du *Loup et des Bergers* :

Ils n'auront ni croc ni marmite.

Dans celle du *Savetier et du Financier* :

On nous ruine en fêtes.

Dans celle de *Jupiter et les Tonnerres*, ce vers de sentiment si simple et si sublime :

> Tout père frappe à côté.

Tout cela, dis-je, peut avoir été inventé, comme le sont les plus grandes choses, par l'occasion et le besoin ; et peut-être aucun de ces traits, ni mille autres semblables, ne seraient venus au poète, s'il eût écrit en prose ou en vers blancs (1).

On nous dira que si la rime a valu à la poésie quelques rencontres ingénieuses, elle lui a coûté bien des sacrifices du côté de la précision et du naturel. J'en conviens, à l'égard des poètes qui ont écrit avec trop de précipitation ou de négligence ; mais je répète que lorsque des hommes de génie et de goût ont écrit avec soin, ils ont parfaitement rempli le précepte de Despréaux :

> La rime est une esclave, et ne doit qu'obéir.
> (*Art poétique*, chant I.)

Les vers de Racine ne se ressentent pas plus de cette gêne, que ceux de Virgile se ressentent de la nécessité de finir par un dactyle et un spondée.

Au surplus, ce n'est pas pour se donner plus de peine qu'on a voulu se délivrer de la contrainte de la rime ; et le soin qu'on aurait mis à la chercher, on ne l'a guère employé à rendre le vers blanc plus énergique, plus élégant ou plus harmonieux. Quel-

---

* On pourrait ajouter bien des exemples à ceux que cite Marmontel. Peut-être est-ce à la nécessité de la rime qu'on doit le second de ces deux beaux vers d'*Athalie* (act. I, sc. 2):

> L'a tiré par leurs mains de l'oubli du tombeau,
> Et de David éteint rallumé le flambeau.   H. PATIN.

que soin même qu'on y emploie, il est difficile que cette espèce de vers ait une harmonie assez marquée, assez chère à l'oreille, assez supérieure à celle de la bonne prose, pour compenser par cela seul le désagrément et la gêne d'une cadence uniforme, dont l'oreille doit se lasser, lorsqu'il n'en résulte pour elle nulle autre espèce de plaisir. La liberté de varier au gré de la pensée, du sentiment et de l'image, les nombres, la coupe, et le tour périodique du discours, est une chose trop précieuse pour la sacrifier au pur caprice d'aligner les mots sur des mesures qui n'ont pas même le faible mérite d'être égales; et lorsqu'on n'écrit pas en prose, il faut donner aux vers, en agrément et en beauté, un avantage que la prose n'ait pas.

MARMONTEL, *Éléments de Littérature*.

BLIN DE SAINMORE (ADRIEN-MICHEL-HYACINTHE) naquit à Paris le 15 février 1733 de parents dont le système de Law occasiona la ruine, et qui ne purent survivre à leur infortune. Après avoir terminé ses études au collége du cardinal Lemoine, il se vit sans appui, dénué de tout, et sentit si vivement son malheur, qu'il tomba dans une sorte de découragement, et contracta dès lors un air de défiance et de timidité dont il ne put se défaire même dans les moments où la fortune le favorisa. Il avait toujours brillé dans ses études, et s'était fait remarquer sur-tout par sa facilité pour la poésie. En sortant du collège, il essaya son talent dans une élégie où il retraça ses malheurs, et fit paraître ensuite, en 1752, un poème intitulé : *La Mort de l'amiral Byng*, qui fut accueilli avec intérêt. Plusieurs autres ouvrages étendirent bientôt sa réputation, et lui valurent en 1776 la place de censeur royal. Il obtint en outre une pension sur la *Gazette de France*, ce qui acheva de le tirer de l'état de gêne dans lequel il avait si long-temps vécu. Trois ans après, il fut l'un des fondateurs de la société philantropique, et devint ensuite secrétaire perpétuel de cette société. Plein d'estime pour les vertus et pour les talents de Blin de Sainmore, Louis XVI le nomma garde des archives, secrétaire et historiographe décoré des ordres de Saint-Michel et du Saint-Esprit. La révolution, en dépouillant Blin de Sainmore de ses places et de ses économies, le replongea dans un état voisin de la misère ; mais la grande duchesse de Russie, depuis impératrice douairière, dont il avait été pendant quatorze ans le correspondant littéraire, lui envoya 2,000 écus, qui adoucirent sa situation. En 1805, il obtint la place de conservateur de la bibliothèque de l'Arsenal. Deux ans après, le 26 septembre 1807, il mourut la plume à la main, exempt de souffrance, et dans l'état de calme qu'il avait toujours souhaité pour ses derniers moments.

Ce poète, plus recommandable encore par ses vertus que par ses talents, a laissé : *La Mort de l'amiral Byng*, 1752 ; plusieurs héroïdes : *Sapho à Phaon*, 1760 ; *Biblis à Caunus*, 1760 ; *Gabrielle d'Estrées à Henri IV*, 1761 ; *Calas à sa femme et à ses enfants*, 1765. Ces héroïdes, qui parurent successivement, furent réunies en un volume et publiées sous le titre de seconde édition en 1767, réimprimées en 1768, puis en 1774. Dans cette dernière édition, se trouve une *Epître à Racine* et une héroïde intitulée : *La duchesse de La Vallière*. Ces ouvrages se distinguent par la pureté du style et par beaucoup de naturel et de sensibilité; il s'essaya aussi dans le genre dramatique, et en 1773 fit paraître avec succès sa tragédie d'*Orphanis*, qu'il retira du théâtre, en 1803, on ne sait pour quelle raison. « Il eût été à souhaiter pour l'intérêt de l'art, dit Geoffroi, que Blin de Sainmore ne se fût pas arrêté dans la carrière après un début si heureux. A côté des rapsodies qu'on nous donne aujourd'hui, *Orphanis* est un ouvrage distingué, sagement conduit, où l'on remarque des caractères bien tracés et des situations intéressantes. » *La Requête des filles de Salancy*, 1774, in-8°; *les Épîtres à Voltaire, au duc de Richelieu, au cardinal de Bernis, au comte et à la comtesse du Nord, au médecin Roussel, à mademoiselle Raucourt, à madame Élie de Beaumont*, se font aussi remarquer par l'esprit et la grace qui y règnent. Nous devons encore à Blin de Sainmore, *Joachim, ou le triomphe de la piété filiale*, drame en trois actes et en vers, suivi de quelques poésies fugitives, 1775, in-8°; *Histoire de Russie, depuis l'an 862 jusqu'au règne de Paul I*er, représentée par figures gravées par David, 1798—99, 2 vol. in-4°; *Éloge historique* *de G. L. Phelippeaux d'Herbault*, archevêque de Bourges, et de très bonnes notices sur MM. de Charost, Molé, Jean Rotrou, etc.; *Élite de poésies fugitives*, 1769, 3 vol. in-12. Luneau de Boisgermain a continué cette collection et y a ajouté deux volumes. On attribue à Blin de Sainmore les *Commentaires de Racine*, publiés sous le nom de Luneau de Boisgermain. Après la mort de Blin de Sainmore, on a trouvé dans ses papiers une tragédie intitulée : *Isimberge, ou le divorce de Philippe-Auguste*, en cinq actes et en vers, reçue à la comédie française en 1786; *OEdipe roi*, tragédie de Sophocle, traduite en vers français, et un *Traité sur la poésie ancienne et moderne.*

« Il règne, en général, dans ses poésies, dit
« M. Treneuil, un ton de faiblesse, de langueur et
« de monotonie; en vain l'on y chercherait la
« verve qui seule fait le poète, et sans laquelle le
« talent des vers, aujourd'hui si commun, si cul-
« tivé, n'est qu'un talent frivole, je dirai presque
« mécanique, un produit de l'art plutôt qu'un don
« de la nature. Du moins Blin de Sainmore n'a
« jamais sacrifié au galimatias, au mauvais goût,
« à l'enluminure de l'école moderne; il s'est au
« contraire montré toujours fidèle aux vrais prin-
« cipes de la saine littérature; Voltaire lui-même
« n'a pas dédaigné de lui rendre justice sur ce
« dernier point. »

Blin de Sainmore s'apprêtait à donner une édition complète de ses œuvres en quatre forts volumes in-8°, lorsqu'il mourut; nous croyons qu'un éditeur d'un goût pur et sévère servirait mieux la mémoire de ce poète en les réduisant à un petit volume. W.

MORCEAUX CHOISIS.

I. Sapho à Phaon.

Quoi ! tu ne reviens point, et, par un long silence,
Tu peux aigrir les maux causés par ton absence !...
Dois-je encor te revoir ? Hélas ! si, malgré toi,
Un obstacle puissant te retient loin de moi,
Que ta main, cher Phaon, daigne du moins m'apprendre
Si l'amant le plus cher est encor le plus tendre...
Dois-tu de ton aspect long-temps priver mes yeux ?
Vingt fois l'astre éclatant qui brille dans les cieux
A sur les Lesbiens répandu sa lumière,
Vingt fois il a dans l'onde achevé sa carrière
Depuis l'instant fatal, signalé par mes pleurs,
Où mon cœur fut percé des plus vives douleurs ;
Cet instant où je vis tes voiles fugitives
Peut-être pour jamais t'éloigner de ces rives !
Hélas ! avant le jour où, d'un œil enchanteur,
Tu troublas, cher Phaon, le calme de mon cœur,
Où je flattai le tien d'une douce espérance,
Mes jours paisiblement coulaient dans l'innocence ;
Mes yeux, pendant la nuit fermés par le sommeil,
Ne s'ouvraient point alors pour pleurer au réveil ;
Et, par ses sons brillants, ma lyre enchanteresse
Entraînait sur mes pas les peuples de la Grèce.

Tu parus : à l'instant je sentis, malgré moi,
Mon âme s'émouvoir et s'enchaîner à toi :
Sur mes sens agités je n'avais plus d'empire ;
Je soupirais... ma main s'arrêtait sur ma lyre ;
Mon esprit s'égarait dans des discours confus,

Et mon cœur enflammé ne se connaissait plus.
Dans ce cruel état, que j'éprouvai d'alarmes !
Trois fois sans se fermer mes yeux, baignés de larmes,
Ont revu du soleil la fuite et le retour.
Je reconnais alors l'impitoyable Amour :
Je veux lui résister; mais, espérance vaine !
Tous mes efforts ne font que resserrer ma chaîne;
Le feu le plus ardent s'allume dans mon cœur,
S'irrite par degrés, et se change en fureur.
Près de ces lieux charmants, de ces bords où la vue
Admire, en s'égarant, une immense étendue,
Où la plaine des mers et la voûte des cieux
Semblent, dans le lointain, se confondre à nos yeux,
Non loin de cette rive est un lit de verdure
Qu'ombrage un orme épais, qu'arrose une onde pure :
Ce fut là que ton cœur, embrasé par l'amour,
A Sapho, qui t'aimait, demanda du retour;
Ce fut là, cher Phaon, qu'au gré de ta tendresse,
Je fis, en rougissant, l'aveu de ma faiblesse.
Comment aurais-je pu résister à tes feux ?
Tout ce que tu disais était peint dans tes yeux :
L'amour d'un doux éclat faisait briller ses charmes,
Et tes yeux attendris se remplissaient de larmes.
Qu'à la tendre Sapho tu parus enchanteur !
Oui, je crus voir un dieu qui séduisait mon cœur.
Que dis-je? de tes traits, moi-même enorgueillie,
En voyant ta beauté, je me crus embellie.
Hélas ! j'aurais voulu, dans des instants si chers,
Te cacher dans mon sein aux yeux de l'univers.
Un jour en soupirant, je m'en souviens encore,
Je te dis : « Cher amant ! tu m'aimes, je t'adore;
« Mais, hélas ! un soupçon vient troubler mon plaisir...
« Quelle crainte, dis-tu, Sapho, vient te saisir?

« Quand mon cœur sent pour toi la flamme la plus pure,
« Pourrais-tu soupçonner ma bouche d'imposture?
« Ah! Sapho! ne crains rien; tu verras chaque jour,
« Par le feu des plaisirs, s'accroître mon amour.
« Oui, qu'à ce même instant la mort la plus cruelle
« Couvre plutôt mes yeux d'une nuit éternelle,
« Si, de notre union brisant les nœuds charmants,
« Je dois un jour changer et rompre mes serments. »

Qu'aisément, quand on aime, on croit ce qu'on désire!
L'Amour seul, ai-je dit, est le dieu qui l'inspire.
Le soupçon s'envola de mon cœur amoureux;
Je n'opposai plus rien, et Phaon fut heureux.

Rappelle-toi ce jour si cher à ma tendresse,
Ces moments où, plongés dans la plus douce ivresse,
Nous étions l'un et l'autre au comble du bonheur;
Où, serré dans mes bras, tu mourais sur mon cœur :
Ma bouche, cher amant, respirait sur la tienne;
Ton âme, avec transport, s'élançait dans la mienne,
Et nos feux, toujours vifs et toujours renaissants,
Semblaient, pour les plaisirs, multiplier nos sens.
O rapides instants! ô jours remplis de charmes!
Deviez-vous être, hélas! suivis de tant de larmes!

Quoi! tout est donc changé... Funeste souvenir,
Pour jamais de mon cœur ne puis-je te bannir?
La fidèle Cydno, par l'amitié conduite,
D'un air pâle et défait vient m'annoncer ta fuite.
Je doute quelque temps de mon triste destin;
Je crains de m'éclaircir, et, d'un pas incertain,
Sur la rive, en tremblant, je me traîne éperdue :
Quel spectacle, grands dieux! vient s'offrir à ma vue!
Ton vaisseau sur les mers s'enfuit au gré des vents!
Le souffle de la mort glace aussitôt mes sens;

Je tombe, et sur ces bords je demeure expirante.
Je rouvre à peine au jour ma paupière mourante :
« Arrête! m'écriai-je, arrête!.. » mais en vain;
Ton vaisseau fuit toujours, et disparaît soudain.
De mes cris effrayants je remplis le rivage :
Je ne me connais plus; dans l'excès de ma rage,
Je déchire mon sein, j'arrache mes cheveux;
J'appelle enfin la Mort : mais, repoussant mes vœux,
Vingt fois au même instant la déesse barbare
Ouvre et ferme à mes yeux les portes du Ténare.

Depuis ce triste jour, ce funeste moment,
Que le temps à mon gré s'écoule lentement!
Que sans toi ces beaux lieux ont pour moi peu de charmes!
Je ne me plais, hélas! qu'à répandre des larmes.
Sur les ailes des vents quand tout fuit avec toi,
Quel plaisir, cher Phaon, peut être encor pour moi?
Pour orner les présents que m'a faits la nature,
Ma main n'emprunte plus l'éclat de la parure.
Moi, me parer! pour qui? si tes feux sont éteints,
Eh! que m'importe à moi le reste des humains?

Tandis qu'aux noirs chagrins ton amante est en proie,
Que tu dois essuyer les pleurs où je me noie,
Phaon, tu vis content, et tu braves mes maux.
Quels droits ai-je en effet de troubler ton repos?
Dois-tu, brûlant toujours pour une infortunée,
A ses tristes destins voir ton âme enchaînée?
S'enflammer, se quitter, se tromper tour à tour,
Ce n'est qu'un jeu frivole applaudi par l'Amour.
Les serments ne sont plus qu'une fragile chaîne
Qu'on forme sans plaisir et qu'on brise sans peine.
Quoi! tu brûles pour moi, tu m'inspires ton feu,
Tu me quittes, je meurs... et ce n'est là qu'un jeu!

Ah! Phaon, à ton cœur je rends plus de justice :
Ton amour pourrait-il n'être qu'un vain caprice?
Ne m'as-tu pas cent fois dit dans ces mêmes lieux
Qu'un amant infidèle était un monstre affreux?

Du plus tendre des dieux mère plus tendre encore,
Déesse des plaisirs, ô Vénus! je t'implore;
Toi qui, propice aux vœux d'un mortel enflammé,
Donnas un cœur sensible au marbre inanimé,
A mes cris pourrais-tu n'être pas favorable?
Il ne faut point toucher une âme inexorable :
Je te demande, hélas! qu'en ces lieux rappelé,
Phaon brûle des feux dont son cœur a brûlé.

Dès l'instant que pour toi je conçus cette flamme,
L'amour en traits de feu t'a gravé dans mon âme :
Je ne vis que pour toi; je t'aime avec fureur,
Et rien ne peut jamais t'arracher de mon cœur!
Quand, par l'éclat du jour, la nuit est effacée,
Ton image, Phaon, vit seule en ma pensée;
Et, par le doux sommeil quand mes maux sont calmés,
Un songe vient t'offrir à mes regards charmés :
Je te vois t'avancer à ma voix qui t'appelle;
Tu souris... dans tes yeux le plaisir étincelle.
Je renais à l'instant; tous mes sens sont émus :
Je vole t'embrasser... et ne te trouve plus!
Juste ciel! quel réveil à mon repos funeste!
Je n'ai plus mon amant... et mon amour me reste!

O nuit, charmante nuit, favorable à l'amour,
Nuit cent fois à mon gré plus belle que le jour,
Par tes illusions reviens tromper mon âme;
Sans cesse montre-moi cet objet qui m'enflamme;
Et, par le faux plaisir d'un mensonge charmant,
Viens de la vérité m'épargner le tourment!

Est-il vrai, cher Phaon, que ta main infidèle
Ait rompu pour jamais une chaîne aussi belle?
De quoi peux-tu te plaindre? ai-je trahi ta foi?
Dans mon cœur un rival l'emporte-t-il sur toi?
Ai-je franchi des mers cet immense intervalle
Pour troubler ton repos et braver ma rivale?
Tu ne te plains de rien, ingrat, et tu me fuis!
Tu me laisses en proie aux plus tristes ennuis!
Non, cruel! ne crois pas que ma trop juste haine,
Sans cesse menaçante et sans cesse incertaine,
En frivoles transports s'exhalera toujours;
Que tu sois maître encor d'en arrêter le cours;
Des cœurs tels que le mien portent tout à l'extrême :
Si j'aime avec fureur, je déteste de même.
Je te suivrai partout; partout mes tristes vers
Publîront mon amour, ta fuite et mes revers :
On saura que Sapho, de son siècle admirée,
Sapho, des plus grands rois vainement adorée,
Parmi la foule obscure a daigné te choisir;
Qu'elle fit de te voir son unique plaisir;
Que, feignant de l'aimer, et la bravant sans cesse,
Ingrat, tu connus peu le prix de sa tendresse;
Qu'avec tranquillité préparant son malheur,
Tu te plus à plonger un poignard dans son cœur.
Que dis-je? penses-tu qu'une amante se porte
De l'amour le plus tendre à l'horreur la plus forte?
Hélas! tu ne sais pas combien dans ce moment
Il en coûte à mon cœur d'offenser mon amant!
Mon âme s'abandonne aux douleurs les plus vives;
Mais si Phaon revient, si dans peu, sur ces rives,
Sa bouche de mes maux daignait me consoler,
Oui, dans ses bras encore il me verrait voler.
Eh quoi! de te revoir n'ai-je plus d'espérance?

Sapho plus que la mort craint ton indifférence.
De tes retardements mon cœur est alarmé.
Grands dieux! qu'il est affreux de cesser d'être aimé!
Le soleil qui me luit m'offre un jour que j'abhorre.
Puis-je, mon cher Phaon, te perdre, et vivre encore?
Tu me fuis!... Ah! cruel, que ne puis-je, à mon tour,
Étouffer dans mon cœur les flammes de l'amour!
Mais ce feu dévorant qui brûle dans mes veines,
Accru par mes plaisirs, croît encor par mes peines.
Il est vrai, la nature, avare en ses bienfaits,
Ne m'a point prodigué les plus brillants attraits;
Cependant l'autre jour, rêvant sur ce rivage,
Dans le miroir des eaux j'aperçus mon image :
Si cette onde est fidèle et ne me trompe pas,
On pourrait à Sapho trouver quelques appas :
Et d'ailleurs, ce talent qu'admire en moi la Grèce,
Qui me fait mettre au rang des nymphes du Permesse,
Ce luth que je touchais pour toi si tendrement,
Ne peut-il remplacer un fragile agrément?
Va, crois-moi, la beauté dont ton orgueil se vante
Est semblable à la fleur, à la rose éclatante
Qui naît avec l'aurore et meurt avec le jour.

Dans les premiers accès de ton naissant amour,
Tu craignais que Sapho ne devînt infidèle :
« Que mon cœur, disais-tu, te serve de modèle;
« Hélas! puissions-nous être unis jusqu'au trépas!... »
Et maintenant tu fuis!... Non, tu ne m'aimais pas;
Ton hypocrite cœur ne sut jamais que feindre,
Et ce cœur inconstant est las de se contraindre :
Si par de vains transports tu flattais mon tourment,
Je le dus au caprice, et non au sentiment.
Mes yeux s'ouvrent enfin : brûlant pour d'autres charmes,
Phaon, glacé pour moi, triomphe de mes larmes.

Quoi! je saurais qu'une autre aurait pu t'enflammer,
Et je vivrais encore, et vivrais pour t'aimer!
Qui? moi! t'aimer, cruel! moi! chérir un perfide
Qui brave ses serments, que l'inconstance guide,
Et qui, tout orgueilleux de ses faibles attraits,
Sait inspirer des feux, et n'en ressent jamais!
Va, ne te flatte pas que ta beauté funeste
Nourrisse dans mon cœur des feux que je déteste.
Quand l'Amour à mes pieds t'enchaînait sous ma loi,
Phaon tendre et fidèle était un dieu pour moi;
Mais Phaon inconstant, et surtout inflexible,
A mes yeux indignés n'est plus qu'un monstre horrible.
Et vous, terribles dieux, implacables vengeurs,
Dieux justes qui lisez dans l'abîme des cœurs,
Vous dont l'œil est ouvert sur toute la nature,
Vous saviez que Phaon était traître et parjure;
Et vous ne pouviez pas, propices à mes vœux,
Soulever contre lui les vents impétueux!
Quoi! ces mers, quoi! ce ciel, si fameux par l'orage,
Ont, par un calme heureux, secondé son passage!
Grands Dieux, pour qui la foudre est-elle dans vos mains?
Favorisez-vous donc les crimes des humains?
Oui, cruel! je te livre à leur juste vengeance!
Que ce terrible mont, témoin de ta naissance,
Barbare, soit aussi témoin de ton trépas!
Que ses gouffres brûlants s'entr'ouvrent sous tes pas!
Ou que, du haut des airs, la foudre étincelante
Sur toi tombe en éclats, et venge ton amante!...
Mais, hélas! où m'égare un vain emportement?
Ma bouche te menace, et mon cœur la dément.
Dieux! ne m'exaucez point; épargnez ce que j'aime:
Ah! frapper mon amant, c'est me frapper moi-même!
Et toi, mon cher Phaon, pardonne à mon courroux.

Peut-on sentir l'amour, et n'être point jaloux?
Viens; que je puisse, au gré de ma brûlante flamme,
Me livrer tout entière aux transports de mon âme;
Qu'oubliant l'univers, que, sûre de ta foi,
Je puisse à jamais vivre et mourir avec toi!
Tu ne viens point... mes maux ont-ils pour toi des charmes,
Et, sans être attendri, vois-tu couler mes larmes?
Non, ton cœur n'est point fait pour tant de cruauté.
Sensible à mes douleurs et d'amour transporté,
Tu reviens... Dieu des vents, enchaîne les orages;
Défends aux aquilons de troubler ces rivages.
Vous, Zéphirs, déployez vos ailes dans les airs;
Soufflez seuls en ces lieux, et régnez sur les mers.
O toi qui fus propice à sa fuite coupable,
Neptune, à son retour sois aussi favorable;
Et toi, fils de Vénus, tendre dieu des Amours,
Conduis Phaon au port, et veille sur ses jours.
Tu reviens, cher amant! ô ciel! est-il possible?
Quoi! je vais te revoir, et te revoir sensible!...

Mais pourquoi m'abuser par une vaine erreur?
Phaon, n'en doutons plus, est ingrat et trompeur.
Eh bien! tremble, cruel, et frémis de ma rage!
Je vole dans ces lieux où ta froideur m'outrage;
Oui, barbare, je vais m'assurer de tes feux,
Te voir, t'aimer, te plaire, ou mourir à tes yeux!

II. Épître à Voltaire.

O toi, dont le brillant génie,
Près de Corneille et de Milton,
Tient le sceptre de l'harmonie,
Et vole aux cieux avec Newton;
Folâtre et sage anachorète,
Qui, sur le plus aimable ton,

Fais revivre dans ta retraite
Chaulieu, Démocrite et Platon;
Ami des rois, amant des Graces,
Permets que, de ta gloire épris,
J'ose célébrer, sur tes traces,
Le plus fameux de nos Henris.
De la sensible Gabrielle
Tu chantas les premiers plaisirs;
Protège-là, sois-lui fidèle
Jusques à tes derniers soupirs.
Ton esprit, toujours sûr de plaire,
Sublime et plaisant tour à tour,
Semblable au feu du dieu du jour,
Et nous échauffe et nous éclaire.
Heureux qui, loin de ce séjour,
Loin des orages de la cour,
Et loin du souffle de l'envie,
Comme toi, ressent chaque jour
L'ivresse de la poésie
Avec l'ivresse de l'amour!
Ainsi que le divin Homère,
Au plus haut du Pinde monté,
De ton génie illimité
Tu fais parler l'Europe entière :
Mais de la triste humanité,
Ce chantre heureux n'a pas été,
Ainsi que toi, le tendre père.
Ah! plaignons un fou studieux,
Dont l'âme sensible et volage
S'exhale en sons mélodieux,
Et qui, par un vain étalage,
Peint toujours la sagesse au mieux
Et n'en devient jamais plus sage.

On doit agir comme les dieux,
Quand on sait parler leur langage.

Si le destin m'avait fait roi,
Que mon plaisir serait extrême
De faire asseoir au rang suprême
Un philosophe comme toi !
Mais que t'importe la chimère,
De ces brillants et vains honneurs?
Paris a cent mille seigneurs,
Et l'Europe n'a qu'un Voltaire.

Guide mon vol audacieux,
Et des rives de l'Hippocrène
Porte mon char au haut des cieux;
Ma muse a besoin d'un Mécène.
Le jeune lierre sans appui
Tristement rampe sur l'arène;
Mais, soutenu par un vieux chêne,
Le lierre aux cieux monte avec lui.
Pour toi, dans les routes divines
Des beaux jardins du dieu des vers
Les roses naissent sans épines,
Et les lauriers sont toujours verts.
Pour moi, dès qu'un espoir funeste
Me fait approcher de ces lieux,
La rose fuit, l'épine reste,
Et le laurier sèche à mes yeux.
Il est vrai que, dès mon aurore,
Richelieu sourit à mes sons,
Et que souvent Bernis encore
Daigne applaudir à mes chansons.
Enflammé par de tels suffrages,
Quelquefois je m'élève un peu,

Et fais briller dans mes ouvrages
Une étincelle de ton feu.
Tu me compareras peut-être
A ce disciple extravagant,
Qui, pour parler avec son maître,
S'imagine être aussi savant.
Ma muse, qui peu s'en impose,
Sait trop le prix de ses travaux:
Mais, Voltaire, juge ma cause:
Peut-on sentir ce que tu vaux,
Et ne pas valoir quelque chose*?

BOCCACE (GIOVANNI BOCCACCIO DI CERTADO, JEAN), contemporain, disciple et ami de Pétrarque, a fait pour la prose italienne ce que le chantre de *Laure* faisait dans le même temps pour la poésie : il a été l'un des premiers à perfectionner l'idiome toscan, à une époque où il était dépourvu de cette harmonie qui le rend si enchanteur. Cet écrivain sert encore de modèle aux auteurs de sa nation, qui affectionnent un style où la vivacité s'unit à une douceur naïve. Le conteur ingénieux du *Décaméron*, devant être considéré comme l'un des restaurateurs des lettres au moyen âge, mériterait donc une attention toute spéciale, quand bien même nous ne saurions pas que Molière lui emprunta l'idée mère de deux de ses comédies, *Georges-Dandin*, et *l'École*

---

* Voltaire répondit à Blin de Sainmore :
  Mon amour-propre est vivement flatté
  De votre écrit; mon goût l'est davantage.
  On n'a jamais, par un plus doux langage,
  Avec plus d'art, blessé la vérité.

des Maris, et que notre La Fontaine lui a dû la plupart de ses contes.

Boccace, né en 1313, à Paris, où son père, négociant florentin, était venu pour ses affaires, fut conduit de bonne heure en Toscane pour y faire ses études. Comme une infinité d'hommes célèbres, il eut à lutter dans sa jeunesse contre les projets que son père avait conçus pour lui. Celui-ci le destinait au commerce, pensant, peut-être avec raison, que cet état pouvait devenir une source de fortune. Le jeune Boccace fut en conséquence placé chez un marchand florentin pour y apprendre les calculs et la tenue des livres. Après un séjour de plusieurs années à Paris, où son maître l'avait ramené, lassé d'être garçon de boutique, et sentant que son génie l'appelait ailleurs, il retourna dans sa patrie. Son père lui fit alors parcourir l'Italie. Ce voyage, qui avait encore un but mercantile, le conduisit à Naples. L'aspect du tombeau de Virgile, la lecture des poètes anciens, celle du Dante, qu'il prit dès lors en grande vénération, l'enflammèrent d'enthousiasme, et lui inspirèrent un invincible dégoût pour les affaires commerciales. Du négoce il avait passé à l'étude de la jurisprudence canonique, voulant composer, en quelque façon, avec le désir paternel; mais ce nouvel essai ne fut qu'une transition pour arriver au but de ses propres vœux. Vers ce temps eut lieu à Rome le triomphe solennel de Pétrarque. Secondé des conscils, aidé des secours généreux de ce grand homme qui le prit en affection, qui même, plus tard, le porta sur son testament, Boccace ne suivit plus d'autre impulsion que celle de son goût pour les lettres. Il s'essaya d'abord dans la poésie; et si en ce genre il est demeuré bien au-dessous de son maître, celui-ci à son tour ne l'a pas égalé dans la prose italienne. Une passion vive que Boccace osa concevoir pour une fille naturelle du roi de Naples Robert, le retint long-temps dans cette ville. La princesse Marie devint sa *Laure* : c'est elle qu'il a désignée sous le nom de *Fiammetta;* c'est elle qu'il a voulu peindre dans plusieurs de ses écrits.

En 1350, la mort de son père le rappela en Toscane, d'où il ne sortit plus que pour quelques excursions littéraires, ou pour exercer d'honorables missions que lui confièrent ses concitoyens. C'est ainsi qu'il fut député par eux vers Pétrarque, retiré à Padoue, pour lui porter le décret en vertu duquel la république lui rendait ses biens et ses droits, que les troubles civils lui avaient enlevés.

En 1373, le sénat de Florence fonda une chaire spéciale pour expliquer la *divina commedia*. Cette chaire appartenait de droit à l'admirateur passionné du Dante, à l'homme le plus capable d'en faire sentir les sombres beautés. Malgré sa santé affaiblie par l'excès du travail, malgré le chagrin cuisant que lui causa la mort de Pétrarque survenue dans ces entrefaites, Boccace prit à cœur de continuer ses leçons sur le Dante : ce n'est que fort tard, en 1724, qu'on a eu l'idée de les publier sous le titre de *Commento sopra l'Inferno di Dante*. Boccace ne put faire long-temps son cours; ses maux s'aggravèrent; il mourut à Certaldo, bourg près de Florence, le 21 décembre 1375. Sa naissance avait été, dit-on, illégitime, et il laissa à son tour un enfant naturel.

Boccace a composé un grand nombre de livres; mais celui qui doit le plus contribuer à faire vivre sa mémoire est son ouvrage des *Dix journées* ou *Décaméron*, qui parut pour la première fois à Florence en 1353. Ce recueil, composé de cent nouvelles, prose et vers, est un peu trop admiré sur parole chez nous, un peu trop critiqué aussi, parce que les imitations, libres dans toute la force du terme, que La Fontaine en a données, nous font juger l'original plus licencieux qu'il n'est réellement. Une critique saine dira que l'imagination de Boccace, dans ses contes galants, ne fut pas toujours aussi pure que son style; mais elle se gardera de tout jugement absolu. Au reste, on a cru à tort que les *Cent Nouvelles*, connues sous la dénomination de *Novelle antiche*, de Carlo Gualteruzzi di Fano, avaient servi de modèle à Boccace. Le Florentin Vincencio Borghini, bénédictin, fut, avec trois autres commissaires, chargé par le concile de Trente d'expurger le *Décaméron*: les corrections furent admises dans l'édition de 1573, connue sous le nom des Députés. Deux autres éditions, devenues rares et coûteuses, sont celles *di Guinta*, de Juntes, in-4°, Florence, 1527, et des Aldes, in-4°, 1522. Celles d'Elzévir, 1665, de Londres, 1727, de Paris, 1768, sont estimées. Une foule d'autres ont été faites en divers temps, avec ou sans gravures, en Italie, en France et en Hollande. Les contes de Boccace ont été traduits maintes fois en français. Ses autres ouvrages, soit latins, soit italiens, sont : 1° *la Généalogie des Dieux*, affabulation qui a perdu tout intérêt; 2° un *Abrégé de l'Histoire romaine jusqu'à l'an* 724 (le P. Niceron conteste cet ouvrage à Boccace); 3° *De casibus Virorum illustrium*, lib. IX, in-folio, Paris, 1535—1544; *De claris Mulieribus*, in-folio, Ulm, 1473; 4° une *Vie du Dante*, Rome, 1544; 5° un *Traité des mers, fleuves, lacs et montagnes*, in-fol. Venise, 1473; 6° *seize Églogues*, Florence, 1504; 7° *La Fiammetta, il Laberinto d'Amore, il Philocopo* ou *Philocolo, il Philostrato, la Theseida,* l'*Admeto*, etc., tous romans ou poèmes peu recherché de nos jours.

H. LEMONNIER.

JUGEMENTS.

1.

Boccace fit pour la prose italienne ce que Pétrarque avait fait pour les vers, dans ce même pays qui semblait destiné à faire tout renaître. Il se distingua, il est vrai, dans un genre moins relevé que celui de Pétrarque, mais heureusement susceptible, par sa variété, de tous les caractères d'élégance qui peuvent convenir à la prose. Le conteur Boccace joignit à la naïveté du récit une pureté de diction qui, plusieurs siècles après lui, le rend encore, pour ainsi dire, le contemporain des auteurs les plus estimés en Italie; et c'est un avantage que n'ont point en France ni en Angleterre les écrivains qui ont montré du talent avant que leur langue fût fixée : la tournure de leur esprit a préservé leurs ouvrages de l'oubli, mais n'a pu empêcher leur langage de vieillir.

LA HARPE, *Cours de Littérature*.

II.

Boccaccio est maître dans l'art de narrer en prose : il est le premier, par ordre de temps et de mérite, d'un grand nombre de conteurs agréables placés parmi les classiques. Les conteurs de toutes les nations ont trouvé chez lui des mines d'or. Les Italiens, de tous les temps, qui ont voulu apprendre à bien écrire en prose, ont dû remonter jusqu'à lui. Ses périodes, façonnées sur la langue latine, nous semblent actuellement un peu longues, et exigent pour en suivre le fil toute l'attention du lecteur; mais comment aurait-il sans cela cette harmonie délicieuse, variée et soutenue, qui, comme dans les poésies de Pétrarque, vous caresse l'oreille et vous insinue le plaisir, quelque éloigné que vous puissiez être par d'autres pensées de la pensée de l'auteur.

Boccace jouit d'une autre gloire : il tenta le premier dans sa *Théséide* l'épopée italienne, et fut l'inventeur de la rime octave, perfectionnée par le Politien, consacrée au poème épique par les auteurs de *la Jérusalem* et du *Roland*. Ainsi Boccace, réuni à Dante et à Pétrarque pour illustrer le XIVe siècle, s'attache également au XVIe par des rapports poétiques avec le Tasse et l'Arioste.

BUTTURA.

III.

Nous avons vu en lui un savant littérateur, un

érudit, autant qu'on pouvait l'être de son temps; un poète qui cherchait des routes nouvelles, qui tâchait de ressusciter l'épopée; inventait des formes poétiques, et les appropriait dans sa langue à ce genre de poésie; enfin, un conteur abondant, mais prolixe, d'évènements romanesques, où les lois de la vraisemblance étaient peu consultées, et qui ne rachetait même pas toujours par les agréments de la narration, le vide et le peu d'intérêt des faits. Enfin, nous avons vu passer sous nos yeux environ quinze ouvrages de différents genres et d'inégale étendue, mais dont la destinée est à peu près la même, et qui, s'ils étaient seuls, auraient probablement entraîné le nom de leur auteur dans l'oubli presque total où ils sont plongés.

D'où lui est donc venue sa renommée? d'où il l'attendait le moins; d'un ouvrage assez futile en apparence; d'un recueil de contes qu'il estimait peu, qu'il n'avait composé, comme il le dit, que pour désennuyer les femmes qui de son temps menaient une fort triste vie, auquel enfin, dans un âge avancé, il ne mettait d'importance que par les regrets que lui inspiraient ses scrupules religieux. Comme Pétrarque, il attendit son immortalité d'ouvrages savants, écrits dans une langue qui avait cessé d'être entendue de tout le monde : il la reçut comme lui d'un recueil de jeux d'imagination et de délassements d'esprit, dans lesquels il avait épuré et perfectionné une langue encore naissante, jusqu'alors abandonnée au peuple pour les usages communs de la vie, et à qui, le premier, il donna dans la prose, comme le Dante et Pétrarque l'avaient fait dans les vers, l'élégance, l'harmonie, les formes périodiques, et l'heureux choix des mots d'une langue littéraire et polie.

Il n'est pas aussi vrai qu'on le croit communément, que le *Décaméron* fût un ouvrage de sa première jeunesse. Il y parle de la peste de 1348, et de cette partie de plaisir née d'une cause si triste, comme de choses déjà passées depuis quelque temps. Quoiqu'il écrivît sans doute avec facilité ces nouvelles, il n'y put employer moins de deux ou trois années; il avait donc près de quarante ans quand il eut achevé tout l'ouvrage. On s'en aperçoit à la maturité du style et à cet art de mettre en jeu les caractères, qui suppose des observations qu'on ne fait pas, et une connaissance du monde qu'on n'a pas encore dans l'extrême jeunesse. Ce n'est donc pas son âge qui peut excuser la liberté souvent licencieuse de ses peintures; mais ce sont les ordres d'une princesse qui avait encore tout pouvoir sur lui; et ces ordres mêmes, ainsi que la faiblesse qu'il eut d'y obéir, ont pour excuse les mœurs de leur temps. La dépravation en était augmentée par ce fléau même qui, d'après les idées communes, devait être un remède violent fait pour remettre tout dans l'ordre en ce monde, et ne laisser dans les esprits que l'image terrible et l'effrayante pensée de l'autre. C'est ce que Boccace fait sentir dans l'éloquente description qui commence son ouvrage. C'est un des plus beaux morceaux de la littérature italienne; et comme, malgré le mérite et la perfection exquise d'une grande partie des nouvelles que contient le *Décaméron*, il en est peu dont on puisse parler avec quelque détail, je m'arrêterai à considérer cette peinture, quelque triste qu'en soit le sujet, de même qu'on admire les tableaux d'un grand peintre, malgré ce qu'ont de pénible, et quelquefois même de hideux, les objets qui y sont représentés.

Boccace décrit la peste de Florence en philosophe, en historien et en poète. Il la fait venir d'Orient, non parce que Thucydide en a fait venir celle d'Athènes, mais parce que celle de Florence en vint aussi. Dans la description des symptômes, il s'accorde quelquefois avec l'auteur grec, et quelquefois il s'en écarte, selon que la vérité l'exige[*]. Il s'étend beaucoup plus que lui sur la plupart des circonstances, sur la communication contagieuse du mal entre les hommes, et des hommes aux animaux; sur les terreurs qui en étaient la suite; le soin que chacun prenait de fuir le mal, et l'abandon où restaient les malades. Mais il s'attache sur-tout à peindre les suites de la contagion, et son influence sur le régime de vie et sur les mœurs.

« Les uns, croyant que la tempérance et la mo-
« dération en toutes choses étaient le meilleur pré-
« servatif, se retiraient, vivaient à part, se renfer-
« maient en petit nombre dans des maisons où il n'y
« avait aucun malade, n'y vivaient que de mets
« choisis et de vins exquis, dont ils buvaient mo-
« dérément; fuyaient toute sorte d'excès, ne par-
« laient point, et ne permettaient à personne de

[*] Voyez la *Peste d'Athènes*, par Barthélemy, t. III, p. 37 du *Répertoire*

« venir leur parler de mort ni de maladie; enfin,
« passaient leurs jours à entendre de la musique,
« ou à goûter tous les autres plaisirs tranquilles
« qu'ils pouvaient se procurer. D'autres, au contraire,
« tenaient pour certain que le meilleur remède d'un
« si grand mal était de boire beaucoup, de jouir de
« toutes manières, de chanter et de s'amuser sans
« cesse, de satisfaire, autant qu'on le pouvait, toutes
« ses fantaisies; et, quoi qu'il pût arriver, de rire et
« de se moquer de tout. Ils vivaient conformément
« à ce système; passaient les jours et les nuits à aller
« d'une taverne à l'autre, et à boire sans fin et sans
« mesure. Ils en faisaient autant, et plus volontiers
« encore, dans les maisons de leur connaissance, dès
« qu'ils y savaient quelque chose qui fût à leur conve-
« nance ou pût leur faire plaisir; ce qui leur était
« d'autant plus facile, que chacun, comme s'il ne de-
« vait plus vivre, abandonnait le soin de ce qui lui
« appartenait, et le soin de lui-même. La plupart
« des maisons étaient devenues communes; l'étran-
« ger y entrait, et usait de tout comme le maître.
« Ils n'étaient attentifs à éviter que les malades.

« Dans l'excès de l'affliction et de misère où la
« ville fut réduite, la vénérable autorité des lois di-
« vines et humaines était tombée, et comme dis-
« soute; leurs ministres et leurs exécuteurs étaient
« tous, comme les autres hommes, ou morts, ou
« malades, ou restés tellement seuls, qu'ils ne pou-
« vaient remplir aucune fonction; de sorte que cha-
« cun pouvait se permettre tout ce dont il lui pre-
« nait envie. Quelques-uns, ennemis de tous ces

« excès, ne changeaient rien à leur train de vie. On
« les voyait seulement porter à la main, l'un des
« fleurs, l'autre des herbes odorantes, d'autres dif-
« férentes sortes de parfums, et les respirer sou-
« vent, comme le meilleur moyen de fortifier les
« organes et de repousser la contagion; car l'air
« entier paraissait infecté par la puanteur des cada-
« vres, des malades et des remèdes. Quelques autres
« étaient d'une opinion plus cruelle, mais peut-être
« aussi plus sûre : ils disaient que rien n'est aussi
« bon contre la peste que de la fuir. Frappés de
« cette idée, beaucoup d'hommes et de femmes, ne
« s'occupant plus de rien que d'eux-mêmes, aban-
« donnèrent leur ville natale, leurs propres maisons,
« leurs biens, leurs parents, leurs affaires, et se re-
« tirèrent à la campagne. Plusieurs échappaient en
« effet au mal, mais plusieurs aussi en étaient frap-
« pés ; l'exemple qu'ils avaient donné, quand ils
« étaient en santé, n'était que trop suivi, et ceux
« qui se portaient bien encore les abandonnaient à
« leur tour.

« Cet abandon était général. Les citoyens s'en-
« tr'évitaient : presque aucun voisin ne prenait
« soin de l'autre; les parents cessaient de se voir,
« ou ne se voyaient que rarement et de loin : la
« terreur alla même au point qu'un frère ou une
« sœur abandonnait son frère, l'oncle son neveu, la
« femme son mari; et, ce qui est plus fort encore
« et presque impossible à croire, les pères et les
« mères craignaient de visiter et de soigner leurs
« enfants, comme s'ils leur fussent devenus étran-

« gers. Les malades, dont la multitude était presque
« innombrable, ne recevaient donc de secours que
« de la tendresse d'un petit nombre d'amis, ou de
« l'avarice des domestiques, qui ne les servaient que
« dans l'espoir d'un gros salaire : encore étaient-ils
« rares, presque tous gens bornés, peu au fait d'un
« pareil service, seulement bons pour donner aux
« malades ce qu'ils demandaient, ou pour observer
« l'instant de leur mort, et qui souvent, en servant
« ainsi, se perdaient, eux et le gain qu'ils avaient fait.
« De cette désertion des voisins, des parents, des
« amis et de la rareté des domestiques, vint un usage
« presque inouï jusqu'alors; aucune femme, quel-
« que jolie, ou même quelque belle et de quelque
« naissance qu'elle fût, ne fit difficulté, lorsqu'elle
« était malade, d'avoir à son service un homme, ou
« jeune ou vieux, de se découvrir sans honte de-
« vant lui, comme elle l'eût fait devant une femme,
« dès que sa maladie l'exigeait. Il en résulta que
« celles qui guérirent eurent dans la suite moins
« d'honnêteté peut-être, ou certainement moins de
« pudeur. De cette cause et de plusieurs autres na-
« quirent, parmi ceux qui survécurent, des habitudes
« toutes contraires aux anciennes mœurs des Flo-
« rentins. »

Ici, comme l'auteur grec, mais avec les différences
apportées par les temps, les pays, les religions et les
rites, Boccace décrit fort au long les changements
occasionés par la peste dans la célébration des funérailles. « On ne mourait plus entouré de femmes,
« de parentes et de voisines qui venaient pleurer au-

« tour du lit; les voisins, les proches, la foule des
« citoyens, et, selon la qualité du mort, le clergé,
« ne l'attendaient plus au sortir de sa maison ; des
« hommes de son état ne le portaient plus sur leurs
« épaules, avec des chants funèbres, et précédés de
« cierges funéraires, jusqu'à l'église qu'il avait dési-
« gnée lui-même. Plusieurs sortaient de la vie sans
« témoins; et ce n'était qu'à un très petit nombre
« qu'étaient accordés les gémissements et les larmes
« de leurs proches et de leurs amis. A la place de
« ces signes de douleur, on entendait le plus sou-
« vent des éclats de rire, des plaisanteries et des
« bons mots, usage que les femmes, dépouillant la
« pitié naturelle à leur sexe, et le croyant plus sain
« pour elles, avaient trop facilement appris. Il était
« rare que les corps fussent accompagnés à l'église
« de plus de dix ou douze voisins. Ce n'était point
« eux, mais des enterreurs à gages qui venaient en-
« lever la bière, et la portaient à grands pas à l'é-
« glise la plus voisine, précédés de cinq ou six prê-
« tres qui, sans se fatiguer par de trop longues
« prières, la faisaient jeter au plus vite dans la pre-
« mière fosse vacante. Le sort du petit peuple, et
« même de la classe moyenne, était encore plus mi-
« sérable. On trouvait le matin leurs corps aux
« portes des maisons où ils avaient expiré pendant
« la nuit. On les entassait deux ou trois dans une
« seule bière : il arriva même plus d'une fois que le
« même cercueil emporta la femme et le mari, le
« père et le fils, les deux, ou même les trois frères.
« Très souvent, lorsque deux prêtres allaient avec

« la croix chercher un mort, ils rencontraient trois
« ou quatre bières dont les porteurs se mettaient à
« la suite des premiers, et au lieu d'un seul corps
« qu'ils croyaient enterrer, ils en avaient six, huit,
« et quelquefois davantage. Ni luminaires, ni larmes,
« ni cortège ne les accompagnaient, et les choses en
« vinrent au point qu'on ne tenait pas plus de
« compte d'un homme mort qu'on n'en tient aujour-
« d'hui du plus vil bétail.

« La condition des campagnes environnantes n'é-
« tait pas meilleure que celle de la ville. Dans les
« fermes, dans les chaumières, dans les chemins,
« au milieu des champs, le jour, la nuit, les pauvres
« et malheureux cultivateurs, sans secours du mé-
« decin, sans l'aide d'aucun domestique, périssaient
« avec leur famille. Bientôt leurs mœurs se relâ-
« chèrent comme celles des citadins. Leurs proprié-
« tés, leurs affaires ne les intéressèrent plus. Tous,
« regardant chaque jour comme celui de leur mort,
« ne songeaient ni à faire travailler, ni à travailler
« eux-mêmes, ni à retirer le fruit de leurs travaux
« passés, mais s'efforçaient de consommer ce qu'ils
« avaient devant eux par tous les moyens qu'ils pou-
« vaient imaginer. Les bestiaux, les troupeaux, les
« animaux de basse-cour, les chiens mêmes, ces fi-
« dèles compagnons de l'homme, erraient dans la
« campagne, dans les terres labourées, à travers les
« moissons, sans guides et sans maîtres. Enfin, pour
« en revenir à la ville, la violence du mal y fut telle,
« que, dans le cours de quatre ou cinq mois, plus
« de cent mille créatures humaines y périrent;

« nombre, ajoute l'auteur, auquel on n'aurait pas
« cru, avant cette maladie terrible, que dût s'élever
« celui des habitants.

« O! combien, s'écrie-t-il en terminant ce triste
« tableau, combien de grands palais, de belles mai-
« sons, de nobles demeures, auparavant remplies de
« familles nombreuses, restèrent vides de maîtres
« et de serviteurs! O combien de races illustres,
« combien d'opulents héritages, combien d'amples
« richesses demeurèrent sans successeurs! Combien
« d'hommes de mérite, de belles femmes, de jeunes
« gens aimables, que Gallien, Hyppocrate ou Es-
« culape lui-même auraient jugés dans l'état de santé
« la plus parfaite, dînèrent le matin avec leurs pa-
« rents, leurs compagnons, leurs amis, et soupèrent
« le lendemain au soir dans l'autre monde avec leurs
« ancêtres! » Cette dernière phrase se ressent du
commerce que l'auteur entretenait avec les anciens :
elle est empreinte de leurs opinions sur l'autre
monde, et tout-à-fait étrangère aux opinions modernes; mais dans la description qu'elle termine, et
que j'ai infiniment réduite pour n'en prendre que
les traits les plus frappants, quoiqu'il y en ait quelques-uns que l'on peut prendre pour des imitations,
on voit que le tout ensemble est conçu et dessiné
d'après nature. Tel était donc le relâchement des
mœurs, occasioné par la peste même, lorsque Boccace écrivit son *Décaméron;* et cette cause de désordres est d'autant plus remarquable, qu'abstraction
faite des temps et des croyances religieuses, elle fut la
même à Athènes et à Florence, et qu'elle est égale-

ment développée dans Thucydide et dans Boccace.

L'auteur florentin écrivait sous les yeux de la génération même qui avait vu cet affreux spectacle, et qui était, pour ainsi dire, un débris de cette grande ruine. Nous ne pouvons apprécier aujourd'hui que le talent du peintre; mais ce qui frappa le plus alors, fut la ressemblance et la fidélité du tableau. Les couleurs en étaient bien sombres, et paraîtraient au premier coup-d'œil assez mal assorties avec les peintures gaies dont on croit communément que la collection entière est remplie; mais, en passant condamnation sur la gaieté trop libre d'un grand nombre de ces peintures, on ne doit pas oublier qu'elles ne sont pas, à beaucoup près, toutes de ce genre, et qu'il y en a d'intéressantes, de tristes, de tragiques même, et de purement comiques, encore plus que de licencieuses. Boccace répandit cette variété dans son ouvrage, comme le plus sûr moyen d'intéresser et de plaire; et ce qui est admirable, c'est que, dans tous ces genres si divers, il raconte toujours avec la même facilité, la même vérité, la même élégance, la même fidélité à prêter aux personnages les discours qui leur conviennent, à représenter au naturel leurs actions, leurs gestes, à faire de chaque nouvelle un petit drame qui a son exposition, son nœud, son dénouement, dont le dialogue est aussi parfait que la conduite, et dans lequel chacun des acteurs garde jusqu'à la fin sa physionomie et son caractère.

L'auteur de la dernière Vie de Boccace, M. Baldelli, qui écrit avec antant de goût qu'il met de

soin et d'exactitude dans ses recherches, après avoir dit que Boccace avait donné les plus beaux modèles de l'éloquence italienne dans tous les genres, laisse assez entendre que c'est à ces grands modèles qu'il serait temps de revenir. « Aussi flexible
« qu'industrieux, dit-il, Boccace emploie toujours,
« ou le mot propre le plus convenable, ou les plus
« heureuses métaphores. Délicat et soigné dans les
« choses communes, il sait revêtir avec pompe les
« objets qui ont de l'excellence et de la grandeur,
« d'une éloquence magnifique, qui coule toujours
« harmonieusement, sans enflure, sans embarras,
« sans effort, sans expressions dures ou bizarres;
« toute brillante, au contraire, des mots les plus
« élégants et les plus purs, et tirant du son qui ré-
« sulte de l'art de les placer, sa limpidité, sa clarté,
« sa douceur. Il y répand une certaine fleur de
« plaisanterie, un atticisme naturel et inimitable...
« il y met enfin un art admirable, et il emploie cet
« art même à le cacher. »

« Avec Boccace, ajoute-t-il plus loin, naquit et
« s'accrut l'éloquence italienne; elle parut s'ense-
« velir avec lui. Elle ne commença à se relever un
« peu qu'un siècle après. Alors la vénération que
« l'on avait toujours eue pour Boccace parvint au
« plus haut degré. Tous les auteurs florentins étu-
« dièrent le *Décaméron* comme le seul modèle à
« imiter dans la prose. De l'étude approfondie de
« ce livre naquirent, et les *Prose* du Bembo et l'*Er-*
« *colano* de Varchi, et les *Annotations* des acadé-
« miciens, et les *Avertissements* de Léonard Salviati,

« premiers Traités philosophiques où l'on apprit à
« écrire la langue vulgaire avec la correction, l'exac-
« titude et les ornements qui lui conviennent. C'est
« de là que les grammairiens les plus renommés
« tirèrent leurs règles, et que l'Académie de la
« Crusca, si célèbre jusqu'à nos jours, prit en
« grande partie des exemples pour la composition
« de son Vocabulaire. Un grand nombre d'impri-
« meurs distingués et de savants littérateurs se sont
« occupés d'en donner les éditions le plus magnifi-
« ques et les plus correctes; tous ont reconnu avec
« respect son autorité dans le langage : aucun d'eux
« n'osa jamais l'ataquer. Il était réservé à notre siècle
« de le mettre pour ainsi dire en oubli, d'exercer
« contre lui une critique licencieuse, d'appeler en-
« flure l'abondance et fluidité de son style, et re-
« cherche maniérée sa contexture ingénieuse et le
« doux arrangement des mots.... »

Ginguené, *Histoire littéraire d'Italie.*

BOIARDO ou Bojardo (Matteo-Maria, comte
de Scandiano, est l'auteur du *Roland amoureux*,
poème qui a donné naissance au *Roland furieux*;
et par-là, son nom se trouve éternellement lié à
celui de l'Arioste. S'il a été surpassé par le poète
auquel il servit de modèle, il a du moins le mérite de l'originalité. En effet, comme l'a remarqué un critique très versé dans la littérature italienne, M. Ginguené, il est faux que Boiardo ait
puisé la fable de son épopée dans la chronique

fabuleuse de l'archevêque Turpin. Il est vrai, au contraire, on peut l'ajouter ici, qu'il a inspiré l'*Amadigi* de Bernard Tasse, la *Secchia rapita* de Tassoni, le *Ricciardetto* de Fortiguerra, et d'autres ouvrages de ce genre; il n'est pas moins vrai que l'Arioste lui emprunta jusqu'aux noms de ses héros, et que l'*Orlando furioso* n'est que la continuation embellie de l'*Orlando innamorato*. (Voyez ce que nous avons dit à l'article ARIOSTE.)

On s'est long-temps mal accordé sur l'époque et le lieu de la naissance du Boiardo : Tiraboschi le fait naître vers l'an 1434, à Scandiano, domaine seigneurial de sa famille, situé près de Reggio de Modène; et, comme Tiraboschi, dans ses savantes investigations, ne se contente pas de simples conjectures, il doit inspirer de la confiance. Ainsi donc, Boiardo était compatriote de l'Arioste; il fut aussi son contemporain, car l'Arioste avait vingt ans quand Boiardo mourut. Ce dernier fit ses études à l'université de Ferrare : il apprit les langues savantes, et fut reçu docteur en droit et en philosophie. Sa naissance illustre, l'opulence de sa maison, l'appelaient à jouer un rôle à la cour de Ferrare. Le duc Borso d'Est, et son successeur Hercule Ier, se l'attachèrent et le revêtirent d'emplois honorables. Après avoir été élu capitaine de Modène, il devint gouverneur des ville et citadelle de Reggio, dignité qu'il conserva jusqu'à la fin de sa vie, arrivée, suivant Tiraboschi, dans la nuit du 20 au 21 décembre 1494.

C'est dans sa terre de Scandiano que Boiardo se

retirait pour composer son *Roland.* Si l'on en croit les biographes, la plupart des descriptions de sites attrayants qui figurent dans son poème furent prises d'après la contrée qu'il habitait; les noms même les plus burlesques des héros bizarres qu'il mit en action n'étaient autres que ceux de plusieurs de ses vassaux. Quoiqu'il en soit, si le *Roland amoureux*, espèce de parodie de l'*Iliade*, ne brille pas éminemment par le coloris du style, les caractères et le plan y sont habilement tracés, les épisodes sont ingénieux et variés, et l'on ne saurait contester à l'auteur une imagination très féconde. Ce poème romanesque, laissé inachevé par Boiardo, fut imprimé pour la première fois à Scandiano, en 1495, par les soins de son fils, le comte Camille. Une trentaine d'années après, Agostini, poète médiocre, osa entreprendre de terminer l'ouvrage, et le gâta. Plus tard, Domenichi voulut réformer le tout, et n'y réussit guère mieux. En 1541, Francesco Berni s'empara du poème, le refit à sa manière bouffonne, qui le fait passer pour le Scarron des Italiens; et comme le texte non altéré de Boiardo est devenu extrêmement rare, le *Roland amoureux* n'est plus connu que sous la forme *berniesque*. Nous en possédons trois traductions françaises; l'une, de J. Vincent, in-fol., Lyon, 1544; Paris, 1549—50; in-8° 1574; l'autre, de F. de Rosset, in-4°, Paris, 1619; la troisième, de Lesage, 2 vol. in-12, Paris, 1717, 1720 et 1721.

Le Boiardo a composé en outre : 1° *Il Timone*, comédie traduite du *Timon* de Lucien, in-4°, Scandiano, 1500; in-8°, Venezia, 1504, 1513, 1517; 2° *Sonnetti e Canzoni*, in-4°, Reggio, 1499; Venezia, 1501, (éditions rares); 3° *Carmen bucolicon*, in-4°, Reggio, 1500; 4° *Cinque capitoli in terza rima*, imprimés à la suite des *Canzoni de Benivieni*, dans l'édition de Venise, 1523 ou 1533; 5° *Apuleio dell' Asino d'oro*, etc., in-8°, Venezia, 1516, 1518; in-12, 1519; 6° l'*Asino d'oro, di Luciano, tradotto in volgare*, imprimé après les Proverbes d'Antonio Cornazzano, in-8°, Venezia, 1523; 7° *Erodoto alicarnasseo istorico, etc, tradotto in lingua italiana*; (la meilleure édition est celle de Venise, 1565); 8° *Istoria imperiale di Riccobaldo, tradotta del latino*, etc.; cette traduction de la Chronique de Riccobaldi a été insérée avec le texte, par Muratori, dans le tome IX des *Rerum italicarum Scriptores*. Tels sont les seuls ouvrages imprimés de Boiardo; d'autres lui sont attribués, sans qu'on ait de certitude à cet égard. (Voyez l'analyse de *Roland amoureux*, dans l'*Histoire littéraire d'Italie*, par Ginguené.)

H. LEMONNIER.

FIN DU QUATRIÈME VOLUME.

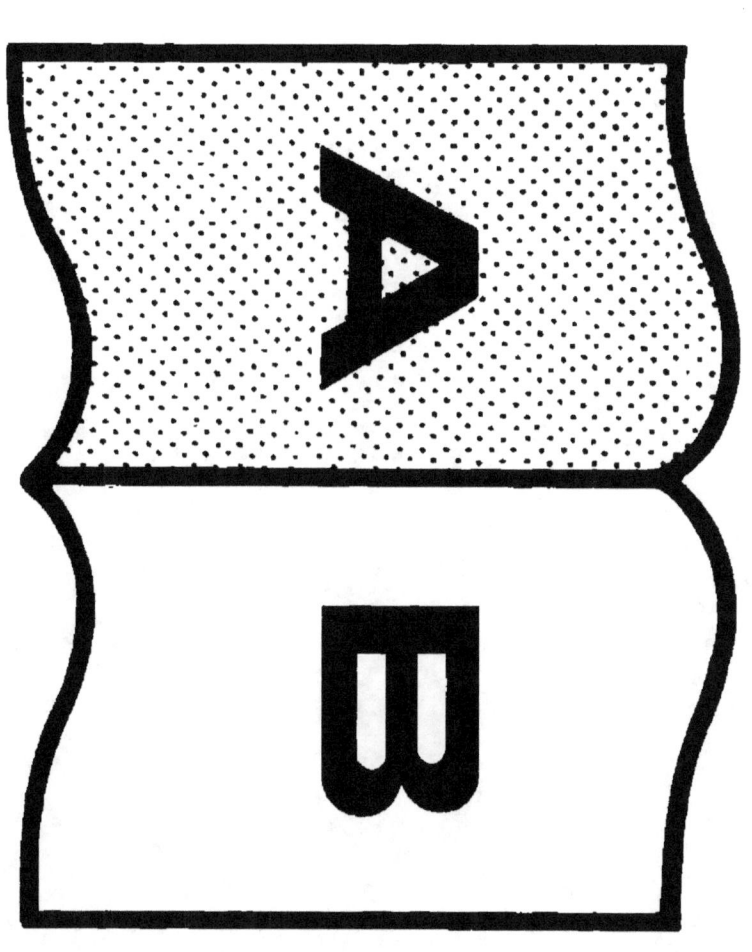

Contraste insuffisant

www.ingramcontent.com/pod-product-compliance
Lightning Source LLC
Chambersburg PA
CBHW072110220426
43664CB00013B/2068